国家出版基金项目
NATIONAL PUBLICATION FOUNDATION
“十三五”国家重点图书
出 版 规 划 项 目

中国濒危语言志　组委会

**主　任**

杜占元

**执行主任**

田立新

**成　员**

田联刚　许正明　刘　利　黄泰岩　于殿利

张浩明　刘　宏　周晓梅　周洪波　尹虎彬

中国语言资源保护工程

中国濒危语言志
汉语方言系列

总主编 曹志耘
主编 张振兴 邢向东

# 湖南通道本地话

彭建国 著

创于1897
商务印书馆
The Commercial Press

**图书在版编目（CIP）数据**

湖南通道本地话/彭建国著.—北京：商务印书馆，2019
（中国濒危语言志）
ISBN 978-7-100-17150-2

Ⅰ.①湖… Ⅱ.①彭… Ⅲ.①方言—介绍—通道侗族自治县 Ⅳ.①H179

中国版本图书馆CIP数据核字（2019）第039293号



**湖南通道本地话**

彭建国 著

出版发行：商务印书馆
地　　址：北京王府井大街36号
邮政编码：100710

印　　刷：北京雅昌艺术印刷有限公司

开　　本：787×1092 1/16　　印　　张：19¾
版　　次：2019年6月第1版　　印　　次：2019年6月北京第1次印刷
书　　号：ISBN 978-7-100-17150-2

定　　价：120.00元

调查点地形地貌　通道菁芜洲镇小江村 /2015.8.15/ 俞仕忠 摄

调查点村貌　通道菁芜洲镇小江村 /2017.4.15/ 俞仕忠 摄

本地人民居　通道菁芜洲镇小江村 /2015.8.15/ 彭建国 摄

调查工作现场　通道双江镇金帝豪国际大酒店 /2015.8.15/ 彭建国 摄

# 序

我的老家在浙江金华。我在老家生活的年代是20世纪六七十年代。那时候人们白天黑夜地干，酷暑寒冬地干，但就是吃不饱饭。山上光秃秃的，地上光秃秃的，简直成了不毛之地。如今40年过去了，回到家乡，只见茂林修竹，清流激湍，芳草鲜美，落英缤纷，俨然人间仙境。进山的小路早已被草木掩没，没有刀斧开路，则寸步难行。

在我家附近的塔石乡，有一个叫"大坑"的畲族村子，坐落在一条山沟里，有50多人。畲族相传发源于广东潮州凤凰山，明代以来逐渐北迁，从广东到福建，从福建到浙江、江西、安徽等地。数百年来，畲族尽管不断迁徙，散落中国东南各地，然而始终保持着他们共同的语言——畲话。1981年，我在山东大学上学期间，曾经一个人跑到大坑去，拿着日本人编制的调查表记录他们的畲话。当时村里男女老少，基本上人人会讲畲话。但时至今日，很多人已不会讲或讲不好畲话了，25岁以下无一人会讲。照此发展下去，估计几十年后，大坑人沿袭千年之久的母语将彻底消亡。

自然环境的破坏可以修复，但语言的消亡无法挽回，不可再生。

根据联合国教科文组织的《世界濒危语言地图》（2018），在世界现存的约6700种语言中，有40%的语言濒临灭绝，平均每两个星期就有一种语言消亡。中国有130多种语言，其中有68种使用人口在万人以下，有48种使用人口在5000人以下，有25种使用人口不足1000人，有的语言只剩下十几个人甚至几个人会说了。汉语方言尽管使用人数众多，但许多小方言、方言岛也在迅速衰亡。即使是那些还在使用的大方言，其语言结构和表达功能也已大大萎缩，或多或少都变成"残缺"的语言了。

冥冥之中，我们成了见证历史的人。

然而，作为语言学工作者，绝不应该坐观潮起潮落。事实上，联合国教科文组织早在1993年就确定当年为"抢救濒危语言年"，同时启动"世界濒危语言计划"，连续发布"世界濒危语言地图"（联合国已确定2019年为"国际本土语言年"）。二十多年来，国际上先后成立了上百个抢救濒危语言的机构和基金会，各种规模和形式的濒危语言抢救保护项目在世界各地以及网络上展开。我国学者在20世纪90年代已开始关注濒危语言问题，自21世纪初以来，开展了多项濒危语言、方言调查研究课题，出版了一系列重要成果，例如孙宏开先生主持的“中国新发现语言研究丛书”、张振兴先生等主持的“中国濒危语言方言研究丛书”、鲍厚星先生主持的“濒危汉语方言研究丛书”（湖南卷）等。为了全面、及时抢救保存中国语言方言资源，教育部、国家语委于2015年启动了规模宏大的“中国语言资源保护工程”。在语保工程里，专门设立了濒危语言方言调查项目，迄今已调查76个濒危语言点和60个濒危汉语方言点。对于濒危语言方言点，除了一般调查点的基本调查内容以外，还要求对该语言或方言进行全面系统的调查，并编写濒危语言志书稿。随着工程的实施，语保工作者奔赴全国各地，帕米尔高原、喜马拉雅山区、藏彝走廊、滇缅边境、黑龙江畔、海南丛林都留下了他们的足迹和身影。一批批鲜活的田野调查语料、音视频数据和口头文化资源汇聚到中国语言资源库，一些从未被记录过的语言、方言在即将消亡前留下了它们的声音。

为了更好地利用这些珍贵的语言文化遗产，在教育部语言文字信息管理司的领导下，商务印书馆和中国语言资源保护研究中心组织申报了国家出版基金项目“中国濒危语言志”，并有幸获得批准。该项目计划在两年内按统一规格、以EP同步方式编写出版30卷志书，其中少数民族语言20卷，汉语方言10卷。自项目启动以来，语信司领导高度重视，亲自指导志书的编写出版工作，各位主编、执行编委以及北京语言大学、中国传媒大学的工作人员认真负责，严格把关，付出了大量心血，商务印书馆则配备了精兵强将以确保出版水准。这套丛书可以说是政府、学术界和出版社三方紧密合作的结果。在投入这么多资源、付出这么大努力之后，我们有理由期待一套传世精品的出现。

当然，艰辛和困难一言难尽，不足和遗憾也在所难免。让我们感到欣慰的是，在这些语言、方言即将隐入历史深处的时候，我们赶到了它们身边，倾听它们的声音，记录它们的风采。尽管我们无力回天，但已经尽了最大的努力，让时间去检验吧。

曹志耘

2018年10月

于浙江师范大学

# 目录

# 第一章 导论

# 第一节

# 调查点概况

## 一 地理地形

通道侗族自治县（以下简称“通道县”）位于湖南省西南边陲，地处湘、黔、桂交界处，湖南省怀化市最南端，隶属怀化市。通道县东靠邵阳市绥宁县与城步苗族自治县，北接靖州苗族侗族自治县，南与广西三江侗族自治县及龙胜各族自治县搭界，西连贵州黎平县，是湖南省南下广西的要道。县人民政府驻双江镇。地理坐标为东经109°26′～110°01′，北纬25°52′～26°29′。全境南北长68公里，东西宽58公里。总面积2239平方公里。通道县是湖南省最早成立的以侗族为主体，侗、汉、苗、瑶等多民族和睦共处的自治县。

通道县在历史上为楚越分界的走廊地带，素有“南楚极地”“百越襟喉”之称。通道地处云贵高原东缘向南岭山脉过渡的地带。雪峰山的西南余脉延伸至境内，形成东、南、西三面较高，中北部略低的地势。全境以小丘陵为主，山多田少，有所谓“九山半水半分田”之称。

境内南部的八斗坡为长江流域与珠江流域的分水岭。其南坡集水注入珠江水系的浔江，北坡集水汇合注入长江水系沅水上游的支流渠水。分水岭以北的东、南、西三面较高，北部隆起，中部凹陷，地势向中、西北方向倾斜，山地夹丘陵、谷地，具有明显的带状分布规律，分水岭以北占全县总面积的93.8%。分水岭以南地势由北向南急剧下降，地势起伏大，山高谷深，形成独特的山地地貌景观，占全县总面积的6.2%。

通道县属亚热带季风湿润性气候区，四季分明，但冬无严寒，夏无酷暑。气温年较差小，日较差大。全县森林覆盖率达75.55%，素有“天然氧吧”之美誉。林间珍稀动植物繁多，有多种国家一级保护动植物。地下地质构造奇特，矿产资源极为丰富。

通道县风情浓郁，民风淳朴。侗族语言、服饰、歌舞、饮食等多种民间习俗保存完整，独具特色。有侗族芦笙、侗锦织造技艺、侗戏3项国家级非物质文化遗产保护项目，侗族大歌、喉路歌等5项省级非物质文化遗产保护项目，是湖南省极具少数民族魅力的特色县。

我们研究的对象"本地人"主要生活在下乡、临口、菁芜洲三个乡镇。

下乡乡位于通道县的东北部，东邻广西龙胜各族自治县，西连双江镇，南边与马龙、传素乡交界，北与临口镇接壤，距离县城双江镇8公里，辖有7个村，63个村民小组，人口约1万人。原属于湖南省绥宁县的石岩乡，1952年被划入通道县，1956年建乡。境内山峦起伏，溪河密布，地势为东南高、西北低。东部的湘涛坪为最高点。临口河贯穿西部，雷团溪、老寨溪为境内较大的支流。1805省道贯穿乡境南北。境内水系发达，建有小型水库多座。境内竹林密布，竹笋、竹制品是当地农民主要经济来源之一。

临口镇位于通道的东北部，东与木脚乡、城步苗族自治县以及广西龙胜各族自治县连接，南与下乡毗邻，北和杉木桥、溪口相交，辖11个村委会，1.3万余人。境内山丘延绵，主要山峰烂泥界海拔1620米。中南部地势较低平，有通道境内最大的田坝"十里平原"。临口河自东而西流经其境。境西北有闻名遐迩的万佛山丹霞地貌风景区。

2015年，下乡乡、临口镇和木脚乡合并成立新的万佛山镇，辖25个建制村和1个社区。

菁芜洲镇位于通道县的中部，东接临口镇与下乡乡，西邻县溪镇，南与双江、牙屯堡交界，北与江口乡、溪口镇接壤，209国道南北纵贯全境，距离县城双江镇约20公里。原名菁芜洲乡，1999年撤乡并镇。全镇共有19个村，1个居委会。镇政府驻兴菁居委会。全镇总面积135.4平方公里，总人口1.92万人。

## 二　历史人文

通道县历史悠久、源远流长。据通道下乡"大荒遗址"考古资料，早在新石器时代，通道就有先民繁衍生息。秦时通道为古镡成地，属象郡。汉、三国至两晋为武陵郡镡成县地。南朝梁、陈至隋朝为沅陵郡龙标县地。唐为叙州潭阳郡朗溪县地。五代为诚州属地。宋元丰七年（1084）置罗蒙砦，元祐三年（1088）废。崇宁元年（1102）始置罗蒙县，治罗蒙。翌年改罗蒙县为通道县，属靖州，至此始有"通道"之名。[①]元、明两朝通道县均属靖州，明洪武十年（1377）曾废县并入靖州，十三年（1380）复置通道县，仍属靖州，清代一直沿袭。民国初期，通道县隶属辰沅道。民国十一年（1922）废道，通道直属湖南省。

① 宋崇宁二年(1103)，官吏王祖道从罗蒙筹划治理广西，安抚平定侗乡907峒，集结64 000壮丁，开通道路1200里，"自以为汉唐以来所不臣之地，皆入版图"。从此沟通湘、桂、黔毗邻地带，因此改罗蒙县为通道县，通道县名始于此。

民国二十五年（1936），湖南省实行行政督察制度，通道县随着行政督察区的调整先后隶属第四、第七、第十区。

1949年10月，通道县获得解放。1954年5月成立通道侗族自治县，隶属黔阳专区。历代县府均设县溪镇，1958年冬县府迁往双江镇。1959年靖县和通道两县合并，县名沿用通道侗族自治县，县府迁返至县溪镇。1961年春，靖县、通道分设，县府复迁至双江镇。1981年6月，黔阳地区改称怀化地区，通道县随属。1998年5月，怀化撤地建市，通道县随属怀化市。宋置通道县时，所辖面积很小。1951至1957年，随着行政区划的调整，先后三次从绥宁、贵州黎平和广西三江划入一部分，通道县管辖区范围才逐步扩大，形成现在的规模。

县溪镇罗蒙山下的恭城书院历史悠久，原名“罗蒙书院”，始建于北宋崇宁四年（1105），占地面积2830平方米，后被大火烧毁。清乾隆五十七年（1792），侗家的能工巧匠在原址重建罗蒙书院，建成后更名为“恭城书院”，是中国现存最完整的侗族古书院。1934年底，红军长征初期，在经历惨烈的湘江战役后，中央红军仅存的三万多人来到通道境内。此时中国红军正遭受前所未有的挫折。与此同时，红军又必须遵从共产国际不容置疑的北上湘西与红二、六军团会合的指示，而此时蒋介石已经在那里布置了重兵，等待红军自投罗网。12月12日，在决定中国工农红军生死存亡的危急时刻，中共中央领导人在县溪恭城书院召开了“通道会议”，采纳了毛泽东同志“避实就虚、西进贵州”的建议，实现了伟大的战略转移，挽救了红军，挽救了革命，初步确立了毛泽东在中共中央的领导地位，揭开了党的历史上第一次伟大转折的序幕，史称“通道转兵”。

## 三　居民人口

通道境内生活着侗、汉、苗、瑶等24个民族，其中以侗族为主体民族。据2016年统计，全县总人口约为23.98万人，其中少数民族占88.1%，侗族约占人口总数的77.9%。纯侗族居住的乡镇有甘溪、坪阳、陇城、坪坦、黄土和独坡6个。2014年户籍数6.51万户，人口24.17万。全县常住人口户数5.85万户，常住人口21.02万人，其中城镇人口5.9万人，农村人口15.12万人，城镇化率28.07%。①

① 数据信息来自“通道侗族自治县人民政府网站”（网址：http://www.tongdao.gov.cn/zjtd/tdgk）。

# 第二节

# 通道本地话概况

## 一　本地话的名称与归属

侗族中有一个特殊的群体叫“本地人”。说其特殊是因为按照他们的民族认同感，他们认为自己既不属于汉族，也不属于侗族。20世纪50年代初，国家进行民族识别时，这部分人既不愿登记为侗族，也不愿填报为苗族，他们希望填报为“本地人”。1954年后，已有2万多人改为侗族。1964年第二次人口普查时，仍有6027人登记为“本地人”。20世纪80年代初，他们向省、地区民委提出了对其民族成分进行识别的要求，申请为“本地族”。[①]1982—1983年，省地民族识别部门多次派人到通道调查后认为，“本地人”未具备成为单一民族的条件，而且20世纪50年代以来，通道本地人已有2万多人改为侗族，因此1991年湖南省民委在靖州召开怀（化）邵（阳）接壤地区民族成分问题研究会，经反复讨论后决定，将通道“本地人”确定为侗族。

“本地人”主要生活在下乡、临口、菁芜洲三个乡镇，另外木脚、溪口、马龙等乡镇部分地区也有“本地人”，还有部分“本地人”散居在城步苗族自治县和广西龙胜县境内。各地“本地人”的风俗习惯基本相同。

“本地人”自称“人”或叫“本地”，侗族称之为“客地 [$ka^{31}ti^{42}$]”，汉族称之为“本地人”。侗族称为“客地”并非是汉族的“客地人”的含义，凡是非本族人都贯以“客”，如称瑶族为“客瑶”，称壮族为“客壮”。“本地人”的姓氏以杨姓和陆姓为主。

---

① 现在他们户籍上虽然注明为“侗族”，但口头上依然称呼自己是“本地族”。

"本地人"所说的语言被称为"本地话"[①]，也称"讲本地"，有少部分人还称为"四里话"[②]或"讲平"。侗族称这种话为"$li^{31}$（话）$ka^{31}$（汉）$ti^{42}$（地）"，瑶族称之为"洛岩话"。本地话实际上是一个笼统的称呼，内部是很不统一的，大致可分为四种：1. 下乡话，包括下乡全乡以及临口的官团、狗头山、石壁，木脚乡的溪上、更头；2. 菁芜洲话，主要分布在菁芜洲镇的各个本地人村落，包括地连、里勇、銮塘、小江、地会、蛇口和寨头堡；3. 杏花、五一话（以下简称杏五话），包括临口的杏花、五一及其附近，说这种话的人较少，总共不过3000人左右；4. 太平岩、中团话（以下简称太中话），包括临口的太平岩、中团及木脚乡的木脚村。

就语言本身的特征而言，上述四种本地话其实应分为两大类：下乡话为一类，它的主要特点是侗语成分较多，但又与当地主体侗语有较大的差别，相互间通话有较大的困难，当地的汉人和侗人都认为他们的话非常难懂。《通道县志》（1999）把它归入侗语的一种方言。另外三种本地话是一类，它们中间虽然也有一些侗语成分，但主体成分是汉语。这三种本地话的语言特点大同小异，而且三地的居民之间通话基本上没有什么困难，明显可以看出是一种方言的不同地方变体，而这三种本地话与下乡话之间互懂程度较低。不过奇怪的是，不论是本地人还是汉人一般仍把下乡话称为本地话，并不认为它是另外一种语言，只是感觉到下乡话有点偏向于侗语。当地也有人把下乡话称作"本地侗"[③]，意为带有侗语特色的本地话。在这四种方言中，社会交际，诸如贺词、敬酒、吟唱等，都以菁芜洲片本地话为标准语言。各地的本地人在日常生活中一般说自己当地的本地话，但是一旦到了比较庄重的场合，如祭祀、红白喜事上的致辞等，都要用菁芜洲话来吟诵或吟唱。本地人有一种特殊的民歌"喉路歌"，只能用菁芜洲的本地话来唱，若用别处的本地话来唱，就感觉变了味，不正宗，有些甚至是唱不上来的。因此我们确立以菁芜洲镇的本地话作为本书的研究对象。

从方言归属来看，菁芜洲本地话可归入桂北平话。

## 二　本地话的形成

为什么在通道侗语的海洋中会有这么一种汉语方言？我们可以先从说这种方言的人入手，通过查询族谱等信息来了解该方言的形成与演变。本地人主要有两大姓：杨姓和陆

① 本书中的"本地话"特指湖南通道侗族自治县"本地人"所说的语言，因此后面通常不再加引号，除非有特殊需要。"本地人"也照此处理。

② 发音人陆飘先生根据上辈们传述介绍说，菁芜洲在新中国成立前以里为单位建制，分四个里。

③ 本地人并无此叫法，他们只说"讲本地"。

姓。杨姓认为他们的祖先是从河南杨州白沙县来，最先迁至靖州飞山寨，各地杨姓从此分居。下乡流源村杨光保家有一本已有240多年历史的流源村杨氏手抄祖谱，里面记载："至五月初五日战破飞山，于五甲六户争斗不免，以后，各地杨姓迁徙甚繁，自愿移场择地。""（流源杨姓）初到芙蓉江口、寨头、里勇、牯牛大塘，地连西应，又到双江、黄柏、龙头吉利，……，最后到下乡琵琶七村安身坐住，开花散叶，天顺二年（1458）进入流源。"[①]

陆姓的族谱记载他们的祖先来自江西吉安府泰和县鹅颈大丘，[②]迁至靖州飞山寨，后沿江而上，来到江口太阳坪。来时有七姓人：黄、王、陆、莫、蒋、吴、龙，另还有曹、丘二姓，加起来共有九姓。据菁芜洲小江村陆氏族谱记载，"我陆氏始祖青衣公，江西士族，籍居青州（今之吉安府）泰和县[③]赵梅子坳石鹅岭鹅颈大丘，因宋室金兵入寇，避难青州大浪口，后突遭兵火，青衣公率领九姓人民，……，迁至湖南靖州贯堡渡（今靖州太阳坪乡），后移居飞山，……，于乾祐二年（949）移居江口太阳坪，分上隘、中隘、下隘安居，后因洪水泛滥，耕种艰难，于九姓人民分枝散叶，……青衣公见莲荷塘山明水秀，因买为风水，终而归葬。"

石姓传说是由河南杨州白沙县来的，迁徙路线与杨姓大致相同，其他各姓也都说是从江西来的。从河南杨州白沙县来的说法可能与历史上的行政区划有关。《泰和县志》这样记载，"泰和县古为杨州南境，周为吴地，属越，夫并为楚，于天文为斗风也。秦并天下，隶属九江，……唐贞观三年（787），移县治为白沙邑。"根据这段文字的记载，河南杨州即九江之南，古为杨州。白沙县估计是白沙邑曾置县治在这里，所以本地人在祭祀祖先时总是说由河南杨州白沙县来的。[④]据下乡流源村杨氏手抄祖宗款本记载，"有杨家杨五太子，李家李俊春，吴家吴度能，陆家陆文镜，石家石太禄，丘家丘公汤，高家高务贤，莫家莫二亮，欧家欧文富，门家门天□，宋家宋银翁，陆家陆黄头，侯家侯子义。""当初坐在哪里？坐在江西吉安府泰和县鹅掌大丘，……。当初高龙相斗，鱼鳖乌龟遭殃，男不同意，女不情愿，离了一鼓之地，二恋之方，随江循上，来到哪里？来到会同官堡，七里营盘，

① 族谱资料除特别说明的外，一般都来自杨锡《"本地人"风俗情况调查》（油印本），下同。

② "鹅颈大丘"是湖南族谱中一个十分常见的名字，又名"鹅掌大丘"。许多姓氏都查有鹅颈大丘的来历，鹅颈大丘也有好几个版本：一说在江西吉安府泰和县，一说在临江府，一说在湖北麻城孝感。按我们的分析，鹅颈大丘应该像山西洪洞大槐树一样，历史上曾是一个移民集中点。

③ "青州"在山东，"泰和"在江西，不知族谱为何将二者系联在一起，不过青州有泰和山。

④ 我们在菁芜洲镇小江村陆姓族谱中发现陆氏的堂号即为"河南堂"。《辞源》云："正寝曰堂，古人之题其居宅曰某某堂。"堂是一家一族纪念、祭祀先祖的地方，是血脉承传的香火堂，因此堂号更多的是表明先祖原籍——发祥地，以示对祖宗的永志不忘。

安身坐住。男人不敢放开胆子唱耶，女人不得安坐唱歌。出门相看，田又在高，水又在低。装车架栈，男人不愿装车，女人不愿架栈。我们才离开会同一鼓之地，二恋之方。又随江循上，来到哪里？来到靖州飞山寨上、飞山寨下，安身坐住。朝见红旗人，夜见白旗出。更鼓震地，日听更鼓，夜听锣声。男不同意，女不情愿，离开靖州一鼓之地，二恋之方，随江转上，来到下江口，安龙坐住。血淋地皮，未曾杀牛，先发誓言。牛头向东，那人去东，东方日出；牛头向西，那人去西，西方月落。”在江口太阳坪时，“九姓人民，菜做一锅炒，肉做一锅煮，酒做一勺舀。”以后，各姓人民分住各地，石姓沿江上到地连，迁往下乡琵琶七村。陆姓沿杨溪河，上到蛇口、小江等地。

不过从下乡流源杨光保家所藏族谱来看，杨氏祖先中有名的有杨业、杨再思、杨再兴等人。杨业与杨再兴分别为北宋与南宋抗金名将，而杨再思却是地道的少数民族。杨再思，叙州人，是唐末五代时期湖南靖州“飞山蛮”首领。当是时，梁、唐、晋、汉、周争夺中原，无暇顾及边郡。天下分裂，战乱频繁，生灵涂炭。再思改叙州为“诚州”，诚心固守，自称诚州牧，使制下休养生息，社会稳定，侗、苗各民族安居乐业，农牧发展，商贸兴旺，后归附大宋。朝廷念杨氏治世之德，竖主庙于靖州飞山，赐名“飞山庙”，供各地官民及子孙致祭。

以上是族谱资料中的记载。从历史文献资料以及学者研究的结果来看，本地人中也应该有侗族血统。侗族是通道的世居民族。通道侗族自治县是我国侗族所占比例最高的县之一。侗族是古代百越民族中骆越的后裔，秦时与本地区其他少数民族统称“黔中蛮”，汉时统称“武溪蛮”或“武陵蛮”，魏晋以后泛称为“僚”。《隋书·南蛮传》云：“南蛮杂类，与华人错居，曰蜑、曰獽、曰俚、曰㐌、俱无君长，随山洞而居，古先所谓百越是也。”唐宋时期侗族在史料中的名称为“仡伶”“洞僚”，或是与其他西南少数民族统称为“蛮”“苗”。《宋史·西南溪洞诸蛮传》载：“乾道七年（1171）靖州有仡伶杨姓。”“宋初，杨氏居之，号十峒首领，以族姓散掌州峒。”唐宋之后，其称更繁，如：飞山蛮、仡伶、峒、洞僚、洞蛮等。《明史》中称“蛮僚”。清代称苗、峒苗或彝瑶。《渠阳边防考》载：“渠阳治境诸夷种，有生苗、熟苗、峒苗。”

现在本地人主要有杨、陆、吴、罗、石、陈、粟、李、曹、张十姓。谭其骧先生在其著作《近代湖南人中之蛮族血统》中考证，杨、吴、石、粟、李、张几姓都具有“蛮族”血统，尤以杨姓为甚。谭先生说：“杨氏唐末以来繁衍于省境西南隅溪峒诚、徽州一带。五季时飞山有承磊者，附于叙州蛮潘全盛，为楚将吕师周所杀。既擒全盛，承磊族人再思以其地附于楚。旋复自署为诚州刺史，以其族姓散掌州峒，号十峒首领。值天下乱，再思能保据一方，著威惠。没后民怀思之，至今庙祀不绝。”现在靖州的飞山庙依然常年香火不断。杨光保老人说，他们杨姓每年都会有人去那儿拜祭祖先。

除了以上所论述的，我们还可以看到以下的证据。

1. 从名称上看，侗族称本地人为“客地[$ka^{31}ti^{42}$]”，可见是不把他们当作同族看待的。而他们直接以“本地人”称呼自己，甚至以“本地”作为自己的族名，又可以看出他们是多么渴望成为居住地的主人。“主”与“客”之争在历史长河中闹出多少纠纷，我们已无从知晓，但是从名称中我们却依然可以感觉到本地人在这片土地上为争取平等的地位而付出的艰辛与努力。

2. 在侗族款本的记载中，本地人与其他侗人有不一样的风俗习惯。根据已收集到的侗族款本的记载，本地人现在居住的地方属于四侗的一个款区，这个款包括上侗（即现在的下乡、临口、木脚等乡镇），下侗（即现在的菁芜洲镇地连、銮塘等一带）。款坪设在下乡河对岸的杨柳村坪（当地人已不知这个古名，只知道是款场坪）。由此来说，它是属于侗族的一个款，在习惯法和军事联盟制度上都有一些关联，但是在侗族款词中对于本地人有不一样的记载。

“讲到下乡、临口的客地，早上吹海角，夜晚吹牛角，早上舞着鬼头去，夜里舞着鬼头回。”（陇城路塘款本，石万顺存）

“讲到下乡、临口，说他们是汉人，又是白帕黑衣。说他们是侗人，没有琵琶芦笙。大伙大众，热天冷天，头上不离白帕捆着。”

“当初我俩的祖宗，下乡、临口的祖宗，穿的衣服是四块布，穿的布衣是四条稜。”

“还有客地祖宗，上侗、下侗，下乡、临口，琵琶七村，早上舞着鬼头去，夜里舞着鬼头回。一打铜锣，二打铜鼓。”（黄土吴世禄口述，杨锡记录）

“还有腊嘎上侗、下侗，下乡、临口，没有什么东西来热闹，早上吹花角，夜里吹白角。早上舞着鬼头去，夜里舞着鬼头回。衣袖是红的，衣摆像摇扇子。”（坪坦阳烂村吴太如口述，杨锡记录）

“还有上侗下侗，下乡、临口，身上穿着花尖的衣服，头上捆着白色的头帕。早上打铜锣，夜里打桐孔（一种阔叶高秆植物，中空，可作乐器）。早上舞着鬼头去，夜里舞着鬼头回。前面吹牛角，后面舞鬼头。”（坪坦高步吴永光口述，杨锡记录）

“人的祖讲完了佼宗，讲到客地的祖宗，穿的衣服像檐老鼠一样的花纹。穿的裙子像野菌一样的花尖。穿的衣服不同，讲话也不相同。”（独坡上岩王宝义口述，吴万源记录）

“……下乡琵琶七村，因他们穿的衣服，上面像钢甲，下面像罗鸡（一种野禽，灰色有花尖），穿的衣服不相同，讲的语言不一样。头髻上又有左盘龙，右盘龙。”（双江芋头王在善口述，杨锡记录）

“讲到中团、架马、下乡、临口，他们不是汉人，他们不是侗人，身上穿的衣服不同，讲的话语也不同。说他是汉人，他们又捆白帕穿黑衣，说他是侗人，他们又没有琵琶芦笙。大伙大群，男男女女头上都捆白帕。他们一来抬故事，二来敬太公，早吹号夜吹角，只听铜锣多热闹。”（大高坪黄柏龙军安口述，杨锡记录）

双江镇芋头村用汉文写的宗支簿也有记载，“上边人说为‘汉客’（汉客即指本地人），下边人说是‘苗夷’（苗夷也指本地人）。”

本地人的风俗也比较奇特。根据杨锡1982年所写的《本地人风俗》（油印本）以及我们对本地人村寨的走访见闻，本地人的风俗主要有：

1. 服饰：本地人服饰与侗族同中有异。1949年以前，本地人男子的服饰通常是头捆白帕，两头留吊须，一头斜挂在脸旁。女子则穿镶红蓝绿三色彩边的大襟衣，下着裙，头绑青丝帕，喜围胸裙（见民俗文化词图4-9、图4-10）。少女梳辫，成人后挽双发髻，称为“丫角髻”（见民俗文化词图4-8）。

2. 盛行唱歌：本地人有一种非常特殊的民歌，叫作“嗾路歌”。“嗾路歌”因歌中不断地以“嗾路”二字做衬词而得名，又根据音乐特点和演唱方式分为“花歌”“俏歌”（一说“巧歌”）“讲歌”三种，是侗族音乐中十分难得的多声部歌唱方式，是本地人创造的灿烂的民间音乐文化。目前学术界对它的研究还处于初探阶段。

3. 有称为“吃款”[①]的集体社交活动。内容包括“讲款”“讲古”和玩龙灯。原来还有吹牛角、跳鬼头舞等活动，新中国成立后已失传。“讲古”，主要内容是讲故事，为了纪念侗族祖先姜良、姜妹。菁芜洲一带的男女青年的社交活动主要有“坐仓楼”。“仓楼”不是侗家的正屋，是偏房，一般是放置谷物和杂物的地方，比较宽敞、安静。下乡、地连、銮塘一带的侗家姑娘，往往把它作为“歌堂”。姑娘和后生在此唱歌，叫“坐仓楼”，主要是为青年男女提供一个谈情说爱的机会。

4. 菁芜洲陆姓本地人每年农历十月初一要“过乡”，又称“洪盆盛会”“杀红猪”等。“过乡”的目的是敬“七祖太公”，是陆姓本地人最隆重的节日。据陆姓老人说，此风俗的由来与朱元璋有关，当初陆家先祖陆庆齐与黄、王、莫、蒋、吴、龙共七姓兄弟一起率众起义，结拜为异姓兄弟，先后转战今湖南、贵州等地，帮朱元璋夺取了天下，但朱元璋称帝后，疑心很重、猜忌功臣，将七兄弟斩首示众，不许收尸，残忍至极。七兄弟遇害后，朱元璋

① 款是侗族传统的实施民间自治最基层的社会组织实体。周去非《岭外代答》说，“款者誓也，今人谓中心之事为款，狱事以情实为款。蛮夷效顺，以其中心情实发其誓词，故曰款也。”讲款是侗族一种民俗活动，一般以村寨或鼓楼为单位进行。全寨或全族人都参加，由德高望重的款首当众背诵款约或其他方面的款词，提醒族人要按照祖宗传下来的规约行事。

坐上金銮殿便头昏脑涨，无法执政。后来才知道是七氏兄弟阴魂不散，才不得不下旨封七氏将领为“天神官”，立祠公祭。此后陆氏分住各地，建造宗祠，塑七姓首领神像，称之为“七祖太公”，每年十月初一便“过乡”祭祀（后改为每四年一次，现已改为每六年一次）。

“过乡”的整个仪式由德高望重的“乡老”主持。乡老先要通过打卦的方式，选出下一届由谁家供奉太公太婆（太公太婆并没有固定供奉的地方），以及本次由哪一位小伙子来充当“杀红猪”的勇士。过乡那天，族人抬出七祖太公神像，青少年们身穿古代战服，手举刀、枪、斧、锤等十八般武器，一副出征打扮。乡老满脸虔诚，手托祭品盘，旁边还有人撑伞为盖。其余众人高擎各色战旗，前呼后拥跟随其后，游行于整个团寨。其间，鞭炮铁炮（铁铳）齐鸣，锣鼓喧天。绕寨一周后，人们将太公神像抬到家祠落座。祭祀的高潮部分为“杀红猪”，由一名武士打扮的青年男子手持锋利的大砍刀，手起刀落，将大供猪一刀斩首。猪头滚落一边，猪血从断首处喷涌而出。然后勇士掏出猪的心脏，并把鲜血淋淋的猪头和猪心放入托盘，供在神像前，敬祭七祖太公。剩下的猪肉连皮带毛被切成若干块，分给各家户主带回家中食用。之后便是盛大的宴席，族人一起欢庆。整个活动和酒席的费用一般由族人分摊。

陆姓人为什么会有这种奇特的风俗？我们通过走访，结合对民俗事项各要件的分析，认为很可能是陆姓某祖先曾受朱元璋的迫害，但由于朱元璋贵为天子，陆氏后人无从报仇，于是采用替代的方法，因“朱”与“猪”谐音，故以猪代之。又因朱元璋年号“洪武”，“洪”与“红”谐音，而杀猪的方式又类似于斩首。几种要素相结合，故产生了这种奇特的风俗，以示为祖先报仇之意。当然到了现在，红猪早已没了“洪朱”之意，这一习俗早已演化成了一场缅怀祖先和联络亲情族情的聚会。

5. 婚嫁方面，以家庭为单位，除同宗亲的以外，同姓可以通婚，姓氏观念淡薄。在旧社会姑娘通常不嫁给汉族小伙儿，只嫁本地人，但男子可以娶汉族或侗族姑娘为妻。男子入赘则不受限制，不过菁芜洲陆姓本地人在敬太公时，只有入赘的侗人才享有与本地人同样的“杀红猪”的权利，汉族入赘男子则没有这个资格。本地人婚嫁习俗则与周边侗族基本相同，流行“夜娶”“夜嫁”，而且有哭嫁的风俗。

从上面的论述来看，本地人的来源比较复杂，我们认为是民族融合的结果。换言之，本地人是汉族人迁徙到侗人地区之后，或者是为了政治避难，或者是为了“入乡随俗”而逐渐侗化。本地人的身上带上了很多侗族的色彩，但是，他们的“根”意识很强，一方想融入当地社会，另一方面又强烈地保留了自己原有的民俗文化。

通道县各个乡镇的本地人在与当地侗人交往联姻的过程中，共同在同一片土地上繁衍生息，而逐渐分化为四个小片方言：下乡片、菁芜洲片、太中片和杏五片。本地话是各地本地人及当地汉人对他们所说语言的统一称呼，“本地侗”是部分汉人对下乡一带的本地话的称呼。而对菁芜洲片、杏五片和太中片的方言，则径直称作本地话。因此下文在提到这些名称时，凡是用来笼统指称菁芜洲、杏五和太中三种本地话时，我们就用“本地话”这个名称，而对下乡话，我们则称为“本地侗”，只有在说到具体某种本地话时，我们才使用菁芜洲话、杏五话、太中话和下乡话这四个名称。我们这里所要讨论的本地话的内部差异，实际上只讨论后三片的内部差异，“本地侗”（下乡话）的方言特征，由于与侗语比较接近而与其他几种本地话相差太远，这里就不予讨论了。

太中片、杏五片与菁芜洲片相比，主要有以下七个方面的区别：

1. 中古泥、来二母太中片与杏五片不论洪音、细音均不相混；而菁芜洲片则是洪音混，细音不混；太中片与杏五片以下三组字都不同音，而菁芜洲片却是同音的，例如：

| 太中片 | 杏五片 | 菁芜洲片 |
|---|---|---|
| 兰 $\text{lõ}^{13}\neq$ 难 $\text{nõ}^{13}$ | 兰 $\text{lɔ}^{13}\neq$ 难 $\text{nɔ}^{13}$ | 兰＝难 $\text{lan}^{13}$ |
| 路 $\text{lu}^{11}\neq$ 怒 $\text{nu}^{11}$ | 路 $\text{lu}^{45}\neq$ 怒 $\text{nu}^{65}$ | 路＝怒 $\text{lu}^{22}$ |
| 老 $\text{lou}^{422}\neq$ 脑 $\text{nou}^{422}$ | 老 $\text{lɔ}^{11}\neq$ 脑 $\text{nɔ}^{11}$ | 老＝脑 $\text{lau}^{11}$ |

2. 太中片中古效摄开口一二等帮、见组字的韵母为[o]，其他声母后的韵母为[ou]，效摄开口三四等字的韵母为[ye]；菁芜洲片效摄开口三四等字以及二等帮组字的韵母为[y]，其余字的韵母为[au]；而杏五片则是效摄开口一二等字韵母为[ɔ]，三四等字韵母为[ie]，试比较下列字的读音：

| 例字 | 太中片 | 杏五片 | 菁芜洲片 |
|---|---|---|---|
| 包开二帮 | $\text{po}^{45}$ | $\text{pɔ}^{33}$ | $\text{py}^{45}$ |
| 膏开一见 | $\text{ko}^{45}$ | $\text{kɔ}^{33}$ | $\text{tɕiau}^{45}$ |
| 桃开一定 | $\text{tou}^{13}$ | $\text{tɔ}^{13}$ | $\text{tau}^{13}$ |
| 早开一精 | $\text{tsou}^{422}$ | $\text{tsɔ}^{11}$ | $\text{tsau}^{33}$ |
| 烧开三书 | $\text{ɕye}^{45}$ | $\text{ɕie}^{33}$ | $\text{ɕy}^{45}$ |
| 招开三章 | $\text{tɕye}^{45}$ | $\text{tɕie}^{33}$ | $\text{tɕy}^{45}$ |
| 条开四定 | $\text{tye}^{13}$ | $\text{tie}^{13}$ | $\text{ty}^{13}$ |

3. 中古流摄字韵母太中片是一等为[au]，三等为[iu]；菁芜洲片则是一等为[ou]，三等为[iu]（有少数几个字的韵母为[u]）；杏五片与菁芜洲片相同，例如：

| 例字 | 太中片 | 杏五片 | 菁芜洲片 |
|---|---|---|---|
| 狗 | $\text{kau}^{422}$ | $\text{kou}^{11}$ | $\text{kou}^{33}$ |
| 走 | $\text{tsau}^{422}$ | $\text{tsou}^{11}$ | $\text{tsou}^{33}$ |

| | | | |
|---|---|---|---|
| 斗 | tau$^{422}$ | tou$^{11}$ | tou$^{33}$ |
| 瓯杯子 | au$^{45}$ | ou$^{33}$ | ou$^{45}$ |
| 流 | liu$^{13}$ | liu$^{13}$ | liu$^{13}$ |
| 收 | ɕiu$^{45}$ | ɕiu$^{33}$ | ɕiu$^{45}$ |

4. 太中片中古咸、山摄字的韵母一般是一二等读为鼻化韵母[ɔ̃]，三四等字以及部分梗摄字则鼻尾脱落，取代此位置的是元音韵尾[i]；菁芜洲片咸、山摄一二等字的韵母为[an]，三四等及部分梗、曾摄字为[in]；而杏五片中古咸、山摄一二等字的韵母鼻尾脱落，变为开尾韵母[ɔ]，咸、山摄三四等字则与梗摄三四等字的韵母一样为鼻化的[ẽĩ]，请比较下面例字：

| 例字 | 太中片 | 杏五片 | 菁芜洲片 |
|---|---|---|---|
| 胆咸开一 | tɔ̃$^{422}$ | tɔ$^{11}$ | tan$^{33}$ |
| 慢山开二 | mɔ̃$^{11}$ | mɔ$^{55}$ | man$^{22}$ |
| 管山合一 | kuɔ̃$^{422}$ | kuɔ$^{11}$ | kuan$^{33}$ |
| 见山开四 | kei$^{11}$ | kẽĩ$^{53}$ | tɕin$^{44}$ |
| 愿山合三 | uei$^{11}$ | yẽĩ$^{55}$ | ȵuan$^{22}$ |
| 牵山开四 | ȶʰei$^{45}$ | tsʰẽĩ$^{55}$ | tɕʰin$^{45}$ |
| 钉梗开四 | tei$^{45}$ | tẽĩ$^{33}$ | tin$^{45}$ |
| 病梗开三 | pei$^{11}$ | pẽĩ$^{55}$ | pin$^{22}$ |

5. 中古宕、江摄太中片有些字的韵母为声化韵，菁芜洲片没有这种现象，例如：

| 例字 | 太中片 | 菁芜洲片 |
|---|---|---|
| 光 | kŋ̍$^{45}$ | kuan$^{45}$ |
| 讲 | kŋ̍$^{422}$ | kan$^{33}$ |
| 江 | kŋ̍$^{45}$ | kan$^{45}$ |

6. 中古通摄入声字，杏五片的主元音为[e]，而菁芜洲片及太中片的主元音为[o]，试比较下列字的读音：

| 例字 | 杏五片 | 太中片 | 菁芜洲片 |
|---|---|---|---|
| 六 | lye$^{11}$ | lu$^{11}$ | lio$^{11}$ |
| 竹 | tɕye$^{33}$ | ȶo$^{11}$ | ȶo$^{44}$ |
| 绿 | lye$^{11}$ | lo$^{11}$ | lio$^{11}$ |
| 读 | te$^{11}$ | to$^{11}$ | to$^{11}$ |

7. 声调方面，无论是调类还是调值，太中片、杏五片都与菁芜洲片存在一定程度的差异，请看表1-1：

表1-1　本地话声调比较表

| 太中片 | | 菁芜洲片 | | 杏五片 | |
|---|---|---|---|---|---|
| 调类 | 调值 | 调类 | 调值 | 调类 | 调值 |
| 阴平 | 45 | 阴平 | 45 | 阴平 | 33 |
| 阳平 | 13 | 阳平 | 13 | 阳平 | 13 |
| 上声 | 422 | 阴上 | 33 | 上声 | 11 |
| | | 阳上 | 11 | | |
| 去声 | 11 | 阴去 | 44 | 阴去 | 53 |
| | | 阳去 | 22 | 阳去 | 55 |

## 三　本地话与平话的关系和异同

上文已经说过，本地人一般都把他们所说的语言叫作“本地话”。不过据了解，在菁芜洲镇的銮塘、里勇、地连一带，也有部分本地人（主要是中老年人）把他们所说的话叫作“讲平”（其他地方的本地人未见有此叫法）。虽然有文章（如杨锡（1993））提到通道县境内有平话分布，但并未具体指出这种平话的分布及特点，前人也没有对本地话的归属进行过系统的论证。

那么本地话是否是属于平话的一种呢？我们认为，以菁芜洲为代表的本地话比较接近于平话中的桂北平话。平话主要分布在广西壮族自治区。关于这一点，研究平话的专家学者意见是比较一致的。但对于广西壮族自治区之外还有哪些地方有平话的分布，意见却不甚相同。张均如、梁敏（1996）提到，“平话在各地的名称不一，南宁市郊区、邕宁、桂北的临桂、湖南的宁远、道县、通道等地自称平话……。”后来梁敏、张均如（1999）也指出，平话也分布在“湖南省与广西毗连的道县、宁远、蓝山和通道侗族自治县等十多个县的集镇和部分农村中。”李连进（2000：138—141）也提到通道境内有平话分布。多位学者均提到通道县境内的“平话”，似乎可以确定无疑。不过笔者曾向梁敏、李连进两位先生请教，得知李先生的说法来源于梁敏、张均如（1999），而梁敏、张均如先生的说法则来源于杨锡（1993）。杨锡（1993）说：“‘平话’是汉语的一种方言，主要分布在广西南北部一些地区，此外湖南的城步苗族自治县和通道侗族自治县境内亦有一部分侗族群众使用这种语言。通道境内通平话的侗族仅六七千人，但影响却很大。”杨锡所讲的“平话”，应该就是指的本地话。因为我们在下乡本地人村落中走访时，部分人也认同“讲平”的说法。

广西境内的平话大体上可以分为桂南平话和桂北平话两种。其中桂南平话内部的一致性比较大，邻县方言点之间可以相互沟通，有不少学者认为应该划归粤语。桂北平话内部的分歧较大，邻县甚至一县之内的平话之间也不能相通。通道在地理位置上与桂北平话连成一片，因此下面我们主要从语音方面对本地话和桂北平话进行比较。

桂北平话内部虽然有较大的分歧，但并非没有共同性的特征。梁金荣（1998）归纳了桂北平话的十六条语音特征，如下：

（1）古全浊声母今读塞音、塞擦音时，无论平仄，一般读为不送气清音。

（2）古微母字部分读作 [m-]，与明母字相混。

（3）古知组字部分读作 [t-][tʰ-]，与端组字相混。

（4）尖团音大部分地区不混。

（5）晓匣合口一二等字部分读作 [f-]，与非敷奉母相混。

（6）精组字与知照系字普遍不混。

（7）邪母字多读为塞擦音，与从母相混。

（8）日母字普遍读为 [ȵ-]。

（9）疑母逢洪音今读 [ŋ-]，逢细音读 [ŋ-][ȵ-] 不等。

（10）匣母部分合口一二等字读为零声母。

（11）假、蟹、效、咸、山、江诸摄开口二等见系字未腭化。

（12）效开一豪韵与开二肴韵基本上不混。

（13）蟹摄开口四等字大体上读洪音，与止摄开口三等支脂之三韵字不混。

（14）蟹摄合口一等灰韵帮组字与止摄开口三等支脂韵帮组字不混。

（15）山摄开口二等山删韵帮组与山摄合口一等桓韵帮组大体上不混。

（16）无双唇鼻韵尾 [-m] 及塞音韵尾 [-p][-t][-k]。

在这十六条语音规律中，我们发现本地话在很多方面都与之一致。为了节省篇幅，下面我们用表格的形式来加以反映。桂北平话的材料直接引自梁金荣（1998）。我们挑选出其中的临桂（五通）、永福（堡里）、灵川（甘棠）、桂林（雁山）、平乐（阳安）五个点来与菁芜洲本地话进行比较。在下面的表 1–2 中，“+”号表示具有此项特征，“–”表示不具有此项特征，“±”表示具有这项特征，但有相当一部分例外，例如第（6）条规律，灵川的精组字与知照系字有的不混，如“借 [tɕie$^{45}$]”≠“蔗 [ʧuo$^{45}$]”，“焦 [tɕiau$^{24}$]”≠“招 [ʧau$^{24}$]”，但也有一部分相混的，如“井 [ʧai$^{33}$]”=“整 [ʧai$^{33}$]”，“丝 [sɿ$^{24}$]”=“师 [sɿ$^{24}$]”。前文提到菁芜洲本地话效摄开口二等帮组字的韵母与三四等同，二等其他字则与开口一等相同也是属于这种情况，所以在第（12）条中，本地话也用“±”表示。

**表1–2　本地话与桂北平话语音特征比较表**

| | 菁芜洲 | 临桂 | 永福 | 灵川 | 桂林 | 平乐 |
|---|---|---|---|---|---|---|
| （1） | + | + | + | + | + | + |
| （2） | + | + | + | + | + | + |
| （3） | – | + | + | + | + | – |
| （4） | + | + | + | – | + | + |
| （5） | + | + | + | + | + | + |
| （6） | + | + | – | ± | ± | + |
| （7） | – | + | + | + | + | + |
| （8） | + | + | + | + | + | + |
| （9） | + | + | + | + | + | + |
| （10） | + | + | + | + | + | + |
| （11） | ± | + | + | + | + | + |
| （12） | ± | + | ± | – | + | + |
| （13） | ± | + | + | ± | + | + |
| （14） | + | + | + | + | + | + |
| （15） | + | + | + | – | + | + |
| （16） | + | + | + | + | + | + |

声调方面，张均如、梁敏（1996）认为，从调类和调值看，湖南南部的平话与桂北灵川等地的平话相近，表1–3是菁芜洲本地话和桂北平话声调系统的比较。

**表1–3　本地话和桂北平话声调比较**

| 菁芜洲 | 灵川 | 融安 | 临桂 |
|---|---|---|---|
| 阴平45 | 阴平35 | 阴平42 | 阴平13 |
| 阳平13 | 阳平22 | 阳平31 | 阳平31 |
| 阴上33 | 阴上44 | 阴上44 | 上声53 |
| 阳上11 | 阳上13 | 阳上24 | |
| 阴去44 | 阴去55 | 阴去55 | 阴去33 |

续表

| 菁芫洲 | 灵川 | 融安 | 临桂 |
| --- | --- | --- | --- |
| 阳去22 | 阳去31 | 阳去35 | 阳去214 |
| | 入声53 | 阴入53 | 入声55 |
| | | 阳入13 | |

从表1–3可以看出，菁芫洲本地话与桂北平话在调类和调值上的相似之处。调类上表现为：平、去各分阴阳，上声部分点也分阴阳，古清入字或浊入字分为两类。调值上表现为阴平多为高升调，阴调和阳调呈现为“阴高阳低”。不同点也很明显，本地话中已经没有了入声调类。

# 第三节

# 通道本地话使用现状

## 一　本地区方言介绍

通道县的主体民族为侗族，因此侗语是优势语言。通道侗语以陇城话为代表，属于侗语南部方言第一土语。陇城话主要分布在陇城、坪阳、甘溪、马龙、双江、黄土、坪坦、独坡及通坪等地。播阳话则兼有南北侗语的特点，主要分布在播阳、地阳坪、团头、牙屯堡和菁芜洲镇的芙蓉片。下乡以及临口的官团、山溪、石壁，木脚的陇底等地属于“本地侗”的范围。通道官话属于西南官话，主要分为临口话（包括临口、下乡、溪口、杉木桥、马龙、陇城、甘溪、坪阳、黄土、坪坦等乡镇）和县溪话（包括双江、县溪、江口、地阳坪、播阳、团头、牙屯堡、菁芜洲等乡镇）。苗语主要集聚在戈冲和大高坪两个苗族乡，又被称为“草苗话”。使用人口约有4000人，瑶语主要分布在传素瑶族乡。

除了本地话和上面所讨论到的语言或方言外，孙叶林（2016）和胡蓉（2016）都涉及通道的另一种汉语方言——“二里话”。“二里话”是一种与本地话（四里话）有较大差别，相互间基本不能通话的汉语方言。孙叶林（2016）指出“二里话”分布在通道东北部溪口镇的大部分村落。

瞿建慧、谢玲（2011）指出，通道县的江口乡、县溪镇的社团、大穴等地分布着一种“酸汤话”，这种酸汤话是当地苗族居民向汉人学习湘语过程中形成的中介语，其在演变过程中受到了官话和赣语的影响，本质上应该还是属于湘语。

## 二　本地话与周边方言的关系

本地话所处的语言环境复杂，总体上占优势地位的是通道官话和侗语，公共场合里通常使用通道官话，在与侗族群体交流时则通道官话与侗语混合着使用。因此本地话实际上只在族群内部使用。

菁芜洲镇侗族占绝大多数，汉族村原来只有一个，即菁芜洲镇镇政府所在地的菁芜洲村，后来又从菁芜洲村中分出兴菁居委会。居民说汉语通道官话，其他的侗族村落普遍通行侗语。本地话只在地连、车控、小江、銮塘、里勇和寨头堡等村使用。本地话与周边语言或方言差别极大，不能彼此通话。当地百姓语感上也认为本地话是一种“既不是侗语，也不是汉语”的特殊语言。《通道县志》（1999年）认为本地话是一种“特殊方言”。

## 三　本地话濒危现状

通道县地广人稀，人口分布具有明显的民族聚居特点。汉族居民多居城镇，侗、苗、瑶等民族多按族姓聚居，形成“大聚居、小杂居”的局面。各民族都有自己的民族语言，各民族之间的交际通用语以及会议、教学用语都使用通道官话，该官话属于汉语西南官话的怀靖片。以前侗语的地位较高，使用广泛，侗族聚居区一律使用侗语，杂居区以及集市上的交易也大多使用侗语。通道其他民族许多人能听懂侗语，也有部分人能流利地使用侗语进行交流。侗语是通道各民族的首要交际用语。1949年以后，尤其是改革开放以来，随着汉语影响力的不断增强，通道汉语已经取代侗语成为各民族的首选公共交际用语。因此通道境内的人多是多语人，他们在家族内部说自己的母语，在集市等公共场合会说侗语，到了政府等正式场所又会转为通道官话。但是，也有相当一部分的少数民族居民，特别是跟汉族人杂居在一起的少数民族青少年以及部分中年人，已经不会说自己的民族语而只会说汉话（通道话）了。在我们的调查过程中，发音人跟我们的交流主要都用通道话，有时在提供语料的过程中，发音人也会不知不觉中转用为通道话，需要我们的提醒才能回到母语的状态。实际上，就目前的社会生活状况而言，很难准确统计本地话的具体语言使用状况，因为一些年轻人长期在外务工，有些是整个家庭都在外打工，邻居亲戚也弄不清楚他们的语言生活状况，特别是年轻人和儿童们的语言使用情况，不确定他们是否还会说，或者还能够在多大程度上说自己的母语。同时，随着媒体资讯越来越发达，普通话也迅速地对通道境内各语言产生巨大的影响。普通话的词，特别是一些紧跟时代步伐，反映社会生活发展的新词，已经进入生活的各个层面。青少年一代中的许多人已经直接转变为只会说普通话的“单语人”。据我们统计，目前说本地话的人口总数在一万人左右，而且在官话和普通话的影响下，总体上正在处于一个急剧萎缩的状态。

# 第四节

# 通道本地话研究现状

## 一　本方言及同类方言记录

关于本地人和本地话，现有的研究成果是比较少的。鲍厚星、颜森（1986）在给湖南方言分区时将通道的汉语方言划入西南官话岑江片。后来鲍厚星（1998）又将通道话划入西南官话怀靖片，但这是就通道官话的归属而言的。张均如、梁敏（1996）、李连进（2000）和杨锡（1993）都提到湖南通道县境内有平话的分布，但均只有只言片语的涉及，并没有深入的探讨与研究。

《通道县志》（1999）中专设第四十七章“方言”，对通道的语言情况进行了简要的介绍。其中本地话被当作“特殊方言”对待，取瑶族的叫法而称之为“洛岩话”，认为它“既不同于汉语方言，也与侗语主体方言有较大的差别。洛岩话的语音系统与下乡话接近，但与主体方言的侗语词有区别，所以洛岩话与陇城话、播阳话不能通话，与下乡话通话也有相当障碍”。可见，本地话是被当作侗语的变体来看待的。《通道县志》并没有介绍它的语音系统，仅仅例举了若干与侗语音义接近的词语以及与汉语意义相同的词语。

我们在2002年初次赴通道调查时，发现了通道县民委杨锡撰写的一本油印的《本地人风俗情况调查》。作者杨锡本人也是本地人，他明确了本地人所说的本地话是属于平话的一种。

彭建国《湖南通道“本地话”调查》（2003）是第一篇系统进行本地话研究的文章。该文介绍了本地话的地理分布、使用人群，认为本地话可分两大类：“本地汉”与“本地侗”，分别介绍了各自的语音特点，最后结合人文历史背景，对本地话的形成进行了推理。之后的彭建国、何好娜（2010）和彭建国（2016）基本上都是从这篇文章中析出来的。彭建国、何好娜（2010）介绍了通道菁芜洲本地话的声韵调系统、语音特点，并通过与桂北平话的比较，认为菁芜洲本地话从系属上来说应该归入桂北平话。彭建国（2016）则介绍了“本地侗”的语音系统，然后分别从语音、词汇和语法上逐步分析，认为“本地侗”带有明显的侗、汉语的混合性质。此外，石林（2009）记录了銮塘本地人的平话音系、音系特点，并编辑了同音字汇。

胡蓉（2016）对通道境内的汉语方言“二里话”和“四里话”（按：即本地话）的音韵特征进行了考察，主要从“古老音韵特征的保留”“自身语音演变”和“语言接触影响”三个角度对两种汉语方言进行了分析。孙叶林（2016）则专文讨论了分布在溪口镇各个村寨的“二里话”的音韵特征，作者通过把“二里话”跟湘语的语音特征进行比较，再联系其地理位置，认为“二里话”可以归属于湘语的娄邵片。对此，胡萍（2007）有不同观点，她认为，尽管“二里话”与“四里话”有差异，但仍应属于同一种方言。此外，胡萍（2007）介绍了通道县的两种汉语方言的音系，一种是原县城所在地县溪话（旧称“军话”），一种是江口话（酸话），并将它们置于湘西南汉语方言的大背景之下进行了语音比较研究。彭泽润、彭建国（2013）则介绍了通道话（双江镇）的音系，并记录了通道话的若干特色词语。

通道的侗语已有一批研究成果，如杨通银的《通道侗语研究——功能视野下的语音、句法和语篇研究》，石愿兵的《通道侗语》和《通道侗语词语》（湖南省少数民族古籍办公室规划），以及石愿兵、林良斌、吴文志主编的《通道侗语三百句》等。因为与本项研究的关系不大，我们就不一一介绍了。

## 二　研究文献综述

杨锡（1993）比较早涉及通道本地话。他指出侗语的“耶[je$^{24}$]”（一种侗歌）中有不少汉语词，其读音既不是西南官话，也不是湘方言，而是一种与平话相近的侗族读书音。文中介绍通道境内说平话的侗族有六七千人，侗族老人说它是“古侗语”，但其实是一种比较古老的汉语方言。文章没有指明平话的具体使用人群，只说“保留在交通不甚方便的地方”，不过从文中介绍的平话音系来看，它与下乡一带的本地话很接近，跟菁芜洲本地话相比，侗语的成分要稍多一些。

彭建国、何好娜（2010）的内容上一节已经介绍过了，此处不予赘述。彭建国（2016）介绍了本地话中的下乡话（文中称“本地侗”）的基本情况。文章先介绍了“本地侗”的音系，“本地侗”有声母47个，韵母18个，声调8个。“本地侗”与陇城侗语关系密切，却也差异明显，如陇城侗语元音有长[a]与短[ɐ]之别，“本地侗”这种差别已经消失；陇城侗语辅音韵尾[-m、-n、-ŋ、-p、-t、-k]俱全，而“本地侗”辅音韵尾只有[-n、-ŋ]两个，陇城侗语[-m]尾对应于“本地侗”的[-n]尾，而塞音韵尾[-p、-t、-k]在“本地侗”中则都已经脱落。

“本地侗”有大量的词与菁芜洲本地话在读音上有严格的对应关系，但是在语音要素上“本地侗”却与陇城侗语接近，比如“送气”“不送气”不仅在塞音、塞擦音上对立，而且还在鼻音、边音和半元音上对立。文章运用陈保亚的核心词阶曲线判定法，对斯瓦迪士（M. Swadesh）提出的200个核心词进行分析，认为“本地侗”与侗语为同源关系，与汉语是接触关系。

石林（2009）记录了通道菁芜洲镇銮塘村的本地话（该文称“平话”）音系，文章指出“他们称自己的语言为‘平话’，……銮塘、临口、太平岩和邓口这四地的平话略有区别，但以銮塘平话的使用范围最广，四地人之间交流均用銮塘平话”。文章主要是介绍了銮塘的声韵调系统。从描述来看，与本书所讨论的本地话应为同一方言，石文先是介绍了音系，共有22个声母，46个韵母，8个声调，然后介绍了銮塘平话的同音字汇。其音系与本文有比较大的差别。不过石文有一些印刷错误及不一致的地方。

杨通银、房艳平（2011）主要讨论“本地侗”的性质与归属问题，并结合人类学和历史学的材料，探究本地话的历史来源。文章基本认同彭建国（2003）的观点，认为“本地汉”是汉族移民迁入侗族地区以后，其语言因为与侗语的接触而受到其影响的结果。“本地侗”则是五六百年前在民族迁徙的过程中，停留原地的侗族受周围汉族影响而形成的。杨文不支持彭建国（2003）提及的“本地侗”可能已经是一种侗汉混合型语言的倾向性判断，认为可考虑将其立为侗语南部方言的一个新的土语，即第四土语，将其定义为一种“以侗语成分为核心，以汉语借用成分为主体的特殊语言”。

# 第五节

# 调查说明

## 一　调查过程简述

我们第一次调查通道本地话是在2002年。当时，为了撰写硕士学位论文，我们对本地话的语音系统进行了详细的纸笔调查。后来的几年里，我们又零零散散地做过一些补充调查。

2015年5月，本课题组在课题立项后，便立即着手开始工作，一方面采购摄像机、话筒、声卡、背景布、补光灯等调查设备，另一方面积极联系当地政府，物色合适的发音人。2015年8月，项目负责人正式率领调查团队到达通道县。在以前认识的发音人陆飘先生的帮助下，我们先找到县民族宗教局，民族宗教局的林良斌局长介绍我们到菁芜洲镇人民政府。镇政府时任领导高度重视，杨采妮镇长积极联系发音人，还特意为我们安排了发音人的海选工作，最终确立了6位发音人。

由于之前已经对本地话进行过比较系统的调查与研究，因此我们的纸笔调查进展很顺利，只用了7天的时间便完成了。之后开始音、视频的摄录工作。没有料到寻找合适的录音场所反而成为我们的大难题。经过多方访询了解之后，终于在县城郊区的“金帝豪大酒店”找到了较为理想的摄录场所，开始了语保录音录像工作。由于是第一次进行摄录，碰到了不少困难，但是在各方的努力下，我们最终克服了困难，到2015年12月，纸笔调查和录音录像工作完成。我们向语保中心提交了验收材料，包括纸笔调查手册一本，以及全部的电子文档。所提交的文件符合中国语言资源保护工程的管理办法及工作、技术规范。最终顺利通过了语保中心关于调查及音像资料部分的验收。

之后便开始准备书稿材料的收集与整理。为了能够得到真实有效的第一手语料，我们又先后两次去通道进行田野调查，重心虽然放在了菁芜洲的小江村，但是对銮塘、车控一带的本地话也做了面上的调查。另外，我们还去了下乡、临口，对当地的“本地侗”进行了一些补充调查。我们与老男发音人俞仕忠先生成为好朋友。他的女儿在益阳市桃江县工作，他偶尔会到女儿家走走。记得有一次他说将去女儿家住一段时间，我们便又请他顺道到长沙来住几天，帮助我们进一步调查，方便进行音频的录制，以保存珍贵的有声资料。同时，俞先生又是一位科技“潮人”，使用智能手机，经常上微信。互加微信好友后，网络又成了我们的调查阵地，有什么问题在微信上问问，马上就能得到他的回应。科技让田野调查变得更加便捷了。

## 二　发音人简介

本书的发音合作人情况介绍（其中杏五话和太中话只做了语音特点的了解）：

1. 俞仕忠，男，1955年3月出生，菁芜洲镇小江村人，小学文化，农民。语保项目的老男发音人。对本地人的情况非常了解，当地地形地貌、动植物等方面的知识非常丰富。除会讲本地话外，还会讲通道官话和侗语。

2. 陆飘，男，1942年12月出生，菁芜洲镇小江村人，新中国成立前念过私塾，农民。原来担任小江村党支部书记。除会讲本地话外，还会讲通道官话和侗语。语保项目的口头文化发音人。

3. 陆凡英，女，1950年8月出生，菁芜洲镇小江村人，小学文化，农民。语保工作老女发音人。除会讲本地话外，还会讲通道官话。

4. 邱伟泉，男，1983年10月出生，菁芜洲镇小江村人，本科，菁芜洲镇中学老师。语保工作青男发音人。除会讲本地话外，还会说通道官话和普通话。

5. 陆爱焕，女，1980年2月出生，菁芜洲镇銮塘村人，本科，菁芜洲镇中学老师。语保工作青女发音人。除会讲本地话外，还会说通道官话和普通话。

6. 杨继焕，男，1952年出生，菁芜洲镇车控村人，小学文化，农民。语保工作口头文化发音人。除会讲本地话外，还会说通道官话和普通话。

7. 杨光诘，男，1934年出生，下乡乡所里村人，新中国成立前念过私塾，除会讲下乡话外，还会讲通道话和侗语。

8. 宋吉辉，男，1960年生，临口镇杏花村人，中专文化程度，中学教师，除会讲杏五话外，还会讲通道话。

9. 石凤姬，女，1927年生，下乡乡所里村人，原住临口镇太平岩村，高中文化程度，除会讲太中话外，还会讲通道话、下乡话和侗语。

# 第二章 语音

# 第一节

# 声韵调

## 一　声母

本地话共有声母23个，零声母包含在内。

| | | | | |
|---|---|---|---|---|
| p八婆兵病 | p$^h$派破片谱 | m麦明问忘 | f飞灰书县 | ʋ味坏云园 |
| t多东甜毒 | t$^h$拖梯天桶 | n脑南年泥 | | l老蓝连路 |
| ts资贼茶争 | ts$^h$刺拆初祠 | | s丝事床双 | |
| ȶ柱九张城 | ȶ$^h$车抽春唱 | ȵ牙月软热 | | |
| tɕ纸主着权 | tɕ$^h$吃溪跪轻 | | ɕ想十手谢 | |
| k高歌狂讲 | k$^h$开苦看坑 | ŋ鹅熬五矮 | x风蜂好活 | |
| Ø安温王用 | | | | |

声母说明：

1. [f、ʋ]的摩擦程度较轻，发音部位不是典型的唇齿，而是上齿靠在下唇内侧，使得后续的元音展唇的特征明显。

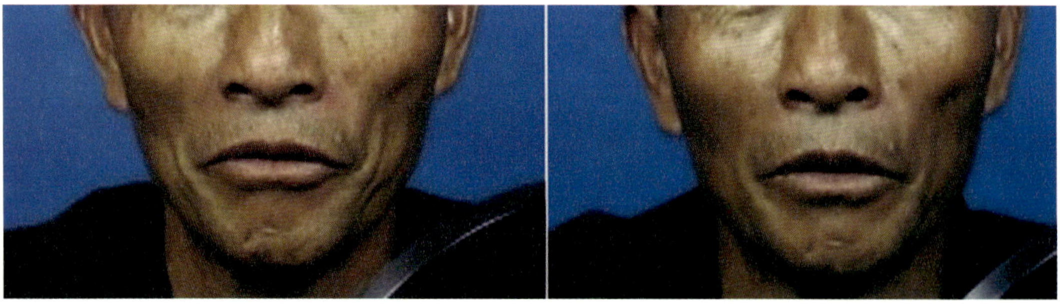

图2-1 “书”[fy$^{45}$]（图左）和“坏”[ʋye$^{22}$]（图右）声母的唇形图

2. [ȶ、ȶ$^{h}$]是地道的龈腭塞音（alveolo-palatal），只跟开口呼和合口呼韵母相拼，不跟齐齿呼与撮口呼韵母相拼。

3. [x]的发音部位比普通话的靠后，接近咽擦音[ħ]。

## 二　韵母

本地话共有韵母35个。

| | | | |
|---|---|---|---|
| ʅ始痴师事 | i师丝二飞 | u苦猪雨做 | y饱笑桥鬼 |
| a歌鸭辣茶 | ia牙写八药 | ua过刮瓦贺 | ya花法滑袜 |
| o盒骨出月 | io六缺约熟 | | |
| e对赔接撤 | ie排鞋快十 | ue回歪或国 | ye血坏越 |
| ai大派蟹怀 | | uai拐外 | |
| ei开贝嘴类 | | uei危胃围规 | |
| au宝嫂抄敲 | iau校摇交庙 | | |
| ou豆走悉牛 | iu油鼠手育 | | |
| an南山讲唱 | ian扳满办眼 | uan短官床双 | yan船反冤县 |
| ən根新春灯 | in年深盐病 | uən棍困温浑 | yn顺蠢云营 |
| en冷争硬行 | | uen梗管秆 | |
| | iaŋ响粮尝降 | | |
| oŋ五东风穷 | ioŋ容熊凶用 | | |

韵母说明：

1. [ʅ]只用来拼西南官话借词。

2. [iu]和[ç]组合在一起时，[i]音的动程很短，实际上是[$^{i}$u]，今还是记作[iu]。

3. [e]在做单韵母时开口度较大，接近3号元音[ε]，前有[i、y]介音时开口度变小。声母[m]后的[e]受到鼻音的顺同化影响，鼻化特征明显，如“煤”。

4. 有[i]介音的情况下，[a]才会带有[ŋ]韵尾，否则均为[n]尾，发音人自己也无法区分前后鼻尾[an]和[aŋ]。不过[n]的发音并不像普通话那样，发完后舌尖不顶齿龈，呈自然下垂状。

5. [y]在[f、ʋ]声母和非[f、ʋ]声母后的唇圆度稍有差别。在非[f、ʋ]声母后的唇圆度要稍大一些，但也不到普通话那样的程度。

## 三　声调

本地话共有6个调类。

| | | |
|---|---|---|
| 阴平 | 45 | 东该通开天春 |
| 阳平 | 13 | 门龙牛铜皮红 |
| 阴上 | 33 | 懂古鬼统苦讨 |
| 阳上 | 11 | 脑老六月白罚 |
| 阴去 | 44 | 冻怪寸谷节刻 |
| 阳去 | 22 | 洞树路硬近后 |

声调说明：

1. 阴平调高且略微上扬，今记作45。

2. 阳平调前面稍有些下降，但幅度不大，今记作13。

3. 本地话的平调比较多，阴去、阴上、阳去、阳上基本上都是平调，只有高低的差别，且阴上、阴去和阳去都呈稍降的模式。其中阴上跟阴去要更接近一些，有时需要比字才能加以区分。

# 第二节

# 单字音表

表2-1是通道本地话的声韵调配合表，又称为单字音表。表中同一横行表示声母相同，同一竖行表示韵母和声调相同，空格表示没有配合关系。有意义而无字的，表里用加圈数字表示，并在表后加注。其他需要说明的字加粗显示，表后加注。声母、韵母和声调均按照声韵调系统中的顺序排列。

**表2-1　通道本地话单字音表**

| 韵 / 调 / 声 | ɿ | | | | | | i | | | | | | u | | | | | |
|---|---|---|---|---|---|---|---|---|---|---|---|---|---|---|---|---|---|---|
| | 阴平 45 | 阳平 13 | 阴上 33 | 阳上 11 | 阴去 44 | 阳去 22 | 阴平 45 | 阳平 13 | 阴上 33 | 阳上 11 | 阴去 44 | 阳去 22 | 阴平 45 | 阳平 13 | 阴上 33 | 阳上 11 | 阴去 44 | 阳去 22 |
| p | | | | | | | 碑 | 皮 | 比 | 鼻 | 闭 | 被 | ② | 菩 | 补 | | 布 | 步 |
| pʰ | | | | | | | 披 | | 痞 | | 屁 | | **铺** | | 普 | | **铺** | |
| m | | | | | | | 眯 | 棉 | | 密 | | | | 模 | | 母 | | |
| f | | | | | | | 飞 | 肥 | | | | | 夫 | 胡 | 虎 | | 负 | 妇 |
| ʋ | | | | | | | **淤** | 围 | ① | | 喂 | 味 | | | | | | |
| t | | | | | | | 低 | 题 | 底 | | 帝 | 地 | | 图 | 堵 | | | 杜 |
| tʰ | | | | | | | 梯 | | 体 | 隶 | 替 | | | | 土 | 突 | 兔 | |
| n | | | | | | | | 泥 | | 你 | 义 | 二 | ③ | | | | | |
| l | | | | | | | **里** | 篱 | **哩** | 礼 | 粒 | 丽 | | 炉 | | 脼 | | 路 |
| ts | 资 | 直 | | 织 | | | 之 | 瓷 | 子 | | 织 | 字 | 租 | | 酒 | 卒 | 做 | 就 |
| tsʰ | 痴 | 祠 | | | 次 | | | | | | 刺 | | 秋 | | 楚 | 族 | 醋 | |
| s | 视 | 实 | 始 | | | 事 | 私 | 徐 | 死 | | 四 | 事 | 梳 | 锄 | 数 | 俗 | 素 | 袖 |

续 表

| 声＼调＼韵 | ɿ | | | | | | i | | | | | | u | | | | | |
|---|---|---|---|---|---|---|---|---|---|---|---|---|---|---|---|---|---|---|
| | 阴平45 | 阳平13 | 阴上33 | 阳上11 | 阴去44 | 阳去22 | 阴平45 | 阳平13 | 阴上33 | 阳上11 | 阴去44 | 阳去22 | 阴平45 | 阳平13 | 阴上33 | 阳上11 | 阴去44 | 阳去22 |
| ʨ | | | | | | | | | | | | | 周 | 除 | 九 | | 锯 | 旧 |
| ʨʰ | | | | | | | | | | | | | 吹 | | 丑 | | 臭 | |
| ȵ | | | | | | | | | | | | | | 鱼 | ④ | 女 | ⑤ | |
| tɕ | | | | | | | 鸡 | 棋 | 纸 | | 记 | 妓 | | | | | | |
| tɕʰ | | | | | | | 妻 | | 起 | | 汽 | | | | | | | |
| ɕ | | | | | | | 诗 | 时 | 屎 | 适 | 世 | 是 | | | | | | |
| k | | | | | | | | | | | | | 姑 | | 古 | | 故 | |
| kʰ | | | | | | | | | | | | | 枯 | | 苦 | | 库 | |
| ŋ | | | | | | | | | | | | | | | | | | |
| x | | | | | | | | | | | | | | | | | | |
| ø | | | | | | | 衣 | 移 | 椅 | | 意 | 易 | 乌 | 吴 | | 雨 | | 芋 |

注释：

淤ʋi⁴⁵粪肥

里li⁴⁵：暗～暗气

哩li³³：mən⁴⁴～什么

铺pʰu⁴⁵动词

铺pʰu⁴⁴名词

① ʋi³³松明子

② pu⁴⁵关节：手侧～

③ nu⁴⁵哪

④ ȵu³³夫之妹

⑤ ȵu⁴⁴闻、嗅

续 表

| 声＼调＼韵 | y | | | | | | a | | | | | | ia | | | | | |
|---|---|---|---|---|---|---|---|---|---|---|---|---|---|---|---|---|---|---|
| | 阴平45 | 阳平13 | 阴上33 | 阳上11 | 阴去44 | 阳去22 | 阴平45 | 阳平13 | 阴上33 | 阳上11 | 阴去44 | 阳去22 | 阴平45 | 阳平13 | 阴上33 | 阳上11 | 阴去44 | 阳去22 |
| p | 包 | | 饱 | | 豹 | | 笆 | 婆 | 把 | 拨 | 霸 | 罢 | 疤 | 耙 | 把 | 八 | | |
| pʰ | 飘 | | | | 炮 | | 坡 | | | | 破 | | | | | | 怕 | |
| m | | 苗 | | 卯 | | 妙 | | 磨 | 抹 | | | 墓 | 蟆 | 麻 | | 马 | | 骂 |
| f | 书 | 薯 | 水 | | 术 | | | 划 | 火 | 缚 | | 祸 | | | | | | |
| ʋ | | | | | | | | | | | | | | | | | | |
| t | 雕 | 条 | 鸟 | | 钓 | | 多 | | 打 | 答 | | | | | 朵 | | ④ | |
| tʰ | 挑 | | 斢 | | 跳 | | 他 | | 塔 | | | | | | | | 唾 | |
| n | | | | | | | | ① | | | | | | | | | | |
| l | | 流 | 了 | | | 泪 | 拉 | 罗 | ② | 腊 | | 糯 | ⑤ | ⑥ | | ⑦ | ⑧ | |

续表

| 韵 调 声 | y | | | | | | a | | | | | | ia | | | | | |
|---|---|---|---|---|---|---|---|---|---|---|---|---|---|---|---|---|---|---|
| | 阴平45 | 阳平13 | 阴上33 | 阳上11 | 阴去44 | 阳去22 | 阴平45 | 阳平13 | 阴上33 | 阳上11 | 阴去44 | 阳去22 | 阴平45 | 阳平13 | 阴上33 | 阳上11 | 阴去44 | 阳去22 |
| ts | | | | | | | 渣 | 茶 | 左 | 杂 | 榨 | 坐 | | | | | | |
| tsʰ | | | | | | | 搓 | | | 插 | 岔 | | | | | | | |
| s | | | | | | | 沙 | | 要 | 杀 | 萨 | | | | | | | |
| ȶ | | | | | | | 遮 | 茄 | 姐 | 脚 | 蔗 | | | | | | | |
| ȶʰ | | | | | | | 车 | | 扯 | | | | | | | | | |
| ȵ | | | | | | 尿 | ③ | | | 惹 | 肉 | | | 牙 | | | | |
| tɕ | 朱 | 锤 | 举 | 菊 | 句 | 柜 | | | | | | | 家 | ⑨ | 贾 | 夹 | 架 | |
| tɕʰ | 区 | | 杵 | | 窍 | | | | | | | | 鹊 | | ⑩ | 掐 | ⑪ | |
| ɕ | 烧 | | 晓 | | 笑 | | | | | | | | 挲 | 霞 | 写 | 勺 | 泻 | 社 |
| k | | | | | | | 哥 | | | 割 | 个 | | | | | | | |
| kʰ | | | | | | | | | 刻 | 恰 | | | | | | | | |
| ŋ | | | | | | | 丫 | 蛾 | | 我 | | 饿 | | | | | | |
| x | | | | | | | 虾 | 河 | | 瞎 | 黑 | 夏 | | | | | | |
| ø | 腰 | 余 | | 语 | 坳 | 遇 | 鸦 | | | 鸭 | | | 爷 | | | 野 | 亚 | 夜 |

注释：

了 ly$^{33}$：不得～

磨 ma$^{13}$ 动词

划 fa$^{13}$：～得来

把 pia$^{33}$：～戏

① na$^{13}$ 用手按

② la$^{33}$：～子结巴

③ ȵa$^{45}$ 黏、贴

④ tia$^{44}$ 溜：～肩膊

⑤ lia$^{45}$ 脚跛

⑥ lia$^{13}$ 舔

⑦ lia$^{11}$ 抛撒

⑧ lia$^{44}$ 迈、跨

⑨ tɕia$^{13}$ 爬

⑩ tɕʰia$^{33}$ 松土

⑪ tɕʰia$^{44}$ 眼睛

续表

| 韵 调 声 | ua | | | | | | ya | | | | | | o | | | | | |
|---|---|---|---|---|---|---|---|---|---|---|---|---|---|---|---|---|---|---|
| | 阴平45 | 阳平13 | 阴上33 | 阳上11 | 阴去44 | 阳去22 | 阴平45 | 阳平13 | 阴上33 | 阳上11 | 阴去44 | 阳去22 | 阴平45 | 阳平13 | 阴上33 | 阳上11 | 阴去44 | 阳去22 |
| p | | | | | | | | | | | | | 波 | ④ | | 钵 | 报 | |
| pʰ | | | | | | | | | | | | | | | 剖 | | 仆 | |
| m | | | | | | | | | | | | | 摸 | 魔 | | 木 | | 冇 |
| f | | | | | | | 花 | | | 法 | 化 | | | | | | | |
| ʋ | | | | | | | | | | 滑 | | 话 | | | | | | |

续表

| 韵<br>调<br>声 | ua | | | | | | ya | | | | | | o | | | | | |
|---|---|---|---|---|---|---|---|---|---|---|---|---|---|---|---|---|---|---|
| | 阴平45 | 阳平13 | 阴上33 | 阳上11 | 阴去44 | 阳去22 | 阴平45 | 阳平13 | 阴上33 | 阳上11 | 阴去44 | 阳去22 | 阴平45 | 阳平13 | 阴上33 | 阳上11 | 阴去44 | 阳去22 |
| t | | | | | | | | | | | | | | 坨 | 躲 | 读 | ⑤ | 舵 |
| tʰ | | | | | | | | | | | | | 拖 | | | 脱 | 托 | |
| n | | | | | | | | | | | | | | ⑥ | | | | |
| l | | | | | | | | | | | | | 啰 | 骡 | | 络 | ⑦ | |
| ts | | | | | 啄 | | | | | | | | | | | 凿 | 足 | |
| tsʰ | | | | | | | | | | | | | | | | 戳 | 错 | |
| s | | | | | | | | | | | | | 梭 | | 锁 | 雪 | | |
| ȶ | | | | | | | | | | | | | | | | | 竹 | |
| ȶʰ | | | | | | | | | | | | | | | | | 出 | |
| ȵ | | | | | | | | | | | | | | | | 弱 | 肉 | |
| tɕ | | | | | | | | | | | | | | | | | | |
| tɕʰ | | | | | | | | | | | | | | | | | | |
| ɕ | | | | | | | | | | | | | | | | | | |
| k | 锅 | ① | 寡 | ② | 挂 | | | | | | | | ⑧ | ⑨ | 果 | 角 | 骨 | |
| kʰ | 窠 | | 棵 | 阔 | ③ | | | | | | | | | | 可 | 壳 | 课 | |
| ŋ | | | | | | | | | | | | | | | | | | |
| x | | | | | | 贺 | | | | | | | | 何 | | 盒 | 货 | **和** |
| ∅ | | 禾 | | 瓦 | | 卧 | 挖 | | | | | | 窝 | | | 恶 | 屋 | ⑩ |

注释：

仆 $p^ho^{44}$ 趴

和 $xo^{22}$：～面

① $kua^{13}$ 手残疾：～～手

② $kua^{11}$：款～ $ta^{11}$ 聊天儿

③ $k^hua^{44}$ 被尖的物体挂了一下

④ $po^{13}$ 大的突起物

⑤ $to^{44}$ 都

⑥ $no^{13}$ 你们

⑦ $lo^{44}$ 脱落

⑧ $ko^{45}$：松树～松球

⑨ $ko^{13}$ 花蕾

⑩ $o^{22}$ 沤

续表

| 韵 调 声 | io | | | | | | e | | | | | | ie | | | | | |
|---|---|---|---|---|---|---|---|---|---|---|---|---|---|---|---|---|---|---|
| | 阴平45 | 阳平13 | 阴上33 | 阳上11 | 阴去44 | 阳去22 | 阴平45 | 阳平13 | 阴上33 | 阳上11 | 阴去44 | 阳去22 | 阴平45 | 阳平13 | 阴上33 | 阳上11 | 阴去44 | 阳去22 |
| p | | | | | | | | 陪 | ② | 白 | 北 | 倍 | 屄 | 牌 | 摆 | 壁 | 拜 | 稗 |
| pʰ | | | | | | | 胚 | | | 拍 | 配 | | | | | 撇 | ⑨ | |
| m | | | | | | | 枚 | 媒 | ③ | 墨 | | 妹 | | | | 篾 | | 卖 |
| f | | | | | | | 灰 | 回 | 悔 | | | 会 | | | | | | |
| ʋ | | | | | | | | | | | | | | | | | | |
| t | | | | | ① | | 堆 | | | | 对 | 队 | | 蹄 | | 敌 | | |
| tʰ | | | | | | | 推 | | 腿 | 特 | 退 | | | | | 铁 | | |
| n | | | | | | | | | | | 儿 | | | | | | | |
| l | | | | 六 | | | | 雷 | | 肋 | | 类 | | 离 | | 立 | | |
| ts | | | | | | | 斋 | 齐 | 嘴 | 接 | 醉 | 罪 | | | | | | |
| tsʰ | | | | | | | 猜 | | | 拆 | 七 | | | | | | | |
| s | | | | | | | | | 洗 | 膝 | 细 | | | | | | | |
| ȶ | | | | | | | | | | | | | | | | | | |
| ȶʰ | | | | | | | | | | | | | | | | | | |
| ȵ | | | | | | | | | | | | | | 崖 | | 热 | 孽 | 艾 |
| tɕ | | | | 蕨 | | | | | | | | | 阶 | | 解 | 结 | 怪 | |
| tɕʰ | | | | 雀 | | | | | | | | | 揩 | | | 尺 | 快 | |
| ɕ | | | | 熟 | | | | | | | | | 靴 | 鞋 | | 十 | 湿 | 似 |
| k | | | | | | | ④ | | | 格 | 给 | | | | | | | |
| kʰ | | | | | | | | | | 客 | | | | | | | | |
| ŋ | | | | | | | ⑤ | | | | | | | | | | | |
| x | | | | | | | ⑥ | | | 吓 | | | | | | | | |
| ø | | | | 钥 | 育 | | ⑦ | 而 | | ⑧ | | 轭 | ⑩ | | | 叶 | 一 | |

注释：

会 $fe^{22}$：开～

队 $te^{22}$：～伙结婚时的送亲人

儿 $ne^{44}$：小

① $tio^{44}$ 面有韧劲

② $pe^{33}$：$ȶa^{44}$ ～那么

③ $me^{33}$ 奶汁

④ $ke^{45}$：～～赤子阴

⑤ $ŋe^{45}$：黄～牯黄刺鱼

⑥ $xe^{45}$：瘪～的非常瘪

⑦ $e^{45}$：～糊丢人

⑧ $e^{11}$ 葡萄

⑨ $p^hie^{45}$：臭～狐臭

⑩ $ie^{45}$ 污垢

续表

| 韵<br>调<br>声 | ue | | | | | | ye | | | | | | ai | | | | | |
|---|---|---|---|---|---|---|---|---|---|---|---|---|---|---|---|---|---|---|
| | 阴平45 | 阳平13 | 阴上33 | 阳上11 | 阴去44 | 阳去22 | 阴平45 | 阳平13 | 阴上33 | 阳上11 | 阴去44 | 阳去22 | 阴平45 | 阳平13 | 阴上33 | 阳上11 | 阴去44 | 阳去22 |
| p | | | | | | | | | | | | | ④ | | | | | |
| pʰ | | | | | | | | | | | | | | | | | 派 | |
| m | | | | | | | | | | | | | | | | | | |
| f | | | | | | | | | | 血 | ③ | | | 怀 | | | | |
| ʋ | | | | | | | | | | 越 | | 坏 | | | | | | |
| t | | | | | | | | | | | | | | | | | 带 | 大 |
| tʰ | | | | | | | | | | | | | | | | | 泰 | |
| n | | | | | | | | | | | | | | | ⑤ | | | 奈 |
| l | | | | | | | | | | | | | | | | | 懒 | 赖 |
| ts | | | | | | | | | | | | | | | 宰 | | 债 | 寨 |
| tsʰ | | | | | | | | | | | | | 钗 | | 采 | | | |
| s | | | | | | | | | | | | | 筛 | 柴 | | | 帅 | |
| ȶ | | | | | | | | | | | | | | | | | ⑥ | |
| ȶʰ | | | | | | | | | | | | | | | | | | |
| ȵ | | | | | | | | | | | | | | | | | | |
| tɕ | | | | | | | | | | | | | | | | | | |
| tɕʰ | | | | | | | | | | | | | | | | | | |
| ɕ | | | | | | | | | | | | | | | | | | |
| k | | ① | | 国 | ② | | | | | | | | | | 解 | | | |
| kʰ | | | | | | | | | | | | | | | 楷 | | | |
| ŋ | | | | | | | | | | | | | | | | 矮 | | 雁 |
| x | | | | | | | | | | | | | | **还** | | | | 蟹 |
| ø | 煨 | 回 | | 物 | | | | | | 抈 | | | | | | | | |

注释：

还 xai¹³：～有

① kue¹³蜷腿

② kue⁴⁴：noŋ⁴⁴～的非常软

③ fye⁴⁴：～尖的非常尖

④ pai⁴⁵：～意故意

⑤ nai³³：日～今天

⑥ ȶai⁴⁴先行体标记：吃饭～

续表

| 韵<br>调<br>声 | uai | | | | | | ei | | | | | | uei | | | | | |
|---|---|---|---|---|---|---|---|---|---|---|---|---|---|---|---|---|---|---|
| | 阴平45 | 阳平13 | 阴平45 | 阴平45 | 阴平45 | 阴平45 | 阴平45 | 阳平13 | 阴上33 | 阳上11 | 阴去44 | 阳去22 | 阴平45 | 阳平13 | 阴上33 | 阳上11 | 阴去44 | 阳去22 |
| p | | | | | | | ① | | | | 贝 | ② | | | | | | |
| pʰ | | | | | | | | | | | | | | | | | | |
| m | | | | | | | ③ | 梅 | ④ | 每 | | | | | | | | |
| f | | | | | | | 非 | | 匪 | | 费 | | | | | | | |
| ʋ | | | | | | | | | | | | | | | | | | |
| t | | | | | | | | 抬 | 歹 | | | 袋 | | | | | | |
| tʰ | | | | | | | 胎 | | | | | | | | | | | |
| n | | | | | | | ⑤ | | | | | 内 | | | | | | |
| l | | | | | | | | 来 | | 垒 | | 泪 | | | | | | |
| ts | | | | | | | 栽 | 才 | 嘴 | | 最 | 在 | | | | | | |
| tsʰ | | | | | | | | | | | 菜 | | | | | | | |
| s | | | | | | | 腮 | | | | 瑞 | | | | | | | |
| ȶ | | | | | | | | | | | | | | | | | | |
| ȶʰ | | | | | | | | | | | | | | | | | | |
| ȵ | | | | | | | | | | | | | | | | | | |
| tɕ | | | | | | | | | | | | | | | | | | |
| tɕʰ | | | | | | | | | | | | | | | | | | |
| ɕ | | | | | | | | | | | | | | | | | | |
| k | | | 拐 | | | | 该 | | 改 | | 盖 | | 规 | 逵 | | | 癸 | |
| kʰ | | | | | | | 开 | | ⑥ | | | | | | | | | |
| ŋ | | | | | | | | | | | | | | | | | | |
| x | | | | | | | 咍 | | 海 | ⑦ | | 害 | | | | | | |
| ø | | | | | | 外 | | | | | 爱 | | | 危 | 委 | 伟 | 未 | 胃 |

注释：

咍 xei⁴⁵ 玩、高兴

① pei⁴⁵：～牙龅牙

② pei²² 姑娘

③ mei⁴⁵ 体弱、累

④ mei³³ 背负

⑤ nai⁴⁵：～意居然

⑥ kʰei³³ 男阴

⑦ xei¹¹：～茄子西红柿

续表

| 韵 调 声 | au | | | | | | iau | | | | | | ou | | | | | |
|---|---|---|---|---|---|---|---|---|---|---|---|---|---|---|---|---|---|---|
| | 阴平45 | 阳平13 | 阴上33 | 阳上11 | 阴去44 | 阳去22 | 阴平45 | 阳平13 | 阴上33 | 阳上11 | 阴去44 | 阳去22 | 阴平45 | 阳平13 | 阴上33 | 阳上11 | 阴去44 | 阳去22 |
| p | 胞 | 袍 | 保 | | | 抱 | | | 表 | | | | | | | 某 | | |
| $p^h$ | 抛 | | 跑 | | | | | | | | | | | | | | | |
| m | 猫 | 毛 | | | ① | 帽 | | | | | | | | | | | | |
| f | | | | | | | | | | | | | | | | | | |
| ʋ | | | | | | | | | | | | | | | | | | |
| t | 刀 | 桃 | 岛 | | 到 | 稻 | | 调 | | | 吊 | | 兜 | 头 | 陡 | | 斗 | 豆 |
| $t^h$ | 涛 | | 讨 | | 套 | | | | | | | | 偷 | | | | 透 | |
| n | | | | | | | | | | | | | | | | | | |
| l | 捞 | 劳 | | 老 | | 闹 | | | | 了 | ④ | | 炉 | 楼 | | 篓 | | 漏 |
| ts | 糟 | 曹 | 枣 | | 灶 | 造 | | | | | | | | 愁 | 走 | | | |
| $ts^h$ | 操 | | 草 | | 糙 | | | | | | | | 搊 | | | | 凑 | |
| s | 梢 | | 嫂 | | 扫 | | | | | | | | 搜 | | | | 瘦 | |
| ȶ | | | | | 觉 | | | | | | | | ⑧ | | | | | |
| $ȶ^h$ | | | | | ② | | | | | | | | | | | | | |
| ȵ | | | | | | | ⑤ | | | 咬 | | | | | ⑨ | | | |
| tɕ | | | | | | | 交 | 搅 | 缴 | | 较 | 赵 | | | | | | |
| $tɕ^h$ | | | | | | | | | | | ⑥ | | | | | | | |
| ɕ | | | | | | | | | | | | | | | | | | |
| k | 高 | | 稿 | | 窖 | | | | | | | | 勾 | | 狗 | | 构 | |
| $k^h$ | 敲 | | 考 | | 靠 | | | | | | | | 抠 | | 口 | | | |
| ŋ | | 熬 | | | 拗 | 傲 | | | | | | | 欧 | 牛 | | 藕 | | |
| x | 薅 | 毫 | 好 | | 耗 | 号 | | | | | | | 齁 | 猴 | | | | 后 |
| Ø | | | | ③ | | | | 摇 | | | ⑦ | | 瓯 | | 呕 | | 沤 | |

注释：

斗 $tou^{44}$：～地主

搊 $ts^hou^{45}$用手扶持：～尿

齁 $xou^{44}$气喘：扯～

① $mau^{44}$肺

② $ȶ^hau^{44}$和，连词

③ $au^{11}$：一～一些

④ $liau^{44}$涂抹

⑤ $ȵiau^{45}$凌乱：～～的

⑥ $tɕ^hiau^{44}$和，介词

⑦ $iau^{44}$整洁：～～的

⑧ $ȶou^{45}$抓、挠

⑨ $ȵou^{33}$抖动：～脚

续表

| 韵 | iu | | | | | | an | | | | | | ian | | | | | |
|---|---|---|---|---|---|---|---|---|---|---|---|---|---|---|---|---|---|---|
| 调<br>声 | 阴平45 | 阳平13 | 阴上33 | 阳上11 | 阴去44 | 阳去22 | 阴平45 | 阳平13 | 阴上33 | 阳上11 | 阴去44 | 阳去22 | 阴平45 | 阳平13 | 阴上33 | 阳上11 | 阴去44 | 阳去22 |
| p | | | | 瓢 | | | 般 | 盘 | 榜 | | 半 | 蚌 | 班 | 盘 | 扁 | | 变 | 办 |
| $p^h$ | | | | | | | 潘 | | | | 胖 | | | | ⑨ | | 绊 | |
| m | | | | | | ① | | 忙 | | 满 | | 忘 | | | | 满 | | |
| f | | | | | | | 方 | 烦 | 反 | | 放 | | | | | | | |
| ʋ | | | | | | | | | | | | | | | | | | |
| t | ② | | 鸟 | | ③ | | 耽 | 唐 | 胆 | | 担 | 旦 | | | | | | |
| $t^h$ | | | | | | | 贪 | | 毯 | | 探 | | | | | | | |
| n | | | | | | | | 南 | | | | 难 | | | | | | |
| l | | 流 | | 柳 | 溜 | | | 蓝 | | 懒 | | 烂 | | | | | | |
| ts | | | | | | | 装 | 蚕 | 斩 | | ⑦ | 錾 | | | | | | |
| $ts^h$ | | | | | | | 仓 | | 产 | | | | | | | | | |
| s | | | | | | | 山 | | 伞 | | 涮 | ⑧ | | | | | | |
| ȶ | | | | | | | 章 | 强 | 掌 | | 胀 | 丈 | | | | | | |
| $ȶ^h$ | | | | | | | 枪 | | 抢 | | 唱 | | | | | | | |
| ȵ | | | | | 扭 | | | 娘 | | | | 让 | ⑩ | 研 | | 眼 | | 验 |
| tɕ | 鬏 | | ④ | | ⑤ | 就 | | | | | | | 肩 | 钳 | | | ⑪ | 缠 |
| $tɕ^h$ | | | ⑥ | | 扣 | | | | | | | | 悭 | | | | | |
| ɕ | 休 | 绸 | 手 | | 锈 | 树 | | | | | | | | 嫌 | | | | |
| k | | | | | | | 肝 | | 感 | | 干 | | | | | | | |
| $k^h$ | | | | | | | 康 | | | | 抗 | | | | | | | |
| ŋ | | | | | | | | 颜 | | | 暗 | 岸 | | | | | | |
| x | | | | | | | | 寒 | 喊 | | | 汗 | | | | | | |
| ø | 忧 | 油 | | 有 | 幼 | 右 | 庵 | | | | 案 | | | 言 | | | | |

注释：

干 kan$^{44}$：能

担 tan$^{44}$名词

难 nan$^{22}$：困～

① miu$^{22}$烂：肉有～

② tiu$^{45}$：黄～子栀子花

③ tiu$^{44}$：～～帽有帽檐的帽子

④ tɕiu$^{33}$：打～～发抖

⑤ tɕiu$^{44}$拧

⑥ $tɕ^h$iu$^{33}$ 颠簸

⑦ tsan$^{44}$：鸡～未下过蛋的母鸡

⑧ san$^{22}$：～柜碗柜

⑨ $p^h$ian$^{33}$ 尿布

⑩ ȵian$^{45}$：好得～好极了

⑪ tɕian$^{44}$：～势娇惯

续表

| 韵 调 声 | uan | | | | | | yan | | | | | | ən | | | | | |
|---|---|---|---|---|---|---|---|---|---|---|---|---|---|---|---|---|---|---|
| | 阴平45 | 阳平13 | 阴上33 | 阳上11 | 阴去44 | 阳去22 | 阴平45 | 阳平13 | 阴上33 | 阳上11 | 阴去44 | 阳去22 | 阴平45 | 阳平13 | 阴上33 | 阳上11 | 阴去44 | 阳去22 |
| p | | | | | | | | | | | | ① | | 盆 | 本 | | 蹦 | 伴 |
| pʰ | | | | | | | | | | | | | **喷** | | | | 碰 | |
| m | | | | | | | | | | | | | 蚊 | 明 | ③ | | ④ | 问 |
| f | | | | | | | 兄 | 烦 | 反 | | 范 | 饭 | 分 | 坟 | 粉 | | 粪 | 份 |
| ʋ | | | | | | | | **还** | | | | 万 | | | | | | |
| t | 端 | 团 | 短 | | | 断 | | | | | | | 灯 | 筒 | 戥 | | 凳 | 钝 |
| tʰ | | | | | | | | | | | | | 吞 | | 蹬 | | | |
| n | | | | 暖 | | | | | | | | | | 能 | | | | 嫩 |
| l | | 鸾 | | 卵 | | 乱 | ② | | | | | | | 轮 | | | | |
| ts | 装 | 全 | | | 钻 | 状 | | | | | | | 珍 | 存 | | | 甑 | 澄 |
| tsʰ | 窗 | | 闯 | | 撞 | | | | | | | | 村 | | ⑤ | | 寸 | |
| s | 酸 | 床 | 选 | | 算 | 旋 | | | | | | | 森 | 寻 | 损 | | 杏 | |
| ʈ | 砖 | **传** | | | 转 | | | | | | | | 金 | 琴 | 枕 | | 震 | 近 |
| ʈʰ | 穿 | | | | 券 | | | | | | | | 春 | | | | 秤 | |
| ɳ | | 原 | | | | 愿 | | | | | | | | | | | | |
| tɕ | | | | | | | 专 | 拳 | 卷 | | 壮 | 状 | | | | | | |
| tɕʰ | | | | | | | 圈 | | | | 劝 | | | | | | | |
| ɕ | | | | | | | | 船 | | | | **旋** | | | | | | |
| k | 官 | 狂 | 馆 | | 灌 | | | | | | | | 耕 | ⑥ | 滚 | | | |
| kʰ | 宽 | | 款 | | 矿 | | | | | | | | | | 肯 | | | |
| ŋ | | | | | | | | | | | | | 恩 | | | | | |
| x | | | | | | | | | | | | | | | 狠 | | | 恨 |
| ø | 汪 | 黄 | 碗 | 往 | | 换 | 弯 | | | | 怨 | 院 | ⑦ | | | | ⑧ | |

注释：

传ʈuan13：～票

还fan13：～价

旋ɕyan22 头顶的旋

喷pʰən45 灰尘

① pyan22：～～窟窿

② lyan45：圆～的非常圆

③ mən33：火～子萤火虫

④ mən44：～哩什么

⑤ tsʰən33 动物扑人

⑥ kən13 芦笙

⑦ ən45 含

⑧ ən44 硌脚

续表

| 韵 | in | | | | | | uən | | | | | | yn | | | | | |
|---|---|---|---|---|---|---|---|---|---|---|---|---|---|---|---|---|---|---|
| 调 / 声 | 阴平45 | 阳平13 | 阴上33 | 阳上11 | 阴去44 | 阳去22 | 阴平45 | 阳平13 | 阴上33 | 阳上11 | 阴去44 | 阳去22 | 阴平45 | 阳平13 | 阴上33 | 阳上11 | 阴去44 | 阳去22 |
| p | 边 | 平 | 丙 | | 并 | 病 | | | | | | | | | | | | |
| $p^h$ | 偏 | | 品 | | 遍 | | | | | | | | | | | | | |
| m | | 棉 | | | | 面 | | | | | | | | | | | | |
| f | | | | | | | | | | | | | 熏 | | | | | 顺 |
| ʋ | | | | | | | | | | | | | | 云 | | 远 | | 运 |
| t | 癫 | 亭 | 点 | | 订 | 定 | | | | | | | | | | | | |
| $t^h$ | 天 | | | | 听 | | | | | | | | | | | | | |
| n | 年 | 阎 | ① | 碾 | ② | 念 | | | | | | | | | | | | |
| l | ③ | 鳞 | | 檩 | | 令 | | | | | | | | | | | | |
| ts | 尖 | 钱 | 剪 | | 箭 | 净 | | | 准 | | | | | | | | | |
| $ts^h$ | 千 | | 浅 | | | | | | | | | | | | | | | |
| s | 仙 | | | | 线 | | | | | | | | | | | | | |
| ȶ | | | | | | | | | | | | | | | | | | |
| $ȶ^h$ | | | | | | | | | | | | | | | | | | |
| ȵ | | 人 | 忍 | | 韧 | 认 | | | | | | | | | | | | |
| tɕ | 津 | 裙 | 碱 | | 见 | 件 | | | | | | | 军 | | | | | |
| $tɕ^h$ | 牵 | | 请 | | 欠 | | | | | | | | | | 蠢 | | | |
| ɕ | 深 | 神 | 审 | | 性 | 善 | | | | | | | | | | | | |
| k | | | | | | | | | 滚 | | 棍 | | | | | | | |
| $k^h$ | | | | | | | 昆 | | | | 困 | | | | | | | |
| ŋ | | | | | | | | | | | | | | | | | | |
| x | | | | | | | | | | | | | | | | | | |
| ø | 阴 | 盐 | | 引 | 印 | | 温 | 文 | 稳 | | | | | | | | | |

注释：

年 $nin^{45}$：前～

① $nin^{33}$ 木刺

② $nin^{44}$ 在地上打滚

③ $lin^{45}$：光～的非常光滑

续表

| 韵 | en | | | | | | uen | | | | | | iaŋ | | | | | |
|---|---|---|---|---|---|---|---|---|---|---|---|---|---|---|---|---|---|---|
| 调<br>声 | 阴平45 | 阳平13 | 阴上33 | 阳上11 | 阴去44 | 阳去22 | 阴平45 | 阳平13 | 阴上33 | 阳上11 | 阴去44 | 阳去22 | 阴平45 | 阳平13 | 阴上33 | 阳上11 | 阴去44 | 阳去22 |
| p | ① | | | | | 跰 | | | | | | | | | | | ④ | |
| pʰ | | 瞒 | | | | 蔓 | | | | | | | | | | | | |
| m | | | | | | | | | | | | | | | | | | |
| f | | | | | | | | | | | | | | | | | | |
| ʋ | | 横 | | | | | | | | | | | | | | | | |
| t | | | | | | ② | | | | | | | 掂 | | | | ⑤ | |
| tʰ | | | | | | | | | | | | | | | | | | |
| n | | | | | ③ | | | | | | | | | | | | | |
| l | | | | 冷 | | | | | | | | | ⑥ | 粮 | | 两 | | 亮 |
| ts | 争 | | | | | | | | | | | | | | | | | |
| tsʰ | 撑 | | | | 衬 | | | | | | | | | | | | | |
| s | 牲 | | | | | | | | | | | | | | | | | |
| ȶ | | | | | | | | | | | | | | | | | | |
| ȶʰ | | | | | | | | | | | | | | | | | | |
| ȵ | | | | | | | | | | | | | | | | | | |
| tɕ | | | | | | | | | | | | | 江 | | 蒋 | | 酱 | 匠 |
| tɕʰ | | | | | | | | | | | | | | | | | | |
| ɕ | | | | | | | | | | | | | 香 | 墙 | 想 | | 向 | 上 |
| k | 庚 | | | | **间** | | | | 秆 | | | | | | | | | |
| kʰ | 坑 | | | | | | | | | | | | | | | | | |
| ŋ | | | | | | 硬 | | | | | | | | | | | | |
| x | | 行 | | | | | | | | | | | | | | | | |
| ø | | | | | | | | | | | | | 秧 | 阳 | | 养 | | 样 |

注释：

间 $ken^{44}$：跳房～一种游戏

① $pen^{45}$：～火烤火

② $ten^{22}$：动～牯马蜂的一种

③ $nen^{44}$：饱背～的非常饱

④ $piaŋ^{44}$：～苦的非常苦

⑤ $tiaŋ^{44}$ 回头

⑥ $liaŋ^{45}$：～稀很稀

续表

| 韵 调 声 | oŋ | | | | | | ioŋ | | | | | | | | | | | |
|---|---|---|---|---|---|---|---|---|---|---|---|---|---|---|---|---|---|---|
| | 阴平45 | 阳平13 | 阴上33 | 阳上11 | 阴去44 | 阳去22 | 阴平45 | 阳平13 | 阴上33 | 阳上11 | 阴去44 | 阳去22 | 阴平45 | 阳平13 | 阴上33 | 阳上11 | 阴去44 | 阳去22 |
| p | 绷 | 朋 | | | | | | | | | | | | | | | | |
| pʰ | | | 捧 | | 碰 | | | | | | | | | | | | | |
| m | | 蒙 | | 猛 | | 梦 | | | | | | | | | | | | |
| f | | | | | | | | | | | | | | | | | | |
| ʋ | | | | | | | | | | | | | | | | | | |
| t | 冬 | 铜 | 懂 | | 冻 | 动 | | | | | | | | | | | | |
| tʰ | 通 | | 捅 | | 痛 | | | | | | | | | | | | | |
| n | | 农 | | | ① | 弄 | | | | | | | | | | | | |
| l | 聋 | 龙 | | 栊 | | | | 龙 | | | | | | | | | | |
| ts | 棕 | 从 | 总 | | 粽 | | | | | | | | | | | | | |
| tsʰ | 聪 | | ② | | | | | | | | | | | | | | | |
| s | 松 | 怂 | | | 送 | | | | | | | | | | | | | |
| ȶ | 忠 | 虫 | **种** | | 众 | 仲 | | | | | | | | | | | | |
| ȶʰ | 充 | | 宠 | | 铳 | | | | | | | | | | | | | |
| ȵ | ③ | 浓 | | | | | | | | | ⑤ | | | | | | | |
| tɕ | | | | | | | | ⑥ | | | | | | | | | | |
| tɕʰ | | | | | | | | | | | | | | | | | | |
| ɕ | | | | | | | | | | | | | | | | | | |
| k | 公 | 颈 | 拱 | | 贡 | 共 | | | | | | | | | | | | |
| kʰ | **空** | | 恐 | | 控 | | | | | | | | | | | | | |
| ŋ | | | | | | | | | | | | | | | | | | |
| x | 风 | 红 | 哄 | | | 风 | 壅 | 融 | | 勇 | | 用 | | | | | | |
| ∅ | ④ | | | 五 | 蕹 | | | | | | | | | | | | | |

注释：

种ȶoŋ$^{33}$名词

空kʰoŋ$^{45}$：～间

① noŋ$^{44}$：～拐的非常软

② tsʰoŋ$^{33}$用力往前推

③ ȵoŋ$^{45}$蹲

④ oŋ$^{45}$埋

⑤ ȵioŋ$^{44}$起皱纹

⑥ tɕioŋ$^{13}$土堆

# 第三节

# 古今语音比较表

本书所讲的中古音是指《广韵》所代表的语言系统。古音声母系组的分类，以及韵摄的排列，均依中国社会科学院语言研究所编《方言调查字表》（修订本）。表2-2、2-3、2-4中分别列举出《广韵》声韵调在通道本地话中的读音。按照字数的多少来排列，每个读音列举一个例字。

## 一　声母的古今比较

### 表2–2　通道本地话声母比较表

| | | 清 | | | | 全浊 | | |
|---|---|---|---|---|---|---|---|---|
| | | 全清 | | 次清 | | 平 | | 仄 |
| 帮组 | | 帮 | 波po$^{45}$ | 滂 | 披p$^{h}$i$^{45}$ | 並 | 盘pan$^{13}$ | 倍pe$^{22}$ |
| 非组 | | 非 | 飞fi$^{45}$<br>风xoŋ$^{45}$ | 敷 | 费fei$^{44}$<br>丰xoŋ$^{45}$ | 奉 | 烦fan$^{13}$<br>冯xoŋ$^{13}$ | 妇fu$^{22}$<br>凤xoŋ$^{22}$ |
| 端泥组 | | 端 | 刀tau$^{45}$ | 透 | 太t$^{h}$e$^{44}$ | 定 | 台tei$^{13}$ | 豆tou$^{22}$ |
| 精组 | 洪音 | 精 | 左tsa$^{33}$ | 清 | 七ts$^{h}$e$^{44}$<br>枪ȶ$^{h}$an$^{45}$ | 从 | 才tsei$^{13}$ | 杂tsa$^{11}$<br>就tsu$^{22}$ |
| | 细音 | | 尖tsin$^{45}$<br>焦tɕy$^{45}$ | | 亲ts$^{h}$in$^{45}$<br>俏tɕ$^{h}$y$^{44}$ | | 瓷tsi$^{13}$<br>瞧tɕy$^{13}$ | 静tɕin$^{22}$ |
| 知组 | | 知 | 桌ȶa$^{11}$<br>摘tse$^{11}$<br>知tɕi$^{45}$ | 彻 | 拆ts$^{h}$e$^{11}$<br>丑ȶ$^{h}$u$^{33}$ | 澄 | 场ȶan$^{13}$<br>茶tsa$^{13}$<br>迟tɕi$^{13}$<br>绸ɕiu$^{13}$ | 箸ȶu$^{44}$<br>泽ts$^{h}$e$^{11}$<br>侄tɕie$^{44}$ |
| 庄组 | | 庄 | 渣tsa$^{45}$<br>壮tɕyan$^{22}$ | 初 | 初ts$^{h}$u$^{45}$ | 崇 | 柴sai$^{13}$ | 寨tsai$^{22}$<br>事si$^{22}$ |
| 章组 | | 章 | 遮ȶa$^{45}$<br>浙tse$^{11}$<br>照tɕy$^{44}$ | 昌 | 车ȶ$^{h}$a$^{45}$<br>杵tɕ$^{h}$y$^{33}$ | 船 | 绳sən$^{13}$<br>蛇ɕia$^{13}$ | 食ɕie$^{11}$<br>顺fyn$^{22}$ |
| 日母 | | | | | | | | |
| 见晓组 | 洪音 | 见 | 高kau$^{45}$<br>脚ȶa$^{11}$ | 溪 | 康k$^{h}$an$^{45}$<br>丘ȶ$^{h}$u$^{45}$ | 群 | 球ȶu$^{13}$ | 近ȶən$^{22}$ |
| | 细音 | | 鸡tɕi$^{45}$ | | 块tɕ$^{h}$ie$^{44}$ | | 桥tɕy$^{13}$ | 技tɕi$^{22}$<br>及tɕ$^{h}$i$^{11}$ |
| 影组 | | | | | | | | |

续表

<table>
<tr><td colspan="3" rowspan="2">次浊</td><td colspan="2" rowspan="2">清</td><td colspan="3">全浊</td><td colspan="2" rowspan="2"></td></tr>
<tr><td colspan="2">平</td><td>仄</td></tr>
<tr><td>明</td><td>麻 mia$^{13}$</td><td>袜 ʋya$^{11}$</td><td colspan="2"></td><td colspan="3"></td><td colspan="2">帮组</td></tr>
<tr><td>微</td><td>武 u$^{11}$<br>味 ʋi$^{22}$</td><td>尾 mie$^{11}$</td><td colspan="2"></td><td colspan="3"></td><td colspan="2">非组</td></tr>
<tr><td>泥</td><td>男 nan$^{13}$<br>尿 ȵy$^{22}$</td><td>来 罗 la$^{13}$</td><td colspan="2"></td><td colspan="3"></td><td colspan="2">端泥组</td></tr>
<tr><td colspan="3" rowspan="2"></td><td rowspan="2">心</td><td>三 san$^{45}$</td><td rowspan="2">邪</td><td>寻 sən$^{13}$</td><td>袖 su$^{22}$</td><td>洪音</td><td rowspan="2">精组</td></tr>
<tr><td>小 ɕy$^{33}$<br>西 si$^{45}$</td><td>词 tsi$^{13}$</td><td>谢 ɕia$^{22}$</td><td>细音</td></tr>
<tr><td>娘</td><td colspan="2">浓 ȵoŋ$^{13}$<br>你 ni$^{11}$</td><td colspan="2"></td><td colspan="3"></td><td colspan="2">知组</td></tr>
<tr><td colspan="3" rowspan="2"></td><td>生</td><td>沙 sa$^{45}$<br>狮 ɕi$^{45}$</td><td colspan="3"></td><td colspan="2">庄组</td></tr>
<tr><td>书</td><td>暑 tsʰu$^{33}$<br>鼠 ɕiu$^{33}$<br>书 fy$^{45}$</td><td>禅</td><td>城 ȶən$^{13}$<br>时 ɕi$^{13}$</td><td>是 ɕi$^{22}$<br>薯 fy$^{22}$</td><td colspan="2">章组</td></tr>
<tr><td>日</td><td colspan="2">肉 ȵa$^{44}$<br>燃 in$^{13}$<br>二 ni$^{22}$</td><td colspan="2"></td><td colspan="3"></td><td colspan="2">日母</td></tr>
<tr><td rowspan="2">疑</td><td>饿 ŋa$^{22}$<br>月 ȵo$^{11}$</td><td>五 oŋ$^{11}$</td><td rowspan="2">晓</td><td>黑 xa$^{44}$<br>火 fa$^{33}$<br>荤 kʰuən$^{45}$</td><td rowspan="2">匣</td><td>河 xa$^{13}$<br>胡 fu$^{13}$<br>禾 ua$^{13}$</td><td>夏 xa$^{22}$<br>祸 fa$^{22}$</td><td>洪音</td><td rowspan="2">见晓组</td></tr>
<tr><td>牙 ȵia$^{13}$<br>艺 ni$^{22}$</td><td>玉 y$^{44}$</td><td>希 ɕi$^{45}$<br>花 fya$^{45}$</td><td>嫌 ɕin$^{13}$<br>悬 fyn$^{13}$<br>丸 ʋyn$^{13}$</td><td>话 ʋya$^{22}$</td><td>细音</td></tr>
<tr><td>云</td><td>雨 u$^{11}$<br>远 ʋyn$^{11}$<br>雄 ɕioŋ$^{13}$</td><td>以 油 iu$^{13}$<br>阎 nin$^{13}$</td><td>影</td><td>鸦 a$^{45}$<br>暗 ŋan$^{44}$<br>淤 ʋi$^{45}$</td><td colspan="3"></td><td colspan="2">影组</td></tr>
</table>

## 二　韵母的古今比较

表2-3　通道本地话韵母比较表

| | 一等 | | | 二等 | | | |
|---|---|---|---|---|---|---|---|
| | 帮系 | 端系 | 见系 | 帮系 | 泥组 | 知庄组 | 见系 |
| 果开 | | 拖 tʰo$^{45}$<br>罗 la$^{13}$ | 我 ŋa$^{11}$<br>何 xo$^{13}$ | | | | |
| 果合 | 婆 pa$^{13}$<br>波 po$^{45}$<br>播 pia$^{45}$ | 坐 tsa$^{22}$<br>锁 so$^{33}$<br>朵 tia$^{33}$<br>腡 lu$^{11}$ | 锅 kua$^{45}$<br>火 fa$^{33}$<br>货 xo$^{44}$ | | | | |
| 假开 | | | | 疤 pia$^{45}$<br>霸 pa$^{44}$ | | 沙 sa$^{45}$ | 加 tɕia$^{45}$<br>虾 xa$^{45}$ |
| 假合 | | | | | | 耍 sa$^{33}$ | 瓜 kua$^{45}$<br>划 pia$^{13}$ ～船<br>划 fa$^{13}$ ～算<br>花 fya$^{45}$ |
| 遇合 | 菩 pu$^{13}$<br>模 mo$^{13}$<br>墓 ma$^{22}$ | 途 tu$^{13}$<br>吐 tʰy$^{33}$ | 苦 kʰu$^{33}$<br>五 oŋ$^{11}$ | | | | |
| 蟹开 | 倍 pe$^{22}$ | 带 tai$^{44}$<br>胎 tʰei$^{45}$<br>太 tʰe$^{44}$ | 该 kei$^{45}$<br>艾 ŋai$^{22}$ | 牌 pie$^{13}$<br>派 pʰai$^{44}$ | | 柴 sai$^{13}$<br>斋 tse$^{45}$ | 街 tɕie$^{45}$<br>蟹 xai$^{22}$<br>价 tɕia$^{44}$ |
| 蟹合 | 陪 pe$^{13}$<br>梅 mei$^{13}$ | 对 te$^{44}$ | 灰 fe$^{45}$<br>回 ue$^{13}$<br>块 tɕʰie$^{44}$ | | | | 怪 tɕie$^{44}$<br>挂 kua$^{44}$<br>槐 fai$^{13}$<br>话 ʋya$^{22}$<br>坏 ʋye$^{22}$ |
| 止开 | | | | | | | |

续 表

| 三四等 | | | | | | | | |
|---|---|---|---|---|---|---|---|---|
| 帮系 | 端组 | 泥组 | 精组 | 庄组 | 知章组 | 日母 | 见系 | |
| | | | | | | | 茄ȶa$^{13}$ | 果开 |
| | | | | | | | 靴ɕie$^{45}$ | 果合 |
| | | | 借tɕia$^{44}$<br>姐ȶa$^{33}$ | | 车ȶ$^{h}$a$^{45}$<br>蛇ɕia$^{13}$ | | 爷ia$^{45}$ | 假开 |
| | | | | | | | | 假合 |
| 符fu$^{13}$ | | 女ȵu$^{11}$<br>旅li$^{11}$ | 蛆ts$^{h}$u$^{45}$<br>聚tɕy$^{22}$ | 梳su$^{45}$<br>搊ts$^{h}$ou$^{45}$ | 猪ȶu$^{45}$<br>鼠ɕiu$^{33}$<br>厨tɕy$^{13}$ | 如y$^{13}$ | 句tɕy$^{44}$<br>鱼ȵu$^{13}$<br>锯tɕie$^{44}$ | 遇合 |
| 毙pi$^{44}$ | 低ti$^{45}$<br>蹄tie$^{13}$ | 礼li$^{11}$ | 西si$^{45}$<br>细se$^{44}$ | | 世ɕi$^{44}$ | | 鸡tɕi$^{45}$ | 蟹开 |
| 废fei$^{44}$ | | | 岁se$^{44}$ | | | | 桂tɕy$^{44}$ | 蟹合 |
| 皮pi$^{13}$<br>屁p$^{h}$ie$^{44}$<br>霉me$^{13}$ | | 离li$^{13}$<br>鲤lie$^{11}$ | 字tsi$^{22}$ | 柿ɕi$^{22}$ | 知tɕi$^{45}$ | 儿ni$^{13}$<br>耳ȵie$^{11}$ | | 止开 |

续 表

| | 一等 | | | 二等 | | | |
|---|---|---|---|---|---|---|---|
| | 帮系 | 端系 | 见系 | 帮系 | 泥组 | 知庄组 | 见系 |
| 止合 | | | | | | | |
| 效开 | 保 pau$^{33}$<br>报 po$^{44}$ | 刀 tau$^{45}$ | 高 kau$^{45}$<br>膏 tɕiau$^{45}$ | 包 py$^{45}$<br>卯 mou$^{11}$ | 闹 lau$^{22}$ | 罩 tsau$^{44}$<br>爪 tsa$^{33}$ | 咬 ȵiau$^{11}$<br>敲 k$^{h}$au$^{45}$<br>孝 ɕy$^{44}$ |
| 流开 | 某 mou$^{11}$<br>剖 p$^{h}$o$^{33}$<br>母 mu$^{11}$ | 头 tou$^{13}$ | 钩 kou$^{45}$<br>扣 tɕ$^{h}$iu$^{44}$ | | | | |
| 咸舒开 | | 谭 tan$^{13}$ | 含 xan$^{13}$ | | | 站 tsan$^{44}$<br>赚 ʈuan$^{44}$ | 喊 xan$^{33}$<br>碱 tɕin$^{33}$ |
| 咸舒合 | | | | | | | |
| 深舒开 | | | | | | | |
| 山舒开 | | 炭 t$^{h}$an$^{44}$ | 看 k$^{h}$an$^{44}$ | 班 pian$^{45}$<br>慢 man$^{22}$<br>蛮 men$^{13}$ | | 山 san$^{45}$ | 间 kan$^{45}$<br>眼 ȵian$^{11}$ |
| 山舒合 | 盘 pan$^{13}$<br>满 mian$^{11}$ | 团 tuan$^{13}$ | 官 kuan$^{45}$<br>丸 ʋyn$^{13}$<br>碗 uan$^{11}$<br>腕 yan$^{45}$ | | | 栓 suan$^{45}$ | 关 kuan$^{45}$<br>还 ʋyan$^{45}$ |
| 臻舒开 | | 吞 t$^{h}$ən$^{45}$ | 跟 kən$^{45}$ | | | | |
| 臻舒合 | 本 pən$^{33}$ | 顿 tən$^{44}$ | 棍 kuən$^{44}$<br>魂 fən$^{13}$ | | | | |

续表

| 三四等 | | | | | | | | |
|---|---|---|---|---|---|---|---|---|
| 帮系 | 端组 | 泥组 | 精组 | 庄组 | 知章组 | 日母 | 见系 | |
| 飞 fi$^{45}$<br>费 fei$^{44}$<br>尾 mie$^{11}$ | | 垒 lei$^{11}$<br>泪 ly$^{22}$ | 嘴 tse$^{33}$<br>随 sei$^{13}$<br>绥 ɕy$^{33}$ | | 锤 tɕy$^{13}$<br>吹 ȶ$^{h}$u$^{45}$ | | 龟 tɕy$^{45}$<br>辉 fei$^{45}$<br>季 tɕi$^{44}$<br>为 uei$^{13}$ | 止合 |
| 表 py$^{33}$<br>猫 mau$^{45}$ | 条 ty$^{13}$<br>鸟 tiu$^{33}$ | 尿 ȵy$^{22}$ | 焦 tɕy$^{45}$ | | 赵 tɕy$^{22}$ | | | 效开 |
| 富 fu$^{44}$<br>矛 mau$^{13}$<br>彪 py$^{45}$ | | 流 ly$^{13}$<br>刘 liu$^{13}$ | 酒 tsu$^{33}$<br>秀 ɕiu$^{44}$ | 馊 sou$^{45}$ | 抽 ȶ$^{h}$u$^{45}$<br>收 ɕiu$^{45}$ | | 油 iu$^{13}$<br>九 ȶu$^{33}$<br>牛 ŋou$^{13}$ | 流开 |
| | 点 tin$^{33}$ | 镰 lin$^{13}$ | 尖 tsin$^{45}$ | | 闪 ɕin$^{33}$ | 染 lin$^{11}$ | 欠 tɕ$^{h}$in$^{44}$<br>嫌 ɕian$^{13}$ | 咸舒开 |
| 犯 fyan$^{22}$ | | | | | | | | 咸舒合 |
| 品 p$^{h}$in$^{33}$ | | 淋 lin$^{13}$ | 心 sən$^{45}$<br>浸 tsin$^{44}$ | 森 sən$^{45}$ | 针 ȶən$^{45}$<br>深 ɕin$^{45}$ | 任 ȵin$^{22}$ | 金 ȶən$^{45}$<br>阴 in$^{45}$ | 深舒开 |
| 变 pin$^{45}$<br>匾 pian$^{33}$ | 田 tin$^{13}$ | 连 lin$^{13}$ | 仙 sin$^{45}$ | | 善 ɕin$^{22}$<br>缠 tɕian$^{22}$ | 燃 in$^{13}$ | 见 tɕin$^{44}$<br>研 ȵian$^{13}$ | 山舒开 |
| 翻 fyan$^{45}$<br>烦 fan$^{33}$ | | | 选 suan$^{33}$<br>宣 fyan$^{45}$ | | 砖 ȶuan$^{45}$<br>专 tɕyan$^{45}$ | | 拳 tɕyan$^{13}$<br>原 ȵuan$^{13}$<br>远 ʋyn$^{11}$<br>铅 ian$^{13}$ | 山舒合 |
| 贫 pin$^{13}$ | | 鳞 lin$^{13}$ | 信 sən$^{44}$<br>进 tɕin$^{44}$ | 衬 ts$^{h}$en$^{44}$ | 晨 ȶən$^{13}$<br>神 ɕin$^{13}$ | 人 ȵin$^{13}$ | 斤 ȶən$^{45}$<br>寅 in$^{13}$ | 臻舒开 |
| 问 mən$^{22}$<br>纹 uən$^{13}$ | | 轮 lən$^{13}$ | 笋 sən$^{33}$ | | 椿 ȶ$^{h}$ən$^{45}$<br>顺 fyn$^{22}$ | 闰 yn$^{22}$ | 云 ʋyn$^{13}$<br>裙 tɕin$^{13}$<br>荤 k$^{h}$uən$^{45}$ | 臻舒合 |

续表

| | 一等 | | | 二等 | | | |
|---|---|---|---|---|---|---|---|
| | 帮系 | 端系 | 见系 | 帮系 | 泥组 | 知庄组 | 见系 |
| 宕舒开 | 帮 pan$^{45}$ | 汤 t$^{h}$an$^{45}$ | 糠 k$^{h}$an$^{45}$ | | | | |
| 宕舒合 | 慌 fan$^{45}$ | | 光 kuan$^{45}$ | | | | |
| 江舒开 | | | | 胖 p$^{h}$an$^{44}$ | | 桩 tsuan$^{45}$ | 讲 kan$^{33}$<br>江 tɕiaŋ$^{45}$ |
| 曾舒开 | 朋 poŋ$^{13}$ | 灯 tən$^{45}$ | 肯 k$^{h}$ən$^{33}$ | | | | |
| 曾舒合 | | | | | | | |
| 梗舒开 | | | | 棚 poŋ$^{13}$ | 冷 len$^{11}$ | 甥 sən$^{45}$<br>争 tsen$^{45}$ | 庚 ken$^{45}$<br>耕 kən$^{45}$ |
| 梗舒合 | | | | | | | 矿 k$^{h}$uan$^{44}$<br>横 ʋen$^{13}$ |
| 通舒合 | 蒙 moŋ$^{13}$<br>碰 p$^{h}$ən$^{44}$ | 东 toŋ$^{45}$ | 公 koŋ$^{45}$ | | | | |

续 表

| 三四等 | | | | | | | | |
|---|---|---|---|---|---|---|---|---|
| 帮系 | 端组 | 泥组 | 精组 | 庄组 | 知章组 | 日母 | 见系 | |
| | | 粮 liaŋ$^{13}$<br>娘 ȵan$^{13}$ | 箱 ɕiaŋ$^{45}$ | 装 tsuan$^{45}$<br>壮 tɕyan$^{22}$ | 场 ȶan$^{13}$<br>伤 ɕiaŋ$^{45}$ | 让 ȵan$^{22}$ | 香 ɕiaŋ$^{45}$<br>姜 ȶan$^{45}$ | 宕舒开 |
| 网 man$^{11}$ | | | | | | | 框 k$^{h}$uan$^{45}$ | 宕舒合 |
| | | | | | | | | 江舒开 |
| 冰 pin$^{45}$ | | 凌 lin$^{13}$ | 甑 tsən$^{44}$ | | 绳 sən$^{13}$<br>升 ɕin$^{45}$ | | | 曾舒开 |
| | | | | | | | | 曾舒合 |
| 平 pin$^{13}$<br>明 mən$^{13}$ | 停 tin$^{13}$ | 领 lin$^{11}$ | 青 ts$^{h}$in$^{45}$ | | 贞 tsən$^{45}$<br>声 ɕin$^{45}$ | | 劲 ȶən$^{44}$<br>轻 tɕ$^{h}$in$^{45}$ | 梗舒开 |
| | | | | | | | 永 ʋyn$^{11}$<br>兄 fyan$^{45}$<br>荣 ioŋ$^{13}$ | 梗舒合 |
| 梦 moŋ$^{22}$ | | 农 noŋ$^{13}$<br>龙 lioŋ$^{13}$ | 宗 tsoŋ$^{45}$ | | 忠 ȶoŋ$^{45}$ | | 容 ioŋ$^{13}$<br>宫 koŋ$^{45}$ | 通舒合 |

续表

| | 一等 | | | 二等 | | | |
|---|---|---|---|---|---|---|---|
| | 帮系 | 端系 | 见系 | 帮系 | 泥组 | 知庄组 | 见系 |
| 咸入开 | | 塔 $t^ha^{11}$ | 合 $xo^{11}$ | | | 插 $ts^ha^{11}$ | 甲 $tɕia^{11}$<br>鸭 $a^{11}$ |
| 咸入合 | | | | | | | |
| 深入开 | | | | | | | |
| 山入开 | | 擦 $ts^ha^{11}$ | 割 $ka^{11}$ | 八 $pia^{11}$ | | 杀 $sa^{11}$ | 瞎 $xa^{11}$ |
| 山入合 | 钵 $po^{11}$<br>抹 $ma^{11}$ | 脱 $t^ho^{11}$ | 阔 $k^hua^{11}$<br>活 $xo^{11}$ | | | 刷 $sa^{11}$ | 刮 $kua^{44}$<br>挖 $ʋya^{11}$ |
| 臻入开 | | | | | | | |
| 臻入合 | 脖 $po^{11}$<br>不 $pu^{44}$ | 突 $t^hu^{11}$ | 骨 $ko^{44}$<br>核 $xa^{44}$ | | | | |
| 宕入开 | 膊 $po^{11}$<br>莫 $ma^{11}$<br>泊 $p^he^{11}$ | 托 $t^ho^{44}$<br>落 $la^{11}$ | 鹤 $xo^{11}$ | | | | |
| 宕入合 | | | | | | | |
| 江入开 | | | | 剥 $po^{11}$ | | 戳 $ts^ho^{11}$<br>桌 $ȶa^{11}$ | 壳 $k^ho^{11}$<br>岳 $io^{11}$<br>角 $ȶa^{11}$<br>觉 $ȶau^{44}$ |
| 曾入开 | 北 $pe^{11}$ | 德 $te^{44}$ | 黑 $xa^{44}$ | | | | |
| 曾入合 | | | 国 $kue^{11}$ | | | | |
| 梗入开 | | | | 麦 $me^{11}$<br>白 $p^ha^{44}$ | | 择 $ts^he^{11}$ | 额 $ŋe^{11}$ |
| 梗入合 | | | | | | | |
| 通入合 | 木 $mo^{11}$ | 毒 $to^{11}$<br>秃 $t^hu^{11}$ | 屋 $o^{44}$ | | | | |

续表

| 三四等 | | | | | | | | |
|---|---|---|---|---|---|---|---|---|
| 帮系 | 端组 | 泥组 | 精组 | 庄组 | 知章组 | 日母 | 见系 | |
| | 贴tʰie$^{11}$ | | 接tse$^{11}$ | | | | 业ȵie$^{11}$ | 咸入开 |
| | | | | | | | | 咸入合 |
| | | 笠lie$^{11}$<br>粒li$^{44}$ | 集tsi$^{44}$ | | 十ɕie$^{11}$<br>汁tsi$^{44}$ | 入ȵo$^{44}$ | 急tɕie$^{44}$<br>给ke$^{44}$<br>泣tɕʰi$^{44}$ | 深入开 |
| 灭mie$^{11}$<br>搣me$^{45}$ | 跌ta$^{11}$<br>铁tʰie$^{11}$ | 烈lie$^{11}$ | 节tse$^{11}$ | | 彻tsʰe$^{11}$<br>舌ɕie$^{11}$ | 热ȵie$^{11}$ | 孽ȵie$^{44}$<br>结tse$^{11}$ | 山入开 |
| 袜ʋya$^{11}$ | | | 雪so$^{11}$ | | | | 缺tɕʰio$^{11}$<br>月$_{1}$ȵo$^{11}$<br>月$_{2}$ȵie$^{11}$<br>血fye$^{11}$ | 山入合 |
| 鼻pi$^{11}$<br>笔pie$^{44}$ | | 栗lie$^{11}$ | 七tsʰe$^{44}$ | 虱se$^{44}$ | 侄tɕie$^{44}$ | 日ȵie$^{11}$ | 壹ie$^{44}$<br>吉tɕi$^{44}$ | 臻入开 |
| 佛xo$^{11}$<br>物ue$^{11}$ | | 戌si$^{13}$ | | | 出ȶʰo$^{44}$ | | | 臻入合 |
| | | 略ȵo$^{11}$ | 雀tɕʰio$^{11}$<br>削su$^{45}$ | | 勺ɕia$^{11}$ | 弱ȵo$^{11}$ | 虐ȵo$^{11}$<br>脚ȶa$^{11}$<br>钥io$^{11}$ | 宕入开 |
| 缚fa$^{11}$ | | | | | | | | 宕入合 |
| | | | | | | | | 江入开 |
| 逼pie$^{44}$ | | 力lie$^{11}$ | | 侧tse$^{11}$ | 直tɕie$^{11}$<br>职tɕi$^{44}$ | | | 曾入开 |
| | | | | | | | | 曾入合 |
| 壁$_{文}$pie$^{11}$<br>壁$_{白}$pia$^{11}$ | 笛tie$^{11}$ | 历lie$^{11}$ | 席se$^{11}$ | | 尺tɕʰie$^{11}$ | | | 梗入开 |
| | | | | | | | | 梗入合 |
| 伏xo$^{11}$ | | 六lio$^{11}$ | 俗su$^{11}$<br>粟ɕiu$^{44}$ | | 熟ɕio$^{11}$<br>畜ȶʰo$^{44}$<br>叔ɕiu$^{44}$ | 肉$_{白}$ȵa$^{44}$<br>肉$_{文}$ȵo$^{44}$ | 育io$^{44}$<br>菊tɕy$^{11}$ | 通入合 |

## 三　声调的古今比较

表2–4　通道本地话声调比较表

| | | | 阴平45 | 阳平13 | 阴上33 | 阳上11 | 阴去44 | 阳去22 |
|---|---|---|---|---|---|---|---|---|
| 古平声 | 清 | 全清 | 多堆分乌 | | | | | |
| | | 次清 | 拖推抄糠 | | | | | |
| | 浊 | 次浊 | | 锣鹅煤娘 | | | | |
| | | 全浊 | | 婆筒骑猴 | | | | |
| 古上声 | 清 | 全清 | | | 保子九锁 | | | |
| | | 次清 | | | 草此丑苦 | | | |
| | 浊 | 次浊 | | | | 我某五礼 | | |
| | | 全浊 | | | | | | 稻坐竖旱 |
| 古去声 | 清 | 全清 | | | | | 霸再镜爱 | |
| | | 次清 | | | | | 怕菜庆况 | |
| | 浊 | 次浊 | | | | | | 墓赖让右 |
| | | 全浊 | | | | | | 代座洞汗 |
| 古入声 | 清 | 全清 | | | | 答割眨窄 | 谷北笔壹 | |
| | | 次清 | | | | 塔恰插册 | 哭出七泣 | |
| | 浊 | 次浊 | | | | 莫入额六 | | |
| | | 全浊 | | | | 杂读直学 | | |

# 第四节

# 音韵特点

## 一　声母特点

（一）古全浊声母今逢塞音、塞擦音时，不论平仄一律读为不送气清音，例如：

牌　꜁pie　　茶　꜁tsa　　桥　꜁tɕy　　铜　꜁toŋ　　读　꜃to

败　pie꜅　　坐　tsa꜅　　柜　tɕy꜅　　洞　toŋ꜅　　杂　꜃tsa

（二）晓组合口字与非组字有相混的情况。一般而言，晓组在古合口（今读则为开口呼、合口呼或是撮口呼）的情况下会混入非组，读为[f]，如：

扶＝湖　꜁fu　　非＝挥　꜀fe　　方＝慌　꜀fyan　　繁＝玄　꜁fyan

其原因可以分两类来说，今读开口或是合口（限于单韵母[u]）的，可能与早期南方方言中存在唇化喉音声母[hv、ɦv]或[hw、ɦw]有关（庄初升2017）即[xu]>[f（u）]，这个在许多汉语方言中是很常见的音变。今读撮口呼的较难理解，有可能是在[f]与[-u-]相拼后，再接舌位前且开口度大的元音时出现的音变现象。但是也有反过来的情况，非组在韵母为[o]和[oŋ]的情况下会读为[x]，混入晓组，例如：

风＝封　꜀xoŋ　　锋＝丰　꜀xoŋ　　缝＝冯　꜁xoŋ　　伏＝服　xo꜄

这个应该是在后高元音的影响下发生的。唇齿擦音与舌根擦音同属“呼音”系列，后高元音拉动唇齿音声母向后，使之演变为舌根擦音，湘语的许多点，比如长沙话中也是如此。

（三）非、敷、奉母几乎没有重唇的读法，但微母保留重唇音读法的情况比较常见，例如：尾[꜃mie]、晚网[꜃man]、望忘[man꜅]、蔓[men꜅]、蚊[꜀mən]、问[mən꜅]。

（四）泥、来母基本上不混。泥母通常读[n]，但是在撮口呼韵母前有[ȵ]的变体。来母通常读[l]。娘母则通常读[ȵ]，但是在齐齿呼前有[n]的变体，例如：

| | | | | | | |
|---|---|---|---|---|---|---|
| 来母： | 锣꜁la | 雷꜁le | 烂lan꜅ | 理꜃li | 龙꜁lioŋ | 泪ly꜅ |
| 泥母： | 奈nai꜅ | 南꜁nan | 农꜁noŋ | 年꜁nin | 念nin꜅ | 尿ȵy꜅ |
| 娘母： | 娘꜁ȵan | 浓꜁ȵoŋ | 女꜃ȵu | 碾꜃nian | 尼꜁ni | 你꜃ni |

但是在西南官话的影响下，泥母也开始有读[l]的倾向，如“纳”读[꜃la]，“脑”读[꜃lau]。

（五）古精组声母在洪音前基本上读[ts、tsʰ、s]，在细音前通常读[tɕ、tɕʰ、ɕ]，但是当韵母为[i]和[in]时，古精组读[ts、tsʰ、s]和[tɕ、tɕʰ、ɕ]的都有，而且以读前者居多，这说明本地话古精组声母在细音前的腭化音变尚未完成，例如：

| | | | | | | |
|---|---|---|---|---|---|---|
| 精母： | 左꜂tsa | 醉tse꜄ | 子꜂tsi | 箭tsin꜄ | 借tɕia꜄ | 焦꜀tɕy |
| 清母： | 七tsʰe꜄ | 菜tsʰei꜄ | 刺tsʰi꜄ | 千꜀tsʰin | 请꜂tɕʰin | 俏tɕʰy꜄ |
| 从母： | 才꜁tsei | 层꜁tsən | 瓷꜁tsi | 钱꜁tsin | 净tɕin꜅ | 槽꜁tɕy |
| 心母： | 洗꜂se | 伞꜂san | 丝꜀si | 先꜀sin | 写꜂ɕia | 小꜂ɕy |
| 邪母： | 寻꜁sən | 袖su꜅ | 词꜁tsi | / | 谢ɕia꜅ | 橡ɕiaŋ꜅ |

因此，本地话属于部分区分尖团型。古精组有些字在细音前跟古见晓组字有区别，例如：

| | | |
|---|---|---|
| 箭tsin꜄≠剑tɕin꜄ | 千꜀tsʰin≠牵꜀tɕʰin | 糍꜁tsi≠奇꜁tɕi |
| 青꜀tsʰin≠轻꜀tɕʰin | 仙꜀sin≠掀꜀ɕin | 丝꜀si≠希꜀ɕi |

（六）知组二三等分流，二等一般与庄组合流，读[ts、tsʰ、（s）]；三等洪音一般读[ȶ、ȶʰ]，细音一般读[tɕ、tɕʰ]，与章组合流，例如：

| | | | | | | | | |
|---|---|---|---|---|---|---|---|---|
| 知二： | 摘꜃tse | 站tsan꜄ | 拆꜃tsʰe | 戳꜃tsʰo | 茶꜁tsa | 搽꜁tsa | 泽꜃tsʰe | 撞tsʰuan꜄ |
| 庄组： | 责tse꜄ | 争꜀tsen | 插꜃tsʰa | 初꜀tsʰu | 柴꜁sai | 助tsu꜅ | 沙꜀sa | 瘦sou꜄ |

本地话中的舌面塞音[ȶ、ȶʰ]的分布范围非常广泛，中古知组三等、章组和见组的三四等，今逢洪音时一般都读作[ȶ、ȶʰ]（逢细音一般读[tɕ、tɕʰ]），例如：

| | | | | | | | | |
|---|---|---|---|---|---|---|---|---|
| 知三： | 猪꜀ȶu | 张꜀ȶan | 抽꜀ȶʰu | 宠꜂ȶʰoŋ | 程꜁ȶən | 除꜁ȶu | 箸ȶu꜄ | 仲ȶoŋ꜅ |
| 章组： | 针꜀ȶən | 樟꜀ȶan | 车꜀ȶʰa | 吹꜀ȶʰu | 唱ȶʰan꜄ | 辰꜁ȶən | 城꜁ȶən | 常꜁ȶan |
| 见组： | 脚꜃ȶa | 筋꜀ȶən | 腔꜀ȶʰan | 丘꜀ȶʰu | 穷꜁ȶoŋ | 茄꜁ȶa | 旧ȶu꜅ | 近ȶən꜅ |

（七）见溪群母通常情况下逢洪音读[k、kʰ]，逢细音读[tɕ、tɕʰ]，但开口三四等也有读[ȶ、ȶʰ]的现象，二者的韵母是互补的，与[ȶ、ȶʰ]拼的韵母有[a、an、ən、u]，与读[tɕ、tɕʰ]拼的韵母有[i、ia、iau、in、ian、iaŋ、y、yan]，结合下文第五节“异读”的情况来看，这里的[tɕ、tɕʰ]极有可能是由[ȶ、ȶʰ]演变而来。

| | | | | | | | | |
|---|---|---|---|---|---|---|---|---|
| k组： | 割꜃ka | 高꜀kau | 关꜀kuan | 哭kʰo꜄ | 开꜀kʰei | 糠꜀kʰan | 狂꜁kuan | 共koŋ꜄ |
| tɕ组： | 鸡꜀tɕi | 剑tɕin꜄ | 贵tɕy꜄ | 气tɕʰi꜄ | 扣tɕʰiu꜄ | 牵꜀tɕʰin | 骑꜁tɕi | 轿tɕy꜅ |
| ȶ组： | 姜꜀ȶan | 斤꜀ȶən | 九꜂ȶu | 丘꜃ȶʰu | 腔꜀ȶʰan | 邱꜀ȶʰu | 琴꜁ȶən | 球꜁ȶu |

（八）古疑母有四种读法。四等字极少，一般读[n]（研砚[nin꜅]）暂且不论。其他字中有些读法规律性较强，有些则较弱。其中合口一二等一律读零声母，如“五午伍[oŋ]、吴梧蜈[u]、瓦卧[ua]、玩[uan]”；合口三等有两种读音，一种读[ȵ]，如“月[ȵo]/[ȵie]、鱼渔[ȵu]、原愿[ȵuan]”，一种读零声母，全是遇摄字，如“娱语玉遇寓[y]”；开口字则有三种读法，一种读[ŋ]，通常是一等字，如“蛾鹅俄娥我饿[ŋa]、艾[ŋai]、熬[ŋau]、藕偶[ŋou]、岸[ŋan]”，但也有几个二三等字，如“牛[ŋou]、额业[ŋe]、雁[ŋai]、硬[ŋen]”；一种读[ȵ]，基本都是二三等字，如“虐疟[ȵo]、银[ȵən]、牙芽[ȵia]、崖孽[ȵie]、咬[ȵiau]、眼验[ȵian]”，只有一个一等字“艾[ȵie]”；此外还有几个二三等字读零声母，如“岳[io]、言[in]、仰[iaŋ]”。

（九）古匣母有大量字今读为零声母或者[ʋ]声母，与微、疑、影、云母合口今读合流了，例如：

微母：　纹 ꜁uən　武 ꜃u　蔓 uan꜅　味 ʋi꜅　万 ʋyan꜅
疑母：　蜈 ꜁u　玩 ꜁uan　卧 ua꜅　瓦 ꜃ua　园 ꜁ʋyn
影母：　瘟 ꜀uən　冤 ꜀yan　屋 o꜄　腕 ꜀yan　弯 ꜀yan
云母：　雨 ꜃u　营 ꜁yn　王 ꜁uan　远 ꜃ʋyn　云 ꜁ʋyn
匣母：　禾 ꜁ua　回 ꜁ue　黄 ꜁uan　坏 ʋye꜅　话 ʋya꜅

（十）古日母字基本上读[ȵ]声母，例如：肉[ȵa꜄]、入[꜃ȵo]、人[꜁ȵən]、热[꜃ȵie]、耳[꜃ȵie]、让[ȵan꜅]。

## 二　韵母特点

（一）果摄大多数字韵母的主元音为[a]，例如：

多 ꜀ta　左 ꜂tsa　坐 tsa꜅　我 ꜃ŋa　坡 ꜀pʰa　火 ꜂fa
锅 ꜀kua　窠 ꜀kʰua　过 kua꜄　棵 ꜂kʰua　卧 ua꜅　禾 ꜁ua
朵 ꜂tia　唾 tʰia꜄　播 ꜀pia　挲 ꜀ɕia

（二）蟹摄的读音比较复杂，这里边有好几个层次。

1. 一个层次为[（i，u）e]，这是蟹摄合口一等字的主要读音层，蟹摄合口二三等也有部分字主元音为[e]。此外，蟹摄开口也有这一层次的读音，主要在唇音，这可能是“唇音不分开合”的体现，其次是见晓组，但其他声组也有零散分布，例如：

蟹合：　陪 ꜁pe　煤 ꜁me　对 te꜄　岁 se꜄　快 tɕʰie꜄　回 ꜁ue
蟹开：　倍 pe꜅　牌 ꜁pie　兑 tʰe꜄　祭 tse꜄　街 ꜀tɕie　斋 ꜀tse

2. 蟹摄开口一等有两个层次，一个层次为[ai]，一个层次为[ei]，开口二等只有[ai]一个层次，例如：

| | | | | | | |
|---|---|---|---|---|---|---|
| ai层： | 带 tai꜄ | 赖 lai꜅ | 踩 ᶜtsʰai | 派 pʰai꜄ | 柴 ꜁sai | 矮 ᶜŋai |
| ei层： | 胎 ꜀tʰei | 来 ꜁lei | 菜 tsʰei꜄ | 开 ꜀kʰei | 害 xei꜅ | 爱 ei꜄ |

开口三四等只有[i]一个层次，例如：

| | | | | | | |
|---|---|---|---|---|---|---|
| 弊 pi꜄ | 厉 li꜅ | 艺 ni꜅ | 米 ᶜmi | 低 ꜀ti | 挤 ᶜtsi | 计 tɕi꜄ |

（三）[y]韵字的分布非常广泛。这里面包括两种情况：

1. 止摄合口三等支脂微韵以及蟹摄合口四等齐韵字今部分读[y]韵，即所谓“支微入鱼”现象。“支微入鱼”现象广泛分布于吴语、闽语、湘语、江淮官话、西南官话、徽语、晋语和赣语等（郑伟，2014），不同的方言“入鱼”的韵类不同，如吴语“支微入鱼”的范围主要为止摄合口三等和少量蟹摄合口三等，江淮官话是蟹摄合口一三四等与止摄合口三等（顾黔，2016）。本地话主要是止摄，蟹摄字数极少，目前只发现一个“桂”字。例如：

| | | | | | |
|---|---|---|---|---|---|
| 止摄： | 水 ᶜfy | 锤 ꜁tɕy | 泪 ly꜅ | 贵 tɕy꜄ | 跪 tɕʰy꜄ |
| 遇摄： | 书 ꜀fy | 厨 ꜁tɕy | 薯 ꜀fy | 如 ꜁y | 渠 ꜁tɕy |
| 蟹摄： | 桂 tɕy꜄ | | | | |

2. 效摄三四等字及二等的帮组字今大多读[y]韵，如：包[꜀py]、卯[ᶜmy]、焦[꜀tɕy]、鸟[ᶜty]、叫[tɕy꜄]、赵[tɕy꜅]。这一现象应该是合音的结果，即是由[iu]合音而成。复韵母单元音化是汉语方言中一种常见的语音演变方式，从发音机理上看，复韵母[iu]合音为[y]是较自然的音变。

（四）本地话中的[ʅ]只用来拼西南官话借词。本地话没有[ʮ]韵母。本地话止摄开口三等精知庄章组一般读为[i]，例如：

| | | | | | | |
|---|---|---|---|---|---|---|
| 支韵： | 紫 ᶜtsi | 刺 tsʰi꜄ | 撕 ꜀si | 知 ꜀tɕi | 是 ɕi꜅ | 枝 ꜀tɕi |
| 脂韵： | 瓷 ꜁tsi | 姊 ᶜtsi | 私 ꜀si | 迟 ꜁tɕi | 师 ꜀si | 指 ᶜtɕi |
| 之韵： | 子 ᶜtsi | 词 ꜁tsi | 死 ᶜsi | 痔 tɕi꜄ | 事 si꜅ | 芝 ꜀tɕi |

（五）中古阳声韵在今菁芜洲话中的演变情况总的说来大致可分为五类：

1. 宕、江摄今读洪音时与咸、山摄一二等韵合流为[-（u）an]，如：斑山＝帮宕＝邦江[꜀pan]、谭咸＝弹山＝唐宕[꜁tan]、蓝咸＝兰山＝郎宕[꜁lan]、栓山＝霜宕＝双江[꜀suan]、干山＝刚宕＝江江[꜀kan]。

2. 宕、江摄今读细音时则继续保持后鼻音韵尾，如：粮[꜁liaŋ]、酱[tɕiaŋ꜄]、箱[꜀ɕiaŋ]、秧[꜀iaŋ]。

3. 深、臻、曾、梗等摄今读洪音时为[ən]，如：心深＝新臻＝生梗[꜀sən]、枕深＝诊臻＝拯曾＝整梗[ᶜʈən]。

4. 曾梗摄、深臻摄和咸山摄的三四等合流为[in]，例如：冰曾＝宾臻＝边山[꜀pin]、升曾＝身臻[꜀ɕin]、灵梗＝鳞臻＝镰咸[꜁lin]、静梗＝近臻＝件山[tɕin꜅]、赢梗＝寅臻＝盐咸[꜁in]。

5. 通摄保留了后鼻韵尾[ŋ]，例如：东[꜀toŋ]、总[꜂tsoŋ]、工[꜀koŋ]、穷[꜁ɬoŋ]、风[꜀xoŋ]、红[꜁xoŋ]。

## 三　声调特点

入声调消失，分化的规律比较整齐。古浊入绝大部分归入阳上调。古清入的分化情况比较特殊，一部分字并入阴去调，一部分字并入阳上调。并入阴去调的大体上来自深臻曾通摄，例如：笔[pie꜄]、汁[tsi꜄]、北[pe꜄]、谷[ko꜄]、黑[xa꜄]、七[tsʰe꜄]。并入阳上的大体上来自咸山宕江梗摄，例如：答[꜃ta]、脚[꜃ȶa]、剥[꜃po]、恶[꜃o]、接[꜃tse]、脱[꜃tʰo]、拍[꜃pʰe]、杀[꜃sa]。

# 第五节

# 异读

## 一 文白异读

本地话的文白异读系统比较简单，其原因在于他们大多都是熟练的“多语”或“多言”人，在实际语言交际中通常采用语码转换的方式。在本地的村落他们会用本地话进行交流，在公共场所，他们碰到侗族人会使用侗语，碰上汉族人会马上转用通道官话，因此遇上比较文的概念，他们往往会直接进行语码转换，改用通道官话。音系是相对封闭的系统，文读音要进入到该系统中，一定要经过该系统的折合，如果该字的读音符合本地话的音韵地位，我们则认为该读音是已经被音系接受的文读音，例如“马～打滚：麻糬[ma¹¹]”符合阳上字读11调的规则，因此属于系统的文读音，跟“马[mia¹¹]”构成文白异读。“报”在本地话中读[po⁴⁴]，但“报纸”中的“报”读[pau⁴⁵]，从调类来看是阴平调，不符合“报”字的声调地位（去声应读44）。实际上这是通道官话的读音，因为通道官话中的去声正读作45。

文白异读虽然以词为载体，即在不同的词中会有不同的读音（有时在同一词中也可有异读），但是其基本单位却是音类。即就某字而言，其文白异读主要体现在声母、韵母或是声调中的一类不同，或是两类甚至三类完全不同。下面我们就从声母、韵母和声调三个角度来看看本地话的文白异读情况（列举的时候白读在前文读在后。举例和释义均用六号字，该字用“～”代替，单用时不举例）。

### （一）声母的文白异读

1. 古心、生、匣母字，白读擦音[s]或[x]，文读擦音[ɕ]。例如：

| | 白读 | 文读 |
|---|---|---|
| 师生 | si⁴⁵ 老～ | ɕi⁴⁵ ～傅 |

| | | |
|---|---|---|
| 西$_{\text{心}}$ | si$^{45}$ 东～ | ɕi$^{45}$ ～瓜 |
| 学$_{\text{匣}}$ | xo$^{11}$ ～堂 | ɕio$^{11}$ 科～ |

2. 古心、邪、晓母字，白读塞擦音，文读擦音，例如：

| | 白读 | 文读 |
|---|---|---|
| 喜$_{\text{晓}}$ | tɕ$^{h}$i$^{33}$ 欢～ | ɕi$^{33}$ ～酒 |
| 苏$_{\text{心}}$ | ts$^{h}$u$^{45}$ 紫～ | su$^{45}$ ～联 |
| 像$_{\text{邪}}$ | tɕiaŋ$^{22}$ 好～ | ɕiaŋ$^{44}$ 照～ |

3. 古见组字白读舌面塞擦音，文读舌根塞音，例如：

| | 白读 | 文读 |
|---|---|---|
| 桂$_{\text{见}}$ | tɕy$^{44}$ ～花 | kuei$^{44}$ ～皮 |
| 贵$_{\text{见}}$ | tɕy$^{44}$ 价钱～ | kuei$^{44}$ ～州 |
| 间$_{\text{见}}$ | tɕin$^{45}$ 刻～ | kan$^{45}$ 时～ |
| 解$_{\text{见}}$ | tɕie$^{33}$ ～开 | kai$^{33}$ ～放 |

4. 古见组字及个别知组字白读舌根或舌面塞音，文读舌面塞擦音，例如：

| | 白读 | 文读 |
|---|---|---|
| 去$_{\text{溪}}$ | k$^{h}$u$^{44}$ 来～ | tɕ$^{h}$y$^{44}$ ～湿 |
| 浆$_{\text{见}}$ | ȶan$^{45}$ 崖～水 | tɕiaŋ$^{45}$ 夹～ |
| 锯$_{\text{见}}$ | ka$^{44}$ | tɕie$^{44}$ |
| 猪$_{\text{知}}$ | ȶu$^{45}$ 野～ | tɕy$^{45}$ 饿痨～ |

5. 古禅母字白读舌面擦音，文读舌面塞音，例如：

| | 白读 | 文读 |
|---|---|---|
| 成$_{\text{禅}}$ | ɕin$^{13}$ 做得～ | ȶən$^{13}$ ～功 |
| 辰$_{\text{禅}}$ | ɕin$^{13}$ 良～ | ȶən$^{13}$ 时～ |

6. 另外还有一些零星的文白异读，如並母字白读送气，文读不送气；影母白读零声母，文读[ŋ]声母；疑母字白读[ŋ]声母，文读零声母；匣母字白读零声母，文读[f]声母；云母字白读塞擦音声母，文读近音声母。因为都只涉及个别字，列在下面：

| | 白读 | 文读 |
|---|---|---|
| 白$_{\text{並}}$ | p$^{h}$a$^{44}$ ～布 | pe$^{11}$ ～炭 |
| 丫$_{\text{影}}$ | a$^{45}$ ～头 | ŋa$^{45}$ ～开 |
| 颜$_{\text{疑}}$ | ŋan$^{13}$ 容～ | ian$^{13}$ ～色 |
| 回$_{\text{匣}}$ | ue$^{13}$ ～来 | fe$^{13}$ ～归 |
| 圆$_{\text{云}}$ | tɕyan$^{13}$ ～的 | ʋyn$^{13}$ 汤～ |

### （二）韵母的文白异读

1. 中古果摄字，以及通摄屋韵字白读[a]，文读[o]，例如：

| | 白读 | 文读 |
|---|---|---|
| 摩戈 | ma$^{11}$ 抚摸 | mo$^{13}$ ～托车 |
| 河歌 | xa$^{13}$ 天～ | xo$^{13}$ 洋须～ |
| 荷歌 | xa$^{13}$ 芋～ | xo$^{13}$ ～花 |
| 肉屋 | ȵa$^{44}$ | ȵo$^{44}$ |

2. 中古麻韵二等字白读[ia]，文读[a]，例如：

| | 白读 | 文读 |
|---|---|---|
| 把 | pia$^{33}$ ～戏 | pa$^{33}$ ～握 |
| 麻 | mia$^{13}$ ～篮 | ma$^{13}$ ～烦 |
| 马 | mia$^{11}$ | ma$^{11}$ ～打滚 |

3. 中古遇摄鱼虞韵字白读[u]，文读[i、y]，例如：

| | 白读 | 文读 |
|---|---|---|
| 取虞 | ts$^h$u$^{33}$ ～东西 | tɕ$^h$i$^{33}$ ～笑 |
| 去鱼 | k$^h$u$^{44}$ 来～ | tɕ$^h$y$^{44}$ ～湿 |

4. 中古效摄三四等字白读[y]，文读[iau]，例如：

| | 白读 | 文读 |
|---|---|---|
| 赵宵 | tɕy$^{22}$ 今人姓 | tɕiau$^{22}$ ～子龙 |
| 了萧 | ly$^{11}$ 不得～ | liau$^{11}$ ～解 |
| 吊萧 | 吊 ty$^{44}$ 上～ | tiau$^{44}$ ～桥 |

5. 中古山摄细音字白读[in]，文读[ian]，例如：

| | 白读 | 文读 |
|---|---|---|
| 钳盐 | tɕin$^{13}$ 火～ | tɕian$^{13}$ ～子 |
| 间山 | tɕin$^{45}$ 刻～ | tɕian$^{45}$ 前～ |

6. 中古蟹摄开口一二等字白读[ai]，文读[e、ie]，例如：

| | 白读 | 文读 |
|---|---|---|
| 太泰 | t$^h$ai$^{44}$ ～～ | t$^h$e$^{44}$ ～贵 |
| 解佳 | kai$^{33}$ ～放 | tɕie$^{33}$ ～开 |

7. 其他零散韵母的文白异读罗列在下面，例如：

| | 白读 | 文读 |
|---|---|---|
| 白陌 | p$^h$a$^{44}$ ～布 | pe$^{11}$ ～炭 |

| | | |
|---|---|---|
| 管桓 | kuen$^{33}$ ～子 | kuan$^{33}$ ～理 |
| 学觉 | xo$^{11}$ ～堂 | ɕio$^{11}$ 科～ |
| 离支 | lie$^{13}$ | li$^{13}$ 距～ |
| 圆仙 | tɕyan$^{13}$ ～的 | ʋyn$^{13}$ 汤～ |
| 浆阳 | ȶan$^{45}$ 崖～水 | tɕiaŋ$^{45}$ 夹～ |
| 龙钟 | lioŋ$^{13}$ 一条～ | loŋ$^{13}$ ～船 |
| 织之 | tsi$^{44}$ ～密的 | tsɿ$^{11}$ ～女 |
| 壁锡 | pia$^{11}$ ～上 | pie$^{11}$ 照～ |

**（三）声调的文白异读**

本地话声调的文白异读主要是在阳平调，白读阴平调45，文读阳平调13，例如：

| | 白读 | 文读 |
|---|---|---|
| 捞 | lau$^{45}$ 拿 | lau$^{13}$ ～起 |
| 炉 | lou$^{45}$ ～头 | lu$^{13}$ ～条 |
| 煤 | me$^{45}$ 光～ | me$^{13}$ ～球 |
| 年 | nin$^{45}$ ～ nai$^{33}$ | nin$^{13}$ 旧～ |

## 二　其他异读

我们第一次去调查时的发音人陆飘（下面简称“陆”）现在75岁，做语保调查时的老男发音人俞仕忠（下面简称“俞”）现在60岁，但是他们之间的读音已经有一些差别：

1. 舌面塞音声母[ȶ、ȶʰ]

陆的音系和俞的音系中都有[ȶ、ȶʰ]两个舌面塞音声母，他们两位系统中的这两个声母基本上是相同的，例如：

| | 猪 | 陈 | 抽 | 遮 | 针 |
|---|---|---|---|---|---|
| 陆音 | ȶu$^{45}$ | ȶən$^{13}$ | ȶʰu$^{45}$ | ȶa$^{45}$ | ȶən$^{45}$ |
| 俞音 | ȶu$^{45}$ | ȶən$^{13}$ | ȶʰu$^{45}$ | ȶa$^{45}$ | ȶən$^{45}$ |

但是，陆的舌面塞音声母的范围要比俞的大许多，在陆的系统中，[ȶ、ȶʰ]可以与四呼相拼合，但是在俞的系统中，[ȶ、ȶʰ]只与开口呼与合口呼相拼，因此在陆的系统中与齐齿呼和撮口呼拼合的[ȶ、ȶʰ]，到了俞的系统中都读成了[tɕ、tɕʰ]，例如：

| | 渠 | 缺 | 亏 | 家 | 柜 | 块 | 处 | 蠢 |
|---|---|---|---|---|---|---|---|---|
| 陆音 | ȶy$^{13}$ | ȶʰio$^{11}$ | ȶʰy$^{45}$ | ȶia$^{45}$ | ȶy$^{22}$ | ȶʰie$^{44}$ | ȶʰy$^{44}$ | ȶʰin$^{33}$ |
| 俞音 | tɕy$^{13}$ | tɕʰio$^{11}$ | tɕʰy$^{45}$ | tɕia$^{45}$ | tɕy$^{22}$ | tɕʰie$^{44}$ | tɕʰy$^{44}$ | tɕʰyn$^{33}$ |

在俞的系统中，[ȶ、ȶʰ]只与开口呼与合口呼相拼的规律是不变的，因此有些时候，虽然

声母[ȶ、ȶ$^{h}$]会与陆音一样，但会在韵母上体现这一规律的强制性，比如“煮”陆音为[ȶy$^{33}$]，俞音为[ȶu$^{33}$]，声母同为[ȶ]，但韵母为合口呼；“春”陆音为[ȶ$^{h}$iən$^{45}$]，俞音为[ȶ$^{h}$ən$^{45}$]，韵母为开口呼。这说明[ȶ、ȶ$^{h}$]的分布范围在缩小，拼合能力在减弱。这一方面固然可能跟舌面塞音本身的发音特点有关，另一方面也可能跟西南官话或普通话的影响有关。

2. 尖团音

陆的系统中有一些精组字读尖音声母[ts、ts$^{h}$、s]，在俞的系统中则读为[tɕ、tɕ$^{h}$、ɕ]，例如：

| | 性 | 姓 | 谢 | 写 | 泻 |
|---|---|---|---|---|---|
| 陆音 | sin$^{44}$ | sin$^{44}$ | tsia$^{22}$ | sia$^{33}$ | sia$^{44}$ |
| 俞音 | ɕin$^{44}$ | ɕin$^{44}$ | ɕia$^{22}$ | ɕia$^{33}$ | ɕia$^{44}$ |

本地话本是区分尖团的，但是俞的系统正处于尖团对立消失的过程中，中古精组已经有一批字不读[ts、ts$^{h}$、s]而读[tɕ、tɕ$^{h}$、ɕ]了。

3. 鼻音声母与零声母

中古疑母字，陆的系统读舌根鼻音声母[ŋ]，而俞的系统则读为舌面鼻音声母[ȵ]或零声母[∅]，例如：

| | 额 | 吴 | 梧 | 蜈 | 瓦 |
|---|---|---|---|---|---|
| 陆音 | ŋe$^{11}$ | ŋu$^{13}$ | ŋu$^{13}$ | ŋu$^{13}$ | ŋua$^{11}$ |
| 俞音 | ȵie$^{11}$ | u$^{13}$ | u$^{13}$ | u$^{13}$ | ua$^{11}$ |

4. 韵母的鼻化与鼻尾

陆的系统曾梗摄与深臻摄细音字读为[in]，咸山摄三四等字与部分梗摄开口三四等字的韵母为[ĩ]，二者不混，但是在俞的系统中已经都合流为[in]了。

韵母[ĩ]对应俞音韵母[in]，例如：

| | 边 | 偏 | 棉 | 停 | 冰 | 深 | 身 | 英 |
|---|---|---|---|---|---|---|---|---|
| 陆音 | ꜀pĩ | ꜀p$^{h}$ĩ | ꜁mĩ | ꜁tĩ | ꜀pin | ꜀ɕin | ꜀ɕin | ꜀in |
| 俞音 | ꜀pin | ꜀p$^{h}$in | ꜁min | ꜁tin | ꜀pin | ꜀ɕin | ꜀ɕin | ꜀in |

语保工程中老男音系与青男音系的差别反而比较小一些。主要的差别有以下几条：

1. 老男有唇齿近音声母[ʋ]，而青男则都读零声母了，例如：

| | 老男 | 青男 | | 老男 | 青男 |
|---|---|---|---|---|---|
| 坏 | ʋye$^{22}$ | ye$^{22}$ | 话 | ʋye$^{22}$ | ye$^{22}$ |
| 味 | ʋi$^{22}$ | yi$^{22}$ | 位 | ʋi$^{22}$ | yi$^{22}$ |
| 滑 | ʋya$^{11}$ | ya$^{11}$ | 还 | ʋyan$^{13}$ | yan$^{13}$ |

2. 疑母字老男有读[ŋ]的，青男则一般读[n]，例如：“业”老男读[ŋe$^{13}$]，青男读[nie$^{13}$]；“硬”老男读[ŋən$^{22}$]，青男读[nian$^{22}$]；影母字的情况却不同，老男一般读零声母，青男则一般

读[ŋ]声母，例如：“验”老男读[nin$^{22}$]，青男读[nian$^{22}$]；“恩”老男读[ən$^{45}$]，青男读[ŋən$^{45}$]。

3. 青男的[ȶ]声母字没有老男的多。老男有部分读[ȶ]声母的字，青男读为[ts]声母或[tɕ]声母，例如：“镇震”老男读[ȶən$^{44}$]，青男读[tsən$^{44}$]；“砖”老男读[ȶuan$^{45}$]，青男读[tɕyan$^{45}$]；“桌”老男读[ȶa$^{11}$]，青男读[tso$^{11}$]。不过也有相反的情况，有些字青男读[ȶ]声母，老男反而不读[ȶ]声母，例如：“曲”老男读为[tɕʰio$^{11}$]，青男读为[ȶʰo$^{11}$]；“终”老男读为[tsoŋ$^{45}$]，青男读为[ȶoŋ$^{45}$]。

4. 老男有些读[ɕ]声母或读[f]声母的字，青男读成[s]声母，例如：“神”老男读[ɕin$^{13}$]，青男读[sən$^{13}$]；“绳”老男读[fyn$^{13}$]，青男读[sən$^{13}$]；“纯”老男读[fyn$^{13}$]，青男读[suən$^{13}$]。

5. 老男能部分区分鼻音和边音，青男全部读边音，例如：“难男”老男读[nan$^{13}$]，青男读[lan$^{13}$]；“暖”老男读[nuan$^{11}$]，青男读[luan$^{11}$]。

6. 相对于老男，青男读[ʅ]韵母的字要多一些，可见受西南官话的影响更大，例如：

| | 池 | 治 | 祠 |
|---|---|---|---|
| 老男 | tɕi$^{13}$ | tɕi$^{22}$ | tsi$^{13}$ |
| 青男 | tsʰʅ$^{13}$ | tsʅ$^{22}$ | tsʰʅ$^{13}$ |

7. 老男部分读[in]韵母的字，青男读成[ən]，例如：“人、银”老男读[ȵin$^{13}$]，青男读[ȵən$^{13}$]；“认”老男读[ȵin$^{22}$]，青男读[ȵən$^{22}$]。

其他个别例字的情况就不一一说明了。

除此之外，老男与青男的差别还体现在以下三种情况：

1. 老男保留有文、白音的不同，青男已经只有文读音了，例如：“徐”老男有白读音[tɕʰi$^{13}$]和文读音[ɕy$^{13}$]两种，而青男音只有[ɕy$^{13}$]一音了。相反的情况是老男音只有一读，而青男音产生了文白异读，如“竖”老男只有[ɕiu$^{22}$]一读，而青男则产生了[su$^{44}$]的文读音，另外如“办”，老男只有[pian$^{22}$]一读，青男还产生了[pan$^{45}$]的文读音。

2. 青男的读音更接近官话音，如“取”老男读[tɕʰi$^{33}$]，青男读[tɕʰy$^{33}$]，此类例子还有“回”老男读[ue$^{13}$]，青男读[fe$^{13}$]；“颜”老男读[ŋan$^{13}$]，青男读[ian$^{13}$]；“典”老男读[tin$^{33}$]，青男读[tian$^{33}$]；“嫌”老男读[ɕin$^{13}$]，青男读[ɕian$^{13}$]；“项”老男读[xan$^{22}$]，青男读[ɕiaŋ$^{22}$]；“流”老男读[ly$^{13}$]，青男读[liu$^{13}$]；“跌”老男读[ta$^{11}$]，青男读[tie$^{11}$]。

3. 有些字老男不读，青男则在官话影响下产生了读音，如“句”字老男不说，统一用“口”字代替，“一句话”说成“一口话”，但青男则已经用“一句话”了，其中“句”字读[tɕy$^{44}$]。同样的例子如“裕”，青男产生了[y$^{45}$]的读法。此类例子还有“系[ɕi$^{44}$]、歪[ue$^{45}$]、减[tɕian$^{33}$]、炎[ian$^{13}$]、战[tsan$^{44}$]、延[in$^{13}$]、杰[tɕʰie$^{13}$]”。

总的来说，这些新老差异反映了语言内部的自然演化，但西南官话与普通话的影响肯定也是非常重要的外部因素。

# 第三章　同音字汇

**说明：**

1. 本同音字汇所收的字，都是通道本地话中的常用字。本字未明的字用“□”表示，后面加小字注释或举例，举例时用“～”代替该字。文白异读用小字标以“文”“白”并组词，单用时不组词。又读等一字多音的现象在该字的右下角标上数字。

2. 本字汇先按韵母的顺序依次排列各韵的单字，同韵的字再按声母、声调的次序排列。

韵母的排列次序为：

ʅ i u y a ia ua ya o io e ie ue ye ai uai

ei uei au iau ou iu an ian uan yan ən in uən yn en uen

iaŋ oŋ ioŋ

声母的排列次序为：

p pʰ m f ʋ t tʰ n l ts tsʰ s ȶ ȶʰ ȵ tɕ tɕʰ ɕ k kʰ ŋ x ∅

声调的排列次序为：阴平[45] 阳平[13] 阴上[33] 阳上[11] 阴去[44] 阳去[22]

ɿ

ts [45]资姿制 [13]直文，一~ [11]织文，~女

$ts^h$ [45]痴摛 [13]祠 [44]次

s [45]试士视 [13]实 [33]始师司思 [22]事室

i

p [45]碑□~sən[44]：突然出现 [13]皮枇疲脾 [33]比 [11]鼻篦 [44]闭滗弊毙毕 [22]被~子

$p^h$ [45]披批蜱□痣 [33]痞 [44]屁

m [45]眯弥《广韵》支韵明母：水貌，《说文》歙也绵婢切。~酒：小口喝酒 [13]眉棉 [11]密蜜米

f [45]飞绯辉挥 [13]肥

ʋ [45]淤粪肥 [13]微围为难~ [33]□松明子 [44]喂 [22]味为~了

t [45]低 [13]啼提题堤 [33]底抵的 [44]帝蒂 [22]地第弟递

$t^h$ [45]梯锑 [33]体 [11]隶 [44]替剃□时候，~箇：现在；一会儿

n [13]泥儿₁疑尼 [11]你 [44]义儿₃表小量，一点儿 [22]二艺宜便~

l [45]里 [13]犁篱离文，距~璃狸厘□撵，赶 [33]哩 [11]鲤₁里文理礼律旅历率出生~ [44]粒 [22]楝利厉励荔丽

ts [45]芝之□攥紧□用双手搭住 [13]糍瓷鹚词 [33]子仔籽姊挤紫指 [44]汁痣织白，~密集 [22]字牸自

$ts^h$ [44]刺

s [45]私西白，东~鸶嘶丝须洋~河，本地的河名斯撕思司师白，老~狮 [13]戍徐 [33]死 [44]厕四肆 [22]事

tɕ [45]箕机鸡枝知饥肌支基只蛰□~月：正月 [13]期棋旗其迟骑池奇 [33]几纸指止已趾 [44]至翅寄计济置记纪剂荠季痔职髻吉忌 [22]妓技

$tɕ^h$ [45]溪欺妻 [33]起取文，~笑启齿喜白，欢~□李子 [44]汽气泣契器砌弃

ɕ [45]狮师文，~傅西文，~瓜尸希稀诗 [13]时匙豉 [33]屎喜文，~酒些 [11]适 [44]世势戏 [22]是柿

ø [45]衣医依 [13]移夷姨 [33]椅倚以 [44]意异亿忆□熄灭 [22]易容~□桶上的提手

u

p [45]□手侧~：指关节啵打~：亲嘴 [13]蒲菩葧 [33]补 [44]布不 [22]部簿步

$p^h$ [45]铺~雪：鹅毛雪 [33]普浦谱 [44]铺药~

m [13]模砖~子：做砖用的匣子 [11]母

f [45]夫肤敷麸 [13]胡湖糊葫壶俘符扶芙浮狐服不~和~牌 [33]虎斧腑甫腐府□pa[33]~客：娘儿们 [44]负附付富副瓠服一~药复 [22]妇傅户护父

t [13]途图徒涂屠 [33]堵赌肚胃 [22]杜度渡

$t^h$ [33]土 [11]突秃 [44]吐呕~兔

n [45]□哪

l [13]炉鸬卢庐奴 [11]腡卤鲁鹿禄 [22]路露鹭

ts [45]租 [33]酒祖组阻 [11]卒 [44]做 [22]就助

$ts^h$ [45]初秋处~暑粗蛆鳅苏白，紫~馐 [33]暑取白，~东西楚础 [11]族 [44]醋

s [45]酥梳削羞蔬修苏文，~联 [13]锄 [33]

数动词 [11]俗肃 [44]素嗉~膛：嗉囊数名诉 [22]袖

ȶ [45]猪白，野~周州洲阄 [13]除绸求球 [33]煮九久韭 [44]锯文咒救柩箸 [22]旧柱舅

$ȶ^h$ [45]吹抽丘邱 [33]丑 [44]臭

ȵ [13]鱼渔 [33]□夫之妹 [11]女 [44]□嗅

k [45]姑估箍孤咕 [33]牯鼓古股 [44]故固雇顾

$k^h$ [45]枯⿰麦古油~：植物油榨取后剩下的渣。《类篇·木部》⿰麦古，麸饼 [33]苦 [44]库裤去

∅ [45]乌污巫戊 [13]吴梧蜈无芜捂 [11]雨舞武 [22]务芋雾误悟

y

p [45]包标飙彪 [33]表婊饱 [44]豹爆

$p^h$ [45]飘脬 [44]炮票泡疱漂~白

m [13]苗描 [11]卯秒 [22]庙妙

f [45]书输舒虚 [13]薯 [33]水许 [44]术

t [45]雕刁 [13]条 [33]鸟 [44]吊白，上~钓

$t^h$ [45]挑 [33]斢调换 [44]跳吐调~皮

l [13]流$_2$留琉 [11]了白，不得~ [22]料泪滤

tɕ [45]居猪文，饿痨~：贪吃的人朱珠拘龟归招朝从~：早晨浇椒焦蕉骄娇 [13]渠锤槌殊桥荞厨橱□黄腰~：黄鼠狼瞧潮朝~明花：向日葵槽 [33]举鬼主 [11]菊 [44]句注蛀据桂白，~花贵白，价钱~叫照 [22]具聚柜拒距撬藠赵白，今人姓轿

$tɕ^h$ [45]区亏劁锹缲 [33]杵 [44]跪窍俏去文，~湿处到~翘

ɕ [45]烧宵消销霄箫萧 [33]小~江：地名少多~晓绥~宁，地名 [44]孝笑少老~

ȵ [22]尿

∅ [45]腰要~求妖 [13]如于余娱盂窑摇 [11]语宇舀 [44]坳墺要重~玉 [22]遇寓裕□~饭：盛饭

a

p [45]巴尾~笆 [13]婆爬~蔓花扒纱~子：旧时一种绕线的工具耙 [33]□妈妈把文，~握 [11]拨~一下叭喇~ [44]坝霸把刀~簸~箕 [22]罢~工

$p^h$ [45]坡山 [44]破白白，~布：旧时卫生巾

m [13]磨动词蚂~蚁麻文，~烦 [11]抹摩白，用手抚摸莫马文，~打滚：麻糬 [22]墓磨名词□累

f [13]划~得来华中~ [33]伙火 [11]缚捆 [22]祸画划~了：涂掉

t [45]多 [33]打 [11]答搭~话达跌~落：丢失□款kua[11]~：聊天儿

$t^h$ [45]他 [11]塔塌獭

n [13]□用手按

l [45]拉 [13]锣箩萝罗螺脶 [33]□瓦~板：椽子□~子：结巴 [11]纳蜡腊辣落烙㩐~搉：垃圾喇了1助词[22]糯

ts [45]渣扎牛尾~：赶牛的鞭子 [13]茶搽查 [33]左爪 [11]杂炸~豆腐眨扎~实 [44]诈榨炸~雷：响雷 [22]座坐

$ts^h$ [45]搓差~不多 [11]插擦杈叉 [44]岔

s [45]蓑沙纱痧杉厦偏~砂 [33]耍~把戏撒一~：一把儿 [11]杀煞搉㩐~：垃圾刷 [44]萨

ȶ [45]遮 [13]茄 [33]者姐白，~夫 [11]剁脚桌一~酒席角旦~ [44]□那蔗

$ȶ^h$ [45]车□欺负 [33]扯~火闪：闪电

ȵ [45]□粘，贴 [11]惹 [44]肉白

k [45]歌哥 [11]割葛戛 [44]个箇这锯白

kʰ [11]刻恰

ŋ [45]丫文，~开：张开 [13]蛾鹅俄娥 [11]我哑 [22]饿

x [45]哈虾□咳嗽 [13]蛤~蟆河白，天~荷白，芋~ [11]瞎□~~：经常 [44]黑核~桃 [22]下方位下动词夏

Ø [45]鸦丫白，~头 [11]鸭压

ia

p [45]巴疤播笆□山崖□贴 [13]耙扒划~船杷 [33]把白，使、用：~箸 [11]八叭壁白，~上□~子：鱼产卵□沙~：水中陆地

pʰ [44]怕

m [45]蟆蛤~ [13]麻痳 [11]马蚂蚂蟥码 [22]骂

t [33]朵 [44]□~肩膊：溜肩膀儿

tʰ [44]唾口水

l [45]□~子：跛子 [13]□舔 [11]□抛撒 [44]□迈，跨□~名：绰号

tɕ [45]家加枷嘉佳□~得到：敢 [13]□爬 [33]假真~，放~贾 [11]夹甲□涩□后加成分，老~~：非常老 [44]架价驾嫁借

tɕʰ [45]鹊掐1量词，一~柴：一捆柴 [33]□松土 [11]□臊~：蟑螂掐2~断 [44]□~子：瞎子□使眼色笡斜的

ɕ [45]挲赊 [13]霞蛇 [33]写舍~得 [11]勺 [44]泻~肚 [22]社谢花~射

ȵ [13]牙芽

Ø [45]爷 [11]野也药喏唱~：作揖 [44]亚 [22]夜

ua

ts [44]啄

k [45]锅瓜 [13]□~~手：手残疾的人 [33]寡 [11]□款~ ta[11]：聊天儿 [44]过挂卦褂刮

kʰ [45]窠夸 [33]棵颗□面~：脸垮 [11]阔 [44]□被尖的物体挂了一下

x [22]贺

Ø [13]禾和~尚 [11]瓦 [22]卧

ya

f [45]花 [11]发~芽乏法 [44]化

ʋ [11]滑袜 [22]话

Ø [45]挖抓

o

p [45]波菠□肿 [13]□大的突起物□面~：脸蛋 [11]薄钵脖膊肩~剥拨卜萝~阜~螽：蚱蜢 [44]报告诉

pʰ [33]剖~鱼 [44]仆趴

m [45]摸 [13]魔模~子模~范摩文，~托车 [11]木末目穆蚁 [22]冇不，没

t [13]砣驼坨驮 [33]躲 [11]□性交独读毒 [44]□都 [22]舵

tʰ [45]拖 [11]脱 [44]□摞沓托

n [13]□你们

l [45]啰 [13]骡 [11]□套近乎、哄洛络 [44]□脱落

ts [11]凿柞浊~水：泔水嘬吮吸捉撮一~毛作~文，工~ [44]足~够

tsʰ [11]撮~箕：灰斗戳 [44]错

s [45]唆梭 [33]锁所 [11]雪缩索绳子嗦吸

ȶ [44]竹祝粥烛

ȶʰ [44]出畜~生□用拳头用力向下捶击

ȵ [11]入进，里面月[1]略弱虐疟 [44]肉文□戳、捅

k [45]□松树～：松球 [13]□花蕾 [33]果咯 [11]角鸽各 [44]谷骨

kʰ [33]可 [11]壳磕 [44]课哭扩

x [13]河文，洋须～：当地的一条河名荷文，～花何和～气 [11]学白：～堂伏～天盒合活服冇～劲：忌妒佛鹤福 [44]货荷薄～ [22]和～面

Ø [45]窝莴 [11]恶凶恶 [44]屋 [22]□沤，～肥料

io

t [44]□面有韧劲

l [11]绿六

tɕ [11]蕨

tɕʰ [11]雀曲酒～缺

ɕ [11]学文，～费属熟赎

Ø [11]钥岳 [44]育约

e

p [13]培陪赔 [33]□ɫa⁴⁴～：那么 [11]白百□～～：太公柏 [44]背～侧：脊背北□缠 [22]倍背～阴、～书焙

pʰ [45]坯胚 [11]拍泊魄 [44]配佩

m [45]煤光～：锅灰搣搣，《广韵》薛韵明母，手拔，又摩也，批也，捽也枚 [13]煤～球霉媒 [33]□乳汁 [11]某墨脉麦默 [22]妹

f [45]灰 [13]回文，～归 [33]悔贿 [22]会开～

t [45]堆□外祖母□量词，一～尿：一泡尿 [44]对碓兑得队打～：做伴德 [22]队～伙：结婚时送亲的人

tʰ [45]推 [33]腿 [11]特 [44]褪退太白，～贵

n [44]儿₂小

l [13]雷擂 [11]肋了₂助词 [22]累类□～子：砻

ts [45]斋 [13]齐 [33]崽嘴 [11]接浙贼节侧摘窄截结～果 [44]鲫醉祭责则 [22]罪

tsʰ [45]猜崔催 [11]拆切测泽册彻择 [44]撤辙七脆漆

s [33]洗 [11]膝塞锡席惜 [44]细虱色碎穗岁啬节俭胁

k [45]□鸟鸟～：赤子阴 [11]格革隔 [44]给

kʰ [11]客

ŋ [45]□黄～牯：黄刺鱼

x [45]□后加成分，瘪～的：非常瘪 [11]吓

Ø [45]□～糊：丢人 [13]而 [11]□葡萄 [22]轭

ie

p [45]屄女阴 [13]牌排 [33]瘪摆 [11]鳖壁文，照～别～个□～色：褪色 [44]拜笔逼□汗～：痱子 [22]稗败

pʰ [11]撇别脱～：干脆 [44]□臭～：狐臭

m [11]尾篾灭 [22]卖①

t [13]蹄 [11]敌笛滴碟蹀～脚：打猎时搜寻猎物

tʰ [11]帖贴铁踢

l [13]离白 [11]里白，一～鲤₂猎立历笠列烈栗栎力

tɕ [45]街阶乖皆 [33]解姐文，～妹 [11]直白，～套结～拜着炙～火：烤火质折～扣隻量词 [44]锯文，～木灰戒怪侄汁急届着又

tɕʰ [45]揩 [11]尺及 [44]块快吃

ɕ [45]靴 [13]鞋 [11]石十拾食舌歇实协 [44]失湿 [22]似

---

① 本地话中“买”和“卖”不分，均用“卖”。

ȵ [13]崖[1]挨 [11]热日 3，前~耳额业月 2，~光 □人~：里面 [44]日 2，~子孽 [22]艾白：~叶

ø [45]□：污垢 [11]叶页噎 [44]一壹□排泄：~屎

ue

k [13]□蜷腿 [11]国□后加成分，肥~的：非常肥 [44]□ noŋ44 ~的：非常软

ø [45]煨歪 [13]回白，~来 [11]物

ye

f [11]血 [44]□前加成分，~尖的：非常尖

ʋ [22]坏 [11]越

ø [11]抈

ai

p [45]□~意：故意

pʰ [44]派

f [13]淮怀槐

t [44]带戴 [22]大待贷代

tʰ [44]太泰态

n [33]□日~：今天 [22]奈

l [44]𤍽水温高。《广韵》泰韵：火之毒貌，落盖切 [22]赖癞

ts [33]宰 [44]债 [22]寨

tsʰ [45]钗差出~ [33]踩彩采

s [45]筛 [13]柴豺 [44]赛帅晒色~子

ȶ [44]□先行体标记：吃饭~

k [33]解文，~放

kʰ [33]楷

ŋ [11]矮 [22]雁艾文：千年~：万年青

x [13]还~有 [22]蟹亥

uai

k [33]拐

ø [22]外

ei

p [45]□~牙：龅牙□量词，一~泥：一团泥 [44]贝 [22]□姑娘

m [45]□体弱，累 [13]梅 [33]□背负 [11]每美

f [45]非挥辉徽 [33]匪毁 [44]费废肺~癌

t [13]台苔抬 [33]歹~火子：刺毛虫，刺蛾的幼虫，生活在叶面上，多毛且易蜇人 [22]袋

tʰ [45]胎

n [44]□~意：居然 [22]□雌的内耐

l [13]来 [11]垒 [22]泪

ts [45]栽灾 [13]才材财裁随 [33]嘴 [44]最再 [22]在

tsʰ [44]菜蔡

s [45]腮鳃 [44]瑞

k [45]该 [33]改 [44]箇这盖丐

kʰ [45]开 [33]□男阴

x [45]咍玩、高兴。《广韵》咍韵：笑也，呼来切 [33]海 [11]□~茄子：西红柿 [22]害

ø [44]爱

uei

k [45]规 [13]逵 [44]桂文，~皮贵文，~州癸

ø [13]危围文，~墙为作~ [33]委 [11]伟 [44]

---

[1] 从音韵地位来看应该为“崖”，但是在现有地名用字中都被记成了“岩”字。为了保持地名中的通用性，我们在提及地名时依然用“岩”字。

未 [22]卫胃~病

au

p [45]胞 [13]袍刨庖~汤 [33]保宝堡 [22]菢抱

pʰ [45]抛泡蚕虫~：桑葚 [33]跑~鞋

m [45]猫□~名：末名 [13]毛茅矛 [44]□肺 [22]冒帽貌

t [45]刀 [13]桃逃陶绹 [33]岛倒打~导 [44]倒~水到 [22]稻道盗

tʰ [45]涛滔 [33]讨 [44]套

l [45]捞拿□讲白~：开玩笑□前加成分，~粗的：非常粗 [13]劳捞~起牢痨 [11]老佬脑 [22]闹

ts [45]糟遭嘈声音响亮 [13]槽曹螬 [33]早枣蚤澡爪 [44]灶躁罩 [22]造皂

tsʰ [45]操抄钞 [33]草騲~猪：未下过崽的母猪。《广韵》皓韵：牝马曰騲，采老切炒吵 [44]糙

s [45]骚筲捎梢臊艄徭~家：串门儿。《集韵》豪韵：缓行貌，苏遭切 [33]嫂扫~杆：扫帚 [44]扫~地

ȶ [44]觉卧~：睡觉

ȶʰ [44]□连词：和

k [45]高糕篙 [33]稿搞 [44]窖叫~化子告

kʰ [45]敲□~ tɕiei⁴⁴：旺鸡蛋，即鸡胚发育停止，死在蛋壳内尚未成熟的小鸡 [33]考烤 [44]靠铐

x [45]薅蒿 [13]毫豪壕 [33]好~坏 [44]耗 [22]号

ŋ [13]熬 [44]拗性格倔强 [22]傲

Ø [11]□一~：一些

iau

p [33]表老~

t [13]调~羹 [44]吊文，~架

l [11]了文，~解了3助词 [44]□涂抹

tɕ [45]交胶镐膏 [13]搅胡乱翻动 [33]饺撳缴~用：日常开支绞□连词，和 [44]教较 [22]赵文，~子龙

tɕʰ [44]□介词，和

ȵ [45]□~~的：凌乱、乱糟糟 [11]咬

Ø [13]摇 [44]□~~的：整洁

ou

m [11]某亩卯

t [45]兜蔸都 [13]头投 [33]斗北~星陡 [44]斗~地主 [22]豆痘

tʰ [45]偷 [44]透

l [45]炉白，~头：厨房 [13]楼搂 [11]篓 [22]漏陋

ts [13]愁 [33]走跑

tsʰ [45]搊~尿：把尿 [44]凑

s [45]馊搜 [44]瘦

ȶ [45]□抓、挠

ȵ [33]□抖动：~脚

k [45]勾钩沟阄 [33]狗 [44]构够购

kʰ [45]抠 [33]口

ŋ [45]欧 [13]牛 [11]藕偶

x [45]齁扯~：哮喘 [13]猴侯喉□大声叫喊 [22]后候厚

Ø [45]瓯杯子 [33]呕 [44]沤炠热，《集韵》侯韵：炮也，乌侯切

iu

p [11]瓢~~瓜：葫芦

m [22]□烂：肉冇~

t [45]□黄~子：栀子花丢 [33]鸟 [44]□~~

帽：有帽檐的帽子

l [13]流$_1$榴瘤刘 [11]柳 [44]溜

tɕ [45]鬏发髻 [33]□打～～：发抖 [44]□拧

tɕʰ [33]□颠簸 [44]扣～子：纽扣

ɕ [45]收休修 [13]绸仇 [33]手鼠守首 [44]秀锈绣叔粟臭水～：脚臭 [22]树竖寿受授

ȵ [44]扭用手拧

∅ [45]忧优幽攸悠 [13]油游邮尤由鱿□笼子 [11]有友酉 [44]幼诱釉铀 [22]又右佑□畚箕

## an

p [45]般帮梆邦 [13]盘旁螃 [33]膀绑榜板台～：桌子 [44]半瓣豆～酱棒 [22]蚌伴跰

pʰ [45]潘 [44]判胖叛

m [13]蛮文，～好：很好芒～种忙茫芒盲 [11]满晚网 [22]望看忘馒慢

f [45]方荒慌枋 [13]烦房防隍 [33]反坊纺谎 [44]放

t [45]担动词单～个丹当～官裆耽 [13]谭潭弹～琴塘唐膛糖堂 [33]胆挡档～案党 [44]担名词铛～凿，一种阔面凿，用于粗加工档床～当～铺 [22]凼弹子～旦淡荡但

tʰ [45]贪滩摊瘫汤 [33]毯坦 [44]探叹炭趟

n [13]南楠男难～为 [22]难灾～

l [13]蓝篮拦狼郎廊 [11]懒 [22]烂晾～衣服浪

ts [45]簪装□大声叫喊 [13]蚕藏～伴人：把胎盘埋掉 [33]盏斩崭攒 [44]站车～□鸡～：未下过蛋的母鸡 [22]肠①錾脏内～

tsʰ [45]参～军餐掺仓苍 [33]铲产

s [45]三山删 [33]伞散松～磉 [44]散～学：放学涮□双～：双胞胎 [22]□～柜：碗柜

ȶ [45]间白1，中～浆白，崖～水：石头缝里的水樟章姜张 [13]长～短场强常扯～ [33]涨掌长～大 [44]胀帐账□量词，一～车、一～飞机 [22]丈

ȶʰ [45]枪腔昌倡 [33]抢 [44]唱

ȵ [13]娘 [22]让$_1$

k [45]湿干天～间文，时～肝甘柑江白缸豇钢刚 [33]感敢赶杆竿减简柬讲港 [44]干能～降霜～

kʰ [45]康糠 [44]看～待炕抗

x [13]寒衔闲函韩杭含咸行银～ [33]喊 [22]鼾旱汗苋项陷馅限

ŋ [13]颜白，容～□摸～：石头缝里摸鱼 [44]暗□傻 [22]岸

∅ [45]安庵腌 [44]按案

## ian

p [45]扳颁班斑搬 [13]盘文便～宜 [33]板～车鳊扁匾 [44]扮变灵～：机灵 [22]办便顺～

pʰ [33]□尿布 [44]绊骗襻片

m [11]满

tɕ [45]间文2，前～：厅屋肩 [13]钳文，～子 [44]□～势：娇惯 [22]缠

tɕʰ [45]悭吝啬

ɕ [13]嫌

ȵ [45]□后加成分，好得～：好极了 [13]研～墨 [11]眼 [22]验

∅ [13]言铅～笔颜文，～色圆文1～子笔

## uan

t [45]端 [13]团 [33]短 [22]断段缎塅

---

① "肠"声调不合，怀疑是否就是"脏"字，今暂寄于此。

n [11]暖

l [13]團鸾 [11]卵 [22]乱

ts [45]装庄妆桩 [13]全泉 [44]钻 [22]状

ts$^{h}$ [45]窗疮□打～：瞌睡 [33]闯 [44]撞

s [45]酸闩栓拴霜双 [13]床 [33]选□捕鱼具，颈部装有倒须，鱼入而不能出，作用同笱爽 [44]算蒜 [22]旋～～风：小的旋转风

ȶ [45]砖1 [13]传～票 [44]转～蔸：植物返青赚

ȶ$^{h}$ [45]穿圈手～：镯子汆川 [44]豢串

ȵ [13]原源銮～塘：当地村名 [22]愿

k [45]观官倌棺关光 [13]狂 [33]管文，～理馆广□量词，一～雨：一阵雨 [44]罐灌贯惯

k$^{h}$ [45]欢～喜宽眶框 [33]款 [44]矿况墈

Ø [45]汪 [13]完～全玩～笑黄王皇蟥蝗 [33]碗 [11]往枉 [22]换蔓旺

yan

p [22]□～～：窟窿

f [45]兄番翻宣 [13]烦矾繁玄悬凡 [33]反返 [44]贩范楦 [22]饭犯县

ʋ [13]还～价 [22]万

l [45]□后加成分，圆～的：非常圆

tɕ [45]专砖2 [13]圆白：～凳拳 [33]卷动 [44]卷名壮 [22]圈鸡～：鸡舍状

tɕ$^{h}$ [45]圈花～ [44]劝

ɕ [13]船椽 [22]旋头毛～：头顶的旋

Ø [45]冤弯湾豌腕□揉面 [44]怨 [22]院

ən

p [13]盆 [33]本 [44]蹦 [22]伴倚靠

p$^{h}$ [45]喷灰尘 [44]碰喷～香

m [45]蚊 [13]明门 [33]□火～子：萤火虫 [44]□～哩：什么□沉思 [22]问

f [45]分芬纷 [13]豮～猪魂坟 [33]粉 [44]粪奋 [22]份混

t [45]墩灯筝登 [13]藤筒橙誊 [33]戥～子□桩 [44]凳炖顿□撞□跺脚 [22]钝

t$^{h}$ [45]吞 [44]蹬□不情愿、磨蹭

n [13]能 [22]嫩

l [13]轮

ts [45]罾珍尊遵增曾贞侦 [13]存层 [44]浸甑振赠 [22]澄沉淀

ts$^{h}$ [45]亲～人抻撑村 [33]□动物扑人 [44]寸

s [45]森参人～新甥孙心身磨～：磨轴芯生2先～ [13]寻绳乘□两臂伸开的长度 [33]榫笋省～长损 [44]杏渗信□pi$^{45}$～：突然出现

ȶ [45]金真惊砧蒸针筋襟京军～棋斤经 [13]成文，～功芹琴晨辰文，时～程陈城勤 [33]整枕诊紧 [44]震镇圳正□鸡冠劲证镜敬禁 [22]近

ȶ$^{h}$ [45]春椿称 [44]秤趁

k [45]耕根跟羹 [13]□整，一年～的□芦笙 [11]滚～子：旧式的车轮

k$^{h}$ [33]肯

ŋ [45]恩

x [33]很狠□用肩扛 [22]恨

Ø [45]□含 [44]摁□～脚：硌脚

in

p [45]边宾彬兵辫冰编鞭 [13]平坪评频苹贫瓶屏萍凭 [33]丙秉饼 [44]并变 [22]病

p$^{h}$ [45]偏篇拼～板子 [33]品 [44]聘遍

m [13]棉绵名民明清～ [22]面泅打～子：潜水命

t [45]癫钉名词丁疔 [13]亭停田甜填庭沉 [33]点顶鼎踮□鱼篓 [44]钉动词订 [22]垫定

$t^h$ [45]添天厅 [44]掭听

n [45]年白，前~ [13]年文，旧~：去年阎仁 [33]□木刺 [11]碾捻 [44]□在地上打滚 [22]念研~槽：研船砚

l [45]□后加成分，光~的：非常光滑 [13]淋鳞鲢镰连零莲灵凌 [11]檩染领岭 [22]令另练链恋

ts [45]尖煎精睛腈《玉篇·肉部》："腈，腈肉也。"《集韵·清韵》："腈，肉之粹者，咨盈切。" [13]钱前乾~坤情晴 [33]剪井 [44]箭清 [22]净

$ts^h$ [45]亲~情：亲戚签千迁青清菁 [33]浅

s [45]仙鲜先星腥籼 [44]线

tɕ [45]津间白1，刻~：刚才 [13]钳白，火~裙秦 [33]碱颈笕茧 [44]见进近剑 [22]菌静健净件尽

$tɕ^h$ [45]牵轻 [33]请□粗鲁 [44]欠歉芡庆

ȵ [13]人银宁~愿 [33]忍 [44]韧□刻~：才 [22]认任

ɕ [45]深身树~：树干申声伸升兴~旺杏 [13]神辰~时唇绳塍形型邢刑成白，做得~ [33]审 [44]性姓胜圣骟 [22]善鳝剩□笨幸

∅ [45]阴音因姻阉烟鹰英樱掩 [13]盐言壬寅檐然燃赢迎□~筋：抽筋 [11]引隐瘾影 [44]印燕应窨

## uən

ts [33]准

k [33]滚 [44]棍

$k^h$ [45]昆坤荤 [44]困

∅ [45]温瘟 [13]文纹浑□我们 [33]稳

## yn

f [45]熏 [22]顺

ʋ [13]云丸完~口：结痂园缘圆文2，汤~ [11]远永 [22]闰运□量词，一担：一~水；一~米

tɕ [45]军将~

$tɕ^h$ [33]蠢

## en

p [45]□~火：烤火 [22]跰

m [13]蛮白，~裆裤：死裆裤瞒 [22]蔓漫涝

ʋ [13]横~牛：蛮不讲理

t [22]□动~牯：马蜂的一种

n [44]□后加成分，饱背~的：非常饱

l [11]冷

ts [45]争

$ts^h$ [45]撑 [44]衬

s [45]生1~锈牲□漂洗

k [45]更五~庚 [44]间跳房~：跳房子，儿童的一种游戏

$k^h$ [45]坑

ŋ [22]硬

x [13]行走

## uen

k [33]管白，~子梗秆

## iaŋ

p [44]□前加成分，表程度高：~苦的

t [45]掂 [44]□回头

l [45]□~~的：想要而得不到□前加成分，表程度

高：~稀的 [13]粮梁凉量思~：思考粱 [11]两 [22]亮

tɕ [45]江文：~湖浆文，夹~：夹生将麻~ [33]讲蒋奖桨 [44]浆~糊酱 [22]匠犟像白，好~

ɕ [45]香箱乡相~料伤湘厢 [13]墙尝常经~降投~ [33]想响赏享 [44]向相~貌像文，照~ [22]上尚橡象~棋

∅ [45]秧鸯央 [13]阳羊洋仰杨扬 [11]养痒 [22]样让₂

oŋ

p [45]绷□~loŋ[45]子：猕猴桃 [13]朋棚篷溢溢出蓬

pʰ [33]捧 [44]碰

m [13]蒙 [11]猛懵 [22]梦孟

t [45]冬东种₁芒~ [13]同铜桐筒童茼 [33]董懂 [44]冻栋 [22]动峒山谷洞侗

tʰ [45]通 [33]统捅桶□挪 [44]痛

n [13]农脓 [44]□软、烂 [22]弄

l [45]聋□poŋ[45]~子：猕猴桃 [13]龙文，~船笼蒸~咙隆 [11]栊

ts [45]宗棕综鬃终送~ [13]从丛 [33]总 [44]粽纵

tsʰ [45]葱聪匆 [33]□用力往前推

s [45]松~紧松文，~香 [13]松白，~树怂 [44]送宋

ȶ [45]中~秋忠钟螽 [13]重~阳节虫穷 [33]种谷~□共 [44]种₂~田中~奖众 [22]重~病仲

ȶʰ [45]充冲~壕：壕沟 [33]宠 [44]铳□~背：后来

ȵ [45]□蹲 [13]浓

k [45]公工功攻弓躬宫恭蚣共文，总~ [13]颈 [33]拱巩 [44]贡供杠 [22]共白，~伞

kʰ [45]空~间 [33]孔恐 [44]空~~：巷子控

x [45]风枫蜂锋峰烘封疯丰 [13]红缝裁~冯逢洪鸿横 [33]哄 [22]缝一条~蕻凤□发炎

∅ [45]□埋 [11]五午伍 [44]蕹

ioŋ

l [13]龙白，一条~笼蒜~：蒜薹

tɕ [13]□土堆

ɕ [45]凶□脚~：脚跟 [13]雄熊

ȵ [44]□起皱纹

∅ [45]壅~菜：给菜施肥 [13]融容荣溶蓉 [11]拥勇 [22]用佣

# 第四章 词汇特点

本地话作为汉语的一种方言，它的词汇与普通话词汇同中有异。“同”体现在二者有大量词的词形完全一样，只有读音上的差别。据我们初步统计，本地话与普通话相同的词超过50%，如果是在政治、经济、科技、文化、教育、法律等领域的话，则一致性更高，达到了70%以上。“异”反映在有些本地话的词在构词语素、结构方式、语法功能、象似性等方面有自己的特点。另外，由于本地话所处的复杂的语言环境，侗语和西南官话在本地人的日常中都占据着非常重要的地位，二者都在本地话的词汇系统中留下了自己的烙印。

本地话词在构词语素的选择上有自己的特点，如普通话“雨、雪”等的降下用“下”而本地话用“落”；普通话用“太阳”指称的星体本地话用“日头”来指称。有些本地话词与普通话词部分语素相同，其余语素不同，如普通话用“月”和“亮”构成主谓式结构，而本地话用“月”和“光”构成偏正式结构；普通话用“星”重叠构成“星星”，而本地话则用“星”加词缀“子”构成“星子”。有时候在语素和音节的数量上也不一样，一种情况是本地话语素、音节数量要少，如普通话用“盘子”，本地话只说“盘”；普通话用“调羹”，本地话则用“挑”。一种情况是本地话的语素、音节数量要多，如“日出”本地话要说成“日头出来”，“日落”要说成“日头落坡”。还有一种情况，有一些概念在本地话中没有相应的词，需要用短语来表达，如“寄父”要表达为“接跟他屋入咯爷□那[ɬa$^{44}$]”，意思是“后来到他家里的那个爸”。把“继子”“继女”分别叫作“接的儿”“接的女”，或是合起来叫“引起咯尾巴”，意为“带来的尾巴”。有些本地话词的语法功能跟普通话相比有明显区别，如“入”在普通话中通常只做动词和名词，而在本地话中还可做方位名词，作用相当于“里”，如“屋入”意为“屋里”，“城入”意为“城里”。

关于构词及语法功能方面的特征详见语法部分的相关讨论。下面我们主要从象似性的角度出发，分“特别词、古语词和民俗文化词”三类来展现本地话的词汇特点。

# 第一节

# 特别词

本地话中有许多带有方言特色的词，这些词在周边的汉语中极少出现。它们中大多数都是日常生活中的常用词语。它们的命名理据反映了本地人在日常生活中的认知特点，兹例举如下：

五更星[oŋ$^{11}$ken$^{45}$sin$^{45}$]：启明星，也即金星。因其在五更黎明时分异常明亮而得名。

铳头雨[ȶ$^{h}$oŋ$^{44}$tou$^{13}$u$^{11}$]：暴雨。暴雨的雨点像鸟铳的子弹一样，形象地描绘了暴雨时雨点的冲击力。

峒峒[toŋ$^{22}$toŋ$^{22}$]：两山之间低凹的地方。《集韵·送韵》："峒，山参差不齐也，一曰山穴，通作洞。"今本地人居住之处在宋代属于"峒"的范围。《宋史·诚徽州传》："诚徽州，唐溪峒州。宋初杨氏居之，号十峒首领，以其族姓散掌州峒。"

坡[p$^{h}$a$^{45}$]：山。其他与"山"有关的词语也多用"坡"，如"坡角角"指山角落，"坡头"指山顶，"坡脚"指山脚下，"上坡"为"上山"，"下坡"为"下山"。

米头牯[mi$^{11}$tou$^{13}$ku$^{33}$]：粒状雪。因为雪粒的形状很像米粒。

煞脚黑[sa$^{11}$ȶa$^{11}$xa$^{44}$]：傍晚。西南官话中用"煞黑"表示傍晚的意思。

臭虫菜[ȶ$^{h}$u$^{44}$ȶoŋ$^{13}$ts$^{h}$ei$^{44}$]：芫荽菜。因芫荽具有强烈的气味，本地人感觉其有一种臭虫的味道。

刻间[k$^{h}$a$^{11}$tɕin$^{45}$]：刚才。汉语多用"片刻间、顷刻间、一刻间"表示极短时。本地话的"刻间"也当与此有关。

年更饭[nin$^{13}$ken$^{45}$fyan$^{22}$]：团年饭、年夜饭。意为旧年将被新年"更换"。

遮门草[ȶa$^{45}$mən$^{13}$ts$^{h}$au$^{33}$]：含羞草。由于含羞草的叶子会对热和光产生反应，受到触碰时会立即闭合，故得名。

围羊狗[ʋi$^{13}$iaŋ$^{13}$kou$^{33}$]：猎狗。旧时山区有野山羊，猎狗能帮助猎人围捕山羊，故得名。

鳞甲[lin$^{13}$tɕia$^{11}$]：穿山甲。因穿山甲全身布满鳞片而得名。

蛇鸡公[ɕia$^{13}$tɕi$^{45}$koŋ$^{45}$]：壁虎、蜥蜴。即“鸡公蛇”，因词序问题在本地话中为“蛇鸡公”。

油光棍[iu$^{13}$kuan$^{45}$kuən$^{44}$]：乌蛇。因乌蛇通体油光滑亮而得名。

铁嘴巴[tʰie$^{11}$tsei$^{33}$pa$^{45}$]：麻雀。因麻雀爱吃粮食而得名。

歹火子[tei$^{33}$fa$^{33}$tsi$^{33}$]：刺蛾的幼虫，躯体绿色，上面长满毛刺，常在植物叶子的背面。被它蜇过后皮肤有火辣的灼痛感。

火□子[fa$^{33}$mən$^{33}$tsi$^{33}$]：萤火虫。[mən$^{33}$]疑为“蚊”字的变音。

嘶嘶喔[si$^{45}$si$^{45}$o$^{33}$]：知了。摹声构词。

土料[tʰu$^{33}$ly$^{22}$]：蚯蚓。应该与蚯蚓松土的习性有关。本地人认为有蚯蚓的土才是沃土。

打火狗[ta$^{33}$fa$^{33}$kou$^{33}$]：螳螂。螳螂两只前臂交叉好像在用打火石敲击取火，故得名。

空空[kʰoŋ$^{44}$kʰoŋ$^{44}$]：巷子（屋子里面的过道也叫“空空”）。

乾坤[tsin$^{13}$kʰuən$^{45}$]：门簪。旧时大宅大门门簪上通常有“乾坤”两卦的木刻，故得名。

挑[tʰy$^{45}$]：调羹。动词名物化。

推[tʰe$^{45}$]：刨子。动词名物化。相应的“刨木屑”称“推口”。

有奈何[mo$^{22}$nai$^{22}$xo$^{13}$]：用来碾胡椒的工具。新制的胡椒碾由于棒槌通常拔不出来，故得名，意为拔不出来，奈何不了它。

药匠[ia$^{11}$tɕiaŋ$^{22}$]：赤脚医生。旧时只以中草药治病。

堂班[tan$^{13}$pian$^{45}$]：妓女。《清稗类抄·娼妓类》记载：“长沙女闾繁盛，最上者曰堂班，分两等。”“女闾”即指妓院。

大炮客[tai$^{22}$pʰy$^{44}$kʰe$^{11}$]：爱吹牛的人。

遮风毛[ȶa$^{45}$xoŋ$^{45}$mau$^{13}$]：刘海儿。本地话中“头发”称“头毛”或直称“毛”，因此取其“为额头遮风”之义。

同人伴[toŋ$^{13}$ȵin$^{13}$pan$^{22}$]：影子、瞳仁儿。一词两义。“瞳仁儿”应该由“影子”义引申而来，因瞳仁儿中能显现人影。“同人伴”表示“影子”，恰似“如影随形”。

菩萨儿[pu$^{13}$sa$^{44}$ni$^{13}$]：瞳孔。本地话中“菩萨”可表示多种含义，一指佛家语，即梵语bodhisattva的音译；二指人像；三指瞳孔，因瞳孔中有小人像，故得名。

吊舌[ty$^{44}$ɕie$^{11}$]：小舌。小舌悬吊在口腔后上部。

心白膛[sən$^{45}$pe$^{11}$tan$^{13}$]：胸脯。

蒙心头[moŋ$^{13}$sən$^{45}$tou$^{13}$]：脾脏。命名理据不详。

苗镰铁[my$^{13}$lin$^{13}$tʰie$^{11}$]：胰脏。胰脏因形似禾镰（本地话称“苗镰”），故得名。

保长婆[pau$^{33}$ʈan$^{33}$pa$^{13}$]：爱管闲事的人。可能与旧社会保长的老婆爱依仗丈夫的地位而管闲事有关。

徭家[sau$^{45}$tɕia$^{45}$]：串门儿。徭，《集韵・豪韵》：苏遭切，缓行貌。串门闲聊正与不紧不慢的状态契合。

睬贵[tsʰai$^{33}$tɕy$^{44}$]：摆架子。命名理据暂且存疑。

取[tsʰu$^{33}$]：摘。本地话无“摘”。从高处摘用“取”，从低处摘用“拾”。

扯懒口[ʈʰa$^{33}$lan$^{11}$kʰou$^{33}$]：打哈欠。与“伸懒腰”命名理据相似。

发梦铳[fya$^{11}$moŋ$^{22}$ʈʰoŋ$^{44}$]：半夜说梦话时带有动作。似梦中做放铳动作。

望[man$^{22}$]：看。本地话中单纯表示“看”的动作一般都用“望”。如：~电视，~见。

明[min$^{13}$]：懂。否定用“冇明”：不懂。

口答口应[kʰou$^{33}$ta$^{33}$kʰou$^{33}$in$^{44}$]：顶嘴。说一句，对方口答一句或应一句。

款[kʰuan$^{33}$]：聊天、讲述。如：“款太常”意为“聊天”。“款古”意为“讲故事”。《说文解字》：“款，意有所欲也。”本义应该与祭祀时的祷告有关。本地话中的“款”或与侗族民俗有关。“款”是侗族社会特有的民间自治和自卫组织，具有原始氏族联盟的性质。村寨或部落间通过盟誓与约法结盟，因此“款”就与语言盟誓联系起来了。

攋㩳[la$^{11}$sa$^{11}$]：污秽的东西（地上都是～）。民国十九年（1930）《嘉定县续志》：“攋㩳，俗谓尘土秽积也，读若勒飒。”字形或不固定，如清・翟灏《通俗篇》中为“拉飒”。

另外，本地话中有一些词明显与侗语有关，但是已经深入到本地人的日常生活。由于这些词语正好说明了本地话与周边汉语方言的区别，我们也列举一些在下面。侗话的材料来自通道县志编纂委员会（1999）和梁敏（1980）。

[me$^{33}$]乳房。相当于汉语的“奶”，且有构词能力，如～头[me$^{33}$tou$^{13}$]、～汁[me$^{33}$tɕie$^{44}$]。陇城侗语“乳房”说[mi$^{33}$]，播阳侗语说[me$^{53}$]。

[pei$^{22}$]姑娘。未婚嫁的老姑娘相应地说成“老～”。陇城侗语“姑娘”为[pəi$^{31}$]，播阳侗语为[pəi$^{35}$]。

[tɕiei$^{44}$]蛋。构词能力强，如“鸡～、鸭～、生～”。侗语“蛋”为[kiəi$^{53}$]（陇城）。

[iei$^{13}$]梨。侗语“梨”为[iei$^{11}$]（陇城）。

[pʰən$^{45}$]灰尘。侗语“灰尘”为[pʰən$^{45}$]（陇城）或[pʰən$^{35}$]（播阳）。

[pia$^{45}$]山崖。侗语的“石头”叫[pja$^{45}$]（陇城）。

[te$^{45}$]外祖母。侗语“外祖母”为[te$^{45}$]。

有一些词借用了侗语的语素，跟汉语语素一起构成了“混合词”，例如：

日□[ȵie$^{44}$nai$^{33}$]：今天。其中的“[ȵie$^{44}$]”即“日”，来自汉语，但“[nai$^{33}$]”来自侗语。同样的情况是“今年[nin$^{45}$nai$^{33}$]”，也是由汉语的“年”与侗语的“[nai$^{33}$]”合起来构成。

有一些词则既不同于侗语，也不同于通道官话。例如：

[mau$^{44}$]肺，通道官话说“肺[fei$^{45}$]”，侗语说[pup$^{24}$]（车江）。

[pa$^{33}$]母亲，通道官话说“娘[ȵiaŋ$^{12}$]”，侗语说[nəi$^{31}$]。

[ȵu$^{33}$]女儿，通道官话说“妹崽[mei$^{45}$tsai$^{41}$]”，侗语说[pəi$^{33}$noŋ$^{31}$]（陇城）或[m$^{h}$əi$^{35}$]（播阳）。

[uən$^{13}$]我们，通道官话说“我们[ŋo$^{42}$mən]”，侗语则分排除式和包括式。排除式说[tɕiu$^{45}$]，包括式说[tau$^{45}$]（陇城）或者排除式说[lji$^{45}$]，包括式说[lau$^{45}$]（播阳）。

[no$^{13}$]你们，通道官话说“你们[ȵi$^{42}$mən]”，侗语说[ɕau$^{45}$]。

# 第二节

# 古语词

本地话中保留了一批古语词，能够生动地反映出古代汉语不同时期词汇的真实面貌，而这些词在周边汉语方言中已基本消失。例举如下：

行 [xen$^{13}$]：走（～家：走人家）。《论语》："三人行，必有我师焉。"西汉刘向《战国策·秦策五·谓秦王》："诗云'行百里者半于九十。'"

走 [tsou$^{33}$]：跑（伊～得快：他跑得快）。《韩非子·五蠹》："兔走触株，折颈而死。"《乐府诗集·木兰诗》："双兔傍地走，安能辨我是雌雄？"用"行"表示"走"义，用"走"表示"跑"义在湘、吴、赣、客家、粤等南方汉语方言比较常见。

立 [lie$^{11}$]：站（你跟我～起来：你给我站起来）。《说文解字》："立，住也，从大立一之上。"《史记·廉颇蔺相如列传》："相如因持璧却立，椅柱，怒发上冲冠。"《史记·项羽本纪》："哙遂入，披帷西乡立。持璧却立。"宋代欧阳修《卖油翁》："有卖油翁释担而立，睨之，久而不去。"

唱喏 [ʈʰan$^{44}$ia$^{11}$]：作揖（快点～：快点作揖）。唐代裴铏《传奇·崔炜》："女酌醴饮使者曰：崔子俗归番禺，愿为挈往，使者唱喏。"宋代陆游《老学庵笔记》卷八："古所谓揖，但举手而已。今所谓喏，乃始于江左诸王。"早期白话中，"唱喏"指一面作揖，一面出声致敬，如《水浒传》第四回："郑屠看时，见是鲁提辖，慌忙出柜来唱喏道：'提辖恕罪。'"本地话中现在只有"作揖"义。

卧 [ua$^{22}$]：睡（～觉：睡觉；～起：躺下，睡下）。《说文解字》："卧，从人臣，取其伏也。"《广韵·戈韵》："寝也，五货切。"《孟子》："坐而言，不应，隐几而卧。"宋代陆游《十一月四日风雨大作》："夜阑卧听风吹雨，铁马冰河入梦来。"

渳 [mi$^{45}$]：小口喝（～酒：小口喝酒）。《说文解字》："渳，饮也。从水弭声。"梁朝顾野王《大广益会玉篇》卷十九："渳，亡俾切，饮也。"近代杨树达《长沙方言续考》："杜子春注《周礼·小宗伯》：'读渳为泯，今长沙谓以口饮酒少许为渳，音正如泯。'"

颈骨[koŋ13ko44]：脖子。《说文解字》："颈，头茎也。"《庄子·马蹄》："喜则交颈相靡。"《广韵·清韵》："群母平声，巨成切。又见母上声，居郢切。"今普通话中是上声的读法。但在本地话中保留了平声的读法。本地话中"颈"的构词能力较强，且大多用于形象的比拟，如"酸颈"表示孕妇的害喜症状。"争颈"表示吃不了那么多却偏想拥有更多。"颈勺"表示竹制的水勺，像人引颈相向。"火颈棒"表示"吹火筒"，就像人伸长的颈部。"箸颈"即"筅篮"，用于盛装筷子、汤匙等饮食器具，形状也似人的颈部。

唾[tʰia44]：唾液，痰（吐～：吐痰）。《说文解字》："唾，口液也。"《战国策·赵策》："有复言令长安君为质者，老妇必唾其面。"唐代杜甫《醉歌行》："汝身已见唾成珠，汝伯何由发如漆！"在本地话中，"唾袋"指婴幼儿用的围嘴儿，形象地描述了围嘴儿的功能。

瓯[ou45]：杯子（吃一～酒：喝一杯酒）。《说文解字》："瓯，小盆也。"《荀子·大略》："流丸止于瓯臾，流言止于智者。"唐代杨倞注："瓯、臾，皆瓦器也。"《史记·滑稽列传》："操一豚蹄，酒一盂，祝曰：'瓯窭满篝。'"司马贞《索引》："案：瓯窭，犹杯楼也。"《南齐书·谢超宗传》："超宗既坐，饮酒数瓯。"

盏[tsan33]：茶碗（吃一～茶：喝一碗茶）。《广韵·山韵》："同'琖'。'琖'，玉琖小杯，阻限切。"宋元以前茶碗通常叫"盏"。北魏贾思勰《齐民要术·作酱法》："乞人酱时，以新汲水一盏和而与之，令酱不坏。"唐朝韩愈《酬振武胡十二丈》："横飞玉盏家山晓，远蹀金珂塞草春。"《水浒传》第24回："武松吃了饭，那妇人双手捧一盏茶，递与武松。"

索[so11]：绳子（捞根～来：拿根绳儿来）。《说文解字》："索，草有茎叶可作绳索。从宋糸。"《楚辞·惜誓》："并纫芳丝以为索。"司马迁《报任安书》："其次关木索，被箠楚受辱。"《后汉书·段颎传》："追讨南度河，使军吏田晏、夏育慕先登，悬索相引。"《水浒传》第十三回："我们把索子缚绑了，本待便解去县里见官。"

火星[fa33sin45]：流星。唐代陈羽《长安卧病秋夜言怀》诗云："紫陌夜深槐露滴，碧空云尽火星流。"宋代杨万里《入郡城泊文家宅子夜热不寐》云："毒热通宵不得眠，起来弄水绕庭前。火星跳下银盆底，翻动琉璃一镜天。"明代沈德符《野获编·禨祥·赤眚黑眚》："正德八年二月，月二火星陨于浙江之常山县官舍中，大如鹅卵。"

煦[ou44]：热（天～得要死：天热得要命）。《集韵·候韵》："煦，煖也，于候切。"《管子·侈靡篇》："古之祭有时而星，有时而星熺，有时而煦，有时而朐。"唐人尹知章注："煦，热甚也。谓旱热甚而祭。"元代《朴事通》："我如今先与你香酥饮子，熬两服吃，热炕上煦着出些汗。"本地话中"热天"也称"煦天"。

悭[tɕʰian45]：吝啬、小气（伊蛮～：她很小气）。《广韵·山韵》："悋也，苦闲切。"宋代李弥逊《将至徽川道中诗》云："颇闻黄山最奇秀，紫翠六六堆孱颜。端如啖蔗及佳境，快意不复嘲天悭。"《水浒传》第五回："这两个人好生悭吝，见放着许多金银，却不送与俺。"

箸[ʈu$^{44}$]：筷子（～跌落跟地上了：筷子掉地上了）。《说文解字》："饭攲也。从竹者声。"《史记・十二诸侯年表》："纣为象箸，而箕子唏。"唐代李白《行路难》中云："停杯投箸不能食。"

窠[kʰua$^{45}$]：窝（鸟～：鸟窝）。《说文解字》："窠，空也。一曰鸟巢也。空中曰窠，树上曰巢。"晋代左思《蜀都赋》云："穴宅奇兽，窠宿异禽。"唐代白居易《问鹤》诗云："鸟鸢争食雀争窠。"

湓[poŋ$^{13}$]：充满而溢出来（水～出来了：水溢出来了）。《广韵・魂韵》："水名，在寻阳，一曰水涌也，蒲奔切。"《汉书・沟洫志》："是岁，勃海、清河、信都河水湓溢。"《文选・司马长卿》："昔者洪水沸出，氾滥衍溢"。张揖曰："湓，溢也"。明代方以智《通雅》中云："湓溢，满起也。"

缚[fa$^{11}$]：捆（～柴：捆柴）。《说文解字》："缚，束也。"《左传・文公二年》："战之明日，晋襄公缚秦囚。"明代袁宏道《拙效传》："戚尝刈薪，跪而缚之，力过绳断。"

舅[ʈu$^{22}$]：丈夫的父亲。《说文解字》："母之兄、弟。妻之父为外舅，从男，臼声。凡异姓之称，不得称父，则舅之。"《礼记・檀弓》："昔者吾舅死于虎，吾夫又死焉，今吾子又死焉。"

姑[ku$^{45}$]：丈夫的母亲。《说文解字》：姑，夫母也。唐代李朝威《柳毅传》："既而将诉于舅姑。舅姑爱其子，不能御。"

啼[tie$^{13}$]：鸡叫（鸡～了，起床了：鸡叫了，起床了）。《广韵》齐韵定母："啼，同'嗁'（泣也），杜奚切。"唐代杜甫《江畔独步寻花》："自在娇莺恰恰啼。"唐代杜牧《江南春绝句》诗中云："千里莺啼绿映红。"

菢[pau$^{22}$]：孵蛋（～鸡婆：孵蛋的母鸡）。《广韵・豪韵》定母："鸟伏卵也，薄报切。"唐朝玄应《一切经音义》卷五引汉代扬雄《方言》："北燕、朝鲜、洌水之间谓伏鸡曰菢。"唐代韩愈《荐士》："鹤翎不天生，变化在啄菢。"

豮[fən$^{13}$]：阉割了的公猪。《说文解字》："羠豕也。"《尔雅・释兽》："豮豮。"邢昺疏："豮，犍猪也。"清・俞正燮《癸巳存稿》卷一："《说文解字》马部'腾'则云：传也。一曰腾，犗马也。然则豮、羠、騬、犗皆与腾山义……是豮正为未剧之豕。"

快当[tɕʰie$^{44}$tan$^{45}$]：快、迅速（你～儿：你快点儿）。明代冯梦龙《古今小说・隐御史巧勘金钗钿》："便折十来两，也说不得，只要快当，轻松了身子好走路。"《醒世恒言・张廷秀逃生救父》："那人道：'到镇江有便船在此，又快当，又安稳。'"

脱体[tʰo$^{11}$tʰi$^{33}$]：病愈。明代冯梦龙《醒世恒言・陈多寿生死夫妻》："就是小儿侥幸脱体，也是水底捞针，不知何日到手，岂可担阁人家闺女。"郭沫若《创造十年》："我去看他时，他的病也快要脱体了。"

# 第三节

# 民俗文化词

民俗文化是一个国家、地区或民族的民众所共同创造、享用并传承下来的风俗生活文化，它源于一个群体的集体生活需要，反映该群体的日常生活状态。民俗文化词正是忠实记录这种生活的载体，因此它是最接地气、最自然，也是最能代表一种语言或方言特点的词语。通道本地话中有数量丰富的民俗文化词，反映了本地人日常生活的一些特点。

三角坨[san$^{45}$ko$^{11}$to$^{13}$]：一种本地菜名。将五花肉切成三角形状，先放入锅中煸炒，加入调料品，后用锅炖成，类似于红烧肉的做法。是旧时富裕人家酒席必备的主菜之一。现已基本消失。

爆米[py$^{44}$mi$^{11}$]：打油茶时用的糯米粒或团。先将糯米蒸熟，晒干后储存起来，到打油茶的时候，先将植物油烧热，将干糯米放入锅里，炸一下捞出锅即成。喝油茶时事先放入碗中，加入热茶汤冲泡。

冻米[toŋ$^{44}$mi$^{11}$]：用桐油沙炒出来的糯米，直接用糖水或盐水泡即可饮用。

酥肉[su$^{45}$ȵa$^{44}$]：一种本地菜名。先将肉片放入盐腌制数分钟，再放入五香粉、花椒等佐料拌匀，后将鸡蛋打散倒入，再加入若干红薯粉拌匀，搁置数分钟，然后锅里倒入植物油烧热，倒入肉片，用大火炸至金黄色出锅，见图1。

图1　酥肉

通道菁芜洲镇小江村 /2017.4.18/ 俞仕忠 摄

图 2 鼎

通道菁芜洲镇小江村 /2015.8.3/ 彭建国 摄

鼎 [tin$^{33}$]：一种竹篾编制的花瓶状的扁形鱼篓，捕鱼时用带子系于腰间，见图2。

刀丝壳 [tau$^{45}$si$^{45}$k$^{h}$o$^{11}$]：一种用木头做成的供柴刀插放的工具，作用类似于刀鞘。因山区地势陡峭，爬山时不便手拿柴刀，因而将刀插入"刀丝壳"中，用布带系于腰间，方便携带，见图3。

搊皮鞋 [ts$^{h}$ou$^{45}$pi$^{13}$ɕie$^{13}$]：本地人自己做的一种用来端锅的用具，用皮做成的两个小皮套，中间用一根带子连起来。端锅时将手插入皮套中，可以保护双手不被热锅烫伤。因形状似一双皮鞋，用途是用来"搊锅"（端锅）而得名，见图4。

吊架 [tiau$^{44}$tɕia$^{44}$]：本地一种灶上的圆形铁架，通常为三足，用来放锅，见图5。

图 3 刀丝壳

通道菁芜洲镇小江村 /2017.4.13/ 俞仕忠 摄

图 4 搊皮鞋

通道菁芜洲镇小江村 /2017.4.18/ 俞仕忠 摄

图 5 吊架

通道菁芜洲镇小江村 /2017.5.3/ 陆爱焕 摄

火柜[fa$^{33}$tɕy$^{22}$]：本地一种木制的烤火工具，底下为木制的箱子，里面为铁或陶制的火盆，上面的木制面板上有条状格子，因形状似柜子而得名，见图6。

辙牙[ts$^{h}$e$^{44}$ȵia$^{13}$]：本地人传统服装上的装饰条纹，用几层布做成，通常加缝在衣襟前面。

牙签链[ŋa$^{13}$ts$^{h}$in$^{45}$lin$^{22}$]：一种本地人妇女胸前佩戴的银器组合，通常包含四五样小饰品。有小牙签、小刀剑、铃铛、挖耳勺等，统称“牙签链”，见图7。

图6　火柜　通道菁芜洲镇小江村/2017.5.9/邱伟泉 摄

图7　牙签链　通道菁芜洲镇小江村/2017.4.18/钱烨 摄

丫角髻 [a⁴⁵ko¹¹tɕi⁴⁴]：一种本地人妇女梳的发髻。将头发分为两股盘旋缠绕于头上，用两个发簪固定。两个发簪呈“丫”字分布，见图8。

便衣 [pin²²i⁴⁵]：本地人妇女穿的传统上衣，通常用蓝布制成，右衽，以布扣系于腋下。小立领，衣领上镶有花边，外面通常会再套一条围裙，见图9。

缚纱包 [fa¹¹sa⁴⁵py⁴⁵]：本地人妇女包头巾的过程。头巾用纯黑色布料，沿额头至脑后缠绕数圈，头顶部分露出发髻，见图10。

图8　丫角髻　通道菁芜洲镇小江村 /2017.4.13/ 钱烨 摄

图9　便衣
通道菁芜洲镇小江村 /2017.4.18/ 俞仕忠 摄

图10　缚纱包
通道菁芜洲镇小江村 /2017.4.18/ 钱烨 摄

图 11　吊脚楼　通道菁芜洲镇小江村 /2015.8.13/ 邱伟泉 摄

吊脚楼 [ty⁴⁴ʈa¹¹lou¹³]：本地人的传统居住建筑，多依山傍水而建，通常为两层或三层。在功能上，一层用于饲养家禽家畜、安置厕所和堆放杂物，二层为厨房与卧室，有的房子在第三层还会隔出小房间用作仓库储存粮食，见图 11。

凉亭 [liaŋ¹³tin¹³]：本地人的一种建筑，一般建于桥头或是团寨的入口处，两面敞开，上有三四层屋檐，攒尖顶。主要供居民歇脚。由于桥头在夏季空气流通，又靠近水源，较为凉爽，因此往往也成为团寨人夏季聚会聊天的地方，见图 12。

图 12　凉亭　通道菁芜洲镇小江村 /2015.8.13/ 邱伟泉 摄

屋梁[o⁴⁴liaŋ¹³]：本地人吊脚楼中用来承重的木梁，见图13。

磉盘崖[san³³pan¹³ȵie¹³]：柱下石。吊脚楼的木柱下用来起支撑和防潮作用的岩石，规模较大的建筑物的磉盘岩有不同的造型与纹饰，平常百姓家一般就用普通的花岗岩，见图14。

格子[ke¹¹tsi³³]：旧式窗户，因为是用木条做成的网格状，故得名，见图15。

图13 屋梁
通道菁芜洲镇小江村 /2017.4.18/ 邱伟泉 摄

图14 磉盘崖
通道菁芜洲镇里勇村 /2017.5.3/ 陆爱焕 摄

图15 格子
通道菁芜洲镇里勇村 /2017.5.3/ 陆爱焕 摄

图16　船　通道菁芜洲镇里勇村 /2017.5.3/ 陆爱焕 摄

船[ɕyan$^{13}$]：本地人居住的丘陵地带水系较发达，但多属小水系，所以所谓的“船”实际上都只是小木舟，见图16。

梆梆戏[pan$^{45}$pan$^{45}$ɕi$^{44}$]：木偶戏，因木偶敲击“梆梆”作响而得名。

放铁炮[fan$^{44}$tʰie$^{11}$pʰy$^{44}$]：放铁铳。在三眼铁铳中塞入火药，点燃会发出巨大的鸣响，过去在民间的作用相当于礼炮。现在只有在重大仪式上才会使用。

做藏人角[tsu$^{44}$tsan$^{13}$ȵin$^{13}$ko$^{11}$]：藏老蒙儿。一种游戏。一般在宽敞的稻田里进行。一人做追逐者，追赶他人。如果被追逐者用手碰触到场地某一指定物体，捉人者就不能再追；如果被追者在没有触到那一物体时就被捉人者拍到身体，则算输。输者转而成为追逐者。

拾子[ɕie$^{11}$tsi$^{33}$]：一种玩石子的游戏。用几颗小石子玩儿，扔起其中的一个，对其余的石子做出规定的摆放动作后，再把那颗抛起的石子接住。

品子[pʰin$^{33}$tsi$^{33}$]：一种玩石子的游戏。把五颗石子抛起来，用手背接住，再抛起，转而用手掌接住。

打家倌[ta$^{33}$tɕia$^{45}$kuan$^{45}$]：“家倌”是人戏中扮相丑陋的配角，在戏台上占用主角的唱戏时间，吸引观众用铜钱向他投掷，以期把他赶下台去，借此增加戏班的收入。

跘叉[pan$^{22}$tsʰa$^{45}$]：一种游戏。将几根小竹签投掷到地上，如果形成一个“叉”（两根竹签交叉），则拾起“叉”。如果没有，则由对方投掷。以拾起全部竹签为胜。

滚码[kən$^{11}$mia$^{11}$]：一种游戏。选一个规则的山核桃打磨得较为圆滑，将一块木板搭在墙面上，玩游戏者依次将核桃从坡面滚下去，谁的核桃滚得最远，谁就有优先击打的权利，若能用自己的核桃击中他人的核桃则为获胜。

盘歌[pan$^{13}$ka$^{45}$]：当地侗族、苗族的一种山歌，一般以一问一答的对唱形式进行。表演目的一般是向对方表达情意或展现自己的才能。

口边言[kʰou$^{33}$pin$^{45}$in$^{13}$]：偶数句的山歌。

排歌[pie$^{13}$ka$^{45}$]：两句或四句一段，连续唱十几段的山歌，大多以十二个月为主题，唱十二个月的风景与本地人的生活。

花歌[fya$^{45}$ka$^{45}$]：只在本地人中流传的山歌，包括草歌、讲歌、喉路歌三种。都要用本地话来吟唱。

草歌[ts$^{h}$au$^{33}$ka$^{45}$]：花歌中最常见的一种，用唱的方式表演。

讲歌[kan$^{33}$ka$^{45}$]：半说半唱性质的花歌。

喉路歌[xou$^{13}$lu$^{22}$ka$^{45}$]：本地人特有的一种多声部山歌，属于花歌的一种，音调比较低沉，唱词不多，拖腔较长，以带有“喉”“路”衬音为特点。曲调庄重严肃，用韵严格。①

打油[ta$^{33}$iu$^{13}$]：婚庆活动或节日上，几个年轻人抓住一个后生的四肢，模仿油锤去撞击物体。

走胎[tsou$^{33}$t$^{h}$ei$^{45}$]：儿童的一种疾病，表现为面黄肌瘦，经常发热，肚胀，不爱吸奶，不欲饮食，纳食无味。民间迷信认为是儿童的胎气泄漏或是魂魄走丢了。

簪胎[tsan$^{45}$t$^{h}$ei$^{45}$]：本地人民间迷信治疗“走胎”的一种方法，用碗片刺破指头放血。

送客[soŋ$^{44}$k$^{h}$e$^{11}$]：婚礼上女方家送新娘来的人。

拦门酒[lan$^{13}$mən$^{13}$tsu$^{33}$]：迎亲中的一个仪式。女方家把大门关着，拦住迎亲队伍，男方请能说会道的人说好话以求女方家开门，女方家属则会想方设法索取男方家的红包以增加喜庆的气氛。

观亲[kuan$^{45}$ts$^{h}$ən$^{45}$]：迎亲习俗。男方会提前一天在族中请一位能说会道的长者做领头人，带领接亲队伍去女方家迎亲，并带上女方衣物、礼物给女方家。

观亲客[kuan$^{45}$ts$^{h}$ən$^{45}$k$^{h}$e$^{11}$]：观亲队伍中能说会道的领头人。

观亲担[kuan$^{45}$ts$^{h}$ən$^{45}$tan$^{44}$]：迎亲队伍中一个八字好的男青年。他负责挑着女方的服饰、头饰。

引亲娘[in$^{11}$ts$^{h}$ən$^{45}$ȵan$^{13}$]：迎亲队伍中的两个少女，通常为十一二岁，一人负责给新娘打伞，一人负责提灯。

回门[fe$^{13}$mən$^{13}$]：结婚三天后女子回娘家。

藏伴人[tsan$^{13}$pan$^{44}$ȵin$^{13}$]：埋胎盘。按本地人的习俗，胎盘应该埋在宅子附近的树下。

函子[xan$^{13}$tsi$^{33}$]：女人难产去世火化后装骨灰的木盒。本地人迷信认为，火化因难产而去世的女人能防止她们变为厉鬼。《广韵·屋韵》：“椟，函也，又曰小棺。”杨树达《长沙方言续考》：“长沙今谓小棺为函子。”

含牙银[xan$^{13}$ȵia$^{13}$ȵin$^{13}$]：放入逝者嘴中的纸钱。

封口纸[xoŋ$^{45}$k$^{h}$ou$^{33}$tɕi$^{33}$]：覆面纸的一种，盖在逝者的口上。

拜路棍[pie$^{44}$lu$^{22}$kuən$^{44}$]：哭丧棒，一般用桃竹做成。

打长流水[ta$^{33}$ʈan$^{13}$ly$^{13}$fy$^{33}$]：取抹尸所用的水。亡者逝去，须去江河等有长流水的地方

① 2009年，喉路歌被列入湖南省第二批省级非物质文化遗产名录。

取水清洁尸身。

长生土地[ȶan$^{13}$sen$^{45}$t$^{h}$u$^{33}$ti$^{22}$]：家神的下坛里供奉的地神。

瑞庆夫人[sei$^{44}$tɕ$^{h}$in$^{44}$fu$^{45}$ȵin$^{13}$]：家神的下坛里供奉的神之一，是长生土地的夫人。

坳头土地[y$^{44}$tou$^{13}$t$^{h}$u$^{33}$ti$^{22}$]：山上土地屋里供奉的地神。

六月六[lio$^{11}$ȵo$^{11}$lio$^{11}$]：俗谚“六月六，晒龙袍”。这一天把棉衣、寿衣拿出来晒。相传这一天把水晒热了给小孩洗澡，可防治痱子。

太公[t$^{h}$e$^{44}$koŋ$^{45}$]：特指本地人的第一代祖考。本地人塑有雕像，图17是菁芜洲陆姓人“太公”的雕像。

太公车[t$^{h}$e$^{44}$koŋ$^{45}$ȶ$^{h}$a$^{45}$]：在“过乡”的时候用来推太公太婆神像的车，见图18。

图17　太公
通道菁芜洲镇里勇村 /2017.5.3/ 陆爱焕 摄

图18　太公车　通道菁芜洲镇里勇村 /2017.5.3/ 陆爱焕 摄

# 第五章　分类词表

**说明：**

1. 本章收录通道本地话的词汇，共计5000余条。

2. 第一节收录《中国语言资源调查手册·汉语方言》中的词汇条目，根据本地话的实际情况有所删减。共14类，1185条，均附音频。

3. 第二节收词以《汉语方言词语调查条目表》(《方言》2003年第1期）为基础，根据通道本地话的实际情况有所增删。增补的词条如与词表中某些词条意义有紧密联系，则插在该词条之后，否则按意义附在各大类或各次类之后。共30类，约4000条，均不附音频。

4. 每个词条先写汉字，后标读音，最后释义。附加性的说明以六号字体随后出现。有歧义的词条，即同一语音形式和文字形式的词条，分别列为不同的条目并注释，如“蚊子”在本地话中既可指“蚊子”，又可指“苍蝇”；不同义项加“① ②”等表示，并用“；”隔开。

5. 一般实物性的名词只记录字形、字音，抽象名词、形容词、动词以及一些语法性的词语，不仅给出注释，必要时后加冒号附上例词或例句。在例词和例句中，该词条用“～”号代替。字的右上角加“＝”号的表示写的是同音字。方框“□”表示有音无字的音节。

6. 同义词或近义词排在一起，按使用频率呈降序排列，第一条顶格排列，其他各条缩一格另行排列。

7. 一个词条的内容超过一行时，回行缩二格排列。

8. 所收词语一律注本地话老派读音，用字与标音均依第三章本地话同音字汇。词条中可有可无的字和音均加圆括号表示。体助词“咯、了”、语气词“欸”等较多的异读，这里只列出较常用的一两种读音。

9. 口语中有些词语有不同读法时，用“/”号隔开，并按使用频率降序排列。有的字在不同词中有不同读音（主要为声调，并非变调的缘故），按其实际读音标写，如“日”在“日头”中读[ȵie$^{11}$]，在“后日”中读[ȵie$^{44}$]。

10. 本地话有些词只能用官话音来表达。为了忠实反映日常生活中的用词情况，我们也记录了下来，这样会出现有些字音与同音字汇中的字音对不上的情况，比如“冰”在本地话中读作[pin$^{45}$]，“炮”读作[p$^{h}$y$^{44}$]，但“冰雹”一词会说成“冰炮”[pin$^{33}$p$^{h}$au$^{45}$]。

11. 凡第四章已收的词语，前加“*”，只写词条和音标，用六号字体注明属于哪一类词语，不另做解释或说明。

# 第一节

## 《中国语言资源调查手册·汉语方言》

一 天文地理
二 时间方位
三 植物
四 动物
五 房舍器具
六 服饰饮食
七 身体医疗
八 婚丧信仰
九 人品称谓
十 农工商文
十一 动作行为
十二 性质状态
十三 数量
十四 代副介连词

### 一 天文地理

日头 ȵie$^{11}$tou$^{13}$ 太阳
月光 ȵie$^{11}$kuan$^{45}$ 月亮
星子 sin$^{45}$tsi$^{33}$ 星星
云 ʋyn$^{13}$
风 xoŋ$^{45}$
台风 tei$^{13}$xoŋ$^{45}$
火闪 fa$^{33}$ɕin$^{33}$ 闪电
雷 le$^{13}$
雨 u$^{11}$
落雨 la$^{22}$u$^{11}$ 下雨
淋 lin$^{13}$
晒 sai$^{44}$
雪 so$^{11}$
冰 pin$^{45}$
冰炮 pin$^{33}$pʰau$^{45}$ 冰雹
霜 suan$^{45}$
雾 u$^{22}$
露 lu$^{22}$
龙 lioŋ$^{13}$ 虹
天狗吃日头 tʰin$^{45}$kou$^{33}$tɕʰie$^{44}$ȵie$^{11}$tou$^{13}$ 日食
天狗吃月光 tʰin$^{45}$kou$^{33}$tɕʰie$^{44}$ȵie$^{11}$kuan$^{45}$ 月食
天气 tʰin$^{45}$tɕʰi$^{44}$
晴 tsin$^{13}$
阴 in$^{45}$
旱 xan$^{22}$
漫 men$^{22}$ 涝

天光 t$^{h}$in$^{45}$kuan$^{45}$ 天亮

水田 fy$^{33}$tin$^{13}$

旱地 xan$^{22}$ti$^{22}$

田塍 tin$^{13}$ɕin$^{13}$ 田埂

路 lu$^{22}$

山 san$^{55}$

山谷谷入 san$^{55}$ko$^{44}$ko$^{44}$ȵio$^{11}$ 山谷

江 kan$^{55}$

溪 tɕ$^{h}$i$^{45}$

壕 xau$^{13}$ 水沟儿

湖 fu$^{13}$

塘 tan$^{13}$ 池塘

水凼凼 fy$^{33}$tan$^{22}$tan$^{22}$ 水坑儿

大水 tai$^{22}$fy$^{33}$ 洪水

瓮 uən$^{44}$ 淹

岸上 ŋan$^{22}$ɕiaŋ$^{22}$ 河岸

坝 pa$^{44}$

□□ pyan$^{22}$pyan$^{22}$ 窟窿

缝 xoŋ$^{22}$ 缝儿

崖头牯 ȵie$^{11}$tou$^{13}$ku$^{33}$ 石头

土 t$^{h}$u$^{33}$

泥 ni$^{13}$ 湿泥

洋泥 iaŋ$^{13}$ni$^{13}$ 水泥

沙子 sa$^{45}$tsi$^{33}$

砖 tɕyan$^{45}$

瓦 ua$^{11}$

煤 me$^{13}$

煤油 me$^{13}$iu$^{13}$

炭 t$^{h}$an$^{44}$ 未炭化的炭

灰 fe$^{45}$ 草木灰

灰 fe$^{45}$ 灰尘

火 fa$^{33}$

烟 in$^{45}$

起火 tɕ$^{h}$i$^{33}$fa$^{33}$ 失火

水 fy$^{33}$

清水 tsin$^{44}$fy$^{33}$ 凉水

爤水 lai$^{44}$fy$^{33}$ 用来用的热水

滚水 kuən$^{33}$fy$^{33}$ 用来喝的开水

## 二　时间方位

时候 ɕi$^{13}$xou$^{22}$

□哩时候 mən$^{44}$ni$^{33}$ɕi$^{13}$xou$^{22}$ 什么时候

□箇 t$^{h}$i$^{44}$kei$^{44}$ 现在，指时间段，与过去相对

以前 i$^{33}$tsin$^{13}$

以后 i$^{33}$xou$^{22}$

一世人 ie$^{44}$ɕi$^{44}$ȵin$^{13}$ 一辈子

年□ nin$^{45}$nai$^{33}$ 今年

明年 mən$^{13}$nin$^{45}$

后年 xou$^{22}$nin$^{45}$

旧年 ʇu$^{22}$nin$^{13}$ 去年

前年 tsin$^{13}$nin$^{45}$

往年 uan$^{11}$nin$^{13}$ 过去的年份

年初 nin$^{13}$ts$^{h}$u$^{45}$

年底 nin$^{13}$ti$^{33}$

日□ ȵie$^{44}$nai$^{33}$ 今天

明□日 mən$^{13}$tɕi$^{45}$ȵie$^{44}$ 明天

后日 xou$^{22}$ȵie$^{44}$ 后天

□后日 me$^{11}$xou$^{22}$ȵie$^{44}$ 大后天

□日 tsin$^{11}$ȵie$^{11}$ 昨天

前日 tsin$^{13}$ȵie$^{44}$ 前天

向前日 ɕiaŋ$^{44}$tsin$^{13}$ȵie$^{44}$ 大前天

一日□的 ie$^{44}$ȵie$^{44}$kən$^{13}$ti$^{33}$ 整日

每日 mei$^{11}$ȵie$^{44}$ 每天

从朝 tsoŋ$^{13}$tɕy$^{45}$ 早晨

早门朝 tsau$^{33}$mən$^{13}$tɕy$^{45}$

上半日 ɕiaŋ$^{22}$pan$^{44}$ȵie$^{11}$ 上午

正半日 ȶən$^{44}$pan$^{44}$ȵie$^{11}$ 中午

夜白 ia$^{22}$pe$^{11}$ 下午

下半日 xa$^{22}$pan$^{44}$ȵie$^{11}$

*煞脚黑 sa$^{11}$ȶa$^{11}$xa$^{44}$ 特别词

日里 ȵie$^{11}$ti$^{33}$ 白天

夜里 ia$^{22}$ti$^{33}$ 夜晚

半夜 pan$^{44}$ia$^{22}$

□月 tɕi$^{45}$ȵo$^{11}$ 正月

大年初一 tai$^{22}$nin$^{13}$ts$^{h}$u$^{45}$ie$^{44}$

□月十五 tɕi$^{45}$ȵo$^{11}$ɕie$^{11}$oŋ$^{11}$ 元宵节

清明节 ts$^{h}$in$^{45}$min$^{13}$tse$^{11}$

五月节 oŋ$^{11}$ȵo$^{11}$tse$^{11}$ 端午节

七月半 ts$^{h}$e$^{44}$ȵo$^{11}$pan$^{44}$ 中元节

八月十五 pia$^{11}$ȵo$^{11}$ɕie$^{11}$oŋ$^{11}$ 中秋节

中秋节 ȶoŋ$^{45}$ts$^{h}$u$^{45}$tse$^{11}$

冬至 toŋ$^{45}$tɕi$^{44}$

十二月 ɕie$^{11}$ni$^{22}$ȵo$^{11}$ 腊月

三十夜 san$^{45}$ɕie$^{11}$ia$^{22}$ 除夕夜

皇历 uan$^{13}$lie$^{11}$ 历书

阴历 in$^{45}$lie$^{11}$

阳历 iaŋ$^{13}$lie$^{11}$

星期日 sin$^{45}$tɕi$^{13}$ȵie$^{11}$ 星期天

地方 ti$^{22}$fan$^{45}$

□哩地方 mən$^{44}$ni$^{33}$ti$^{22}$fan$^{45}$ 什么地方

屋入 o$^{44}$ȵo$^{11}$ 屋里

城入 ȶən$^{13}$ȵo$^{11}$ 城里

乡下 ɕiaŋ$^{45}$xa$^{22}$

上边 ɕiaŋ$^{22}$pin$^{45}$ 上面

下边 xa$^{22}$pin$^{45}$ 下面

左边 tsa$^{33}$pin$^{45}$

右边 iu$^{22}$pin$^{45}$

中间 ȶoŋ$^{45}$ȶan$^{45}$

前头 tsin$^{13}$tou$^{13}$ 前面

背后 pe$^{44}$xou$^{22}$ 后面

尾巴上 mie$^{11}$pa$^{45}$ɕiaŋ$^{22}$ 末尾

对面 te$^{44}$min$^{22}$

门前路 mən$^{13}$tsin$^{13}$lu$^{22}$ 面前

背后 pe$^{44}$xou$^{22}$ 后边

入□ ȵo$^{11}$ȵie$^{11}$ 里面

门前 mən$^{13}$tsin$^{13}$ ①外面；②野外

旁边 pan$^{13}$pin$^{55}$ 边上

上 ɕiaŋ$^{22}$ 上面

底 ti$^{33}$ 下面

边 pin$^{45}$ 边儿：桌子～

角 ko$^{11}$ 角儿：桌子～

上去 ɕiaŋ$^{22}$k$^{h}$u$^{44}$

下来 xa$^{22}$lei$^{13}$

入去 ȵo$^{11}$k$^{h}$u$^{44}$ 进去

出来 ȶ$^{h}$o$^{44}$lei$^{13}$

出去 ȶ$^{h}$o$^{44}$k$^{h}$u$^{44}$

回来 ue$^{13}$lei$^{13}$

起来 tɕ$^{h}$i$^{33}$lei$^{13}$

## 三　植物

树 ɕiu$^{22}$

木 mo$^{11}$ 木头

松树 soŋ$^{13}$ɕiu$^{22}$

松柏树 soŋ$^{45}$pe$^{11}$ɕiu$^{22}$ 柏树

杉木 sa$^{45}$mo$^{11}$ 杉树

柳树 liu$^{11}$ɕiu$^{22}$

竹 ȶo$^{44}$ 竹子

笋 sən$^{33}$

叶 ie$^{11}$

花 fya$^{45}$

花□ fya$^{45}$ko$^{13}$ 花蕾

梅花 me$^{13}$fya$^{45}$

牡丹 mu$^{11}$tan$^{45}$

荷花 xo$^{13}$fya$^{45}$

草 ts$^{h}$au$^{33}$

藤 tən$^{13}$

刺 ts$^{h}$i$^{44}$ 荆棘

水果 fy$^{33}$ko$^{33}$

苹果 pin$^{13}$ko$^{33}$

桃子 tau$^{13}$tsi$^{33}$

□ iei$^{13}$ 梨

□ tɕ$^{h}$i$^{33}$ 李子

柑子 kan$^{45}$tsi$^{33}$ 橘子

橙子 tən$^{13}$tsi$^{33}$ 柚子

柿子 ɕi$^{22}$tsi$^{33}$

石榴 ɕie$^{11}$liu$^{13}$

枣子 tsau$^{33}$tsi$^{33}$

挂栗 kua$^{44}$lie$^{11}$ 栗子

核桃 xa$^{44}$tau$^{13}$

银杏子 ȵin$^{13}$xoŋ$^{22}$tsi$^{33}$ 银杏

白果 pe$^{11}$ko$^{33}$

砂糖梗 sa$^{45}$tan$^{13}$kuen$^{33}$ 甘蔗

猫耳朵 mau$^{45}$ȵie$^{11}$tia$^{33}$ 木耳

菌 tɕin$^{22}$ 野生蘑菇

香菌 ɕiaŋ$^{45}$tɕin$^{22}$ 香菇

谷 ko$^{44}$ 稻子

谷 ko$^{44}$ 稻谷

谷草 ko$^{44}$ts$^{h}$au$^{33}$ 稻草

麦子 me$^{11}$tsi$^{33}$ 小麦

麦子草 me$^{11}$tsi$^{33}$ts$^{h}$au$^{33}$ 麦秸

黄穗 uan$^{13}$se$^{44}$ 粟

高粱 kau$^{45}$liaŋ$^{13}$

南京豆 nan$^{13}$ȶən$^{45}$tou$^{22}$ 玉米

棉花 min$^{13}$fya$^{45}$

油菜 iu$^{13}$ts$^{h}$ei$^{44}$

油麻 iu$^{13}$mia$^{13}$ 芝麻

朝明花 tɕy$^{13}$min$^{13}$fya$^{45}$ 向日葵

蚕豆 tsan$^{13}$tou$^{22}$

豌豆 yan$^{45}$tou$^{22}$

落花生 lo$^{13}$fya$^{45}$sən$^{45}$

黄大豆 uan$^{13}$tai$^{22}$tou$^{22}$ 黄豆

绿豆 lio$^{11}$tou$^{22}$

长豇豆 ȶan$^{13}$kan$^{45}$tou$^{22}$ 豇豆

大白菜 tai$^{22}$pe$^{11}$ts$^{h}$ei$^{44}$

包菜 py$^{45}$ts$^{h}$ei$^{44}$ 长形的包心菜

菠菜 po$^{45}$ts$^{h}$ei$^{44}$

芹菜 ȶən$^{13}$ts$^{h}$ei$^{44}$

莴笋 o$^{45}$sən$^{33}$

韭菜 ȶu$^{33}$ts$^{h}$ei$^{44}$

*臭虫菜 ȶ$^{h}$u$^{44}$ȶoŋ$^{13}$ts$^{h}$ei$^{44}$ 特别词

葱 ts$^{h}$oŋ$^{45}$

大蒜 tai$^{22}$suan$^{44}$

姜 ȶan$^{45}$

洋葱 iaŋ$^{13}$ts$^{h}$oŋ$^{45}$

辣椒 la$^{11}$tɕy$^{45}$

茄子 ȶa$^{13}$tsi$^{33}$

□茄子 xei$^{11}$ȶa$^{13}$tsi$^{33}$ 西红柿

萝卜 la$^{13}$po$^{11}$

胡萝卜 fu$^{13}$la$^{13}$po$^{11}$

黄瓜 uan$^{13}$kua$^{45}$

丝瓜 si$^{45}$kua$^{45}$

南瓜 nan$^{13}$kua$^{45}$

荸荠子 pu$^{13}$tɕi$^{44}$tsi$^{33}$ 荸荠

薯 fy$^{13}$ 红薯

洋芋 iaŋ$^{13}$u$^{22}$ 马铃薯

芋头 u$^{22}$tou$^{13}$

藕 ŋou$^{11}$

## 四 动物

大虫 tai$^{22}$ȶoŋ$^{13}$ 老虎

猴子 xou$^{13}$tsi$^{33}$

蛇 ɕia$^{13}$

老鼠 lau$^{11}$ɕiu$^{33}$

檐老鼠 in$^{13}$lau$^{11}$ɕiu$^{33}$ 蝙蝠

鸟 ty$^{33}$

吃禾鸟 tɕʰie$^{44}$ua$^{13}$ty$^{33}$ 麻雀

鸦鹊 a$^{45}$tɕʰia$^{45}$ 喜鹊

老鸦 lau$^{11}$a$^{45}$ 乌鸦

鸽子 ko$^{11}$tsi$^{33}$

翅膀 tɕi$^{44}$pan$^{33}$

脚爪 ȶa$^{11}$tsa$^{33}$ 爪子

尾巴 mie$^{11}$pa$^{45}$

*窠 kʰua$^{45}$ 古语词

虫 ȶoŋ$^{13}$ 虫子

飞哈⁼ fi$^{45}$xa$^{45}$ 蝴蝶

定朵 tin$^{22}$tia$^{33}$ 蜻蜓

糖蜂 tan$^{13}$xoŋ$^{45}$ 蜜蜂

蜂糖 xoŋ$^{45}$tan$^{13}$ 蜂蜜

*嘶嘶喔 si$^{45}$si$^{45}$o$^{33}$ 特别词

蚂蚁 ma$^{13}$mo$^{11}$

*土料 tʰu$^{33}$ly$^{22}$ 特别词

蚕 tsan$^{13}$

播丝 pia$^{45}$si$^{45}$ 蜘蛛

蚊子 mən$^{45}$tsi$^{33}$ 蚊子的统称

蚊子 mən$^{45}$tsi$^{33}$ 苍蝇的统称

虱婆 se$^{44}$pa$^{13}$ 虱子

鱼 ȵu$^{13}$

鲤鱼 lie$^{11}$ȵu$^{13}$

雄鱼 ɕioŋ$^{13}$ȵu$^{13}$ 鳙鱼

鲫鱼 tse$^{44}$ȵu$^{13}$

鳖 pie$^{11}$ 甲鱼

鳞 lin$^{13}$

虾弓 xa$^{45}$koŋ$^{45}$ 虾

螃蟹 pan$^{13}$xai$^{22}$

蛤蟆 xa$^{13}$mia$^{45}$ 青蛙

癞子蛤蟆 lai$^{22}$tsi$^{33}$xa$^{13}$mia$^{45}$ 癞蛤蟆

马 mia$^{11}$

骡子 lo$^{13}$tsi$^{33}$

牛 ŋou$^{13}$

沙牯 sa$^{55}$ku$^{33}$ 公黄牛

　水牯 fy$^{33}$ku$^{33}$ 公水牛

牛□ ŋou$^{13}$nei$^{22}$ 母牛

　牛母 ŋou$^{13}$oŋ$^{11}$

养牛 iaŋ$^{11}$ŋou$^{13}$ 放牛

羊 iaŋ$^{13}$

猪 ȶu$^{45}$

猪郎公 ȶu$^{45}$lan$^{13}$koŋ$^{45}$ 配种的公猪

豮猪 fən$^{13}$ȶu$^{45}$ 成年已阉的公猪

猪□ ȶu$^{45}$nei$^{22}$ 成年未阉的母猪

　猪母 ȶu$^{45}$oŋ$^{11}$

猪儿 ȶu$^{45}$ni$^{13}$ 猪崽

猪圈 ȶu$^{45}$tɕyan$^{22}$

养猪 iaŋ$^{11}$ȶu$^{45}$

猫 mau$^{45}$

猫牯 mau$^{45}$ku$^{33}$ 雄猫

猫□ mau$^{45}$nei$^{22}$ 雌猫

狗 kou$^{33}$

狗龙 kou$^{33}$lioŋ$^{13}$ 雄狗

狗□ kou$^{33}$nei$^{22}$ 生育过的雌狗

　狗母 kou$^{33}$oŋ$^{11}$

叫 tɕy$^{44}$ 狗～

兔子 t$^{h}$u$^{44}$tsi$^{33}$

鸡 tɕi$^{45}$

鸡公 tɕi$^{45}$koŋ$^{45}$ 公鸡

鸡婆 tɕi$^{45}$pa$^{13}$ 下过蛋的母鸡

啼 ti$^{13}$ 叫：鸡～

生 sən$^{45}$ 下：～蛋

菢 pau$^{22}$ 孵

鸭 a$^{11}$

鹅 ŋa$^{13}$

割 ka$^{11}$ 阉：～猪公

劁 tɕ$^{h}$y$^{45}$ 阉：～猪母

骟 ɕin$^{44}$ 阉：～鸡

喂 ʋi$^{44}$：～猪

杀猪 sa$^{11}$ʈu$^{45}$

破 p$^{h}$a$^{44}$ 杀：～鱼

## 五　房舍器具

团寨 tuan$^{13}$tsai$^{22}$ 村庄

□□ k$^{h}$oŋ$^{44}$k$^{h}$oŋ$^{44}$ 巷子

街 tɕie$^{45}$

起屋 tɕ$^{h}$i$^{33}$o$^{44}$ 盖房子

屋 o$^{44}$ 整座的房子

房 fan$^{13}$ 房子里分隔开的单间

房 fan$^{13}$ 卧室

茅棚棚 mau$^{13}$poŋ$^{13}$poŋ$^{13}$ 茅草屋

炉头 lou$^{45}$tou$^{13}$ 厨房

灶 tsau$^{44}$

锅 kua$^{45}$ 锅的统称

瓶 pin$^{13}$ 饭锅

锅 kua$^{45}$ 菜锅

茅厕 mau$^{13}$si$^{44}$ 厕所

檩 lin$^{11}$

柱头 ʈu$^{22}$tou$^{13}$ 柱子

大门 tai$^{22}$mən$^{13}$

门脚 mən$^{13}$ʈa$^{11}$ 门槛

*格子 ke$^{11}$tsi$^{33}$ 民俗文化词

单梯 tan$^{45}$t$^{h}$i$^{45}$ 可移动的梯子

扫杆 sau$^{33}$kan$^{33}$ 扫帚

扫地 sau$^{44}$ti$^{22}$

渣渣 tsa$^{55}$tsa$^{55}$ 垃圾

家置 tɕia$^{55}$tɕi$^{44}$ 家具

东西 toŋ$^{45}$si$^{45}$ ①物件；②东方和西方

床 suan$^{13}$

枕头 ʈən$^{33}$tou$^{13}$

被 pi$^{22}$ 被子

棉被 min$^{13}$pi$^{22}$ 棉絮

垫单 tin$^{22}$tan$^{45}$ 床单

垫被 tin$^{22}$pi$^{22}$ 褥子

席 se$^{11}$ 席子

被罩 pi$^{22}$tsau$^{44}$ 蚊帐

台板 tei$^{13}$pan$^{33}$ 桌子

柜柜 tɕy$^{22}$tɕy$^{22}$ 柜子

抽台 ʈ$^{h}$u$^{45}$tei$^{13}$ 抽屉

案脚 an$^{44}$ʈa$^{11}$ 条案

椅子 i$^{33}$tsi$^{33}$

凳 tən$^{44}$ 板凳

马桶 mia$^{11}$t$^{h}$oŋ$^{33}$ 尿桶

菜刀 ts$^{h}$ei$^{44}$tau$^{45}$

勺 ɕia$^{11}$ 瓢

水缸 fy$^{33}$kan$^{45}$

瓮 oŋ$^{44}$ 坛子

酒瓶 tsu$^{33}$pin$^{13}$ 瓶子

盖盖 kei$^{44}$kei$^{44}$ 盖子

碗 uan$^{33}$

*箸 ȶu$^{44}$ 古语词

*挑 t$^{h}$y$^{55}$ 特别词

柴 sai$^{13}$ 柴火

洋火 iaŋ$^{13}$fa$^{33}$ 火柴

锁 so$^{33}$

钥匙 io$^{11}$ɕi$^{13}$

爀水瓶 lai$^{44}$fy$^{33}$pin$^{13}$ 暖水瓶

面盆 min$^{22}$pən$^{13}$ 脸盆

洗面水 se$^{33}$min$^{22}$fy$^{33}$ 洗脸水

面布 min$^{22}$pu$^{44}$ 毛巾

手巾 ɕiu$^{11}$ȶən$^{45}$ 手绢

洋碱 iaŋ$^{13}$tɕin$^{33}$ 肥皂

梳 su$^{45}$ 梳子

针 ȶən$^{45}$ 缝衣针

剪刀 tsin$^{33}$tau$^{45}$

蜡烛 la$^{11}$ȶo$^{44}$

电筒 tian$^{45}$toŋ$^{13}$ 手电筒

伞 san$^{33}$ 雨伞

单车 tan$^{45}$ȶ$^{h}$a$^{45}$ 自行车

## 六　服饰饮食

衣 i$^{45}$ 衣服

穿 ȶ$^{h}$uan$^{45}$

脱 t$^{h}$o$^{11}$

*缚 fa$^{11}$ 古语词

衬衣 ts$^{h}$en$^{44}$i$^{45}$ 衬衫

纱褂子 sa$^{45}$kua$^{44}$tsi$^{33}$ 背心

绳子衣 fyn$^{13}$tsi$^{33}$i$^{45}$ 毛线衣

棉衣 min$^{13}$i$^{45}$

衣袖 i$^{45}$su$^{22}$ 袖子

衣袋 i$^{45}$tei$^{22}$ 口袋

裤 k$^{h}$u$^{44}$ 裤子

短裤 tuan$^{33}$k$^{h}$u$^{44}$ 穿在外面的短裤

裤脚 k$^{h}$u$^{44}$ȶa$^{11}$ 裤腿

帽子 mau$^{22}$tsi$^{33}$

鞋 ɕie$^{13}$

袜 ʋya$^{11}$ 袜子

围巾 uei$^{13}$ȶən$^{55}$

□ p$^{h}$ian$^{33}$ 尿布

扣子 tɕ$^{h}$iu$^{44}$tsi$^{33}$ 纽扣

扣 tɕ$^{h}$iu$^{44}$ ～扣子

手印 ɕiu$^{33}$in$^{44}$ 戒指

手圈 ɕiu$^{33}$ȶ$^{h}$uan$^{45}$ 镯子

剃头毛 t$^{h}$i$^{44}$tou$^{13}$mau$^{13}$ 理发

梳头 su$^{45}$tou$^{13}$

饭 fyan$^{22}$ 米饭

粥 ȶo$^{44}$

灰面 fe$^{45}$min$^{22}$ 面粉

面 min$^{22}$ 面条儿

粉 fən$^{33}$ 面儿：辣椒～

馒头 man$^{22}$tou$^{13}$

包子 py$^{45}$tsi$^{33}$

饺子 tɕiau$^{33}$tsi$^{33}$

油条 iu$^{13}$ty$^{13}$

豆浆 tou$^{22}$tɕiaŋ$^{44}$

豆腐花 tou$^{22}$fu$^{33}$fya$^{45}$ 豆腐脑

糍 tsi$^{13}$ 元宵

三角封 san$^{45}$ko$^{11}$xoŋ$^{45}$ 三角锥形的粽子
捣糍 tau$^{33}$tsi$^{13}$ 年糕
糖果 tan$^{13}$ko$^{33}$ 点心
菜 tsʰei$^{44}$
干菜 kan$^{45}$tsʰei$^{44}$
豆腐 tou$^{22}$fu$^{11}$
猪血 ʈu$^{45}$fye$^{11}$
猪脚骨 ʈu$^{45}$ʈa$^{11}$ko$^{44}$ 当菜用的猪蹄
猪舌子 ʈu$^{45}$ɕie$^{11}$tsi$^{33}$ 猪舌头
猪肝 ʈu$^{45}$kan$^{45}$
下水 xa$^{22}$fy$^{33}$ 猪牛羊的内脏
　杂碎 tsa$^{11}$se$^{44}$
鸡□ tɕi$^{45}$tɕiei$^{44}$ 鸡蛋
皮□ pi$^{13}$tɕiei$^{44}$ 松花蛋
猪油 ʈu$^{45}$iu$^{13}$
香油 ɕiaŋ$^{45}$iu$^{13}$
酱油 tɕiaŋ$^{44}$iu$^{13}$
盐 in$^{13}$
醋 tsʰu$^{44}$
纸烟 tɕi$^{33}$in$^{45}$ 香烟
旱烟 xan$^{22}$in$^{45}$
烈酒 lie$^{11}$tsu$^{33}$ 白酒
米酒 mi$^{11}$tsu$^{33}$ 黄酒
酒糟 tsu$^{33}$tsau$^{45}$ 江米酒、醪糟
茶叶 tsa$^{13}$ie$^{11}$
浸茶 tsən$^{44}$tsa$^{13}$ 沏茶
煮饭 ʈu$^{33}$fyan$^{22}$ 做饭
炒菜 tsʰau$^{33}$tsʰei$^{44}$ 做菜
煮 ʈu$^{33}$
煎 tsin$^{45}$
炸 tsa$^{11}$
蒸 ʈən$^{45}$
□ na$^{13}$ 揉：～面
吃朝饭 tɕʰie$^{44}$tɕy$^{45}$fyan$^{22}$ 吃早饭
吃半日 tɕʰie$^{44}$pan$^{44}$nie$^{11}$ 吃午饭
吃夜饭 tɕʰie$^{44}$ia$^{11}$fyan$^{22}$ 吃晚饭
吃饭 tɕʰie$^{44}$fyan$^{22}$
吃酒 tɕʰie$^{44}$tsu$^{33}$ 喝酒
吃茶 tɕʰie$^{44}$tsa$^{13}$ 喝茶
吃烟 tɕʰie$^{44}$in$^{45}$ 抽烟
□饭 y$^{22}$fyan$^{22}$ 盛饭
挑菜 tʰy$^{45}$tsʰei$^{44}$ 夹菜
筛 sai$^{45}$ 斟
干 kan$^{45}$ 渴
饥 tɕi$^{45}$ 饿
噎 ie$^{11}$

## 七　身体医疗

头 tou$^{13}$
头毛 tou$^{13}$mau$^{13}$ 头发
辫子 pin$^{45}$tsi$^{33}$
旋 suan$^{22}$ 头旋
额门头 ȵie$^{11}$mən$^{13}$tou$^{13}$ 额头
相貌 ɕiaŋ$^{44}$mau$^{22}$
面□ min$^{22}$kʰua$^{33}$ 脸
眼睛 ȵian$^{11}$tsin$^{45}$
眼珠子 nian$^{11}$tɕy$^{45}$tsi$^{33}$ 眼珠
眼泪 ȵian$^{11}$ly$^{22}$
眉毛 mi$^{13}$mau$^{13}$
耳朵 ȵie$^{11}$tia$^{33}$
鼻孔 pi$^{11}$kʰoŋ$^{33}$ ①鼻子；②鼻孔
鼻泣 pi$^{11}$tɕʰi$^{44}$ 鼻涕
送 soŋ$^{44}$ 擤：～鼻涕
嘴巴 tse$^{33}$pa$^{45}$

嘴巴皮 tse$^{33}$pa$^{45}$pi$^{13}$ 嘴唇儿

*唾 t$^{h}$ia$^{44}$ 古语词

舌子 ɕie$^{11}$tsi$^{33}$ 舌头

牙齿 ȵia$^{13}$tɕ$^{h}$i$^{33}$

下巴 xa$^{22}$pa$^{45}$

胡子 fu$^{13}$tsi$^{33}$ 胡须

*颈骨 koŋ$^{13}$ko$^{44}$ 古语词

喉咙 xou$^{13}$loŋ$^{13}$

肩膊 tɕian$^{45}$po$^{11}$ 肩膀

手帮 ɕiu$^{33}$pan$^{45}$ 胳膊

手 ɕiu$^{33}$ 整个手，包括手臂在内

左手 tsa$^{33}$ɕiu$^{33}$

右手 iu$^{22}$ɕiu$^{33}$

拳头牯 tɕyan$^{13}$tou$^{13}$ku$^{33}$ 拳头

手指头 ɕiu$^{33}$tsi$^{33}$tou$^{13}$ 手指

手指拇 ɕiu$^{33}$tsi$^{33}$oŋ$^{11}$ 大拇指

第二个手指头 ti$^{22}$ni$^{22}$ka$^{44}$ɕiu$^{33}$tsi$^{33}$tou$^{13}$ 食指

中间手指头 ʈoŋ$^{45}$ʈan$^{45}$ɕiu$^{33}$tsi$^{33}$tou$^{13}$ 中指

第四个手指头 ti$^{22}$si$^{44}$ka$^{44}$ɕiu$^{33}$tsi$^{33}$tou$^{13}$ 无名指

儿手指头 ne$^{44}$ɕiu$^{33}$tsi$^{33}$tou$^{13}$ 小拇指

手指壳 ɕiu$^{33}$tsi$^{33}$k$^{h}$o$^{11}$ 指甲

腿 t$^{h}$e$^{33}$

脚 ʈa$^{11}$ 整个腿，包括大腿和小腿

膝头牯 se$^{11}$tou$^{13}$ku$^{33}$ 膝盖

背侧 pe$^{44}$tse$^{11}$ 背

肚 tu$^{33}$ 腹部

肚子眼 tu$^{33}$tsi$^{33}$ȵian$^{11}$ 肚脐

□me$^{33}$①乳房；②乳汁

屁股 p$^{h}$i$^{44}$ku$^{33}$

屁股门 p$^{h}$i$^{44}$ku$^{33}$mən$^{13}$ 肛门

卵子 luan$^{11}$tsi$^{33}$ 成人的阴茎

屄 pie$^{45}$ 女阴

日 nie$^{11}$ 肏

卵水 luan$^{11}$fy$^{33}$ 精液

来名堂 lei$^{13}$min$^{13}$tan$^{13}$ 来月经

□尿 ie$^{44}$ɕi$^{33}$ 拉屎

□尿 ie$^{44}$ȵy$^{22}$ 撒尿

放屁 fan$^{44}$p$^{h}$i$^{44}$

着病 tɕie$^{11}$pin$^{22}$ 病了

着凉 tɕie$^{11}$liaŋ$^{13}$

□xa$^{45}$ 咳嗽

发嬾 fya$^{11}$lai$^{44}$ 发烧

打扭扭 ta$^{33}$niu$^{11}$niu$^{11}$ 发抖

　打□□ ta$^{33}$tɕiu$^{33}$tɕiu$^{33}$

肚痛 tu$^{33}$t$^{h}$oŋ$^{44}$ 肚子疼

　痛肚 t$^{h}$oŋ$^{44}$tu$^{33}$

泻肚 ɕia$^{44}$tu$^{33}$ 拉肚子

打摆子 ta$^{33}$pie$^{33}$tsi$^{33}$ 发疟疾

遇着攋捧 y$^{22}$tɕie$^{11}$la$^{11}$sa$^{11}$ 中暑

□po$^{45}$ 肿

胀汁 ʈan$^{44}$tɕie$^{44}$ 溃脓

疤 pia$^{45}$

癣 ɕin$^{33}$

□p$^{h}$i$^{45}$ 痣

□□po$^{45}$po$^{45}$ 蚊子咬后形成的疙瘩

臭□ʈ$^{h}$u$^{44}$p$^{h}$ie$^{44}$ 狐臭

望病 man$^{22}$pin$^{22}$ 看病

探脉 t$^{h}$an$^{44}$me$^{22}$ 诊脉

打银针 ta$^{33}$ȵin$^{13}$ʈən$^{45}$ 针灸

打针 ta$^{33}$ʈən$^{45}$ ①注射；②扎针

打吊针 ta$^{33}$ty$^{44}$ʈən$^{45}$

吃灵丹 tɕ$^{h}$ie$^{44}$lin$^{13}$tan$^{45}$ 吃药

灵丹 lin$^{13}$tan$^{45}$ 汤药

病好儿了 pin$^{22}$xau$^{33}$ni$^{44}$le$^{11}$ 病轻了

## 八　婚丧信仰

做媒 tsu$^{44}$me$^{13}$ 说媒

媒人 me$^{13}$ȵin$^{13}$

望屋 man$^{22}$o$^{44}$ 相亲

定成 tin$^{22}$ȶən$^{13}$ 订婚

嫁妆 tɕia$^{44}$tsuan$^{45}$

吃酒 tɕʰie$^{44}$tsu$^{33}$ 结婚

纳女家 la$^{11}$ȵu$^{11}$tɕia$^{45}$ 娶妻子

出门 ȶʰo$^{44}$mən$^{13}$ 女子出嫁

拜堂 pie$^{44}$tan$^{13}$

新郎 sən$^{45}$lan$^{13}$

新人 sən$^{45}$ȵin$^{13}$ 新娘

四眼人 si$^{44}$ȵian$^{11}$ȵin$^{13}$ 孕妇

是箇的 ɕi$^{22}$kei$^{44}$ti$^{33}$ 怀孕

酸颈 suan$^{45}$koŋ$^{13}$ 害喜

落月 la$^{11}$ȵo$^{11}$ 分娩

　放了担子 fan$^{44}$la$^{11}$tan$^{45}$tsi$^{33}$

犯 fyan$^{22}$ 流产

双□ suan$^{45}$san$^{44}$ 双胞胎

坐月 tsa$^{22}$ȵo$^{11}$ 坐月子

吃□ tɕʰie$^{44}$me$^{33}$ 吃奶

隔□ ke$^{11}$me$^{33}$ 断奶

满月 man$^{11}$ȵo$^{11}$

生日 sen$^{45}$ȵie$^{11}$

做生日 tsu$^{44}$sen$^{45}$ȵie$^{11}$ 做寿

　做寿 tsu$^{44}$ɕiu$^{22}$

死 si$^{33}$

过身 kua$^{44}$ɕin$^{45}$ 死的婉称

寻短路 sən$^{13}$tuan$^{33}$lu$^{22}$ 自杀

断气 tuan$^{22}$tɕʰi$^{44}$ 咽气

掩棺 in$^{45}$kuan$^{45}$ 入殓

老屋 lau$^{11}$o$^{44}$ 棺材

上坡 ɕiaŋ$^{22}$pʰa$^{55}$ 出殡

灵牌 lin$^{13}$pie$^{13}$ 灵位

坟 fən$^{13}$ 坟墓

挂青 kua$^{44}$tsʰin$^{45}$ 扫墓

钱纸 tsin$^{13}$tɕi$^{33}$ 纸钱

天 tʰin$^{45}$ 老天爷

菩萨 pu$^{13}$sa$^{44}$

观音 kuan$^{45}$in$^{45}$ 观世音

灶神菩萨 tsau$^{44}$ɕin$^{13}$pu$^{13}$sa$^{44}$ 灶君

庙 my$^{22}$ 寺庙

家祠 tɕia$^{45}$tsʰɿ$^{13}$ 祠堂

和尚 ua$^{13}$ɕiaŋ$^{22}$

尼姑 ni$^{13}$ku$^{45}$

道场老师 tau$^{22}$ȶan$^{13}$lau$^{11}$si$^{45}$ 道士

算八字 suan$^{44}$pia$^{11}$tsi$^{22}$ 算命

运气 ʋyn$^{22}$tɕʰi$^{44}$

保佑 pau$^{33}$iu$^{22}$

## 九　人品称谓

人 ȵin$^{13}$

男子家 nan$^{13}$tsi$^{33}$tɕia$^{45}$ 男人

女子家 ȵu$^{11}$tsi$^{33}$tɕia$^{45}$ 女人

单身汉 tan$^{45}$ɕin$^{45}$xan$^{22}$

老□ lau$^{11}$pei$^{22}$ 年纪大了还未嫁出去的女人

嫩细子 nən$^{22}$se$^{44}$tsi$^{33}$ 婴儿

细子儿 se$^{44}$tsi$^{33}$ni$^{13}$ 小孩儿

男子家儿 nan$^{13}$tsi$^{33}$tɕia$^{45}$ni$^{13}$ 男孩儿

女女儿 ȵu$^{11}$ȵu$^{11}$ni$^{13}$ 女孩儿

老人家 lau$^{11}$ȵin$^{13}$tɕia$^{45}$ 老人

亲情 tsʰin$^{45}$tsin$^{13}$ 亲戚

朋友 poŋ$^{13}$iu$^{11}$

隔壁屋 ke$^{11}$pie$^{11}$o$^{44}$ 邻居

亲情 tsʰin$^{45}$tsin$^{13}$ 客人

农民 loŋ$^{13}$min$^{13}$

生意人 sen$^{45}$i$^{44}$ȵin$^{13}$ 商人

匠人 tɕiaŋ$^{22}$ȵin$^{13}$ 手艺人

泥水匠 ni$^{13}$fy$^{33}$tɕiaŋ$^{22}$

木匠 mo$^{11}$tɕiaŋ$^{22}$

裁缝 tsei$^{13}$xoŋ$^{13}$

剃头匠 tʰi$^{44}$tou$^{13}$tɕiaŋ$^{22}$ 理发师

厨房老爷 tɕy$^{13}$fan$^{13}$lau$^{11}$ia$^{45}$ 厨师

师傅 ɕi$^{45}$fu$^{22}$

徒弟 tu$^{13}$ti$^{22}$

告化子 kau$^{44}$fa$^{44}$tsi$^{33}$ 乞丐

婊子婆 py$^{33}$tsi$^{33}$pa$^{13}$ 妓女

痞子客 pʰi$^{33}$tsi$^{33}$kʰe$^{11}$ 流氓

贼 tse$^{11}$

瞎子 xa$^{11}$tsi$^{33}$ 盲人

聋子 loŋ$^{45}$tsi$^{33}$ 失聪的人

哑巴 ŋa$^{11}$pa$^{33}$

驼子 to$^{13}$tsi$^{33}$ 驼背的人

□子 lia$^{45}$tsi$^{33}$ 脚有残疾的人

癫子 tin$^{45}$tsi$^{33}$ 精神不正常的人

□子 ŋan$^{44}$tsi$^{33}$ 傻子

猪脑壳 ʈu$^{45}$lau$^{11}$kho$^{44}$ 笨蛋

公 koŋ$^{45}$ 祖父

婆 pa$^{13}$ 祖母

丈人 ʈaŋ$^{22}$ȵin$^{13}$ 外祖父

□ te$^{45}$ 外祖母

爷□ ia$^{45}$pa$^{33}$ 父母合称

爷 ia$^{45}$ 父亲，叙称

□ pa$^{33}$ 母亲，叙称

爷 ia$^{45}$ 爸爸，面称

□ pa$^{33}$ 妈妈，面称

继爷 tɕi$^{44}$ia$^{45}$ 继父

继□ tɕi$^{44}$pa$^{33}$ 继母

姑丈 ku$^{45}$ʈan$^{22}$ 岳父

姑 ku$^{45}$ 岳母

*舅 ʈu$^{22}$ 古语词

*姑 ku$^{45}$ 古语词

大爷 tai$^{22}$ia$^{45}$ 伯父

大□ tai$^{22}$pa$^{33}$ 伯母

爷爷 ia$^{45}$ia$^{45}$ 叔父

儿爷 ne$^{44}$ia$^{45}$ 排行最小的叔叔

□□ pa$^{33}$pa$^{33}$ 叔母

姑 ku$^{45}$ 姑妈

姑丈 ku$^{45}$ʈan$^{22}$ 姑父

舅 ʈu$^{22}$ 舅舅

姑 ku$^{45}$ 舅妈

姨 i$^{13}$ 姨妈

丈爷 ʈan$^{22}$ia$^{45}$ 姨父

兄弟 fyan$^{45}$ti$^{22}$ 弟兄

姊妹 tsi$^{33}$me$^{22}$

哥哥 ka$^{45}$ka$^{45}$

姐 ʈa$^{33}$ 嫂子

老弟 lau$^{11}$ti$^{22}$ 弟弟

老弟嫂 lau$^{11}$ti$^{22}$sau$^{33}$ 弟媳

姐姐 ʈa$^{33}$ʈa$^{33}$

姐夫 ʈa$^{33}$fu$^{45}$

□ ȵu$^{33}$ 妹妹

妹夫 me$^{22}$fu$^{45}$

房下的兄弟 fan$^{13}$xa$^{22}$ti$^{33}$fyan$^{45}$ti$^{22}$ 堂兄弟

老表 lau$^{11}$piau$^{33}$ 表兄弟

姊妹 tsi$^{33}$me$^{22}$ 妯娌

姨夫佬 i$^{13}$fu$^{45}$lau$^{11}$ 连襟

儿 ni13 儿子

　儿儿 ne44ne44

新妇 sən45fu22 儿媳妇

女 n̥u11 女儿

郎子 lan13tsi33 女婿

孙子 sən45tsi33

重孙 ȶoŋ13sən45 重孙子

侄儿子 tɕie44ni13tsi33 侄儿

外甥 uai22sən45

外孙 uai22sən45

两口老 liaŋ11kʰou33lau11 夫妻

男子家 nan13tsi33tɕia45 丈夫，叙称

屋入人 o44n̥io11n̥in13 妻子，叙称

名 min13 名字

□名 lia44min 绰号

## 十　农工商文

捞工 lau45koŋ45 干活儿

事 sɿ22 事情

插田 tsʰa11tin13 插秧

割谷 ka11ko44 割稻

种菜 ȶoŋ44tsʰei44

犁 li13

锄头 su13tou13

苗镰 my13lin13 镰刀

把把 pa44pa44 刀斧等工具的把儿

担竿 tan44kan45 扁担

箩 la13 箩筐

筛 sai45 筛子

□ iu22 簸箕，一种有梁的农具

簸箕 pa44tɕi45 簸米用的簸箕

鸡公车 tɕi45koŋ45ȶʰa45 独轮车

滚子 kən11tsi33 旧式独轮车上的车盘

碓 te44

碓坑 te44kʰen45 碓臼

磨 ma22 石磨

年成 nin13ȶən13

走江湖人 tsou33tɕiaŋ45fu13 走江湖的

捞工 lau45koŋ45 打工

斧头 fu33tou13

钳子 tɕʰian13tsi33

起子 tɕʰi33tsi33 螺丝刀

锤 tɕy13 锤子

钉 tin45 钉子

*索 so11 古语词

棍 kuən44 棍子

做生意 tsu44sen45i44 做买卖

铺子 pʰu44tsi33 商店

馆子 kuan33tsi33 饭馆

歇铺 ɕie11pʰu44 旅馆

贵 tɕy44

便宜 pian13ni22

划得来 fa13te44lei13 合算

折扣 tɕie11tɕʰiou44

亏本 tɕʰy45pən33

钱 tsin13

零钱 lin13tsin13

毫子 xau13tsi33 硬币

本钱 pən33tsin13

工钱 koŋ45tsin13

路费 lu22fei44 盘缠

用 ioŋ22 花：～钱

赚 ȶuan44

赚 ȶuan44 挣：～钱

欠 tsʰin44

算盘 suan$^{44}$pan$^{13}$

秤 ȶ$^{h}$ən$^{44}$

称 ȶ$^{h}$ən$^{45}$ 称重

赶场 kan$^{33}$ȶan$^{13}$ 赶集

场上 ȶan$^{13}$ɕiaŋ$^{22}$ 集市

学堂 xo$^{11}$tan$^{13}$ 学校

学堂屋 xo$^{11}$tan$^{13}$o$^{44}$ 教室

读书 to$^{11}$fy$^{45}$ 上学

散学 san$^{44}$xo$^{11}$ 放学

考试 k$^{h}$au$^{33}$sʅ$^{45}$

书袋 fy$^{45}$tei$^{22}$ 书包

本子 pən$^{33}$tsi$^{33}$ 簿子

铅笔 ian$^{13}$pie$^{44}$

钢笔 kan$^{45}$pie$^{44}$

圆子笔 ian$^{13}$tsi$^{33}$pie$^{44}$ 圆珠笔

毛笔 mau$^{13}$pie$^{44}$

墨 me$^{11}$

墨盘 me$^{11}$pan$^{13}$ 砚台

信 sən$^{44}$

花书 fya$^{45}$fy$^{45}$ 连环画

*做藏人角 tsu$^{44}$tsan$^{13}$ȵin$^{13}$ko$^{11}$ 民俗文化词

跳绳 t$^{h}$y$^{44}$sən$^{13}$

鸡毛球 tɕi$^{45}$mau$^{13}$ȶu$^{13}$ 毽子

　燕子 in$^{44}$tsi$^{33}$

风筝 xoŋ$^{45}$tən$^{45}$

跳狮子 t$^{h}$y$^{44}$ɕi$^{45}$tsi$^{33}$ 舞狮

纸炮 tɕi$^{33}$p$^{h}$y$^{44}$ 鞭炮

唱歌 ȶ$^{h}$an$^{44}$ka$^{45}$

唱戏 ȶ$^{h}$an$^{44}$ɕi$^{44}$ 演戏

锣鼓 la$^{13}$ku$^{33}$

胡琴 fu$^{13}$ȶən$^{13}$ 二胡

笛 tie$^{11}$ 笛子

划拳 fya$^{22}$tɕyan$^{13}$

动棋 toŋ$^{22}$tɕi$^{13}$ 下棋

打牌 ta$^{33}$pie$^{13}$ 打扑克

打麻将 ta$^{33}$ma$^{13}$tɕiaŋ$^{45}$

耍把戏 sa$^{33}$pia$^{33}$ɕi$^{44}$ 变魔术

款古 k$^{h}$uan$^{33}$ku$^{33}$ 讲故事

猜白字 ts$^{h}$e$^{45}$pe$^{11}$tsi$^{22}$ 猜谜语

咍 xei$^{45}$ 玩

*徭家 sau$^{45}$tɕia$^{45}$ 特别词

行家 xen$^{13}$tɕia$^{45}$ 走亲戚

## 十一　动作行为

*望 man$^{22}$ 特别词

听 t$^{h}$in$^{44}$

□ ȵu$^{44}$ 闻、嗅

嗦 so$^{11}$ 吸：～气

开 k$^{h}$ei$^{45}$ 睁

闭 pi$^{44}$ ～眼

眨 tsa$^{11}$

开 k$^{h}$ei$^{45}$ 张开

闭 pi$^{44}$ ～嘴

咬 ȵiau$^{11}$

咬 niau$^{11}$ 嚼：～肉

吞 t$^{h}$ən$^{45}$

□ lia$^{13}$ 舔

含 xan$^{45}$

　□ ən$^{45}$

打啵 ta$^{33}$pu$^{45}$ 亲嘴

嘬 tso$^{11}$ 吮吸

吐 t$^{h}$y$^{44}$ ～痰

呕 ou$^{33}$ 呕吐

打喷雀 ta$^{33}$p$^{h}$ən$^{44}$tɕ$^{h}$io$^{11}$ 打喷嚏

捞 lau$^{45}$ 拿
散 san$^{44}$ 给，动词
摸 mo$^{45}$
抻 tsʰən$^{45}$ 伸：～手
□ȶou$^{45}$ 挠：～痒
掐 tɕʰia$^{11}$
扭 ȵiu$^{44}$ 拧：～螺丝
　　㪷 tɕiu$^{44}$
扭 ȵiu$^{44}$ 拧：～毛巾
捻 nin$^{11}$
扳 pian$^{45}$ 掰：～开
剥 po$^{11}$
撕 si$^{45}$
抈 ye$^{11}$ 折断
扯 ȶʰa$^{33}$ 拔
* 取 tsʰu$^{33}$ 特别词
* 立 lie$^{11}$ 古语词
伴 pən$^{22}$ 倚
□ȵoŋ$^{45}$ 蹲
坐 tsa$^{22}$
跳 tʰy$^{44}$
□lia$^{44}$ 跨、迈
踩 tsʰai$^{33}$
翘 tɕʰy$^{44}$
弯 yan$^{45}$ ～腰
抻 tsʰən$^{45}$ 挺、伸：～腰
仆 pʰo$^{44}$ 趴
□tɕia$^{13}$ 爬
* 行 xen$^{13}$ 古语词
* 走 tsou$^{33}$ 古语词
走 tsou$^{33}$ 逃跑
围 ʋi$^{13}$ 追赶

捉 tso$^{11}$ 抓
抱 pau$^{22}$
□mei$^{33}$ 背：～东西
扶 fu$^{13}$ 搀扶
□tsʰoŋ$^{33}$ 推
跸 pen$^{22}$ 跌倒
□tən$^{44}$ 撞：～车
拦 lan$^{13}$ 挡
躲 to$^{33}$
藏 tsan$^{13}$
放 fan$^{44}$
托 tʰo$^{44}$ 摞
□oŋ$^{45}$ 埋
遮 ȶa$^{45}$ 盖
压 a$^{11}$
揞 ən$^{44}$
□ȵo$^{44}$ 捅：～鸟窠
插 tsʰa$^{11}$
戳 tsʰo$^{11}$
斫 ȶa$^{11}$ 砍：～树
斫 ȶa$^{11}$ 剁：～辣椒
削 su$^{45}$
开坼 kʰei$^{45}$tsʰe$^{11}$ 裂开
□ȵioŋ$^{44}$ 皱
烂 lan$^{22}$ 腐烂
抹 ma$^{11}$ 擦：～手
倒 tau$^{44}$ ～水
射 ɕia$^{22}$ 扔掉
打 ta$^{33}$ 扔、投掷
跌落 ta$^{44}$la$^{11}$ 掉：钱～了
滴 tie$^{11}$
跌落 ta$^{44}$la$^{11}$ 丢：钥匙～了

寻 sən$^{13}$

拾 ɕie$^{11}$ 捡

掂 tiaŋ$^{45}$ 提

担 tan$^{45}$ 挑：～担子

□ xən$^{33}$ 扛

抬 tei$^{13}$

举 tɕy$^{33}$

打 ta$^{33}$ 撑：～伞

撬 tɕy$^{22}$

选 suan$^{33}$ 挑、选

收拾 ɕiu$^{45}$ɕie$^{11}$

卷 tɕyan$^{33}$ 挽：～袖子

□ lan$^{33}$ 涮洗

洗 se$^{33}$

捞 lau$^{13}$ 捞捕：～鱼

绹 tau$^{13}$ 拴：～牛

缚 fa$^{11}$ 捆

解 tɕie$^{33}$ 解开

□ t$^{h}$oŋ$^{33}$ 挪

端 tuan$^{45}$

跰 pen$^{22}$ 摔：～碗

掺 ts$^{h}$an$^{45}$

烧 ɕy$^{45}$

拆 ts$^{h}$e$^{11}$

旋 suan$^{22}$ 转圈

□ ȶ$^{h}$o$^{44}$ 拳头用力向下捶击

打 ta$^{33}$

打架 ta$^{33}$tɕia$^{44}$

歇气 ɕie$^{11}$tɕ$^{h}$i$^{44}$ 休息

*扯懒口 ȶ$^{h}$a$^{33}$lan$^{11}$k$^{h}$ou$^{33}$ 特别词

要打撑 y$^{44}$ta$^{33}$ts$^{h}$uan$^{45}$ 打瞌睡

*卧 ua$^{22}$ 古语词

扯蒲鼾 ȶ$^{h}$a$^{33}$pu$^{13}$xan$^{22}$ 打鼾

做梦 tsu$^{44}$moŋ$^{22}$

起来 tɕ$^{h}$i$^{33}$lei$^{13}$ 起床

擦牙齿 ts$^{h}$a$^{11}$ȵia$^{13}$tɕ$^{h}$i$^{33}$ 刷牙

洗澡 se$^{33}$tsau$^{33}$

想 ɕiaŋ$^{33}$ 思索

想 ɕiaŋ$^{33}$ 想念

打算 ta$^{33}$suan$^{44}$

记得到 tɕi$^{44}$te$^{44}$tau$^{44}$ 记得

忘记 man$^{22}$tɕi$^{44}$

怕 p$^{h}$ia$^{44}$

相信 ɕiaŋ$^{45}$sən$^{44}$

愁 tsou$^{13}$ 发愁

　忧 iu$^{45}$

好心儿 xau$^{33}$sən$^{45}$ni$^{44}$ 小心：过马路～

爱 ei$^{44}$ 喜欢：～看电视

有爱 mo$^{22}$ei$^{44}$ 讨厌

快活 tɕ$^{h}$ie$^{44}$xo$^{11}$ 舒服

有快活 mo$^{22}$tɕ$^{h}$ie$^{44}$xo$^{11}$ 生理的难受

有快活 mo$^{22}$tɕ$^{h}$ie$^{44}$xo$^{11}$ 心理的难过

欢喜 k$^{h}$uan$^{45}$tɕ$^{h}$i$^{33}$ 高兴

惹火 ȵa$^{11}$fa$^{33}$ 生气

　气火 tɕ$^{h}$i$^{44}$fa$^{33}$

怪 tɕie$^{44}$ 责怪

后悔 xou$^{22}$fe$^{33}$

有服劲 mo$^{22}$xo$^{11}$ȶən$^{44}$ ①忌妒；②不服气

怕□糊 p$^{h}$ia$^{44}$e$^{45}$fu$^{13}$ 害羞

出洋相 ȶ$^{h}$o$^{44}$iaŋ$^{13}$ɕiaŋ$^{44}$ 丢脸

□ ȶ$^{h}$a$^{45}$ 欺负

装 tsuan$^{45}$ 假装

心痛 sən$^{45}$t$^{h}$oŋ$^{44}$ 疼爱

要 y$^{44}$

有 iu$^{11}$

冇得 mo$^{22}$te$^{44}$ 没有

是 ɕi$^{22}$

冇是 mo$^{22}$ɕi$^{22}$ 不是

在 tsei$^{22}$

　跟 kən$^{45}$

冇在 mo$^{22}$tsei$^{22}$ 不在

晓得 ɕy$^{33}$te$^{44}$ 知道

冇晓得 mo$^{22}$ɕy$^{33}$te$^{44}$ 不知道

*明 min$^{13}$ 特别词

冇明 mo$^{22}$min$^{13}$ 不懂

会 fe$^{22}$：～开车

冇会 mo$^{22}$fe$^{22}$ 不会

认得着 ȵin$^{22}$te$^{44}$tɕie$^{44}$ 认识

冇认得着 mo$^{22}$ȵin$^{22}$te$^{44}$tɕie$^{44}$ 不认识

要得 y$^{44}$te$^{44}$ 行，应答语

　好 xau$^{33}$

不行 pu$^{44}$ɕin$^{13}$ 应答语

肯 k$^{h}$ən$^{33}$

应该 in$^{44}$kei$^{45}$

可以 k$^{h}$o$^{11}$i$^{11}$

讲 kan$^{33}$ 说

话 ʋya$^{22}$

款□□ k$^{h}$uan$^{33}$kua$^{11}$ta$^{11}$ 聊天儿

喊 xan$^{33}$ 叫：～他一声

哭 k$^{h}$o$^{44}$

骂 mia$^{22}$

争架子 tsen$^{45}$tɕia$^{44}$tsi$^{33}$ 吵架

　相争 ɕiaŋ$^{45}$tsen$^{45}$

骗 p$^{h}$ian$^{44}$

　哄 xoŋ$^{33}$

□ lo$^{11}$ 哄：～小孩

扯谎 ȶ$^{h}$a$^{33}$fan$^{33}$ 撒谎

放大炮 fan$^{44}$tai$^{22}$p$^{h}$y$^{44}$ 吹牛

捧大卵泡 p$^{h}$oŋ$^{33}$tai$^{22}$luan$^{11}$p$^{h}$au$^{45}$ 拍马屁

讲白□ kan$^{33}$pe$^{11}$lau$^{45}$ 开玩笑

　开玩笑 k$^{h}$ei$^{45}$uan$^{13}$ɕy$^{44}$

报 po$^{44}$ 告诉

难为你 nan$^{13}$ʋi$^{13}$ni$^{11}$ 谢谢

得罪你 te$^{44}$tse$^{22}$ni$^{11}$ 对不起

冇隔久又来啊 mo$^{22}$ke$^{44}$ȶu$^{33}$iu$^{22}$lei$^{13}$a$^{11}$ 再见、再来啊

## 十二　性质状态

大 tai$^{22}$

儿 ne$^{44}$ 小

粗 ts$^{h}$u$^{45}$

细 se$^{44}$

长 ȶan$^{13}$ 线～

短 tuan$^{33}$ 线～

久 ȶu$^{33}$ 时间～

短 tuan$^{33}$ 时间～

阔 k$^{h}$ua$^{11}$ 宽：路～

阔 k$^{h}$ua$^{11}$ 宽敞

窄 tse$^{11}$

高 kau$^{45}$ 飞得～

低 ti$^{45}$ 飞得～

高 kau$^{45}$ 你比我～

低 ti$^{45}$ 矮

远 ʋyn$^{11}$

近 ȶən$^{22}$

深 ɕin$^{45}$

浅 ts$^{h}$in$^{33}$

清 ts$^{h}$in$^{45}$

浓 ȵoŋ$^{13}$ 浑

　浊 tso$^{11}$

圆 tɕyan$^{13}$

瘪 pie$^{33}$ 扁

四方 si$^{44}$fan$^{45}$ 方

尖 tsin$^{45}$

平 pin$^{13}$

肥 fi$^{13}$ 肉～

腈 tsin$^{45}$ 瘦：肉～

肥 fi$^{13}$ 猪～

肥 fi$^{13}$ 胖：人～

瘦 sou$^{44}$

黑 xa$^{44}$

白 pe$^{11}$

红 xoŋ$^{13}$

黄 uan$^{13}$

蓝 lan$^{13}$

绿 lio$^{11}$

乌 u$^{55}$ 紫

　老红 lau$^{11}$xoŋ$^{13}$

灰 fe$^{45}$ 灰色

多 ta$^{45}$

少 ɕy$^{33}$

重 ʈoŋ$^{22}$

轻 tɕ$^{h}$in$^{45}$

直 tɕie$^{11}$ 路～

陡 tou$^{33}$

弯 yan$^{45}$ 路～

偏 p$^{h}$in$^{45}$ 歪

厚 xou$^{22}$

薄 po$^{11}$

浓 ȵoŋ$^{13}$ 稠：粥～

稀 ɕi$^{45}$ 粥～

厚 xou$^{22}$ 密：菜种得～

稀 ɕi$^{45}$ 稀疏：菜种得～

光 kuan$^{45}$ 光线明亮

黑 xa$^{44}$ 光线极暗

*炬 ou$^{44}$ 古语词

暖和 nuan$^{11}$xo$^{33}$

凉快 liaŋ$^{13}$tɕ$^{h}$ie$^{44}$

冷 len$^{11}$ 天气～

爀 lai$^{44}$ 热：水～

清 tsin$^{44}$ 凉：水～

干 kan$^{45}$ 干燥

沃湿 ua$^{44}$ɕie$^{44}$ 湿

干净 kan$^{45}$tsin$^{22}$

沃 ua$^{44}$ 不干净、脏

利 li$^{22}$ 快：刀～

钝 tən$^{22}$

快 tɕ$^{h}$ie$^{44}$

慢 mian$^{22}$

早 tsau$^{33}$

迟 tɕi$^{13}$ 晚：来～了

夜 ia$^{22}$ 晚：天～了

松 soŋ$^{45}$

紧 ʈən$^{33}$

容易 ioŋ$^{13}$i$^{22}$

难 nan$^{13}$

新 sən$^{45}$

旧 ʈu$^{22}$

老 lau$^{11}$ 人～

年轻 ȵin$^{13}$tɕ$^{h}$in$^{45}$

□ noŋ$^{44}$ 软：糖很～

硬 ŋen$^{22}$ 骨头～

□ noŋ$^{44}$ 烂：肉煮得～
焦 tɕy$^{45}$ 糊：饭～了
扎实 tsa$^{11}$ɕie$^{11}$ 结实
烂 lan$^{22}$ 破：衣～了
有钱 iu$^{11}$tsin$^{13}$ ①富裕；②有钱
穷 ȶoŋ$^{13}$
忙 man$^{13}$
得空 te$^{44}$k$^{h}$oŋ$^{44}$ 空闲
□ ma$^{22}$ 累
　□ mei$^{45}$
痛 t$^{h}$oŋ$^{44}$ 疼痛
痒 iaŋ$^{11}$
闹热 lau$^{22}$ȵie$^{11}$ 热闹
熟 ɕio$^{11}$ 熟悉
生 sen$^{45}$ 陌生
味道 ʋi$^{22}$tau$^{22}$
气味 tɕ$^{h}$i$^{44}$ʋi$^{22}$
咸 xan$^{13}$/ɕian$^{13}$
淡 tan$^{22}$
酸 suan$^{45}$
甜 tin$^{13}$
苦 k$^{h}$u$^{33}$
辣 la$^{11}$
新鲜 sən$^{45}$sin$^{45}$ 鲜：鱼汤～
香 ɕiaŋ$^{45}$
臭 ȶ$^{h}$u$^{44}$
馊 sou$^{45}$
腥 sin$^{45}$
好 xau$^{33}$
坏 ʋye$^{22}$
差 ts$^{h}$a$^{45}$ 差：质量～
对 te$^{44}$
错 ts$^{h}$o$^{44}$
好个 xau$^{33}$ka$^{44}$ 漂亮
□糊 e$^{45}$fu$^{13}$ 丑
勤勤 ȶən$^{13}$ȶən$^{13}$ 勤快
懒 lan$^{11}$
乖 tɕie$^{45}$
调皮 t$^{h}$y$^{44}$pi$^{13}$ 顽皮
老实 lau$^{11}$ɕie$^{11}$
□ ŋan$^{44}$ 傻
□ ɕin$^{22}$ 笨
大方 tai$^{22}$fan$^{45}$
*悭 tɕ$^{h}$ian$^{45}$ 古语词
直套 tɕie$^{11}$t$^{h}$au$^{44}$ 直爽
拗 ŋau$^{44}$ 犟
　犟 tɕiaŋ$^{22}$

## 十三　数量

一 ie$^{44}$
二 ni$^{22}$
三 san$^{45}$
四 si$^{44}$
五 oŋ$^{11}$
六 lio$^{11}$
七 ts$^{h}$e$^{44}$
八 pia$^{11}$
九 ȶu$^{33}$
十 ɕie$^{11}$
二十 ni$^{22}$ɕie$^{11}$
三十 san$^{45}$ɕie$^{11}$
一百 ie$^{44}$pe$^{11}$
一千 ie$^{44}$ts$^{h}$in$^{45}$
一万 ie$^{44}$ʋyan$^{22}$
一百零五 ie$^{44}$pe$^{11}$lin$^{13}$oŋ$^{11}$

一百五十 ie$^{44}$pe$^{11}$oŋ$^{11}$çie$^{11}$

第一 ti$^{22}$ie$^{44}$

二两 ni$^{22}$liaŋ$^{11}$

几个 tçi$^{33}$ka$^{44}$

两个 liaŋ$^{11}$ka$^{44}$ 俩

三个 san$^{45}$ka$^{44}$ 仨

个把儿 ka$^{44}$pia$^{33}$ni$^{44}$ 个把

个 ka$^{44}$ 一～人

皮 pi$^{13}$ 匹：一～马

个 ka$^{44}$ 头：一～牛

个 ka$^{44}$ 头：一～猪

个 ka$^{44}$ 条：一～狗

个 ka$^{44}$ 只：一～鸡

个 ka$^{44}$ 只：一～蚊子

个 ka$^{44}$ 一～鱼

条 ty$^{13}$ 一～蛇

张 ȶan$^{45}$ 一～嘴

张 ȶan$^{45}$ 一～桌子

床 suan$^{13}$ 一～被子

床 suan$^{13}$ 领：一～席子

双 suan$^{45}$ 一～鞋

张 ȶan$^{45}$ 把：一～刀

把 pia$^{33}$ 一～锁

条 ty$^{13}$ 根：一～绳子

支 tçi$^{45}$ 支：一～毛笔

副 fu$^{44}$ 一～眼镜

丝 si$^{45}$ 面：一～镜子

砣 to$^{13}$ 块：一～香皂

□ȶan$^{44}$ 辆：一～车

重 ȶoŋ$^{13}$ 座：一～房子

座 tsa$^{22}$ 一～桥

条 ty$^{13}$ 一～河

条 ty$^{13}$ 一～路

蔸 tou$^{45}$ 棵：一～树

朵 tia$^{33}$ 一～花

颗 k$^{h}$ua$^{33}$ 一～珠子

颗 k$^{h}$ua$^{33}$ 粒：一～米

餐 ts$^{h}$an$^{45}$ 顿：一～饭

副 fu$^{44}$ 剂：一～药

股 ku$^{33}$ 一～香味

行 xan$^{13}$ 一～字

块 tç$^{h}$ie$^{44}$ 一～钱

角 ȶa$^{11}$ 毛：一～钱

样 iaŋ$^{22}$ 一～事

儿 ne$^{44}$ 点儿：一～东西

儿 ni$^{44}$

好 xau$^{33}$ 些：一～东西

下 xa$^{22}$ 打一～

□t$^{h}$i$^{44}$ 一会儿：坐了一～

顿 tən$^{44}$ 打一～

管 kuan$^{33}$ 阵：下了一～雨

趟 t$^{h}$an$^{44}$ 去了一～

## 十四　代副介连词

我 ŋa$^{11}$

你 ni$^{11}$

伊 i$^{44}$ 他

□uən$^{13}$ 我们，不包括听话人

□uən$^{13}$ 咱们，包括听话人

□no$^{13}$ 你们

他 t$^{h}$a$^{44}$ 他们

大子家 tai$^{22}$tsi$^{33}$tçia$^{45}$ 大家

自家 tsi$^{22}$tçia$^{45}$ 自己

别个 pie$^{11}$ka$^{44}$ 别人

□爷uən$^{13}$ia$^{45}$我爸
□爷no$^{13}$ia$^{45}$你爸
他爷t$^{h}$a$^{44}$ia$^{45}$他爸
个箇ka$^{44}$kei$^{44}$这个
个□ka$^{44}$ȶa$^{44}$那个
个□ka$^{44}$nu$^{45}$哪个
个□ka$^{44}$nu$^{45}$谁
里箇li$^{33}$kei$^{44}$这里
里□li$^{33}$ȶa$^{44}$那里
□nu$^{45}$哪里
箇个kei$^{44}$ka$^{33}$这样
□个ȶa$^{44}$ka$^{33}$那样
□个nu$^{45}$ka$^{44}$怎样
箇kei$^{44}$这么：～贵啊
□个nu$^{45}$ka$^{44}$怎么：字～写
□哩mən$^{44}$li$^{33}$什么：写的～字
□哩mən$^{44}$li$^{33}$什么：你讲～
做□哩tsu$^{44}$mən$^{44}$li$^{33}$为什么：你～去
做□哩tsu$^{44}$mən$^{44}$li$^{33}$干什么：你在～
好多xau$^{33}$ta$^{45}$多少：有～人
蛮man$^{13}$很
□ȵian$^{45}$非常：热得～
还要xai$^{13}$y$^{44}$更：后日～热
太t$^{h}$e$^{44}$
最tsei$^{44}$
□to$^{44}$都
一共ie$^{44}$koŋ$^{45}$
　总共tsoŋ$^{33}$koŋ$^{45}$
　一下ie$^{44}$xa$^{22}$
做路tsou$^{44}$lu$^{22}$一起：我跟你～去
只tɕi$^{45}$～去过一趟
恰恰k$^{h}$a$^{11}$k$^{h}$a$^{11}$刚：～好
*刻间k$^{h}$a$^{11}$tɕin$^{45}$特别词
刻间k$^{h}$a$^{11}$tɕin$^{45}$才：～来
就tsu$^{22}$我吃了饭～去
□□xa$^{11}$xa$^{11}$经常：我～去
又iu$^{22}$他～来了
还xai$^{13}$～冇回去
又iu$^{22}$再
也ia$^{11}$我～要去
反正fan$^{33}$tsən$^{44}$～还来得及
冇mo$^{22}$没有：我～去
冇mo$^{22}$不：我～去
莫ma$^{11}$别：你～去
不用pu$^{44}$ioŋ$^{22}$甭：你～客气
要y$^{44}$快：天～亮了
差儿ts$^{h}$a$^{45}$ni$^{44}$差点儿
愿ȵuan$^{22}$宁可
□意pai$^{45}$i$^{44}$故意
随得tsei$^{13}$te$^{44}$随便
冤枉yan$^{45}$uan$^{11}$白：～去一趟
硬ŋen$^{22}$肯定：～是你做的
估计ku$^{45}$tɕi$^{44}$可能
一边ie$^{44}$pin$^{45}$
□tɕ$^{h}$iau$^{44}$和，连词
□ȶ$^{h}$au$^{44}$和，介词
对te$^{44}$～我好
朝tɕy$^{13}$～东走
跟kən$^{45}$～你借书
照tɕy$^{44}$～你讲的做
替t$^{h}$i$^{44}$～老王写信
要是y$^{44}$ɕi$^{22}$如果：～忙你就莫来了
随得tsei$^{13}$te$^{44}$不管：～你去冇去，反正我要去

# 第二节

# 《汉语方言词语调查条目表》

湖南通道本地话分类词表按下面的次序排列：

| | | |
|---|---|---|
| 一　天文 | 十一　身体 | 二十一　文体活动 |
| 二　地理 | 十二　疾病　医疗 | 二十二　动作 |
| 三　时令　时间 | 十三　衣服　穿戴 | 二十三　位置 |
| 四　农业 | 十四　饮食 | 二十四　代词等 |
| 五　植物 | 十五　红白大事 | 二十五　形容词 |
| 六　动物 | 十六　日常生活 | 二十六　副词　介词等 |
| 七　房舍 | 十七　讼事 | 二十七　量词 |
| 八　器具　用品 | 十八　交际 | 二十八　附加成分等 |
| 九　称谓 | 十九　商业　交通 | 二十九　数字 |
| 十　亲属 | 二十　文化教育 | 三十　其他 |

## 一　天文

天 t$^{h}$in$^{45}$

日头底下 ȵie$^{11}$tou$^{13}$ti$^{33}$xa$^{22}$ 太阳照到的地方

日头出来 ȵie$^{11}$tou$^{13}$ȶ$^{h}$o$^{44}$lei$^{13}$ 日出

日头落坡 ȵie$^{11}$tou$^{13}$la$^{22}$p$^{h}$a$^{45}$ 日落

背阴 pe$^{22}$in$^{45}$ 太阳照不到的地方

当阳 tan$^{45}$iaŋ$^{13}$ 向阳

光 kuan$^{45}$ 阳光

月光底下 ȵie$^{11}$kuan$^{45}$ti$^{33}$xa$^{22}$ 月亮地儿

月光勾勾 ȵie$^{11}$kuan$^{45}$kou$^{45}$kou$^{13}$ 阴历初五初六时的月亮

月光打伞 ȵie$^{11}$kuan$^{45}$ta$^{33}$san$^{33}$ 月晕

北斗星 pe$^{44}$tou$^{33}$sin$^{45}$

* 五更星 oŋ$^{11}$ken$^{45}$sin$^{45}$ 特别词

* 火星 fa$^{33}$sin$^{45}$ 古语词

天河 tʰin$^{45}$xa$^{13}$ 银河

黑云 xa$^{44}$ʋyn$^{13}$ 乌云

红天 xoŋ$^{13}$tʰin$^{45}$ ①霞；②火烧云

从朝红天 tsoŋ$^{13}$tɕy$^{45}$xoŋ$^{13}$tʰin$^{45}$ 早霞

夜白红天 ia$^{22}$pe$^{11}$xoŋ$^{13}$tʰin$^{45}$ 晚霞

大风 tai$^{22}$xoŋ$^{45}$

好大的风 xau$^{33}$tai$^{22}$ti$^{33}$xoŋ$^{45}$ 狂风

儿风 ne$^{44}$xoŋ$^{45}$ 小风

好儿的风 xau$^{33}$ne$^{44}$ti$^{33}$xoŋ$^{45}$ 微风

旋旋风 suan$^{22}$suan$^{22}$xoŋ$^{45}$ 小的旋风

吹风 ȶʰu$^{45}$xoŋ$^{45}$ ①起风；②刮风

顺风 fyn$^{22}$xoŋ$^{45}$

斗风 tou$^{44}$xoŋ$^{45}$ 逆风、顶风

抬头风 tei$^{13}$tou$^{13}$xoŋ$^{45}$ 迎头风

风停了 xoŋ$^{45}$tin$^{13}$le$^{11}$

打火闪 ta$^{33}$fa$^{33}$ɕin$^{33}$ 闪电，动宾短语

　扯火闪 ȶʰa$^{33}$fa$^{33}$ɕin$^{33}$

雷公 le$^{13}$koŋ$^{45}$

打雷 ta$^{33}$le$^{13}$

着雷打了 tɕie$^{11}$le$^{13}$ta$^{33}$le$^{11}$ 被雷打了

炸雷 tsa$^{44}$le$^{13}$ 很响的雷

打炸雷 ta$^{33}$tsa$^{44}$le$^{13}$ 打响雷

儿雨 ne$^{44}$u$^{11}$ 小雨

大雨 tai$^{22}$u$^{11}$

*铳头雨 ȶʰoŋ$^{44}$tou$^{13}$u$^{11}$ 特别词

毛毛雨 mau$^{13}$mau$^{33}$u$^{11}$

对时雨 te$^{44}$ɕi$^{13}$u$^{11}$ 夏末秋初时每天差不多会在同一时间下的雨

夜雨 ia$^{22}$u$^{11}$ 梨花开的时候的一种季节性降水，一般晚上下雨白天停

日日落雨 ȵie$^{44}$ȵie$^{44}$la$^{11}$u$^{11}$ 连阴雨

淋雨 lin$^{13}$u$^{11}$

停雨 tin$^{13}$u$^{11}$

落雪 la$^{11}$so$^{11}$ 下雪

*米头牯 mi$^{11}$tou$^{13}$ku$^{33}$ 特别词

铺雪 pʰu$^{45}$so$^{11}$ 鹅毛雪

掺雨掺雪 tsʰan$^{45}$u$^{11}$tsʰan$^{45}$so$^{11}$ 雨夹雪

融雪 ioŋ$^{13}$so$^{11}$

构子 kou$^{44}$tsi$^{33}$ ①冰；②冰凌

　雪构子 so$^{11}$kou$^{44}$tsi$^{33}$

构 kou$^{44}$ 结冰

狗牙齿 kou$^{33}$ȵia$^{13}$tɕʰi$^{33}$ 地上的冰凌，通常会把土层表面顶起来，呈茅草状。

打霜 ta$^{33}$suan$^{45}$

起露 tɕʰi$^{33}$lu$^{22}$ 上露

　起露水 tɕʰi$^{33}$lu$^{22}$fy$^{33}$

回润 fe$^{13}$ʋyn$^{22}$ 春天地面或物品变得潮湿

罩子 tsau$^{44}$tsi$^{33}$ 早上的雾

起雾 tɕʰi$^{33}$u$^{22}$

地震 ti$^{22}$ȶən$^{44}$

干 kan$^{45}$ 天旱

涨大水 ȶan$^{33}$tai$^{22}$fy$^{33}$ 发大水

天好 tʰin$^{45}$xau$^{33}$ 晴天

阴天 in$^{45}$tʰin$^{45}$

落雨天 la$^{11}$u$^{11}$tʰin$^{45}$ 雨天

开日头 kʰei$^{45}$ȵie$^{11}$tou$^{13}$ 放晴

伏天 xo$^{11}$tʰin$^{45}$

入伏 ȵo$^{11}$xo$^{11}$

出伏 ȶʰo$^{44}$xo$^{11}$

## 二　地理

平地 pin$^{13}$ti$^{22}$

坡角角 pʰa$^{45}$ko$^{11}$ko$^{11}$ ①山区；②山角落

荒地 fan$^{45}$ti$^{22}$

田段tin$^{13}$tuan$^{22}$平地种稻子的地方

土t$^{h}$u$^{33}$干土

烂泥lan$^{22}$ni$^{13}$稀泥

动沉湖toŋ$^{22}$tin$^{13}$fu$^{13}$容易陷进去的烂泥地

田地tin$^{13}$ti$^{22}$庄稼地

水田fy$^{33}$tin$^{13}$水稻田

菜地ts$^{h}$ei$^{44}$ti$^{22}$菜土

地下头ti$^{22}$xa$^{22}$tou$^{13}$地上

*坡p$^{h}$a$^{45}$特别词

坡头p$^{h}$a$^{45}$tou$^{13}$山顶

梁liaŋ$^{13}$山脊

坡脚下p$^{h}$a$^{45}$ȶa$^{11}$xa$^{22}$山脚

半坡上pan$^{44}$p$^{h}$a$^{45}$ɕiaŋ$^{22}$山腰

坳上y$^{44}$ɕiaŋ$^{22}$山坳

上坡ɕiaŋ$^{22}$p$^{h}$a$^{45}$上山

下坡xa$^{22}$p$^{h}$a$^{45}$下山

*峒峒toŋ$^{22}$toŋ$^{22}$特别词

□pia$^{45}$山崖

洞toŋ$^{22}$

冲壕ȶ$^{h}$oŋ$^{45}$xau$^{13}$夹在两山之间的水沟

壕xau$^{13}$壕沟

井水tsin$^{33}$fy$^{33}$ ①井；②井水；③泉水

崖浆水ȵie$^{13}$ȶan$^{45}$fy$^{33}$石缝中渗透出来的水

溪水tɕ$^{h}$i$^{45}$fy$^{33}$

清水ts$^{h}$in$^{45}$fy$^{33}$

浓水ȵoŋ$^{13}$fy$^{33}$浑水、浊水

温懒水uən$^{45}$lai$^{44}$fy$^{33}$温水

河xo$^{13}$江河

江kan$^{45}$江河。本地话中“江”与“河”基本没什么区别，通道境内的水系有的叫“河”，有的叫“江”，有的同一水系有双名，如“双江”也叫“洋溪河”。

江下kan$^{45}$xa$^{22}$河里

塘基tan$^{13}$tɕi$^{45}$池塘岸

圳ȶən$^{44}$ ①用来灌溉稻田的自然水道；②渠水

圳塝ȶən$^{44}$k$^{h}$uan$^{44}$圳堤

渡槽tu$^{22}$tɕy$^{13}$架在空中的水渠

海xei$^{33}$

壕xau$^{13}$ ①水沟；②屋前屋后的排水沟

深潭潭ɕin$^{45}$tan$^{13}$tan$^{33}$深的天然的潭

流ly$^{13}$

浮fu$^{13}$

岸上ŋan$^{22}$ɕiaŋ$^{22}$自然形成的河堤

江基kan$^{45}$tɕi$^{45}$人工修建的河堤

滩t$^{h}$an$^{45}$河滩

岛tau$^{33}$湖中近似圆形的陆地

中间沙□ȶoŋ$^{45}$ȶan$^{45}$sa$^{45}$pia$^{11}$江中的长条状的陆地

滩t$^{h}$an$^{45}$

坼路ts$^{h}$e$^{11}$lu$^{22}$尚未裂开的裂纹

缝xoŋ$^{22}$裂开的缝儿

崖巴ȵie$^{13}$pia$^{45}$岩石

大崖tai$^{22}$ȵie$^{13}$大石块

儿崖ne$^{44}$ȵie$^{13}$小石块

崖子ȵie$^{11}$tsi$^{33}$小颗的石子儿

崖板ȵie$^{13}$pian$^{33}$石板

黄崖牯uan$^{13}$ȵie$^{13}$ku$^{33}$鹅卵石

土堆t$^{h}$u$^{33}$te$^{45}$

烂泥砣lan$^{22}$ni$^{13}$to$^{13}$土块儿

黄土uan$^{13}$t$^{h}$u$^{33}$

沙土sa$^{45}$t$^{h}$u$^{33}$

沙滩sa$^{45}$t$^{h}$an$^{45}$

水泥 fy$^{33}$ni$^{13}$

断砖 tuan$^{22}$tɕyan$^{45}$

　半截砖 pan$^{44}$tse$^{11}$tɕyan$^{45}$

红砖 xoŋ$^{13}$tɕyan$^{45}$

青砖 tsʰin$^{45}$tɕyan$^{45}$

土砖 tʰu$^{33}$tɕyan$^{45}$

砖坯子 tɕyan$^{45}$pʰe$^{45}$tsi$^{33}$ 砖坯

砖夹 tɕyan$^{45}$tɕia$^{11}$ 夹砖工具，过去通常是竹制的

砖模子 tɕyan$^{45}$mu$^{13}$tsi$^{33}$ 做砖坯用的匣子

烂瓦 lan$^{22}$ua$^{11}$ 碎瓦

青瓦 tsʰin$^{45}$ua$^{11}$ 老式的青瓦

亮瓦 liaŋ$^{22}$ua$^{11}$ 用来采光的玻璃瓦

琉璃瓦 liu$^{13}$li$^{13}$ ua$^{11}$

机子瓦 tɕi$^{45}$tsi$^{33}$ua$^{11}$ 机制瓦

砖窑 tɕyan$^{45}$y$^{13}$

　红砖窑 xoŋ$^{13}$tɕyan$^{45}$y$^{13}$

瓦窑 ua$^{11}$y$^{13}$

煤球 me$^{13}$ȶu$^{13}$

蜂窠煤 xoŋ$^{45}$kʰua$^{45}$me$^{13}$ 蜂窝煤

白炭 pe$^{11}$tʰan$^{44}$ 炭化的炭

火炭子 fa$^{33}$tʰan$^{44}$tsi$^{33}$ 木材燃烧后剩下的碎炭

生柴 sen$^{45}$sai$^{13}$ 湿柴

干柴 kan$^{45}$sai$^{13}$

地灰 ti$^{22}$fe$^{45}$ 柴火灰

草灰 tsʰau$^{33}$fe$^{45}$ 草木灰

木栋子 mo$^{11}$toŋ$^{44}$tsi$^{33}$ 木头

石灰 ɕie$^{11}$fe$^{45}$

*攋搽 la$^{11}$sa$^{11}$ 特别词

锅煤 kua$^{45}$me$^{45}$ 锅烟子

金子 ȶən$^{45}$tsi$^{33}$

银子 ȵin$^{13}$tsi$^{33}$

铜 toŋ$^{13}$

铁 tʰie$^{11}$

锡 se$^{11}$

玉 y$^{22}$

锈 ɕiu$^{44}$

生锈 sen$^{45}$ɕiu$^{44}$

锯木灰 tɕie$^{44}$mo$^{11}$fe$^{45}$

推口 tʰe$^{45}$kʰou$^{33}$ 刨皮屑

老家 lau$^{11}$tɕia$^{45}$ 家乡

街上 tɕie$^{45}$ɕiaŋ$^{22}$ 城市

城内 ȶən$^{13}$nei$^{22}$

城外 ȶən$^{13}$uai$^{22}$

城门 ȶən$^{13}$mən$^{13}$

城墙 ȶən$^{13}$ɕiaŋ$^{13}$

壕沟 xau$^{13}$kou$^{45}$

街 tɕie$^{45}$ 街道

大路 tai$^{22}$lu$^{22}$

儿路 ne$^{44}$lu$^{22}$ 小路

## 三　时令　时间

时间 ɕi$^{13}$tɕin$^{45}$

春天 ȶʰən$^{45}$tʰin$^{45}$

炡天 ou$^{44}$tʰin$^{45}$ 热天

秋天 tsʰu$^{45}$tʰin$^{45}$

　秋 tsʰu$^{45}$

冬天 toŋ$^{45}$tʰin$^{45}$

　冷天 len$^{11}$tʰin$^{45}$

交春 tɕiau$^{45}$ȶʰən$^{45}$ 立春

　立春 lie$^{11}$ȶʰən$^{45}$

雨水 u$^{11}$fy$^{33}$

惊蛰 ȶən$^{45}$tɕi$^{45}$

春分ȶʰən$^{45}$fən$^{45}$

谷雨ko$^{44}$u$^{11}$

立夏lie$^{11}$xa$^{22}$

小满ɕy$^{33}$man$^{11}$

芒种man$^{13}$ȶoŋ$^{44}$

夏至xa$^{22}$tɕi$^{44}$

儿暑ne$^{44}$tsʰu$^{33}$ 小暑

大暑tai$^{22}$tsʰu$^{33}$

交秋tɕiau$^{45}$tsʰu$^{45}$ 立秋

　立秋lie$^{11}$tsʰu$^{45}$

处暑tsʰu$^{45}$tsʰu$^{33}$

白露pe$^{11}$lu$^{22}$

秋分tsʰu$^{45}$fən$^{45}$

寒露xan$^{13}$lu$^{22}$

霜降suan$^{45}$kan$^{44}$

立冬lie$^{11}$toŋ$^{45}$

儿雪ne$^{44}$so$^{11}$ 小雪

大雪tai$^{22}$so$^{11}$

儿寒ne$^{44}$xan$^{13}$ 小寒

大寒tai$^{22}$xan$^{13}$

二八月ni$^{22}$pia$^{11}$ȵo$^{11}$ 春秋天的总称

历书lie$^{11}$fy$^{45}$

公历koŋ$^{45}$lie$^{11}$

大年三十tai$^{22}$nin$^{13}$san$^{45}$ɕie$^{11}$

*年更饭nin$^{13}$ken$^{45}$fyan$^{22}$ 特别词

拜年pie$^{44}$nin$^{13}$

社ɕia$^{22}$ 春社

三月三san$^{45}$ȵo$^{11}$san$^{45}$

六月六lio$^{11}$ȵo$^{11}$lio$^{11}$

七月初七tsʰe$^{44}$ȵo$^{11}$tsʰu$^{45}$tsʰe$^{44}$ 七月七

重阳节ȶoŋ$^{13}$iaŋ$^{13}$tse$^{11}$

十月初一ɕie$^{11}$ȵo$^{11}$tsʰu$^{45}$ie$^{44}$ 本地陆姓人祭祀祖先的节日

向前年ɕiaŋ$^{44}$tsin$^{13}$nin$^{45}$ 大前年

头几年tou$^{13}$tɕi$^{33}$nin$^{45}$ 前几年

尾后年mie$^{11}$xou$^{22}$nin$^{45}$ 大后年

上半年ɕiaŋ$^{22}$pan$^{44}$nin$^{45}$

下半年xa$^{22}$pan$^{44}$nin$^{45}$

一年□的ie$^{44}$nin$^{45}$kən$^{13}$ti$^{33}$ 一整年

月初ȵo$^{11}$tsʰu$^{45}$

月中间ȵo$^{11}$ȶoŋ$^{45}$ȶan$^{45}$

月底ȵo$^{11}$ti$^{33}$

初一十五tsʰu$^{45}$ie$^{44}$ɕie$^{11}$oŋ$^{11}$

闰月ʋyn$^{22}$ȵo$^{11}$

月大ȵo$^{11}$tai$^{22}$ 大建

月儿ȵo$^{11}$ne$^{44}$ 小建

一个月ie$^{44}$ka$^{44}$ȵo$^{11}$

个月箇ka$^{44}$ȵo$^{11}$kei$^{44}$ 这个月

上个月ɕiaŋ$^{22}$ka$^{44}$ȵo$^{11}$

下个月xa$^{22}$ka$^{44}$ȵo$^{11}$

每个月mei$^{11}$ka$^{44}$ȵo$^{11}$

上半个月ɕiaŋ$^{22}$pan$^{44}$ka$^{44}$ȵo$^{11}$ 上旬

下半个月xa$^{22}$pan$^{44}$ka$^{44}$ȵo$^{11}$ 下旬

日子ȵie$^{11}$tsi$^{33}$

过生活kua$^{44}$sən$^{45}$xo$^{11}$ 过日子

　过日子kua$^{44}$ȵie$^{11}$tsi$^{33}$

第二日ti$^{22}$ni$^{22}$ȵie$^{11}$

头几日tou$^{13}$tɕi$^{33}$ȵie$^{44}$ 前几天

天黑tʰin$^{45}$xa$^{44}$

清早tsʰin$^{45}$tsau$^{33}$

　早门朝tsau$^{33}$mən$^{13}$tɕy$^{45}$

通天光tʰoŋ$^{45}$tʰin$^{45}$kuan$^{45}$ 通宵

星期sin$^{45}$tɕi$^{13}$

时间ɕi$^{13}$kan$^{45}$

时候箇 ɕi$^{13}$xou$^{22}$kei$^{44}$ 现在，时间点，与“刚才”相对

原先 ȵuan$^{13}$sin$^{45}$ 原来

□□ tʰi$^{44}$ȶa$^{44}$ 从前

□背 ȶʰoŋ$^{44}$pe$^{44}$ 后来

儿□ ne$^{44}$tʰi$^{44}$ 小时候

细子时候 se$^{44}$tsi$^{33}$ɕi$^{13}$xou$^{22}$

年饭 nin$^{13}$fyan$^{22}$ 拜年饭，即新年里请亲戚朋友吃的第一顿饭

## 四　农业

做事 tsu$^{44}$si$^{22}$

做功夫 tsu$^{44}$koŋ$^{45}$fu$^{45}$

种田 ȶoŋ$^{44}$tin$^{13}$

春耕 ȶʰən$^{45}$kən$^{45}$

双抢 suan$^{45}$ȶʰan$^{33}$ 农历六七月间的早稻抢收和晚稻抢种

秋收 tsʰu$^{45}$ɕiu$^{45}$

犁田 li$^{13}$tin$^{13}$

耙田 pia$^{13}$tin$^{13}$

浸种 tsən$^{44}$ȶoŋ$^{33}$ 育种

□谷种 lia$^{11}$ko$^{44}$ȶoŋ$^{33}$ 播种

秧 iaŋ$^{45}$ 秧苗

扯秧 ȶʰa$^{33}$iaŋ$^{45}$ 拔秧

把牛 pia$^{33}$ŋou$^{13}$ 使唤牛耕地

□草 tɕʰia$^{33}$tsʰau$^{33}$ 锄草并顺带松土

薅田 xau$^{45}$tin$^{13}$ 给稻田除草，用脚踩田

挖土 ʋya$^{45}$tʰu$^{33}$

壅菜 ioŋ$^{45}$tsʰei$^{44}$ 给蔬菜施肥

壅蔸 ioŋ$^{45}$tou$^{45}$ 培土，在作物生长期中，把行间或株间的土培在作物茎的基部周围

谷 ko$^{44}$ ①稻子；②谷子

禾 ua$^{13}$ 糯稻

谷线 ko$^{44}$sin$^{44}$ 稻穗

禾蔸 ua$^{13}$tou$^{45}$ 禾苗

禾秆草 ua$^{13}$kan$^{33}$tsʰau$^{33}$ 干的稻草，过去在端午节做粽子时一般用这个烧成灰，来代替碱的功能

禾秆蔸 ua$^{13}$kan$^{33}$tou$^{45}$ 稻茬

割谷 ka$^{11}$ko$^{44}$ 割稻子

晒谷 sai$^{44}$ko$^{44}$

晒谷坪 sai$^{44}$ko$^{44}$pin$^{13}$

谷仓 ko$^{44}$tsʰan$^{45}$ 粮仓

收成 ɕiu$^{45}$ȶən$^{13}$

瘪壳 pie$^{33}$kʰo$^{11}$ 秕谷

发芽 fya$^{11}$ȵia$^{13}$

点籽 tin$^{33}$tsi$^{33}$ 点籽种

栽 tsei$^{45}$ 移栽

转蔸 ȶuan$^{44}$tou$^{45}$ 植物叶子返青

发蔸 fya$^{11}$tou$^{45}$ 分蘖

胀汁 ȶan$^{44}$tsi$^{44}$ 灌浆

让田水 ȵan$^{22}$tin$^{13}$fy$^{33}$ 给水田灌溉

壅水 ioŋ$^{45}$fy$^{33}$ 给植物浇水

晒田 sai$^{44}$tin$^{13}$ 水稻栽培的一道流程，通过排水和曝晒稻田来增加土壤的含氧量

放田水 fan$^{44}$tin$^{13}$fy$^{33}$ 将稻田里的水排出去

抽水 ȶʰu$^{45}$fy$^{33}$ 汲水

挖井水 ʋya$^{45}$tsin$^{33}$fy$^{33}$ 打井水

粪凼 fən$^{44}$tan$^{22}$ 粪坑

□肥料 lia$^{11}$fi$^{13}$ly$^{22}$ 施肥

□淤 lia$^{11}$ʋi$^{45}$ 浇粪

□大粪 lia$^{11}$tai$^{22}$fən$^{45}$ 给水田浇人粪

壅大粪 ioŋ$^{45}$tai$^{22}$fən$^{44}$ 给旱地浇人粪

遮淤ʈa$^{45}$ʋi$^{45}$ 给旱地浇动物的粪

拾牛屎ɕie$^{11}$ŋou$^{13}$ɕi$^{33}$

□肥料o$^{22}$fi$^{13}$ly$^{22}$ 沤肥料

打药ta$^{33}$ia$^{11}$ 喷洒农药

水桶fy$^{33}$tʰoŋ$^{33}$

吊桶ty$^{44}$tʰoŋ$^{33}$

晒谷耙sai$^{44}$ko$^{44}$pia$^{13}$ 板状的晒谷耙，用于翻谷子和收谷子

晒谷搭sai$^{44}$ko$^{44}$ta$^{11}$ 晒簟

打谷机ta$^{33}$ko$^{44}$tɕi$^{45}$ 打稻机

聚桶tɕy$^{22}$tʰoŋ$^{33}$ 旧时收割稻子用的戽桶

犁弓li$^{13}$koŋ$^{45}$ 犁身

犁箭li$^{13}$tsin$^{44}$ 犁头

犁底li$^{13}$ti$^{33}$

犁把手li$^{13}$pa$^{44}$ɕiu$^{33}$ 犁把

犁头犁撇li$^{13}$tou$^{13}$li$^{13}$pʰie$^{11}$ 犁铧，犁头是尖的，用来破地，犁撇是斜的，用来翻土

耙pia$^{13}$

碓嵬te$^{44}$tse$^{33}$ 碓头

碓床te$^{44}$suan$^{13}$ 碓架

碓屁股te$^{44}$pʰi$^{44}$ku$^{33}$ 碓杵

碓丫杈te$^{44}$a$^{45}$tsʰa$^{45}$ 架碓杵的枝丫

捞米棍lau$^{45}$mi$^{11}$kuən$^{44}$ 碓米时用来拌米的棍子

盘pian$^{13}$ 竹篾编的用来晒东西的盘子

篮lan$^{45}$ 篮子

打油ta$^{33}$iu$^{13}$ 榨油

油餜iu$^{13}$kʰu$^{45}$ 榨油后剩下的渣饼

挖锄ʋya$^{45}$su$^{13}$ 一种挖硬地的锄头，锄面较窄

儿锄头ne$^{44}$su$^{13}$tou$^{13}$ 栽菜用的小锄头

铲锄tsʰan$^{33}$su$^{13}$ 一种挖较松土质的锄头，锄面较宽

猪耙ʈu$^{45}$pia$^{13}$ 四齿耙

□锄tɕʰia$^{33}$su$^{13}$ 用来松土的锄头

十字镐ɕie$^{11}$tsi$^{22}$tɕiau$^{45}$

铲子tsʰan$^{33}$tsi$^{33}$ 铁锹

桶勾tʰoŋ$^{33}$kou$^{45}$ 普通的有系扁担

柴杆sai$^{13}$kan$^{33}$ 两头尖的用来挑柴的扁担

草杆tsʰau$^{33}$kan$^{33}$ 挑稻草的扁担

马尾筛mia$^{11}$mie$^{11}$sai$^{45}$ 筛粉末状物用的器具

担方□tan$^{45}$fan$^{45}$iu$^{22}$ 担土用的畚箕

担淤□tan$^{45}$ʋi$^{45}$iu$^{22}$ 担粪用的畚箕

撮箕tsʰo$^{11}$tɕi$^{45}$ 装垃圾用的簸箕

粪桶□fən$^{44}$tʰoŋ$^{33}$i$^{22}$ 可移动的粪桶系

□□iu$^{22}$i$^{22}$ 畚箕系

桶梁tʰoŋ$^{33}$liaŋ$^{13}$ 固定的桶梁

粪桶fən$^{44}$tʰoŋ$^{33}$

桶箍tʰoŋ$^{33}$ku$^{45}$

粪凼fən$^{44}$tan$^{22}$ 粪坑

*太公车tʰe$^{44}$koŋ$^{45}$ʈʰa$^{45}$ 民俗文化词

风车xoŋ$^{45}$ʈʰa$^{45}$ 一种用来去除水稻等农作物籽实中杂质、瘪粒、秸秆屑等的木制传统农具

水车fy$^{33}$ʈʰa$^{45}$ 本地一种自动利用流水驱动的转筒式水车

龙头车lioŋ$^{13}$tou$^{13}$ʈʰa$^{45}$ 手摇或脚踩驱动的水车

牛尾扎ŋou$^{13}$mie$^{11}$tsa$^{45}$ 赶牛用的鞭子

竹扫杆ʈo$^{44}$sau$^{33}$kan$^{33}$ 竹枝做的大扫帚

## 五 植物

稗子pie$^{22}$tsi$^{33}$

禾 ua$^{13}$

粮食 liaŋ$^{13}$ɕie$^{11}$

五谷 oŋ$^{11}$ko$^{44}$

早谷 tsau$^{33}$ko$^{44}$ 早稻

晚谷 man$^{11}$ko$^{44}$ 晚稻

米 mi$^{11}$

糯米 la$^{22}$mi$^{11}$

籼米 sin$^{45}$mi$^{11}$

糙米 tsʰau$^{44}$mi$^{11}$

黄穗米 uan$^{13}$se$^{44}$mi$^{11}$ 小米

糠 kʰan$^{44}$

粗糠 tsʰu$^{45}$kʰan$^{44}$

细糠 se$^{44}$kʰan$^{45}$

荞子 tɕy$^{13}$tsi$^{33}$ 荞麦

杂粮 tsa$^{11}$liaŋ$^{13}$

麻 mia$^{13}$ 苎麻

饭豆 fyan$^{22}$tou$^{22}$ 红豆

白露豆 pe$^{11}$lu$^{22}$tou$^{22}$ 饭豆

黑豆 xa$^{44}$tou$^{22}$

蛾眉豆 ŋa$^{13}$mi$^{13}$tou$^{22}$ 扁豆

四季豆 si$^{44}$tɕi$^{44}$tou$^{22}$

刀把豆 tau$^{45}$pa$^{33}$tou$^{22}$ 刀豆

芋荷 u$^{22}$xa$^{13}$ 芋

芋头□ u$^{22}$tou$^{13}$nei$^{22}$ 芋头娘

芋头儿 u$^{22}$tou$^{13}$ni$^{13}$ 芋头崽

脚板薯 ȶa$^{11}$pian$^{33}$fy$^{13}$ 薯的一种，块茎为不规则的扁块，形状像人的脚板

木薯 mo$^{11}$fy$^{13}$

油菜 iu$^{13}$tsʰei$^{44}$ 做蔬菜的油菜

油菜薹 iu$^{13}$tsʰei$^{44}$tei$^{13}$

油菜籽 iu$^{13}$tsʰei$^{44}$tsi$^{33}$

红茄子 xoŋ$^{13}$ȶa$^{13}$tsi$^{33}$

白茄子 pe$^{11}$ȶa$^{13}$tsi$^{33}$ 青茄子

红辣椒 xoŋ$^{13}$la$^{11}$tɕy$^{45}$

青辣椒 tsʰin$^{45}$la$^{11}$tɕy$^{45}$

朝天辣 tɕy$^{13}$tʰin$^{45}$la$^{11}$

鸡心头 tɕi$^{45}$sən$^{45}$tou$^{13}$ 一种形似鸡心脏的小辣椒

花椒 fya$^{45}$tɕy$^{45}$

野花椒 ia$^{11}$fya$^{45}$tɕy$^{45}$

金针菇 ȶən$^{45}$ȶən$^{45}$ku$^{45}$

白菜 pe$^{11}$tsʰei$^{44}$

调羹白 tiau$^{13}$kən$^{45}$pe$^{11}$ 上海青

儿白菜 ne$^{44}$pe$^{11}$tsʰei$^{44}$ 小白菜

甘蓝包 kan$^{45}$lan$^{13}$py$^{45}$ 球形的包心菜

蕹菜 oŋ$^{44}$tsʰei$^{44}$ 空心菜

青苋菜 tsʰin$^{45}$xan$^{22}$tsʰei$^{44}$ 苋菜

冬苋菜 toŋ$^{45}$xan$^{22}$tsʰei$^{44}$

苋菜 xan$^{22}$tsʰei$^{44}$ 红苋菜

鼻孔菜 pi$^{11}$kʰoŋ$^{33}$tsʰei$^{44}$ 芥菜

大头菜 tai$^{22}$tou$^{13}$tsʰei$^{44}$

红菜 xoŋ$^{13}$tsʰei$^{44}$

红菜薹 xoŋ$^{13}$tsʰei$^{44}$tei$^{13}$

茼蒿菜 toŋ$^{13}$xau$^{45}$tsʰei$^{44}$ 茼蒿

莴笋脑壳 o$^{45}$sən$^{33}$lau$^{11}$kʰo$^{11}$ 莴笋头

莴笋叶 o$^{45}$sən$^{33}$ie$^{11}$

生菜 sen$^{45}$tsʰei$^{44}$ 叶用莴苣

莴麻菜 o$^{45}$mia$^{13}$tsʰei$^{44}$

油麻菜 iu$^{13}$mia$^{13}$tsʰei$^{44}$ 莜麦菜

野葱 ia$^{11}$tsʰoŋ$^{45}$

红萝卜 xoŋ$^{13}$la$^{13}$po$^{11}$ 一种红皮白心的萝卜

猪头瓜 ȶu$^{45}$tou$^{13}$kua$^{45}$ 一种长条形南瓜，下头大上头小

狗卵薯 kou$^{33}$luan$^{11}$fy$^{13}$ 野淮山

藠头 tɕy$^{22}$tou$^{13}$

松毛 soŋ$^{13}$mau$^{13}$ 松针

松香 soŋ$^{45}$ɕiaŋ$^{45}$

松油 soŋ$^{45}$iu$^{13}$ 松脂

松树□□ soŋ$^{13}$ɕy$^{22}$ko$^{45}$ko$^{45}$ 松球

□ ʋi$^{33}$ 松明子

杉木刺 sa$^{45}$mo$^{11}$tsʰi$^{44}$ 杉针

杉条 sa$^{45}$ty$^{13}$ 杉篙

桐油树 toŋ$^{13}$iu$^{13}$ɕiu$^{22}$

桐油籽 toŋ$^{13}$iu$^{13}$tsi$^{33}$ 桐籽

桐油 toŋ$^{13}$iu$^{13}$

樟木树 ȶan$^{45}$mo$^{11}$ɕiu$^{22}$ 樟树

苦粒子树 kʰu$^{33}$li$^{22}$tsi$^{33}$ɕiu$^{22}$ 苦楝树

枫香树 xoŋ$^{45}$ɕiaŋ$^{45}$ɕiu$^{22}$ 枫树

茶叶树 tsa$^{13}$ie$^{11}$ɕiu$^{22}$

茶油树 tsa$^{13}$iu$^{13}$ɕiu$^{22}$

蚕虫泡树 tsan$^{13}$ȶoŋ$^{13}$pʰau$^{45}$ɕiu$^{22}$ 桑叶树

蚕虫泡 tsan$^{13}$ȶoŋ$^{13}$pʰau$^{45}$ 桑葚

蚕虫叶 tsan$^{13}$ȶoŋ$^{13}$ie$^{11}$ 桑叶

椿菜树 ȶʰən$^{45}$tsʰei$^{44}$ɕiu$^{22}$ 椿树

椿菜芽 ȶʰən$^{45}$tsʰei$^{44}$ȵia$^{13}$ 香椿芽

挂栗树 kua$^{44}$lie$^{11}$ɕiu$^{22}$ 板栗树

厚皮栎 xou$^{22}$pi$^{13}$lie$^{11}$ 橡树

栎木子 lie$^{11}$mo$^{11}$tsi$^{33}$ 橡实

蒜栗树 suan$^{44}$lie$^{11}$ɕiu$^{22}$ 锥栗树，板栗树的一种，因栗子的形状像蒜头儿而得名

白果树 pe$^{11}$ko$^{33}$ɕiu$^{22}$ 银杏树

树秧 ɕiu$^{22}$iaŋ$^{45}$ 树苗

果木树 ko$^{33}$mo$^{11}$ɕiu$^{22}$ 果树

树身 ɕiu$^{22}$ɕin$^{45}$ 树干

树尖 ɕiu$^{22}$tsin$^{45}$ 树梢

树背枝 ɕiu$^{22}$pe$^{44}$tɕi$^{45}$ 树枝

树蔸蔸 ɕiu$^{22}$tou$^{45}$tou$^{45}$ 树的地上部分的根部

树根 ɕiu$^{22}$kən$^{45}$

树叶 ɕiu$^{22}$ie$^{11}$

籽 tsi$^{33}$ 果核

桃竹 tau$^{13}$ȶo$^{44}$ 竹的一种，质地坚实，适合做手杖、编竹席

苦竹 kʰu$^{33}$ȶo$^{44}$ 竹的一种，植株呈灌木状，竿高3—5米，粗1.5—2厘米

甜竹 tin$^{13}$ȶo$^{44}$ 竹的一种，地下茎为合轴型。竿高4—5米，径2—4厘米

崖竹 ȵie$^{13}$ȶo$^{44}$ 一种实心的竹子

  实竹 ɕie$^{11}$ȶo$^{44}$

烟竹 in$^{45}$ȶo$^{44}$ 竹的一种，主干高1—1.5米，直径3—5毫米

观音竹 kuan$^{45}$in$^{45}$ȶo$^{44}$

楠竹 nan$^{13}$ȶo$^{44}$

  大竹 tai$^{22}$ȶo$^{44}$

竹叶 ȶo$^{44}$ie$^{11}$

竹竿 ȶo$^{44}$kan$^{33}$

笋壳叶 sən$^{33}$kʰo$^{11}$ie$^{11}$ 笋壳

竹节巴 ȶo$^{44}$tse$^{11}$pa$^{45}$ 竹节

篾 mie$^{11}$

青篾 tsʰin$^{45}$mie$^{11}$

黄篾 uan$^{13}$mie$^{11}$

篾 mie$^{11}$ 篾片

鸭□ ŋa$^{11}$iei$^{13}$ 鸭梨

香□ ɕiaŋ$^{45}$iei$^{13}$ 香梨

蓝红薯 lan$^{13}$xoŋ$^{13}$fy$^{13}$ 紫薯

南瓜红薯 nan$^{13}$kua$^{45}$xoŋ$^{13}$fy$^{13}$ 黄心红薯

冬瓜 toŋ$^{45}$kua$^{45}$

菜瓜 tsʰei$^{44}$kua$^{45}$

甜瓜 tin$^{13}$kua$^{45}$

苦瓜 k$^{h}$u$^{33}$kua$^{45}$

瓠瓜 fu$^{44}$kua$^{45}$

瓢瓢瓜 piu$^{11}$piu$^{11}$kua$^{45}$ 葫芦

木瓜 mo$^{11}$kua$^{45}$

□ e$^{11}$ 葡萄

枇杷 pi$^{13}$pia$^{13}$

□□子 poŋ$^{45}$loŋ$^{45}$tsi$^{33}$ 大个的猕猴桃

牙齿□□ ŋa$^{13}$tɕ$^{h}$i$^{33}$poŋ$^{45}$loŋ$^{45}$ 小个的、长形的猕猴桃

老鸦泡 lau$^{11}$a$^{45}$p$^{h}$au$^{45}$ 乌泡子

摘禾□ tse$^{11}$ua$^{13}$iei$^{13}$ 一种本地梨

五月□ oŋ$^{11}$ȵo$^{11}$tɕ$^{h}$i$^{33}$ 一种五月成熟的李子

猪血□ ʈy$^{45}$fye$^{11}$tɕ$^{h}$i$^{33}$ 一种红心的李子

西瓜 ɕi$^{45}$kua$^{45}$

香瓜 ɕiaŋ$^{45}$kua$^{45}$

干柿子 kan$^{45}$ɕi$^{22}$tsi$^{33}$ 柿饼

薄皮柑 po$^{11}$pi$^{13}$kan$^{45}$ 橘子

柑子筋筋 kan$^{45}$tsi$^{33}$ʈən$^{45}$ʈən$^{45}$ 橘络

切柑 ts$^{h}$e$^{11}$kan$^{45}$ 广柑

红杨梅 xoŋ$^{13}$iaŋ$^{13}$me$^{33}$

白杨梅 pe$^{11}$iaŋ$^{13}$me$^{33}$

花生米 fya$^{45}$sən$^{45}$mi$^{11}$

花生皮 fya$^{45}$sən$^{45}$pi$^{13}$ 花生米外面的红皮

开花 k$^{h}$ei$^{45}$fya$^{45}$

谢 ɕia$^{22}$ 花谢

花心 fya$^{45}$sən$^{45}$ ①花心；②花蕊

花粉 fya$^{45}$fən$^{33}$

花蔓 fya$^{45}$men$^{22}$ 花瓣

月月红 ȵo$^{11}$ȵo$^{11}$xoŋ$^{13}$ 月季花

桃花 tau$^{13}$fya$^{45}$

□花 iei$^{13}$fya$^{45}$ 梨花

黄□子 uan$^{13}$tiu$^{45}$tsi$^{33}$ 栀子花

□蔓花 tɕia$^{13}$men$^{22}$fya$^{45}$ 爬蔓花

荷叶 xo$^{13}$ie$^{11}$

莲蓬 lin$^{13}$poŋ$^{13}$

映山红 in$^{44}$san$^{45}$xoŋ$^{13}$ 杜鹃花

阳鸟花 iaŋ$^{13}$ty$^{33}$fya$^{45}$ 阳雀花

水仙花 fy$^{33}$sin$^{45}$fya$^{45}$

山茶花 san$^{45}$tsa$^{13}$fya$^{45}$

菊花 tɕy$^{11}$fya$^{45}$

喇叭花 la$^{11}$pia$^{11}$fya$^{45}$ 牵牛花

艾 ȵie$^{22}$ 艾草

清明草 ts$^{h}$in$^{45}$min$^{13}$ts$^{h}$au$^{33}$ 茅草

鱼笛管 ȵu$^{13}$tie$^{11}$kuen$^{33}$ 芦苇

*遮门草 ʈa$^{45}$mən$^{13}$ts$^{h}$au$^{33}$ 特别词

千年艾 ts$^{h}$in$^{45}$nin$^{13}$ŋai$^{22}$ 万年青

牛舌子 ŋou$^{13}$ɕie$^{11}$tsi$^{33}$ 仙人掌

地菜 ti$^{22}$ts$^{h}$ei$^{44}$ 荠菜

万丈深 ʋyan$^{22}$ʈan$^{22}$ɕin$^{45}$ 土茯苓

蕨菜 tɕio$^{11}$ts$^{h}$ei$^{44}$ 蕨

青苔 ts$^{h}$in$^{45}$tei$^{13}$

大虫刺 tai$^{22}$ʈoŋ$^{13}$ts$^{h}$i$^{44}$ 构骨

□ nin$^{33}$ 戳进皮肤里的竹木刺

棉花桃 min$^{13}$fya$^{45}$tau$^{13}$ 棉花桃儿

## 六　动物

养牲 iaŋ$^{11}$sen$^{45}$ ①家禽家畜的统称；②牲口

鸡□ tɕi$^{45}$tsan$^{44}$ 没下过蛋的母鸡

鸡公儿 tɕi$^{45}$koŋ$^{45}$ni$^{13}$ 未成年的小公鸡

鸡儿 tɕi$^{45}$ni$^{13}$ 小鸡

骟鸡 ɕin$^{44}$tɕi$^{45}$ ①阉过的鸡；②阉鸡的过程

菢鸡婆 pau$^{22}$tɕi$^{45}$pa$^{13}$ 抱窝鸡

鸡脚□ tɕi$^{45}$ʈa$^{11}$ʈou$^{45}$ 鸡爪子

□ ʈən$^{44}$ 鸡冠

鸡翅膀 tɕi$^{45}$tɕi$^{44}$pan$^{33}$

鸡帮 tɕi$^{45}$pan$^{45}$ 鸡腿

鸭公 a$^{11}$koŋ$^{45}$ 公鸭

鸭婆 a$^{11}$pa$^{13}$ 母鸭

鸭儿 a$^{11}$ni$^{13}$ 小鸭

洋鸭 iaŋ$^{13}$a$^{11}$ 旱鸭子

鹅儿 ŋa$^{13}$ni$^{13}$ 小鹅儿

狗公子 kou$^{33}$koŋ$^{45}$tsi$^{33}$ 成年的公狗

草狗 tsʰau$^{33}$kou$^{33}$ 未生育过的母狗。《广韵·豪韵》:“牝马曰騲，采老切。”《玉篇·马部》:“騲，牝马也。”《正字通·马部》:“騲，本作草。”

狗儿 kou$^{33}$ni$^{13}$ 小狗

癫狗 tin$^{45}$kou$^{33}$ 疯狗

*围羊狗 ʋi$^{13}$iaŋ$^{13}$kou$^{33}$ 特别词

茅厕狗 mau$^{13}$si$^{44}$kou$^{33}$ 哈巴狗

猫儿 mau$^{45}$ni$^{13}$ 小猫

马公 mia$^{11}$koŋ$^{45}$ 公马

马□ mia$^{11}$nei$^{22}$ 母马

马儿 mia$^{11}$ni$^{13}$ 马驹

马蹄 mia$^{11}$tie$^{13}$

牛牸 ŋou$^{13}$tsi$^{22}$ 未生育过的母牛

牛儿 ŋou$^{13}$ni$^{13}$ 牛犊子

沙牛 sa$^{45}$ŋou$^{13}$ 黄牛

沙牸 sa$^{45}$tsi$^{22}$ 未生育的母黄牛

沙□ sa$^{45}$nei$^{22}$ 生育过的母黄牛

水牛 fy$^{33}$ŋou$^{13}$

水牛□ fy$^{33}$ŋou$^{13}$nei$^{22}$ 母水牛

阉牯子 in$^{45}$ku$^{33}$tsi$^{33}$ 犍牛

牛绹 ŋou$^{13}$tau$^{13}$ 牵牛绳

牛轭 ŋou$^{13}$e$^{22}$

牛鼻桊 ŋou$^{13}$pi$^{11}$ȶʰuan$^{44}$ 牛桊

牛口兜 ŋou$^{13}$kʰou$^{33}$tou$^{45}$ 牛笼嘴

家羊 tɕia$^{45}$iaŋ$^{13}$

黄羊 uan$^{13}$iaŋ$^{13}$

乌羊 u$^{45}$iaŋ$^{13}$ 黑山羊

绵羊 min$^{13}$iaŋ$^{13}$

羊儿 iaŋ$^{13}$ni$^{13}$ 羊羔

草猪 tsʰau$^{33}$ȶu$^{45}$ 没下过猪崽的母猪

猪食 ȶu$^{45}$ɕie$^{11}$

浊水 tso$^{11}$fy$^{33}$ 潲水

猪槽 ȶu$^{45}$tsau$^{13}$

野东西 ia$^{11}$toŋ$^{45}$si$^{45}$ 野兽

大虫□ tai$^{22}$ȶoŋ$^{13}$nei$^{22}$ 母老虎

狮子 ɕi$^{45}$tsi$^{33}$

熊 ɕioŋ$^{13}$

豹子 py$^{44}$tsi$^{33}$

野猪 ia$^{11}$ȶu$^{45}$

狼 lan$^{13}$

豺狗 sai$^{13}$kou$^{33}$ 豺

狐狸狗 fu$^{13}$li$^{33}$kou$^{33}$ 狐狸

黄腰□ uan$^{13}$y$^{45}$tɕy$^{13}$ 黄鼠狼

鹿 lu$^{11}$

野牛 ia$^{11}$ŋou$^{13}$ 麂子

*鳞甲 lin$^{13}$tɕia$^{11}$ 特别词

*蛇鸡公 ɕia$^{13}$tɕi$^{45}$koŋ$^{45}$ 特别词

百步蛇 pe$^{11}$pu$^{22}$ɕia$^{13}$ 银环蛇

乌纱公 u$^{45}$sa$^{45}$koŋ$^{45}$ 眼镜蛇

菜花蛇 tsʰei$^{44}$fya$^{45}$ɕia$^{13}$

*油光棍 iu$^{13}$kuan$^{45}$kuən$^{44}$ 特别词

水蛇 fy$^{33}$ɕia$^{13}$

鹰 in$^{45}$ 老鹰

猫咕鸟 mau$^{45}$ku$^{45}$ty$^{33}$ 猫头鹰

燕子鸟 in$^{44}$tsi$^{33}$ty$^{33}$ 燕子

*铁嘴巴 tʰie$^{11}$tsei$^{33}$pa$^{45}$ 特别词

雁鹅 ŋai$^{22}$ŋa$^{13}$ 雁

斑鸡 pan$^{45}$tɕi$^{45}$ 斑鸠

野鸡 ia$^{11}$tɕi$^{45}$

八八鸟 pa$^{11}$pa$^{45}$ty$^{33}$ 八哥儿

白鹭鸶 pe$^{11}$lu$^{22}$si$^{45}$ 白鹭

雷子鸟 le$^{13}$tsi$^{33}$ty$^{33}$ 鸬鹚

打鱼郎 ta$^{33}$ȵu$^{13}$lan$^{13}$ 翠鸟

啄木官 tsua$^{44}$mo$^{11}$kuan$^{45}$ 啄木鸟

夜雷鹚 ia$^{22}$le$^{13}$tsi$^{13}$ 夜鹰

野鸭 ia$^{11}$a$^{11}$

白鸟 pe$^{11}$ty$^{33}$ 鹤

鸟嘴巴 ty$^{33}$tse$^{33}$pa$^{45}$ 鸟喙

鸟毛 ty$^{33}$mau$^{13}$ 羽毛

嗉膛 su$^{44}$tan$^{13}$ 嗉囊

蚕虫 tsan$^{13}$ȶoŋ$^{13}$ 蚕

蚕虫□ tsan$^{13}$ȶoŋ$^{13}$tɕiei$^{44}$ 蚕卵

土地公 tʰu$^{33}$ti$^{22}$koŋ$^{45}$ 蚕蛹

蚕虫屎 tsan$^{13}$ȶoŋ$^{13}$ɕi$^{33}$ 蚕沙

做窠 tsu$^{44}$kʰua$^{45}$ 结茧

动□牯 toŋ$^{22}$ten$^{22}$ku$^{33}$ 马蜂

黄腰牯 uan$^{13}$y$^{45}$ku$^{33}$ 黄蜂

焙笼蜂 pe$^{22}$loŋ$^{13}$xoŋ$^{45}$ 胡蜂

鬼头蜂 tɕy$^{33}$tou$^{13}$xoŋ$^{45}$ 虎头蜂

蜂窠 xoŋ$^{45}$kʰua$^{45}$ 蜂窝

毛毛虫 mau$^{13}$mau$^{13}$ȶoŋ$^{13}$

　猫咕虫 mau$^{45}$ku$^{45}$ȶoŋ$^{13}$

*歹火子 tei$^{33}$fa$^{33}$tsi$^{33}$ 特别词

蛆蛆儿 tsʰu$^{45}$tsʰu$^{45}$ni$^{13}$ 孑孓

地虱婆 ti$^{22}$se$^{44}$pa$^{13}$ 土鳖

簪 tsan$^{45}$ 毛虫等毒虫蜇

杀一枪 sa$^{11}$ie$^{44}$ȶʰan$^{45}$ 蜂、蝎子等有刺的毒虫用毒刺刺到

*火□子 fa$^{33}$mən$^{33}$tsi$^{33}$ 特别词

干螺子 kan$^{45}$la$^{13}$tsi$^{33}$ 蜗牛

土狗 tʰu$^{33}$kou$^{33}$ 蝼蛄

鼻泣虫 pi$^{11}$tɕʰi$^{44}$ȶoŋ$^{13}$ 蛞蝓

放屁虫 fan$^{44}$pʰi$^{44}$ȶoŋ$^{13}$ 蝽象

播丝窠 pia$^{45}$si$^{45}$kʰua$^{45}$ 蜘蛛网

　播丝网 pia$^{45}$si$^{45}$man$^{11}$

做工的蚂蚁 tsu$^{44}$koŋ$^{45}$ti$^{33}$ma$^{13}$mo$^{11}$ 工蚁

蚂蚁官 ma$^{13}$mo$^{11}$kuan$^{45}$ 兵蚁

白蚂蚁 pe$^{11}$ma$^{13}$mo$^{11}$ 白蚁

蜈蚣 u$^{13}$koŋ$^{45}$

蚂蟥 mia$^{11}$uan$^{13}$ 水蛭

蚊子 mən$^{45}$tsi$^{33}$ 苍蝇

大粪蚊子 tai$^{22}$fən$^{44}$mən$^{45}$tsi$^{33}$ 绿头苍蝇

饭蚊子 fyan$^{22}$mən$^{45}$tsi$^{33}$ 饭蝇

草蜱 tsʰau$^{33}$pʰi$^{45}$ 蜱虫

蛆 tsʰu$^{45}$

牛蚊子 ŋou$^{13}$mən$^{45}$tsi$^{33}$ 牛虻

长脚蚊 ȶan$^{13}$ȶa$^{11}$mən$^{45}$ 蚊子

咬 ȵiau$^{11}$ 蚊子～人

飞蛾 fi$^{45}$ŋa$^{13}$ 蛾子

臭虫 ȶʰu$^{44}$ȶoŋ$^{13}$

臊□ sau$^{45}$tɕʰia$^{11}$ 蟑螂

灶鸡 tsau$^{44}$tɕi$^{45}$ 蟋蟀

*打火狗 ta$^{33}$fa$^{33}$kou$^{33}$ 特别词

阜螽 po$^{11}$ȶoŋ$^{45}$ ①蚂蚱；②蚱蜢

硬壳虫 ŋen$^{22}$kʰo$^{11}$ȶoŋ$^{13}$ 瓢虫

米虫 mi$^{11}$ȶoŋ$^{13}$ 米里的肉色虫

草鱼 tsʰau$^{33}$ȵu$^{11}$

鲢鱼 lin$^{13}$ȵu$^{13}$

黄尾巴 uan$^{13}$mie$^{11}$pa$^{45}$ 黄鱼

刺鱼 ts$^{h}$i$^{44}$ȵu$^{13}$ 鳜鱼

金鱼 ȶən$^{45}$ȵu$^{13}$

鹅湖子 ŋa$^{13}$fu$^{13}$tsi$^{33}$ 本地产一种形似草鱼而鳍带红色的鲮鱼

麻勾鱼 mia$^{13}$kou$^{45}$ȵu$^{13}$ 本地一种花骨鱼

泥鳅 ni$^{13}$ts$^{h}$u$^{45}$

沙鳅 sa$^{45}$ts$^{h}$u$^{45}$

土鲤鱼 t$^{h}$u$^{33}$lie$^{11}$ȵu$^{13}$ 鲶鱼

黄□牯 uan$^{13}$ŋe$^{45}$ku$^{33}$ 黄刺鱼

□鱼 ŋe$^{11}$ȵu$^{13}$ 瓦氏黄颡鱼

羊勾鱼 iaŋ$^{13}$kou$^{45}$ȵu$^{13}$ 本地一种专门在水落差比较大的山沟小溪里生活繁殖的光唇鱼，肉质鲜美，但在繁殖季节里内脏有剧毒

大眼角 tai$^{22}$ȵian$^{11}$ko$^{11}$ 边鱼

蛇鱼 ɕia$^{13}$ȵu$^{13}$ 财鱼

黑鱼 xa$^{44}$ȵu$^{13}$

墨鱼 me$^{11}$ȵu$^{13}$

鳊鱼 pian$^{33}$ȵu$^{13}$

黄鳝 uan$^{13}$ɕin$^{22}$ 鳝鱼

儿鱼儿 ne$^{44}$ȵu$^{13}$ni$^{13}$ 小鱼仔

鱼花 ȵu$^{13}$fya$^{45}$ 鱼苗儿

乌龟 u$^{45}$tɕy$^{45}$

沙鳖 sa$^{45}$pie$^{11}$ 甲鱼

干虾弓 kan$^{45}$xa$^{45}$koŋ$^{45}$ 干虾米

螺子 la$^{13}$tsi$^{33}$ 螺蛳

田螺子 tin$^{13}$la$^{13}$tsi$^{33}$ 田螺

江螺子 kan$^{45}$la$^{13}$tsi$^{33}$ 江螺

苦螺子 k$^{h}$u$^{33}$la$^{13}$tsi$^{33}$ 钉螺

蚌壳 pan$^{22}$k$^{h}$o$^{11}$ 蚌

厚蚌壳 xou$^{22}$pan$^{22}$k$^{h}$o$^{11}$

薄蚌壳 po$^{11}$pan$^{22}$k$^{h}$o$^{11}$

尖蚌壳 tsin$^{45}$pan$^{22}$k$^{h}$o$^{11}$ 个头较小，壳两头尖的蚌

蟆儿 mia$^{45}$ni$^{13}$ 蝌蚪

青蛤蟆 ts$^{h}$in$^{45}$xa$^{13}$mia$^{45}$ 田鸡

## 七　房舍

屋 o$^{44}$ ①房子；②屋子；③家

坐屋 tsa$^{22}$o$^{44}$ 住宅

屋场 o$^{44}$ȶan$^{13}$ 房屋坐落的地方

围墙 ʋi$^{13}$ɕiaŋ$^{13}$

私门 si$^{45}$mən$^{13}$ 门上无屋顶式遮盖的围墙门

槽门 tsau$^{13}$mən$^{13}$ 门上有屋顶式遮盖的围墙门

窨子屋 in$^{44}$tsi$^{33}$o$^{44}$ 院子

正屋 ȶən$^{44}$o$^{44}$ 正房

前间 tsin$^{13}$tɕian$^{45}$ 客厅

香火背 ɕiaŋ$^{45}$fa$^{33}$pe$^{44}$ 里间

杂屋 tsa$^{11}$o$^{44}$

仓楼 ts$^{h}$an$^{45}$lou$^{13}$ 厢房

仓 ts$^{h}$an$^{45}$ 粮仓

偏厦 p$^{h}$in$^{45}$sa$^{45}$

洗澡屋 se$^{33}$tsau$^{33}$o$^{44}$ 澡堂

房门 fan$^{13}$mən$^{13}$

天井 t$^{h}$in$^{45}$tsin$^{33}$

门把手 mən$^{13}$pa$^{33}$ɕiu$^{33}$

*乾坤 tsin$^{13}$k$^{h}$uən$^{45}$ 特别词

*凉亭 liaŋ$^{13}$tin$^{13}$ 民俗文化词

照壁 tɕy$^{44}$pie$^{11}$

牌坊 pie$^{13}$fan$^{33}$

大门枋 tai$^{22}$mən$^{13}$fan$^{45}$ 门框的上槛

门斗枋 mən$^{13}$tou$^{44}$fan$^{45}$ 门框的边框

门闩 $mən^{13}suan^{45}$

门板 $mən^{13}pian^{33}$ 门扇

后门 $xou^{22}mən^{13}$

边门 $pin^{45}mən^{13}$ 边门儿

半腰门 $pan^{44}y^{45}mən^{13}$ 半截门，装在大门的外面，用来阻拦鸡狗等

门转子 $mən^{13}ʈuan^{44}tsi^{33}$ 旧式门的转轴

门墩 $mən^{13}tən^{45}$ 旧式门的承轴臼

门背后 $mən^{13}pe^{44}xou^{22}$ 门后

屋顶 $o^{44}tin^{33}$ 房顶

*屋梁 $o^{44}liaŋ^{13}$ 民俗文化词

屋檐 $o^{44}in^{13}$

廊檐 $lan^{13}in^{13}$ 走廊

屋檐脚 $o^{44}in^{13}ʈa^{11}$ 房檐下的走廊

*磉盘崖 $san^{33}pan^{13}ȵie^{13}$ 民俗文化词

梁 $liaŋ^{13}$

椽皮 $ɕyan^{13}pi^{13}$ 椽子

瓦□板 $ua^{11}la^{33}pian^{33}$

楼桥 $lou^{13}tɕy^{13}$ 用来搁楼板的梁

楼板 $lou^{13}pian^{33}$

天花板 $t^{h}in^{45}fya^{45}pian^{33}$

篱笆 $li^{13}pa^{45}$

地楼板 $ti^{22}lou^{13}pian^{33}$ 地板

楼梯 $lou^{13}t^{h}i^{45}$ 木制或水泥制的连接两层之间的板梯

阶隥 $tɕie^{45}t^{h}ən^{44}$ 台阶

格子 $ke^{11}tsi^{33}$ ①窗户；②门上采光用的小窗户

平盘 $pin^{13}pan^{13}$ 窗台

天窗 $t^{h}in^{45}ts^{h}uan^{45}$

竖屋 $ɕiu^{22}o^{44}$ 竖大门，表示建房正式开始，是建房中的重要程序，通常要举行仪式

上梁 $ɕiaŋ^{22}liaŋ^{13}$ 建房子时把栋梁安放到屋顶，表示房子封顶，是建房中的重要程序，通常要举行仪式

房 $fan^{13}$ ①卧室；②房间

*空空 $k^{h}oŋ^{44}k^{h}oŋ^{44}$ 特别词

晒楼 $sai^{44}lou^{13}$ 阳台

楼上屋 $lou^{13}ɕiaŋ^{22}o^{44}$ 楼房

狗窠 $kou^{33}k^{h}ua^{45}$ 狗窝

鸡圈 $tɕi^{45}tɕyan^{22}$ 鸡舍

鸡□ $tɕi^{45}iu^{13}$ 鸡笼

鸡罩 $tɕi^{45}tsau^{44}$

鸭□ $a^{11}iu^{13}$ 鸭笼

牛圈 $ŋou^{13}tɕyan^{22}$

羊圈 $iaŋ^{13}tɕyan^{22}$

草屋 $ts^{h}au^{33}o^{44}$

土砖屋 $t^{h}u^{33}ʈuan^{45}o^{44}$

红砖屋 $xoŋ^{13}ʈuan^{45}o^{44}$

青砖屋 $ts^{h}in^{45}ʈuan^{45}o^{44}$

洋房子 $iaŋ^{13}fan^{13}tsi^{33}$ 洋房

*吊脚楼 $ty^{44}ʈa^{11}lou^{13}$ 民俗文化词

## 八　器具　用品

大衣柜 $tai^{22}i^{45}tɕy^{22}$

□柜 $san^{22}tɕy^{22}$ 橱柜

碗柜 $uan^{33}tɕy^{22}$ 壁柜

箱子 $ɕiaŋ^{45}tsi^{33}$

栊 $loŋ^{11}$ 姑娘出嫁时的一口大箱子

担箱 $tan^{45}ɕiaŋ^{45}$ 姑娘出嫁时的小箱子，通常有两口

盒盒 $xo^{11}xo^{11}$ 盒子

懒椅子 $lan^{11}i^{33}tsi^{33}$ 躺椅

椅子档档 i$^{33}$tsi$^{33}$tan$^{44}$tan$^{44}$ 椅子橕儿

椅子背 i$^{33}$tsi$^{33}$pe$^{44}$

骨牌凳 ko$^{44}$pie$^{13}$tən$^{44}$ 方凳

圆凳 tɕyan$^{13}$tən$^{44}$

高凳 kau$^{45}$tən$^{44}$ 高凳儿

儿凳 ne$^{44}$tən$^{44}$ 小板凳

儿凳儿 ne$^{44}$tən$^{44}$ni$^{13}$ 马扎

草蒲墩 ts$^{h}$au$^{33}$pu$^{13}$tən$^{45}$ 蒲团

床板 suan$^{13}$pian$^{33}$

　床铺板 suan$^{13}$p$^{h}$u$^{45}$pian$^{33}$

床架 suan$^{13}$tɕia$^{44}$

床担担 suan$^{13}$tan$^{44}$tan$^{44}$ 老式床架上搭床板的横条

棕绷子 tsoŋ$^{45}$poŋ$^{45}$tsi$^{33}$

竹床 ȶo$^{44}$suan$^{13}$

被面 pi$^{22}$min$^{22}$

被里子 pi$^{22}$li$^{11}$tsi$^{33}$

被套 pi$^{22}$t$^{h}$au$^{44}$

枕头套 ȶən$^{33}$tou$^{13}$t$^{h}$au$^{44}$

枕头芯 ȶən$^{33}$tou$^{13}$sən$^{45}$ 枕芯儿

枕头布 ȶən$^{33}$tou$^{13}$pu$^{44}$ 枕帕

被窝 pi$^{22}$o$^{44}$ 被窝儿

光棉被 kuan$^{45}$min$^{13}$pi$^{22}$ 棉花胎

棕垫 tsoŋ$^{45}$tin$^{22}$

谷草垫 ko$^{44}$ts$^{h}$au$^{33}$tin$^{22}$ 稻草垫

毯子 t$^{h}$an$^{33}$tsi$^{33}$

草席 ts$^{h}$au$^{33}$se$^{11}$

篾席 mie$^{11}$se$^{11}$ 竹席

帐子 ȶan$^{44}$tsi$^{33}$

帐檐子 ȶan$^{44}$in$^{13}$tsi$^{33}$ 帐幔

被罩钩 pi$^{22}$tsau$^{44}$kou$^{45}$ 帐钩

被罩棍 pi$^{22}$tsau$^{44}$kuən$^{44}$ 帐竹竿

炕 k$^{h}$an$^{44}$ 用竹子或木条编的架子，用来烘烤柴火或腊肉

炙床 tɕie$^{11}$suan$^{13}$ 烤糍粑的架子

梳妆台 su$^{45}$tsuan$^{45}$tei$^{13}$

照子 tɕy$^{44}$tsi$^{33}$ 镜子

夜壶 ia$^{22}$fu$^{13}$

篦梳 pi$^{11}$su$^{45}$ 密齿梳

脚盆 ȶa$^{11}$pən$^{13}$

女脚盆 ȵu$^{11}$ȶa$^{11}$pən$^{13}$ 妇女专用盆

洗面架 se$^{33}$min$^{22}$tɕia$^{44}$

洗澡盆 se$^{33}$tsau$^{33}$pən$^{13}$

衣架 i$^{45}$tɕia$^{44}$ 晾衣架

香洋碱 ɕiaŋ$^{45}$iaŋ$^{13}$tɕin$^{33}$ 香皂

洗衣粉 se$^{33}$i$^{45}$fən$^{33}$

擦脚布 ts$^{h}$a$^{11}$ȶa$^{11}$pu$^{44}$

牙擦 ȵia$^{13}$ts$^{h}$a$^{11}$ 牙刷

把缸 pa$^{44}$kan$^{45}$ ①杯子；②漱口杯

*瓯 ou$^{45}$ 古语词

炉头台板 lou$^{45}$tou$^{13}$tei$^{13}$pan$^{33}$ 厨房案儿

瓶架 pin$^{13}$tɕia$^{44}$ 餐架

瓶座 pin$^{13}$tsa$^{22}$ 锅子的底座

风箱 xoŋ$^{45}$ɕiaŋ$^{45}$

通条 t$^{h}$oŋ$^{45}$ty$^{13}$ 疏通炉子的铁棍

水瓶 fy$^{33}$pin$^{13}$ 灶上烧水的铁罐

柴 sai$^{13}$

柴堆子 sai$^{13}$te$^{45}$tsi$^{33}$ 柴草垛

破柴 p$^{h}$a$^{44}$sai$^{13}$ 劈柴

引火柴 in$^{11}$fa$^{33}$sai$^{13}$

豆壳 tou$^{22}$k$^{h}$o$^{11}$ 豆秸

高粱秆 kau$^{45}$liaŋ$^{13}$kuen$^{33}$ 高粱秆儿

谷草 ko$^{44}$ts$^{h}$au$^{33}$ 干的稻秆

烟通 in$^{45}$t$^{h}$oŋ$^{45}$ 烟囱

风眼 xoŋ$^{45}$ȵian$^{11}$

炉条 lu$^{13}$ty$^{13}$

铁夹 tʰie$^{11}$tɕia$^{11}$ 夹柴火用的铁钳

火钳 fa$^{33}$tɕin$^{13}$

火颈棒 fa$^{33}$koŋ$^{13}$pan$^{44}$ 吹火筒

火炉子 fa$^{33}$lu$^{13}$tsi$^{33}$

火盆 fa$^{33}$pən$^{13}$ 大的敞口的火盆

火钵头 fa$^{33}$po$^{11}$tou$^{13}$ 用竹篾编的小型烤火用具，里面为铁或陶的火盆

火桶 fa$^{33}$tʰoŋ$^{33}$ 桶状的烤火用具，内有火盆，上面为平面的凳，可坐人，上有孔，用来供热

*火柜 fa$^{33}$tɕy$^{22}$ 民俗文化词

烘灶 xoŋ$^{45}$tsau$^{44}$ 竹制或木制的烤火用具，用来烘干衣服等

手锅 ɕiu$^{33}$kua$^{45}$ 小号有耳的炒菜锅

边锅 pin$^{45}$kua$^{45}$ 中号无耳的炒菜锅

堂锅 tan$^{13}$kua$^{45}$ 大号无耳的炒菜锅

锅铲 kua$^{45}$tsʰan$^{33}$ 火铲

锑锅 tʰi$^{45}$kua$^{45}$ 铝锅

沙罐 sa$^{45}$kuan$^{44}$ 砂锅

大锅 tai$^{22}$kua$^{45}$

儿锅 ne$^{44}$kua$^{45}$ 小锅

补锅 pu$^{33}$kua$^{45}$ 修补锅子

锅盖 kua$^{45}$kei$^{44}$

锅耳朵 kua$^{45}$ȵie$^{11}$tia$^{33}$ 锅耳子

光煤 kuan$^{45}$me$^{45}$ 锅底上的烟灰

萝卜推 la$^{13}$po$^{11}$tʰe$^{45}$ 礤床

茶匙 tsa$^{13}$ɕi$^{13}$ 锅铲子

瓶瓶 pin$^{13}$pin$^{13}$ 瓶子

水瓶 fy$^{33}$pin$^{13}$ 烧水壶

茶壶 tsa$^{13}$fu$^{13}$

饭碗 fyan$^{22}$uan$^{33}$

菜碗 tsʰei$^{44}$uan$^{33}$

海碗 xei$^{33}$uan$^{33}$ 特大号碗

饭桶 fyan$^{22}$tʰoŋ$^{33}$

盖碗 kei$^{44}$uan$^{33}$

*盏 tsan$^{33}$ 古语词

担盆 tan$^{45}$pən$^{13}$ 茶托

钵头 po$^{11}$tou$^{13}$ 钵子

酒壶 tsu$^{33}$fu$^{13}$

筛壶 sai$^{45}$fu$^{13}$ 饭桌上盛酒用的壶

茶瓯 tsa$^{13}$ou$^{45}$ 茶杯

酒瓯 tsu$^{33}$ou$^{45}$ 酒杯

盘 pan$^{13}$ 盘子

饭匙 fyan$^{22}$ɕi$^{13}$ 饭勺

米颈 mi$^{11}$koŋ$^{13}$ 量米筒

升 ɕin$^{45}$ 升子，过去一种量米用具，装满为一升

斗 tou$^{33}$ 过去一种量米用具，装满为一斗

饭篓 fyan$^{22}$lou$^{11}$ 装剩饭用的篓子

挑 tʰy$^{45}$ 调羹

汤勺 tʰan$^{45}$ɕia$^{11}$

甑棕$^{=}$ tsən$^{44}$tsoŋ$^{45}$ 箅子

筲箕 sau$^{45}$tɕi$^{45}$

瓜勺 kua$^{45}$ɕia$^{11}$ 手柄短，开口大而浅的水瓢

颈勺 koŋ$^{13}$ɕia$^{11}$ 筒状的水勺，手柄长，开口小而深

箸颈 ȶu$^{44}$koŋ$^{13}$ 筷笼

砧板 ȶən$^{45}$pian$^{33}$

蒸笼 ȶən$^{45}$loŋ$^{13}$

甑 tsən$^{44}$

酒笛$^{=}$ tsu$^{33}$tie$^{11}$ 酒提

酒海 tsu$^{33}$xei$^{33}$ 灌装酒用的漏斗

浊水桶 tso$^{11}$fy$^{33}$tʰoŋ$^{33}$ 泔水缸
罐罐 kuan$^{44}$kuan$^{44}$ 罐子
油罐 iu$^{13}$kuan$^{44}$ 油瓶
盐罐 in$^{13}$kuan$^{44}$ 盐瓶
八仙台板 pia$^{11}$sin$^{45}$tei$^{13}$pan$^{33}$ 方桌
圆台板 tɕyan$^{13}$tei$^{13}$pan$^{33}$ 圆桌
办公台板 pian$^{22}$koŋ$^{45}$tei$^{13}$pan$^{33}$ 办公桌
吃饭台板 tɕʰie$^{44}$fyan$^{22}$tei$^{13}$pan$^{33}$ 饭桌
台布 tei$^{13}$pu$^{44}$
磨把勾 ma$^{22}$pa$^{33}$kou$^{45}$ 磨把
磨盘 ma$^{22}$pan$^{13}$
磨架 ma$^{22}$tɕia$^{44}$
磨眼 ma$^{22}$ȵian$^{11}$
磨身 ma$^{22}$sən$^{45}$ 磨脐
□子 le$^{22}$tsi$^{33}$ 砻
碾子 nin$^{11}$tsi$^{33}$
研槽 nin$^{22}$tsau$^{13}$ 研船
*有奈何 mo$^{22}$nai$^{22}$xo$^{13}$ 特别词
擂钵 le$^{13}$po$^{11}$
擂钵棒 le$^{13}$po$^{11}$pan$^{44}$ 擂槌
行头 ɕin$^{13}$tou$^{13}$ ①工匠用的工具的总称；②演戏的道具
手艺 ɕiu$^{33}$ni$^{22}$
锤锤 tɕy$^{13}$tɕy$^{13}$ 锤子
锯 ka$^{44}$/ʈu$^{44}$
墨斗 me$^{11}$tou$^{33}$
墨线 me$^{11}$sin$^{44}$
勾刀 kou$^{45}$tau$^{45}$ 弯头的柴刀
直把刀 tɕie$^{11}$pa$^{44}$tau$^{45}$ 直头的柴刀
杀猪刀 sa$^{11}$ʈu$^{45}$tau$^{45}$ 屠刀的一种，刀头尖而窄，用来捅穿猪喉咙
凶刀 ɕioŋ$^{45}$tau$^{45}$ 屠刀的一种，刀背较厚，前端翘起，用于砍骨头
开边刀 kʰei$^{45}$pin$^{45}$tau$^{45}$ 屠刀的一种，头尖背厚，用来开膛破肚
剃毛刀 tʰi$^{44}$mau$^{13}$tau$^{45}$ 屠刀的一种，专用于剃除猪毛
磨石 ma$^{13}$ɕie$^{11}$
粗磨石 tsʰu$^{45}$ma$^{13}$ɕie$^{11}$ 用于粗磨的磨石
细磨石 se$^{44}$ma$^{13}$ɕie$^{11}$ 用于精磨的磨石
工具箱 koŋ$^{45}$tɕy$^{22}$ɕiaŋ$^{45}$
凿 tso$^{11}$
铛凿 tan$^{44}$tso$^{11}$ 凿的一种，凿头半宽，用于粗加工
洗凿 se$^{33}$tso$^{11}$ 凿的一种，凿头宽，用于细加工
*推 tʰe$^{45}$ 特别词
公母推 koŋ$^{45}$mu$^{11}$tʰe$^{45}$ 刨子的一种，用来拼接木板时刨出公母线
槽推 tsau$^{13}$tʰe$^{45}$ 刨子的一种，用于开出槽线
清推 tsʰin$^{45}$tʰe$^{45}$ 刨子的一种，用于板面细加工
钻子 tsuan$^{44}$tsi$^{33}$
三花钻 san$^{45}$fya$^{45}$tsuan$^{44}$ 钻子的一种，有三个头，中间一个长，边上两个短
猪卵钻 ʈu$^{45}$luan$^{11}$tsuan$^{44}$ 钻子的一种，有螺旋状的钻头
扳手 pian$^{45}$ɕiu$^{33}$
錾子 tsan$^{22}$tsi$^{33}$
铁凳 tʰie$^{11}$tən$^{44}$ 砧子
大虫夹 tai$^{22}$ʈoŋ$^{13}$tɕia$^{11}$ 老虎钳
麻刀 mia$^{13}$tau$^{45}$ 取苎麻筋时用的刀
合页 xo$^{11}$ie$^{11}$
平起子 pin$^{13}$tɕʰi$^{33}$tsi$^{33}$ 一字起

梅花起子 mei$^{13}$fya$^{45}$tɕ$^{h}$i$^{33}$tsi$^{33}$ 梅花起

泥工刀 ni$^{13}$koŋ$^{45}$tau$^{45}$ 砌刀、瓦刀

趟子 t$^{h}$an$^{44}$tsi$^{33}$ 粉刷墙壁用的灰板

铁趟子 t$^{h}$ie$^{11}$t$^{h}$an$^{44}$tsi$^{33}$ 铁灰板

木趟子 mo$^{11}$t$^{h}$an$^{44}$tsi$^{33}$ 木灰板

灰桶 fe$^{45}$t$^{h}$oŋ$^{33}$ 装灰的小桶

灰印 fe$^{45}$in$^{44}$

塞 se$^{11}$ 楔子

榫头 sən$^{33}$tou$^{13}$

榫眼 sən$^{33}$ȵian$^{11}$

□ tən$^{33}$ 桩

底座 ti$^{33}$tsa$^{22}$

剃刀 t$^{h}$i$^{44}$tau$^{45}$

飞剪 fi$^{45}$tsin$^{33}$ 推剪

头毛剪 tou$^{13}$mau$^{13}$tsin$^{33}$ 理发剪

趟刀布 t$^{h}$an$^{44}$tau$^{45}$pu$^{44}$ 鐾刀布

布机 pu$^{44}$tɕi$^{45}$ 织布机

梭子 so$^{45}$tsi$^{33}$

纱扒子 sa$^{45}$pa$^{13}$tsi$^{33}$ 一种木制的“T”形绕线工具

纱篓子 sa$^{45}$lou$^{11}$tsi$^{33}$ 一种竹编制的纺锤形绕线工具

烙铁 la$^{11}$t$^{h}$ie$^{11}$

弹弓 tan$^{22}$koŋ$^{45}$ 弹棉花用的弓子

橡皮铳 ɕiaŋ$^{22}$pi$^{13}$ȶ$^{h}$oŋ$^{44}$ 打石子用的弹弓

浆糊 tɕiaŋ$^{44}$fu$^{13}$

洋火盒 iaŋ$^{13}$fa$^{33}$xo$^{11}$ 火柴盒

汽油 tɕ$^{h}$i$^{44}$iu$^{13}$

机油 tɕi$^{45}$iu$^{13}$

抹台布 ma$^{11}$tei$^{13}$pu$^{44}$ 抹布

草纸 ts$^{h}$au$^{33}$tɕi$^{33}$ 农村自制的卫生纸，稻草碾碎后再经过一系列工序加工而成，质地粗糙

拖把 t$^{h}$o$^{45}$pia$^{33}$

纺车 fan$^{33}$ȶ$^{h}$a$^{45}$

棉签 min$^{13}$ts$^{h}$in$^{45}$ 用来搓棉条的工具，用一种芦苇草的碎秆做的

麻篮 mia$^{13}$lan$^{45}$ 针线筐

抵针子 ti$^{33}$ȶən$^{45}$tsi$^{33}$ 顶针

针鼻孔 ȶən$^{45}$pi$^{11}$k$^{h}$oŋ$^{33}$ 针鼻儿

针尖 ȶən$^{45}$tsin$^{45}$

针脚 ȶən$^{45}$ȶa$^{11}$

穿针 ȶ$^{h}$uan$^{45}$ȶən$^{45}$

线砣儿 sin$^{44}$to$^{13}$tsi$^{33}$ 线轴儿

叫钻 tɕy$^{44}$tsuan$^{44}$ 锥子

挖耳朵 ʋya$^{45}$ȵie$^{11}$tia$^{33}$ 耳挖子

线车 sin$^{44}$ȶ$^{h}$a$^{45}$ 自行车

*船 ɕyan$^{13}$ 民俗文化词

船篙 ɕyan$^{13}$kau$^{45}$

摇子 y$^{13}$tsi$^{33}$ 橹

风篷 xoŋ$^{45}$poŋ$^{13}$ 帆

船篷 ɕyan$^{13}$poŋ$^{13}$

柴刀 sai$^{13}$tau$^{45}$

*刀丝壳 tau$^{45}$si$^{45}$k$^{h}$o$^{11}$ 民俗文化词

铳 ȶ$^{h}$oŋ$^{44}$ 鸟铳

机弓 tɕi$^{45}$koŋ$^{45}$ 鸟铳上的击锤

炮炸 p$^{h}$au$^{44}$tsa$^{44}$ 鸟铳上用来当作引信的炮纸

洗衣板 se$^{33}$i$^{45}$pian$^{33}$ 搓衣板

洗衣棒 se$^{33}$i$^{45}$pan$^{44}$ 洗衣服用棒槌

水烙铁 fy$^{33}$la$^{11}$t$^{h}$ie$^{11}$ 熨斗

把棍 pa$^{33}$kuən$^{44}$ 手杖

灯 tən$^{45}$

桐油灯 toŋ$^{13}$iu$^{13}$tən$^{45}$

茶油灯 tsa$^{13}$iu$^{13}$tən$^{45}$

洋灯 iaŋ$^{13}$tən$^{45}$

煤油灯 me$^{13}$iu$^{13}$tən$^{45}$

汽灯 tɕ$^{h}$i$^{44}$tən$^{45}$

马灯 mia$^{11}$tən$^{45}$

灯罩 tən$^{45}$tsau$^{44}$

灯芯 tən$^{45}$sən$^{45}$

　灯草 tən$^{45}$ts$^{h}$au$^{33}$

灯笼 tən$^{45}$loŋ$^{13}$

灯盏 tən$^{45}$tsan$^{33}$

灯油 tən$^{45}$iu$^{13}$

雨衣 u$^{11}$i$^{45}$

蓑衣 sa$^{45}$i$^{45}$

笠子 lie$^{11}$tsi$^{33}$ 斗笠

章子 ȶan$^{45}$tsi$^{33}$ 图章

*搊皮鞋 ts$^{h}$u$^{45}$pi$^{13}$ɕie$^{13}$ 民俗文化词

*吊架 tiau$^{44}$tɕia$^{44}$ 民俗文化词

罾 tsən$^{45}$ 一种用竹竿或木棍作支架的方形渔网，用手扳动主竿控制起落

探 t$^{h}$an$^{44}$ 用长竹竿做柄、小绳编织的篓状捕捞小鱼虾的工具

*鼎 tin$^{33}$ 民俗文化词

钓竿 ty$^{44}$kan$^{33}$ 钓鱼竿儿

钓钩 ty$^{44}$kou$^{45}$ 钓鱼钩儿

鱼篓 ȵu$^{13}$lou$^{11}$

网 man$^{11}$ 渔网

□suan$^{33}$ 捕鱼具，颈部装有倒须，鱼进去后就出不来，作用同“筍”

钓鱼 ty$^{44}$ȵu$^{13}$

## 九　称谓

后生家 xou$^{22}$sen$^{45}$tɕia$^{45}$ 青年男子

老头子 lau$^{11}$tou$^{13}$tsi$^{33}$ 老年男子

老家伙 lau$^{11}$tɕia$^{45}$fa$^{33}$ 老头子，贬称

老婆子 lau$^{11}$pa$^{13}$tsi$^{33}$ 老年女子

后生家 xou$^{22}$sen$^{45}$tɕia$^{45}$ 未婚男子

□pei$^{22}$ 未婚女子

儿新妇 ne$^{44}$sən$^{45}$fu$^{22}$ 童养媳

接生娘 tse$^{11}$sen$^{45}$ȵan$^{13}$ 接生婆

野儿 ia$^{11}$ni$^{13}$ 私生子

单身牯 tan$^{45}$ɕin$^{45}$ku$^{33}$ 单身汉

寡妇婆 kua$^{33}$fu$^{22}$pa$^{13}$ 寡妇

野女家 ia$^{11}$ȵu$^{11}$tɕia$^{45}$ 情妇

野老公 ia$^{11}$lau$^{11}$koŋ$^{45}$ 情夫

生人 sen$^{45}$ȵin$^{13}$ 外人

自家人 tsi$^{22}$tɕia$^{45}$ȵin$^{13}$ 自己人

街上人 tɕie$^{45}$ɕiaŋ$^{22}$ȵin$^{13}$ 城里人

乡下人 ɕiaŋ$^{45}$xa$^{22}$ȵin$^{13}$

乡巴佬 ɕiaŋ$^{45}$pa$^{45}$lau$^{11}$ 乡下人，贬称

外地人 uai$^{22}$ti$^{22}$ȵin$^{13}$

洋人 iaŋ$^{13}$ȵin$^{13}$ 外国人

本地方人 pən$^{33}$ti$^{22}$fan$^{45}$ȵin$^{13}$

一屋的 ie$^{44}$o$^{44}$ti$^{33}$ 一家人

主人家 tɕy$^{33}$ȵin$^{13}$tɕia$^{45}$

客 k$^{h}$e$^{11}$

合适的 xo$^{11}$ɕi$^{11}$ti$^{33}$ 老伙计

种田的 ȶoŋ$^{44}$tin$^{13}$ti$^{33}$ 农民

内行 nei$^{22}$xan$^{13}$

外行 uai$^{22}$xan$^{13}$

工人 koŋ$^{45}$ȵin$^{13}$

长工 ȶan$^{13}$koŋ$^{45}$

请长工 tɕ$^{h}$in$^{33}$ȶan$^{13}$koŋ$^{45}$ 雇工

短工 tuan$^{33}$koŋ$^{45}$

零工 lin$^{13}$koŋ$^{45}$ 临时工

老板 lau$^{11}$pian$^{33}$ 东家、老板

老板娘 lau$^{11}$pian$^{33}$ȵan$^{13}$

合伙 xo$^{11}$fa$^{33}$ 合伙人

杂货担 tsa$^{11}$xo$^{44}$tan$^{44}$ 小贩

摆摊子的 pie$^{33}$t$^{h}$an$^{45}$tsi$^{33}$ti$^{33}$ 摊贩

瓦匠 ua$^{11}$tɕiaŋ$^{22}$ ①做瓦坯的匠人；②房顶盖瓦的匠人

铁匠 t$^{h}$ie$^{11}$tɕiaŋ$^{22}$

锡匠 se$^{11}$tɕiaŋ$^{22}$

铜匠 toŋ$^{13}$tɕiaŋ$^{22}$

补锅佬 pu$^{33}$kua$^{45}$lau$^{11}$ 补锅匠

挑夫 t$^{h}$y$^{45}$fu$^{45}$

轿夫 tɕy$^{22}$fu$^{45}$

帮厨的 pan$^{45}$tɕy$^{13}$ti$^{33}$ 厨师助手

艄公 sau$^{45}$koŋ$^{45}$ 船夫

大船客 tai$^{22}$ɕyan$^{13}$k$^{h}$e$^{11}$ 驾船师傅

渡船客 tu$^{22}$ɕyan$^{13}$k$^{h}$e$^{11}$ 摆渡师傅

*药匠 ia$^{11}$tɕiaŋ$^{22}$ 特别词

医生 i$^{45}$sən$^{45}$

吃粮的 tɕ$^{h}$ie$^{44}$liaŋ$^{13}$ti$^{33}$ 警察

兵 pin$^{45}$

罪人 tse$^{22}$ȵin$^{13}$ 囚犯

先生 sin$^{45}$sən$^{45}$ ①过去私塾里的教书先生；②巫师

老师 lau$^{33}$sɿ$^{33}$

学生 xo$^{11}$sən$^{45}$

同学 toŋ$^{13}$xo$^{11}$

屠夫佬 tu$^{13}$fu$^{45}$lau$^{11}$ 屠夫

佣人 ioŋ$^{22}$ȵin$^{13}$ 仆人

女佣人 ȵu$^{11}$ioŋ$^{22}$ȵin$^{13}$ 女仆

丫头 a$^{45}$tou$^{13}$ 丫鬟

江湖人 tɕiaŋ$^{45}$fu$^{13}$ȵin$^{13}$ 走江湖的

人贩子 ȵin$^{13}$fyan$^{44}$tsi$^{33}$

婊子婆 py$^{33}$tsi$^{33}$pa$^{13}$ ①妓女；②喜欢卖俏的女子；③婊子，詈语

*堂班 tan$^{13}$pian$^{45}$ 特别词

拐子 kuai$^{33}$tsi$^{33}$ 骗子

强盗 ʈan$^{13}$tau$^{22}$

扒子手 pia$^{13}$tsi$^{33}$ɕiu$^{33}$ 扒手

犯人 fyan$^{22}$ȵin$^{13}$

土匪 t$^{h}$u$^{33}$fei$^{33}$

掌坛的 ʈan$^{33}$tan$^{13}$ti$^{33}$ 狩猎时的领头人

光眼瞎 kuan$^{45}$ȵian$^{11}$xa$^{11}$ 文盲

败家子 pie$^{22}$tɕia$^{45}$tsi$^{33}$

痞子 p$^{h}$i$^{33}$tsi$^{33}$

*大炮客 tai$^{22}$p$^{h}$y$^{44}$k$^{h}$e$^{11}$ 特别词

尖头崖 tsin$^{45}$tou$^{13}$ȵie$^{13}$ 刁钻的人

跟屎狗 kən$^{45}$ɕi$^{33}$kou$^{33}$ 不爱说话，黏着父母的孩子

样子货 iaŋ$^{22}$tsi$^{33}$xo$^{44}$ 金玉其外败絮其中的人

上下先生 ɕiaŋ$^{22}$xa$^{22}$sin$^{45}$sən$^{45}$ 对待事情可上可下，没有主见的人

烂响蚌 lan$^{22}$ɕiaŋ$^{33}$pan$^{22}$ 说长道短的女人

刺鱼公 ts$^{h}$i$^{44}$ȵu$^{13}$koŋ$^{45}$ 很喜欢吵架，吵架必要赢的女人

老婆子 lau$^{11}$pa$^{13}$tsi$^{33}$ 说长道短的男人

*保长婆 pau$^{33}$ʈan$^{33}$pa$^{13}$ 特别词

当家痴 tan$^{45}$tɕia$^{45}$ts$^{h}$ɿ$^{45}$ 爱管闲事的人

半瓶醋 pan$^{44}$pin$^{13}$ts$^{h}$u$^{44}$ 学艺不精的人

棍子 kuən$^{44}$tsi$^{33}$ 赌徒

酒癫子 tsu$^{33}$tin$^{45}$tsi$^{33}$ 酒鬼

勾鼻孔 kou$^{45}$pi$^{11}$k$^{h}$oŋ$^{33}$ 吝啬鬼

左□子 tsa$^{33}$kua$^{13}$tsi$^{33}$ 左撇子

麻子 mia$^{13}$tsi$^{33}$

猛子 moŋ$^{11}$tsi$^{33}$ 莽撞的人

短命鬼 tuan$^{33}$min$^{22}$tɕy$^{33}$ 詈语

短命死 tuan$^{33}$min$^{22}$si$^{33}$

挨刀的 ȵie$^{13}$tau$^{45}$ti$^{33}$ 挨千刀的，詈语

雷打的 le$^{13}$ta$^{33}$ti$^{33}$ 天打雷劈的，詈语

账主子 ɬan$^{44}$tɕy$^{33}$tsi$^{33}$ 要账的，詈语，一般是骂自家子女

绝子灭孙 tso$^{11}$tsi$^{33}$mie$^{11}$sən$^{45}$ 断子绝孙，詈语

## 十　亲属

上班 ɕiaŋ$^{22}$pian$^{45}$ 长辈

* 太公 tʰe$^{44}$koŋ$^{45}$ 民俗文化词

七祖太公 tsʰe$^{44}$tsu$^{33}$tʰe$^{44}$koŋ$^{45}$ 同"太公"

太婆 tʰe$^{44}$pa$^{13}$ 特指本地人的第一代祖妣

七祖太婆 tsʰe$^{44}$tsu$^{33}$tʰe$^{44}$ pa$^{13}$ 同"太婆"

太太 tʰai$^{44}$tʰai$^{44}$ ①高祖父；②高祖母

□□ pe$^{11}$pe$^{11}$ 曾祖父

□□婆 pe$^{11}$pe$^{11}$pa$^{13}$ 曾祖母

□ te$^{45}$ ①外祖母；②母之姑母；③母之姨母

姑婆 ku$^{45}$pa$^{13}$ 父之姑母

姨婆 i$^{13}$pa$^{13}$ 父之姨母

舅公 ɬu$^{22}$koŋ$^{45}$ ①父之舅父；②母之舅父

舅婆 ɬu$^{22}$pa$^{13}$ ①父之舅母；②母之舅母

姑丈 ku$^{45}$ɬan$^{22}$ ①姑父；②岳父；③弟兄的岳父或姐妹的公公

姑 ku$^{45}$ ①姑妈；②舅母；③岳母；④丈夫的母亲；⑤弟兄的岳母或姐妹的婆婆

爷□ ia$^{45}$pa$^{33}$ 父母的合称

儿爷 ne$^{44}$ia$^{45}$ 团寨里与父亲同辈而年龄较小的男子，相当于普通话中的"叔叔"

舅 ɬu$^{22}$ ①舅父；②丈夫的父亲

大姨 tai$^{22}$i$^{13}$ 比母亲大的姨

阿姨 a$^{45}$i$^{13}$ 比母亲小的姨

接跟他屋入咯爷□ tse$^{11}$kən$^{45}$tʰa$^{44}$o$^{44}$ ȵo$^{11}$ko$^{33}$ ia$^{45}$ɬa$^{44}$ 寄父

接跟他屋入咯□□ tse$^{11}$kən$^{45}$tʰa$^{44}$o$^{44}$ ȵo$^{11}$ko$^{33}$ pa$^{33}$ɬa$^{44}$ 寄母

同儿爷 toŋ$^{13}$ni$^{13}$ia$^{45}$ 养父

同儿□ toŋ$^{13}$ni$^{13}$pa$^{33}$ 养母

后爷 xou$^{22}$ia$^{45}$ 后爹

后□ xou$^{22}$pa$^{33}$ 后妈

丈人佬 ɬan$^{22}$ȵin$^{13}$lau$^{11}$ 岳父

亲家 tsʰən$^{45}$tɕia$^{45}$ ①亲家；②亲家公

亲家婆 tsʰən$^{45}$tɕia$^{45}$pa$^{13}$ 亲家母

平班 pin$^{13}$pian$^{45}$ 平辈

哥 ka$^{45}$ 丈夫的哥哥

他大爷 tʰa$^{45}$tai$^{22}$ia$^{45}$

老弟 lau$^{11}$ti$^{22}$ 丈夫的弟弟

他爷爷 tʰa$^{45}$ia$^{45}$ia$^{45}$

姐 ɬa$^{33}$ ①嫂子；②丈夫的姐姐；③丈夫的嫂子

他姑 tʰa$^{45}$ku$^{45}$ 丈夫的姐姐

□ ȵu$^{33}$ 丈夫的妹妹

他儿姑 tʰa$^{45}$ne$^{44}$ku$^{45}$

舅哥 ɬu$^{22}$ka$^{45}$ 妻子的哥哥

舅老弟 ɬu$^{22}$lau$^{11}$ti$^{22}$ 妻子的弟弟

姨姐 i$^{13}$ɬa$^{33}$ 妻子的姐姐

姨妹 i$^{13}$me$^{22}$ 妻子的妹妹

他阿嫂姐 tʰa$^{45}$a$^{45}$sau$^{33}$ɬa$^{33}$ 夫之嫂

老弟嫂 lau$^{11}$ti$^{22}$sau$^{33}$ 夫之弟媳

大爷 tai$^{22}$ia$^{45}$ 大伯子

叔爷 ɕiu$^{44}$ia$^{45}$ 小叔子

舅佬 ɬu$^{22}$lau$^{11}$ 内兄弟

下堂 xa$^{22}$tan$^{13}$ 嫁二嫁

前夫 tsin$^{13}$fu$^{45}$

前头女家 tsin$^{13}$tou$^{13}$ȵu$^{11}$tɕia$^{45}$ 前妻

后夫 xou$^{22}$fu$^{45}$

后头女家 xou$^{22}$tou$^{13}$ȵu$^{11}$tɕia$^{45}$ 后妻

男子家 nan$^{13}$tsi$^{33}$tɕia$^{45}$ 爷儿们

□□客 pa$^{33}$fu$^{33}$kʰe$^{11}$ 娘儿们

　□□客 pa$^{33}$pa$^{33}$kʰe$^{11}$

娘家 ȵan$^{13}$tɕia$^{45}$

他屋入 tʰa$^{44}$o$^{44}$ȵo$^{11}$ 婆家

男子家屋入 nan$^{13}$tsi$^{33}$tɕia$^{45}$o$^{44}$ȵo$^{11}$ 婚姻关系中的男方

女子家屋入 ȵu$^{11}$tsi$^{33}$tɕia$^{45}$o$^{44}$ȵo$^{11}$ 婚姻关系中的女方

□屋入 te$^{45}$o$^{44}$ ȵo$^{11}$ 姥姥家

亲爷屋入 tsʰən$^{45}$ia$^{45}$o$^{44}$ȵo$^{11}$ 丈人家

兄弟姊妹 fyan$^{45}$ti$^{22}$tsi$^{33}$me$^{22}$

房下的哥 fan$^{13}$xa$^{22}$ti$^{33}$ka$^{45}$ 堂兄

房下的老弟 fan$^{13}$xa$^{22}$ti$^{33}$lau$^{11}$ti$^{22}$ 堂弟

房下的姊妹 fan$^{13}$xa$^{22}$ti$^{33}$tsi$^{33}$me$^{22}$ 堂姊妹

房下的姐姐 fan$^{13}$xa$^{22}$ti$^{33}$ʈa$^{33}$ʈa$^{33}$ 堂姐

房下的□ fan$^{13}$xa$^{22}$ti$^{33}$ȵu$^{33}$ 堂妹

表哥 piau$^{33}$ka$^{45}$ 表兄

表嫂 piau$^{33}$sau$^{33}$

表老弟 piau$^{33}$lau$^{11}$ti$^{22}$ 表弟

表姊妹 piau$^{33}$tsi$^{33}$me$^{22}$ 表姐妹

表姐 piau$^{33}$ʈa$^{33}$

表妹 piau$^{33}$me$^{22}$

下班 xa$^{22}$pian$^{45}$ 晚辈

男女 nan$^{13}$ȵu$^{11}$ 子女

儿爷女 tɕi$^{33}$ia$^{45}$ȵu$^{11}$ 父母子女的合称

大儿 tai$^{22}$ni$^{13}$ 大儿子

满儿 mian$^{11}$ni$^{13}$ 小儿子

接的儿 tse$^{11}$ti$^{33}$ni$^{13}$ 继子

接的女 tse$^{11}$ti$^{33}$ȵu$^{11}$ 继女

引起咯尾巴 in$^{11}$tɕʰi$^{33}$kə$^{33}$mie$^{11}$pa$^{45}$ 继子女

儿 ne$^{44}$ 对小孩子的爱称，类似于“小家伙”

　儿儿 ne$^{44}$ne$^{44}$

上门郎 ɕiaŋ$^{22}$mən$^{13}$lan$^{13}$ 赘婿

侄儿子 tɕie$^{44}$ni$^{13}$tsi$^{33}$ ①侄儿；②内侄

侄女 tɕie$^{44}$ȵu$^{11}$

内侄女 nei$^{22}$tɕie$^{44}$ȵu$^{11}$

外甥女 uai$^{22}$sən$^{45}$ȵu$^{11}$

孙女 sən$^{45}$ȵu$^{11}$

外孙女 uai$^{22}$sən$^{45}$ȵu$^{11}$

孙子新妇 sən$^{45}$tsi$^{33}$sən$^{45}$fu$^{22}$ 孙媳妇

孙女郎 sən$^{45}$ȵu$^{11}$lan$^{13}$ 孙女婿

重孙女 ʈoŋ$^{13}$sən$^{45}$ȵu$^{11}$ 孙子之女

儿女家 ne$^{44}$ȵu$^{11}$tɕia$^{45}$ 小老婆

背爷儿 pe$^{22}$ia$^{45}$ni$^{13}$ 遗腹子

儿名 ni$^{13}$min$^{13}$ 乳名

本地方的 pən$^{33}$ti$^{22}$fan$^{45}$ti$^{33}$ 老乡

同班的 toŋ$^{13}$pian$^{45}$ti$^{33}$ 同辈人

同名的 toŋ$^{13}$min$^{13}$ti$^{33}$

讲门前话的 kan$^{33}$mən$^{13}$tsin$^{13}$ʋya$^{22}$ti$^{33}$ 说外乡话的

老庚 lau$^{11}$ken$^{45}$ 同岁的

同年 toŋ$^{13}$nin$^{13}$ 结拜兄弟

　结拜兄弟 tɕie$^{11}$pie$^{44}$fyan$^{45}$ti$^{22}$

认同年 ȵin$^{22}$toŋ$^{13}$nin$^{13}$ 拜把子

　打同年 ta$^{33}$toŋ$^{13}$nin$^{13}$

## 十一　身体

身体 ɕin$^{45}$tʰi$^{33}$

人材 ȵin$^{13}$tsei$^{13}$ 身材

样子 iaŋ$^{22}$tsi$^{33}$ 长相

身坯 ɕin$^{45}$pʰe$^{45}$ 体型

身材 ɕin$^{45}$tsei$^{13}$

高 kau$^{45}$

头脑 tou$^{13}$lau$^{11}$

脑筋 lau$^{11}$ȶən$^{45}$

脑壳 lau$^{11}$kʰo$^{11}$ 脑袋

罩罩额门头 tsau$^{44}$tsau$^{44}$ȵie$^{11}$mən$^{11}$tou$^{13}$ 奔儿头

光脑壳 kuan$^{45}$lau$^{11}$kʰo$^{11}$ 秃头

瘌子 lai$^{22}$tsi$^{33}$

脑壳顶 lau$^{11}$kʰo$^{11}$tin$^{33}$ 头顶

气门 tɕʰi$^{44}$mən$^{13}$ 囟门

后脑壳 xou$^{22}$lau$^{11}$kʰo$^{11}$ 后脑勺

后颈窝 xou$^{22}$tɕin$^{33}$o$^{45}$ 颈后凹处

两个旋 liaŋ$^{11}$ka$^{44}$ɕyan$^{22}$ 双旋儿

跌落头毛 ta$^{44}$la$^{11}$tou$^{13}$mau$^{13}$ 掉头发

髻 tɕi$^{44}$ 中老年盘在脑后的髻

鬏 tɕiu$^{45}$

*丫角髻 a$^{45}$ko$^{11}$tɕi$^{44}$ 民俗文化词

*遮风毛 ȶa$^{45}$xoŋ$^{45}$mau$^{13}$ 特别词

头毛皮 tou$^{13}$mau$^{13}$pi$^{13}$ 头皮屑

面□□ min$^{22}$kʰua$^{33}$po$^{13}$ 脸蛋儿

面□□ min$^{22}$kʰua$^{33}$po$^{45}$ 颧骨

□ po$^{13}$ 凸起物

耳朵孔 ȵie$^{11}$tia$^{33}$kʰoŋ$^{33}$ 耳朵眼儿

耳朵屎 ȵie$^{11}$tia$^{33}$ɕi$^{33}$ 耳屎

有儿聋 iu$^{11}$ni$^{33}$loŋ$^{45}$ 耳背

眼睛眶眶 ȵian$^{11}$tsin$^{45}$kʰuan$^{45}$kʰuan$^{45}$ 眼眶

白云 pe$^{11}$ʋyn$^{13}$ 眼白

黑云 xa$^{44}$ʋyn$^{13}$ 黑眼珠儿

*同人伴 toŋ$^{13}$ȵin$^{13}$pan$^{22}$ 特别词

眼睛角 ȵian$^{11}$tsin$^{45}$ko$^{11}$ 眼角儿

眼睛圈圈 ȵian$^{11}$tsin$^{45}$ȶʰuan$^{45}$ȶʰuan$^{45}$ 眼圈儿

眼屎 ȵian$^{11}$ɕi$^{33}$ 眼眵

*菩萨儿 pu$^{13}$sa$^{44}$ni$^{13}$ 特别词

眼睛皮 ȵian$^{11}$tsin$^{45}$pi$^{13}$ 眼皮儿

单眼皮 tan$^{45}$ȵian$^{11}$pi$^{13}$ 单眼皮儿

双眼皮 suan$^{45}$ȵian$^{11}$pi$^{13}$ 双眼皮儿

眼睛毛 ȵian$^{11}$tsin$^{45}$mau$^{13}$ 眼睫毛

鼻孔梁 pi$^{11}$kʰoŋ$^{33}$liaŋ$^{13}$ 鼻梁儿

鼻孔屎 pi$^{11}$kʰoŋ$^{33}$ɕi$^{33}$ 干鼻涕、鼻屎

鼻孔毛 pi$^{11}$kʰoŋ$^{33}$mau$^{13}$ 鼻毛

鼻孔尖 pi$^{11}$kʰoŋ$^{33}$tsin$^{45}$ 鼻头

鼻孔两边 pi$^{11}$kʰoŋ$^{33}$liaŋ$^{11}$pin$^{45}$ 鼻翅儿

红鼻孔 xoŋ$^{13}$pi$^{11}$kʰoŋ$^{33}$ 酒糟鼻子

唆鼻泣 so$^{11}$pi$^{11}$tɕʰi$^{44}$ 吸溜鼻涕

满面胡 man$^{11}$min$^{22}$fu$^{13}$ 络腮胡子

八字胡 pia$^{11}$tsi$^{22}$fu$^{13}$

酒凼 tsu$^{33}$tan$^{22}$ 酒窝

人中 ȵin$^{13}$ȶoŋ$^{45}$

腮帮 sei$^{45}$pan$^{45}$ 腮帮子

舌苔 ɕie$^{11}$tei$^{13}$

大舌子 tai$^{22}$ɕie$^{11}$tsi$^{33}$ 大舌头、口齿不清

*吊舌 ty$^{44}$ɕie$^{11}$ 特别词

门牙 mən$^{13}$ȵia$^{13}$ 门齿

坐牙 tsa$^{22}$ȵia$^{13}$ 臼齿

尖牙齿 tsin$^{45}$ȵia$^{13}$tɕʰi$^{33}$ 犬齿

牙齿□ ȵia$^{13}$tɕʰi$^{33}$ie$^{45}$ 牙垢

牙齿肉 ȵia$^{13}$tɕʰi$^{33}$ȵia$^{44}$ 牙龈

虫牙齿 ȶoŋ$^{13}$ȵia$^{13}$tɕʰi$^{33}$ 虫牙

□牙 pei$^{45}$ȵia$^{13}$ 龅牙

唾 tʰia$^{44}$ ①口水；②唾沫；③痰

唾星子 tʰia$^{44}$sin$^{45}$tsi$^{33}$ 唾沫星儿

浓唾ȵoŋ$^{13}$tʰia$^{44}$浓痰

唾丝tʰia$^{44}$si$^{45}$口中的黏液

鸡嗦脖tɕi$^{45}$su$^{44}$po$^{11}$喉结

声气ɕin$^{45}$tɕʰi$^{44}$嗓子

饭匙骨fyan$^{22}$ɕi$^{13}$ko$^{44}$肩胛骨

锁口骨so$^{33}$kʰou$^{33}$ko$^{44}$锁骨

□肩膊tia$^{44}$tɕian$^{45}$po$^{11}$溜肩膀儿

背pe$^{44}$

背梁骨pe$^{44}$liaŋ$^{13}$ko$^{44}$脊梁

胁脚底se$^{44}$ȶa$^{11}$ti$^{33}$胳肢窝

胁脚底毛se$^{44}$ȶa$^{11}$ti$^{33}$mau$^{13}$腋毛

手弯膊ɕiu$^{33}$yan$^{45}$po$^{45}$胳膊肘儿

手腕ɕiu$^{33}$yan$^{45}$

手巴掌ɕiu$^{33}$pa$^{45}$ȶan$^{33}$手掌

巴掌pa$^{45}$ȶan$^{33}$耳光

手板心ɕiu$^{33}$pian$^{33}$sən$^{45}$手心

手背ɕiu$^{33}$pe$^{44}$

巴掌印pa$^{45}$ȶan$^{33}$in$^{44}$手掌印

手指头□□ɕiu$^{33}$tɕi$^{33}$tou$^{13}$lu$^{11}$lu$^{11}$指纹

手节□ɕiu$^{33}$tse$^{11}$pu$^{45}$手指关节

手指头尖ɕiu$^{33}$tsi$^{33}$tou$^{13}$tsin$^{45}$指尖

手丫ɕiu$^{33}$a$^{45}$手指缝儿

老皮皮lau$^{11}$pi$^{13}$pi$^{13}$手茧子

大手丫tai$^{22}$ɕiu$^{33}$a$^{45}$虎口

手指壳□ɕiu$^{33}$tɕi$^{33}$kʰo$^{11}$ie$^{45}$指甲垢

手指头印ɕiu$^{33}$tɕi$^{33}$tou$^{13}$in$^{45}$指印

腡la$^{13}$圆形的指纹

筲箕sau$^{45}$tɕi$^{45}$簸箕形的指纹

*心白膛sən$^{45}$pe$^{11}$tan$^{13}$特别词

心白膛毛sən$^{45}$pe$^{11}$tan$^{13}$mau$^{13}$胸毛

心脉膛sən$^{45}$me$^{11}$tan$^{13}$胸口

□头me$^{33}$tou$^{13}$奶头

□汁me$^{33}$tɕie$^{44}$奶汁

光身上kuan$^{45}$ɕin$^{45}$ɕiaŋ$^{22}$裸上身

光屁股kuan$^{45}$pʰi$^{44}$ku$^{33}$裸下身

光筒底kuan$^{45}$tən$^{13}$ti$^{33}$全裸

肋沙骨le$^{11}$sa$^{45}$ko$^{44}$肋骨

肚子tu$^{33}$tsi$^{33}$动物的腹部

小肚ɕy$^{33}$tu$^{33}$肚子的下部

腰y$^{45}$

水蛇腰fy$^{33}$ɕia$^{13}$y$^{45}$

豆腐腰tou$^{22}$fu$^{13}$y$^{45}$ ①容易受伤的腰；②经常容易闪腰的人

背侧骨pe$^{44}$tse$^{11}$ko$^{44}$脊梁骨

裆tan$^{45}$胯下

大腿帮tai$^{22}$tʰe$^{33}$pan$^{45}$大腿

大腿帮根tai$^{22}$tʰe$^{33}$pan$^{45}$kən$^{45}$大腿根儿

脚筒梗ȶa$^{11}$toŋ$^{13}$kuen$^{33}$小腿

儿腿ne$^{44}$tʰe$^{33}$

脚肚子ȶa$^{11}$tu$^{33}$tsi$^{33}$

脚面骨ȶa$^{11}$min$^{22}$ko$^{44}$胫骨

脚□ȶa$^{11}$ɕioŋ$^{45}$脚跟儿

脚背ȶa$^{11}$pe$^{44}$

脚板ȶa$^{11}$pian$^{33}$脚掌

脚板心ȶa$^{11}$pian$^{33}$sən$^{45}$

脚尖ȶa$^{11}$tsin$^{45}$

脚板底ȶa$^{11}$pian$^{33}$ti$^{33}$脚底

脚弯弯ȶa$^{11}$yan$^{45}$yan$^{45}$膝盖窝

螺丝骨la$^{13}$si$^{45}$ko$^{44}$脚踝

光脚kuan$^{45}$ȶa$^{11}$赤脚

脚趾头ȶa$^{11}$tɕi$^{33}$tou$^{13}$

脚趾壳ȶa$^{11}$tɕi$^{33}$kʰo$^{11}$脚趾甲

脚丫□ȶa$^{11}$a$^{45}$ie$^{45}$脚趾缝中的污垢

脚印ȶa$^{11}$in$^{44}$

水臭fy$^{33}$ɕiu$^{44}$脚臭

烂脚丫lan$^{22}$ȶa$^{11}$a$^{45}$脚气

　大粪疮tai$^{22}$fən$^{44}$tsʰuan$^{45}$

皮pi$^{13}$皮肤

　肉色ȵa$^{44}$se$^{44}$

□ie$^{45}$污垢

汗xan$^{22}$

屁股□pʰi$^{44}$ku$^{33}$po$^{13}$屁股蛋儿

屁股丫pʰi$^{44}$ku$^{33}$a$^{45}$屁股沟儿

尾梢骨mie$^{11}$sau$^{45}$ko$^{44}$尾椎骨

鸡巴tɕi$^{45}$pa$^{45}$男阴

　□kʰei$^{33}$

鸟鸟□tiu$^{33}$tiu$^{33}$ke$^{45}$赤子阴

卵子□luan$^{11}$tsi$^{33}$tɕiei$^{44}$阴囊

卵子籽luan$^{11}$tsi$^{33}$tsi$^{33}$睾丸

卵毛luan$^{11}$mau$^{13}$男性的阴毛

屄毛pie$^{45}$mau$^{13}$女性的阴毛

寒毛xan$^{13}$mau$^{13}$

　汗毛xan$^{22}$mau$^{13}$

寒毛孔xan$^{13}$mau$^{13}$kʰoŋ$^{33}$毛孔

筋ȶən$^{45}$

青筋tsʰin$^{45}$ȶən$^{45}$

骨ko$^{44}$骨头

　骨头ko$^{44}$tou$^{13}$

血fye$^{11}$

血管fye$^{11}$kuan$^{33}$

脉me$^{11}$

五脏oŋ$^{11}$tsan$^{22}$

心头sən$^{45}$tou$^{13}$心脏

肝心kan$^{45}$sən$^{45}$肝

□mau$^{44}$肺

腰子y$^{45}$tsi$^{33}$肾

苦胆kʰu$^{33}$tan$^{33}$胆

肚tu$^{33}$胃

肠tsan$^{22}$

大肠tai$^{22}$tsan$^{22}$

儿肠ne$^{44}$tsan$^{22}$小肠

岔肠tsʰa$^{44}$tsan$^{22}$盲肠

*蒙心头moŋ$^{13}$sən$^{45}$tou$^{13}$特别词

*苗镰铁my$^{13}$lin$^{13}$tʰie$^{11}$特别词

声音ɕin$^{45}$in$^{45}$

## 十二　疾病　医疗

着病tɕie$^{11}$pin$^{22}$病了

儿病ne$^{44}$pin$^{22}$小病

重病ȶoŋ$^{22}$pin$^{22}$大病

害病xei$^{22}$pin$^{22}$得病

急病tɕie$^{44}$pin$^{22}$

□xoŋ$^{22}$发炎

挑针tʰy$^{45}$ȶən$^{45}$麦粒肿

鸡麻眼tɕi$^{45}$mia$^{13}$ȵian$^{11}$夜盲症

撤气tsʰe$^{44}$tɕʰi$^{44}$气喘

扯齁ȶʰa$^{33}$xou$^{45}$哮喘

痛鸡眼睛tʰoŋ$^{44}$tɕi$^{45}$ȵian$^{11}$tsin$^{45}$鸡眼疔

*脱体tʰo$^{11}$tʰi$^{33}$古语词

请药匠tɕʰin$^{33}$ia$^{11}$tɕiaŋ$^{22}$请医生

诊病ȶən$^{33}$pin$^{22}$治病

听脉tʰin$^{44}$me$^{11}$搭脉

开药单kʰei$^{45}$ia$^{11}$tan$^{45}$开药方

偏方pʰin$^{45}$fan$^{45}$偏方儿

煨灵丹ue$^{45}$lin$^{13}$tan$^{45}$煎药

扎银针tsa$^{11}$ȵin$^{13}$ȶən$^{45}$

烧艾ɕy$^{45}$ȵie$^{22}$艾灸

艾条ȵie$^{22}$ty$^{13}$

嘬火罐tso$^{11}$fa$^{33}$kuan$^{44}$拔罐

发痧fya$^{11}$sa$^{45}$痧病

扯痧ȶʰa$^{33}$sa$^{45}$

刮痧kua$^{11}$sa$^{45}$

表寒py$^{33}$xan$^{13}$发寒

灵丹lin$^{13}$tan$^{45}$药

中药铺ȶoŋ$^{45}$ia$^{11}$pʰu$^{44}$

药ia$^{11}$中药

草药tsʰau$^{33}$ia$^{11}$

拾药ɕie$^{11}$ia$^{11}$捡药、买中药

卖灵丹mie$^{22}$lin$^{13}$tan$^{45}$ ①买药；②卖药

丸子ʋyn$^{13}$tsi$^{33}$药丸

膏药tɕiau$^{45}$ia$^{11}$

药粉ia$^{11}$fən$^{33}$药面儿

擦灵丹tsʰa$^{11}$lin$^{13}$tan$^{45}$搽药膏

上药ɕiaŋ$^{22}$ia$^{11}$敷药

赶风kan$^{33}$xoŋ$^{45}$去风

退火tʰe$^{44}$fa$^{33}$去火

去湿tɕʰy$^{44}$ɕie$^{44}$

赶毒kan$^{33}$to$^{11}$去毒

消化ɕy$^{45}$fya$^{44}$消食

发寒fya$^{11}$xan$^{13}$发冷

起鸡皮□tɕʰi$^{33}$tɕi$^{45}$pi$^{13}$ȵioŋ$^{44}$起鸡皮疙瘩

  起鸡皮子tɕʰi$^{33}$tɕi$^{45}$pi$^{13}$tsi$^{33}$

  起□□tɕʰi$^{33}$po$^{45}$po$^{45}$

提火ti$^{13}$fa$^{33}$上火

泻肚子ɕia$^{44}$tu$^{33}$tsi$^{33}$拉肚子

羊子iaŋ$^{13}$tsi$^{33}$淋巴结发炎形成的肿块

大卵泡tai$^{22}$luan$^{11}$pʰau$^{45}$疝气

□粪门lo$^{44}$fən$^{44}$mən$^{13}$脱肛

  □大肠头lo$^{44}$tai$^{22}$tsan$^{22}$tou$^{13}$

猪头风ȶu$^{45}$tou$^{13}$xoŋ$^{45}$腮腺炎

生疮sən$^{45}$tsʰuan$^{45}$长疮

生丢=丢=子sən$^{45}$tiu$^{45}$tiu$^{45}$tsi$^{33}$长疔

出麻ȶʰo$^{44}$mia$^{13}$出麻疹

风坨子xoŋ$^{45}$to$^{13}$tsi$^{33}$荨麻疹

着凉tɕie$^{11}$liaŋ$^{13}$伤寒

黄痧病uan$^{13}$sa$^{45}$pin$^{22}$黄疸

肝炎kan$^{45}$in$^{13}$

痨病lau$^{13}$pin$^{22}$肺炎

痛肚tʰoŋ$^{44}$tu$^{33}$胃疼

绞肠痧tɕiau$^{33}$tsan$^{22}$sa$^{45}$肠痉挛

黑眼疯xa$^{44}$ȵian$^{11}$xoŋ$^{45}$癫痫

扯风ȶʰa$^{33}$xoŋ$^{45}$惊风

风瘫xoŋ$^{45}$tʰan$^{45}$中风

水肿病fy$^{33}$ȶoŋ$^{33}$pin$^{22}$

瘫了tʰan$^{45}$le$^{11}$瘫痪

心入翻sən$^{45}$ȵo$^{11}$fyan$^{45}$恶心

打干呕ta$^{33}$kan$^{45}$ou$^{33}$

肚子痛tu$^{33}$tsi$^{33}$tʰoŋ$^{44}$

心头痛sən$^{45}$tou$^{13}$tʰoŋ$^{44}$胸口疼

晕yn$^{45}$发晕

晕头yn$^{45}$tou$^{13}$头晕

  头晕tou$^{13}$yn$^{45}$

晕车yn$^{45}$ȶʰa$^{45}$

晕船yn$^{45}$ɕyan$^{13}$

头痛tou$^{13}$tʰoŋ$^{44}$

  痛头tʰoŋ$^{44}$tou$^{13}$

□筋in$^{13}$ȶən$^{45}$抽筋

出一身汗ȶʰo$^{44}$ie$^{44}$ɕin$^{45}$xan$^{22}$发汗

跸伤pen$^{22}$ɕiaŋ$^{45}$跌伤

□伤tən$^{44}$ɕiaŋ$^{45}$碰伤

刮脱皮kua$^{11}$tʰo$^{11}$pi$^{13}$蹭破皮儿

割个口子ka$^{11}$ka$^{44}$kʰou$^{33}$tsi$^{33}$拉个口子

出血ȶʰo$^{44}$fye$^{11}$

止血tsi$^{33}$fye$^{11}$瘀血

完口ʋyn$^{13}$kʰou$^{33}$结痂

痛冻段=tʰoŋ$^{44}$toŋ$^{44}$tuan$^{22}$冻疮

痔疮tɕi$^{44}$tsʰuan$^{45}$

线蛇风sin$^{44}$ɕia$^{13}$xoŋ$^{45}$带状疱疹

杨梅疮iaŋ$^{13}$mei$^{13}$tsʰuan$^{45}$梅毒

酒刺tsu$^{33}$tsʰi$^{44}$粉刺

□颈po$^{13}$koŋ$^{13}$甲状腺肿大

鼻孔聋了pi$^{11}$kʰoŋ$^{33}$loŋ$^{45}$le$^{11}$嗅觉不灵

哈喉咙xa$^{45}$xou$^{13}$loŋ$^{13}$嗓音沙哑

出痘ȶʰo$^{44}$tou$^{22}$

种牛痘ȶoŋ$^{44}$ŋou$^{13}$tou$^{22}$种痘

天花tʰin$^{45}$fya$^{45}$

水泡fy$^{33}$pʰy$^{44}$

血泡fye$^{11}$pʰy$^{44}$

壳壳kʰo$^{11}$kʰo$^{11}$痂

汗□xan$^{22}$pie$^{44}$痱子

汗疤xan$^{22}$pia$^{45}$汗斑

瘤子liu$^{13}$tsi$^{33}$瘊子

老花眼lau$^{11}$fya$^{45}$ȵian$^{11}$

倒眼睛tau$^{44}$ȵian$^{11}$tsin$^{45}$近视眼

爆眼睛py$^{44}$ȵian$^{11}$tsin$^{45}$鼓眼泡儿

对子眼te$^{44}$tsi$^{33}$ȵian$^{11}$内斜视

偏眼睛pʰin$^{45}$ȵian$^{11}$tsin$^{45}$斜视眼

□子lia$^{45}$ tsi$^{33}$腿残疾的人

驼子to$^{13}$tsi$^{33}$罗锅儿

缺嘴巴tɕʰio$^{11}$tse$^{33}$pa$^{45}$兔唇

□子tɕʰia$^{44}$tsi$^{33}$瞎了一只眼的人

□子la$^{33}$tsi$^{33}$结巴

缺牙齿tɕʰio$^{11}$ȵia$^{13}$tɕʰi$^{33}$豁牙子

多个手指头的ta$^{45}$ka$^{44}$ɕiu$^{33}$tɕi$^{33}$tou$^{13}$ti$^{33}$六指儿

□□手kua$^{13}$kua$^{13}$ɕiu$^{33}$手残疾的人

瘫子tʰan$^{45}$tsi$^{33}$下身瘫痪的人

癞子lai$^{22}$tsi$^{33}$①秃子；②癞子

大病死的tai$^{22}$pin$^{22}$si$^{33}$ti$^{33}$女人难产逝世的

扯人死的ȶʰa$^{33}$ȵin$^{13}$si$^{33}$ti$^{33}$咒骂女人会难产而逝，詈语

*走胎tsou$^{33}$tʰei$^{45}$民俗文化词

*簪胎tsan$^{45}$tʰei$^{45}$民俗文化词

失魂ɕie$^{44}$fən$^{13}$小孩的一种病，民间认为是小孩子的魂魄丢了的缘故

喊魂xan$^{33}$fən$^{13}$招魂

药老鼠ia$^{11}$lau$^{11}$ɕiu$^{33}$毒老鼠

## 十三　衣服穿戴

中山装ȶoŋ$^{45}$san$^{45}$tsuan$^{45}$

西装ɕi$^{45}$tsuan$^{45}$

*便衣pin$^{22}$i$^{45}$民俗文化词

长袍子ȶan$^{13}$pau$^{13}$tsi$^{33}$长衫

褂子kua$^{44}$tsi$^{33}$马褂儿

旗袍tɕi$^{13}$pau$^{13}$

皮衣pi$^{13}$i$^{45}$

裤袋kʰu$^{44}$tei$^{22}$裤子口袋

捂裙u$^{13}$tɕin$^{13}$围裙

抱裙pau$^{22}$tɕin$^{13}$包裹婴儿的被单

唾袋tʰia$^{44}$tei$^{22}$围嘴儿

布pu$^{44}$男用的土布头巾

纱包sa$^{45}$py$^{45}$女用的土布头巾

汗巾xan$^{22}$ȶən$^{45}$手绢

长衣袖ȶan$^{13}$i$^{45}$su$^{22}$长袖

短衣袖tuan$^{33}$i$^{45}$su$^{22}$短袖

*辙牙tsʰe$^{44}$ȵia$^{13}$民俗文化词

襻襻 p$^{h}$ian$^{44}$p$^{h}$ian$^{44}$ 襻子

补衣 pu$^{33}$i$^{45}$ 缝衣

布 pu$^{44}$

缲边 tɕ$^{h}$y$^{45}$pin$^{45}$

锁边 so$^{33}$pin$^{45}$

趟底 t$^{h}$an$^{44}$ti$^{33}$ 垫鞋底

扯鞋底 ȶ$^{h}$a$^{33}$ɕie$^{13}$ti$^{33}$ 纳鞋底

做袜底 tsu$^{44}$υya$^{11}$ti$^{33}$ 纳袜底

锁扣眼 so$^{33}$tɕ$^{h}$iu$^{44}$ȵian$^{11}$

大衣 tai$^{22}$i$^{45}$ 长大衣

里汗衣 li$^{11}$xan$^{22}$i$^{45}$ 内衣

罩皮衣 tsau$^{44}$pi$^{13}$i$^{45}$ 罩面衣

衣领 i$^{45}$lin$^{11}$

纱褂子 sa$^{45}$kua$^{44}$tsi$^{33}$ 汗背心

衣襟 i$^{45}$ȶən$^{45}$

大襟 tai$^{22}$ȶən$^{45}$

儿襟 ne$^{44}$ȶən$^{45}$ 小襟

对襟衣 te$^{44}$ȶən$^{45}$i$^{45}$ 对襟儿

衣脚 i$^{45}$ȶa$^{11}$ 衣的下摆

外套 uai$^{22}$t$^{h}$au$^{44}$

单裤 tan$^{45}$k$^{h}$u$^{44}$

内裤 nei$^{22}$k$^{h}$u$^{44}$ 裤衩儿

开裆裤 k$^{h}$ei$^{45}$tan$^{45}$k$^{h}$u$^{44}$

蛮裆裤 men$^{13}$tan$^{45}$k$^{h}$u$^{44}$ 死裆裤

裤裆 k$^{h}$u$^{44}$tan$^{45}$

姐妹裤 tɕie$^{33}$me$^{22}$k$^{h}$u$^{44}$ 连脚裤

大头裤 tai$^{22}$tou$^{13}$k$^{h}$u$^{44}$

缩头裤 so$^{11}$tou$^{13}$k$^{h}$u$^{44}$ 松紧裤

裤带 k$^{h}$u$^{44}$tai$^{44}$ 裤腰带

衣袋 i$^{45}$tei$^{22}$

布扣子 pu$^{44}$tɕ$^{h}$iu$^{44}$tsi$^{33}$

扣襻 tɕ$^{h}$iu$^{44}$p$^{h}$ian$^{44}$ 纽襻

按扣 an$^{44}$tɕ$^{h}$iu$^{44}$ 摁扣

裤腰 k$^{h}$u$^{44}$y$^{45}$

裤头 k$^{h}$u$^{44}$tou$^{13}$

皮鞋 pi$^{13}$ɕie$^{13}$

钉刷子 tin$^{45}$sa$^{11}$tsi$^{33}$ 钉鞋

靴子 ɕie$^{45}$tsi$^{33}$

胶鞋 tɕiau$^{45}$ɕie$^{13}$

蛤蟆口 xa$^{13}$mia$^{45}$k$^{h}$ou$^{33}$

拖板鞋 t$^{h}$o$^{45}$pian$^{33}$ɕie$^{13}$ 木屐

拖鞋 t$^{h}$o$^{45}$ɕie$^{13}$

布鞋 pu$^{44}$ɕie$^{13}$

绣花鞋 ɕiu$^{44}$fya$^{45}$ɕie$^{13}$

棉鞋 min$^{13}$ɕie$^{13}$

草鞋 ts$^{h}$au$^{33}$ɕie$^{13}$

解放鞋 kai$^{33}$fan$^{44}$ɕie$^{13}$

跑鞋 p$^{h}$au$^{33}$ɕie$^{13}$ 类似高帮“解放鞋”，鞋底是棉布做的，用来走路

凉鞋 liaŋ$^{13}$ɕie$^{13}$

高桶鞋 kau$^{45}$t$^{h}$oŋ$^{33}$ɕie$^{13}$ 橡胶做的高帮鞋

半桶鞋 pan$^{44}$t$^{h}$oŋ$^{33}$ɕie$^{13}$ 橡胶做的半高帮鞋

鞋底 ɕie$^{13}$ti$^{33}$ ①鞋底的通称；②专指旧时做千层底棉鞋剪鞋样时用的用米浆粘好的多层布片

鞋帮 ɕie$^{13}$pan$^{45}$

楦鞋 fyan$^{44}$ɕie$^{13}$ 鞋楦子

鞋带 ɕie$^{13}$tai$^{44}$

线袜 sin$^{44}$υya$^{11}$ 棉袜

长袜 ȶan$^{13}$υya$^{11}$

短袜 tuan$^{33}$υya$^{11}$

袜带 υya$^{11}$tai$^{44}$ 袜带

尖头鞋 tsin$^{45}$tou$^{13}$ɕie$^{13}$ 弓鞋

绑腿 pan$^{33}$t$^{h}$e$^{33}$

包脚布 py$^{45}$ȶa$^{11}$pu$^{44}$ 旧时妇女裹脚的布

狗头帽 kou$^{33}$tou$^{13}$mau$^{22}$ 小孩子戴的狗头状的帽子

□□帽 tiu$^{44}$tiu$^{44}$mau$^{22}$ 有帽檐的帽子

棉帽 min$^{13}$mau$^{22}$ 棉布帽

皮帽子 pi$^{13}$mau$^{22}$tsi$^{33}$ 皮帽

礼帽 li$^{11}$mau$^{22}$

瓜皮帽 kua$^{45}$pi$^{13}$mau$^{22}$

单帽子 tan$^{45}$mau$^{22}$tsi$^{33}$

帽子边 mau$^{22}$tsi$^{33}$pin$^{45}$ 帽檐儿

　帽子□□ mau$^{22}$tsi$^{33}$tiu$^{44}$tiu$^{44}$

草帽 ts$^{h}$au$^{33}$mau$^{22}$

猴子儿 xou$^{13}$tsi$^{33}$ni$^{13}$ 端午节制作的猴子形状的香囊，里面含米、茶叶。猴子头的线上串有独蒜子、菖蒲根，主要用来辟邪、驱毒

飞针 fi$^{45}$ȶən$^{45}$ 别针

耳朵圈 ȵie$^{11}$tia$^{33}$tɕ$^{h}$yan$^{45}$ 耳环

喉圈 xou$^{13}$tɕ$^{h}$yan$^{45}$ 项链

* 牙签链 ŋa$^{13}$ts$^{h}$in$^{45}$lin$^{22}$ 民俗文化词

百家锁 pe$^{11}$tɕia$^{45}$so$^{33}$

包包 py$^{45}$py$^{45}$ 手提包

粉 fən$^{33}$

头簪 tou$^{13}$tsan$^{45}$ 发簪

　头毛簪 tou$^{13}$mau$^{13}$tsan$^{45}$

手套 ɕiu$^{33}$t$^{h}$au$^{44}$

肚兜 tu$^{33}$tou$^{45}$

白布 p$^{h}$a$^{44}$pu$^{44}$ 旧式女用布料的卫生带

锁 so$^{33}$

钥匙扣 io$^{11}$ɕi$^{13}$tɕ$^{h}$iu$^{44}$

钱包 tsin$^{13}$py$^{45}$

蒲扇 pu$^{13}$ɕin$^{44}$

纸扇 tɕi$^{33}$ɕin$^{44}$

草扇 ts$^{h}$au$^{33}$ɕin$^{44}$

眼镜 ȵian$^{11}$ȶən$^{44}$

黑眼镜 xa$^{44}$ȵian$^{11}$ȶən$^{44}$ 墨镜

老花镜 lau$^{11}$fya$^{45}$ȶən$^{44}$

手表 ɕiu$^{33}$py$^{33}$

挂表 kua$^{44}$py$^{33}$ 怀表

驼肩 to$^{13}$tɕian$^{45}$ 衣领后面的宽布

## 十四　饮食

吃的东西 tɕ$^{h}$ie$^{44}$ti$^{33}$toŋ$^{45}$si$^{45}$ 食物

朝饭 tɕy$^{45}$fyan$^{22}$ 早饭

半日 pan$^{44}$ȵie$^{11}$ 午饭

夜饭 ia$^{22}$fyan$^{22}$ 晚饭

宵夜 ɕy$^{45}$ia$^{22}$ 夜宵

　消闲 ɕy$^{45}$xan$^{13}$

零碎 lin$^{13}$se$^{44}$ 零食

吃饭 tɕ$^{h}$ie$^{44}$fyan$^{22}$

黑饭 xa$^{44}$fyan$^{22}$ 用山上的一种树叶做成的糯米饭团。一般农历四月初八食用。

剩饭 ɕin$^{22}$fyan$^{22}$ 剩下的饭

清饭 tsin$^{44}$fyan$^{22}$ 冷饭

馊 sou$^{45}$

剩下来 ɕin$^{22}$xa$^{22}$lei$^{13}$

米汁汤 mi$^{11}$tɕie$^{44}$t$^{h}$an$^{45}$ 米汤

焦皮 tɕy$^{45}$pi$^{13}$ 锅巴

挂面 kua$^{44}$min$^{22}$

汤面 t$^{h}$an$^{45}$min$^{22}$

臊子 sau$^{44}$tsi$^{33}$

米粉 mi$^{11}$fən$^{33}$

细粉 se$^{44}$fən$^{33}$ ①米线；②湘粉、粉丝

圆粉 tɕyan$^{13}$fən$^{33}$

切粉 tsʰe$^{11}$fən$^{33}$ 宽粉

炒粉 tsʰau$^{33}$fən$^{33}$

汤粉 tʰan$^{45}$fən$^{33}$

红薯粉 xoŋ$^{13}$fy$^{13}$fən$^{33}$

浪锅皮 lan$^{22}$kua$^{45}$pi$^{13}$ 粉皮

凉粉 liaŋ$^{13}$fən$^{33}$

藕粉 ŋou$^{11}$fən$^{33}$

心 sən$^{45}$ 包子、饺子等的馅儿

皮 pi$^{13}$ 饺子等的皮儿

马打滚 ma$^{11}$ta$^{33}$kuən$^{33}$ 麻糬、驴打滚

米粉糍 mi$^{11}$fən$^{33}$tsi$^{13}$ 用米磨成的粉做的糊状食物

汤圆 tʰan$^{45}$υyn$^{13}$

老面 lau$^{11}$min$^{22}$ 发酵用的面团

大背糍 tai$^{22}$pe$^{44}$tsi$^{13}$ 一种包扎成长条形的大粽子

肉 ȵa$^{44}$

丝丝肉 si$^{45}$si$^{45}$ȵa$^{44}$ 小块肉

大丝肉 tai$^{22}$si$^{45}$ȵa$^{44}$ 大片肉

肉丝 ȵa$^{44}$si$^{45}$

臊子肉 sau$^{44}$tsi$^{33}$ȵa$^{44}$ 肉末

肉皮 ȵa$^{44}$pi$^{13}$

*三角坨 san$^{45}$ko$^{11}$to$^{13}$ 民俗文化词

肥肉 fi$^{13}$ȵa$^{44}$

腈肉 tsin$^{45}$ȵa$^{44}$ 瘦肉

五花肉 oŋ$^{11}$fya$^{45}$ȵa$^{44}$

里腈肉 li$^{11}$tsin$^{45}$ȵa$^{44}$ 里脊肉

腊肉 la$^{11}$ȵa$^{44}$

卤肉 lu$^{11}$ȵa$^{44}$ 卤制的肉

胖皮 pʰan$^{44}$pi$^{13}$ 扣肉

红皮子 xoŋ$^{13}$pi$^{13}$tsi$^{33}$ 红烧肉

*酥肉 su$^{45}$ȵa$^{44}$ 民俗文化词

米黄肉 mi$^{11}$uan$^{13}$ȵa$^{44}$ 粉蒸肉

肉冇□ ȵa$^{44}$mo$^{22}$miu$^{22}$ 肉不烂

咬不动 niau$^{11}$pu$^{44}$toŋ$^{22}$ 嚼不动

炒鸡□ tsʰau$^{33}$tɕi$^{45}$tɕiei$^{44}$ 炒鸡蛋

煮鸡□ ʈu$^{33}$tɕi$^{45}$tɕiei$^{44}$ 煮鸡蛋

糖□ tan$^{13}$tɕiei$^{44}$ 糖冲泡蛋

酒糟□ tsu$^{33}$tsau$^{45}$tɕiei$^{44}$ 酒糟冲蛋

蒸鸡□ ʈən$^{45}$tɕi$^{45}$tɕiei$^{44}$ 蛋羹

□□ kʰau$^{45}$tɕiei$^{44}$ 死胎蛋

鸭□ a$^{11}$tɕiei$^{44}$ 鸭蛋

盐鸭□ in$^{13}$a$^{11}$tɕiei$^{44}$ 咸鸭蛋

香肠 ɕiaŋ$^{45}$tsan$^{22}$

菜蔬 tsʰei$^{44}$su$^{45}$ 蔬菜

下饭菜 xa$^{22}$fyan$^{22}$tsʰei$^{44}$

小菜 ɕy$^{33}$tsʰei$^{44}$ 素菜

荤菜 kʰuən$^{45}$tsʰei$^{44}$

辣椒瓯 la$^{11}$tɕy$^{45}$ou$^{45}$ 非正式菜的总称

豆腐皮 tou$^{22}$fu$^{11}$pi$^{13}$

豆腐条 tou$^{22}$fu$^{11}$ty$^{13}$ 腐竹

豆腐干 tou$^{22}$fu$^{11}$kan$^{45}$ 豆腐干儿

豆腐果 tou$^{22}$fu$^{11}$ko$^{33}$ 豆腐泡

炸豆腐 tsa$^{11}$tou$^{22}$fu$^{33}$ 油炸豆腐

米豆腐 mi$^{11}$tou$^{22}$fu$^{33}$

霉豆腐 me$^{13}$tou$^{22}$fu$^{33}$ 腐乳

猪脚爪 ʈu$^{45}$ʈa$^{11}$tsau$^{33}$ 猪蹄儿

猪脚帮 ʈu$^{45}$ʈa$^{11}$pan$^{45}$ 猪大腿

红丸子 xoŋ$^{13}$υyn$^{13}$tsi$^{33}$ 猪血丸子

猪心头 ʈu$^{45}$sən$^{45}$tou$^{13}$ 猪心

猪蹄筋 ʈu$^{45}$tie$^{13}$ʈən$^{45}$

庖汤 pau$^{13}$tʰan$^{45}$ 过年杀猪时用新鲜猪肉、猪血和内脏等用一大锅煮成的菜肴，请亲戚和街坊邻居一起品尝

牛舌子ŋou$^{13}$ɕie$^{11}$tsi$^{33}$牛舌头

猪□ȶu$^{45}$mau$^{44}$猪肺

猪肠ȶu$^{45}$tsan$^{22}$

排骨pie$^{13}$ko$^{44}$

猪肝ȶu$^{45}$kan$^{45}$

腰子ȶu$^{45}$y$^{45}$tsi$^{33}$猪腰

蓑衣肚sa$^{45}$i$^{45}$tu$^{33}$牛肚带毛刺状的部分

蜂窠肚xoŋ$^{45}$k$^{h}$ua$^{45}$tu$^{33}$牛肚光滑的部分

百页肚pe$^{11}$ie$^{11}$tu$^{33}$牛百叶

鸡杂碎tɕi$^{45}$tsa$^{11}$se$^{44}$鸡杂

鸡菌子tɕi$^{45}$tɕin$^{22}$tsi$^{33}$鸡肫

鸡血tɕi$^{45}$fye$^{11}$

鱼鳞ȵu$^{13}$lin$^{13}$

鱼星子ȵu$^{13}$sin$^{45}$tsi$^{33}$单片鱼鳞

鱼泡ȵu$^{13}$p$^{h}$au$^{45}$鱼鳔儿

鱼头ȵu$^{13}$tou$^{13}$

鱼刺ȵu$^{13}$ts$^{h}$i$^{44}$

鱼鳃ȵu$^{13}$sei$^{45}$

鱼翅膀ȵu$^{13}$tɕi$^{44}$pan$^{33}$鱼鳍

鱼尾巴ȵu$^{13}$mie$^{11}$pa$^{45}$鱼尾

鱼杂碎ȵu$^{13}$tsa$^{11}$se$^{44}$鱼体内可食内脏的统称

鱼□ȵu$^{13}$tɕiei$^{44}$鱼子

瓜子kua$^{45}$tsi$^{33}$

莲子lin$^{13}$tsi$^{33}$

白木耳朵pe$^{11}$mo$^{11}$ȵie$^{11}$tia$^{33}$银耳

萝卜菜la$^{13}$po$^{11}$ts$^{h}$ei$^{44}$萝卜缨儿

萝卜皮la$^{13}$po$^{11}$pi$^{13}$

干萝卜kan$^{45}$la$^{13}$po$^{11}$

空了k$^{h}$oŋ$^{45}$la$^{11}$萝卜等糠了

菜头ts$^{h}$ei$^{44}$tou$^{13}$

菜心ts$^{h}$ei$^{44}$sən$^{45}$

菜梗ts$^{h}$ei$^{44}$kuen$^{33}$①菜茎；②菜帮子

菜蕻ts$^{h}$ei$^{44}$xoŋ$^{22}$某些蔬菜中心抽出的长茎

菜叶ts$^{h}$ei$^{44}$ie$^{11}$

黄菜叶uan$^{13}$ts$^{h}$ei$^{44}$ie$^{11}$

腌菜an$^{45}$ts$^{h}$ei$^{44}$腌制的蔬菜

干鱼kan$^{45}$ȵu$^{13}$腊鱼

干豆腐kan$^{45}$tou$^{22}$fu$^{33}$腊豆腐

干鸡kan$^{45}$tɕi$^{45}$风干的鸡

剁辣椒ȶa$^{11}$la$^{11}$tɕy$^{45}$剁椒

盐菜in$^{13}$ts$^{h}$ei$^{44}$将青菜、萝卜或橄榄菜等切断晒开而成的干菜

花生油fya$^{45}$sən$^{45}$iu$^{13}$

核桃油xa$^{44}$tau$^{13}$iu$^{13}$山核桃油

菜油ts$^{h}$ei$^{44}$iu$^{13}$菜籽油

茶油tsa$^{13}$iu$^{13}$

油底子iu$^{13}$ti$^{33}$tsi$^{33}$装油容器底部沉淀的杂质

粗盐ts$^{h}$u$^{45}$in$^{13}$

细盐se$^{44}$in$^{13}$精盐

配料p$^{h}$e$^{44}$ly$^{22}$佐料

相料ɕiaŋ$^{45}$ly$^{22}$葱

大蒜□tai$^{22}$suan$^{44}$po$^{13}$蒜薹

蒜笼suan$^{44}$lioŋ$^{13}$蒜苔

菜姜ts$^{h}$ei$^{44}$ȶan$^{45}$一种大而不辣的姜

黄姜uan$^{13}$ȶan$^{45}$一种小而辣的姜

洋姜iaŋ$^{13}$ȶan$^{45}$

八角pia$^{11}$ko$^{11}$

五香草oŋ$^{11}$ɕiaŋ$^{45}$ts$^{h}$au$^{33}$一种一年生荠宁科芳香性草本，全草均可入药

紫苏tsi$^{33}$ts$^{h}$u$^{45}$

桂皮kuei$^{44}$pi$^{13}$

柑子皮kan$^{45}$tsi$^{33}$pi$^{13}$陈皮

花椒fya$^{45}$tɕy$^{45}$

胡椒fu$^{13}$tɕy$^{45}$

胡椒粉 $fu^{13}tɕy^{45}fən^{33}$

豆豉 $tou^{22}ɕi^{13}$

芡粉 $tɕ^{h}in^{44}fən^{33}$

干辣椒 $kan^{45}la^{11}tɕy^{45}$

辣椒粉 $la^{11}tɕy^{45}fən^{33}$

豆瓣酱 $tou^{22}pan^{44}tɕiaŋ^{44}$

辣酱 $la^{11}tɕiaŋ^{44}$ 辣椒酱

酒糟汁 $tsu^{33}tsau^{45}tɕie^{44}$ 酒醪汁，增甜用的调料

糖 $tan^{13}$

红糖 $xoŋ^{13}tan^{13}$

白糖 $pe^{11}tan^{13}$

红糖粉 $xoŋ^{13}tan^{13}fən^{33}$ 红砂糖

砖糖 $tɕyan^{45}tan^{13}$

冰糖 $pin^{45}tan^{13}$

薄荷糖 $po^{45}xo^{44}tan^{13}$

姜糖 $ȶan^{45}tan^{13}$

蜜糖 $mi^{11}tan^{13}$ 麦芽糖

片糖 $p^{h}ian^{44}tan^{13}$ 用纸包装好的糖块

月光糖 $ȵie^{11}kuan^{45}tan^{13}$ 月饼

烟 $in^{45}$

烟叶 $in^{45}ie^{11}$

烟丝 $in^{45}si^{45}$

黄烟 $uan^{13}in^{45}$

喇叭筒 $la^{11}pa^{11}toŋ^{13}$ 自制的卷烟

草烟 $ts^{h}au^{33}in^{45}$ 烟草

烟筒 $in^{45}toŋ^{13}$ 烟斗

水烟筒 $fy^{33}in^{45}toŋ^{13}$

水烟壶 $fy^{33}in^{45}fu^{13}$

旱烟筒 $xan^{22}in^{45}toŋ^{13}$

烟盒子 $in^{45}xo^{11}tsi^{33}$ 烟盒

烟灰 $in^{45}fe^{45}$

烟屎 $in^{45}ɕi^{33}$ 烟油

纸媒子 $tɕi^{33}me^{13}tsi^{33}$ 旧时用易于引火的纸搓成的细纸卷，点着后即如香一般冒烟，用时一吹即燃起明火

火镰 $fa^{33}lin^{13}$

白崖 $pe^{11}ȵie^{13}$ 火石

火崖 $fa^{33}ȵie^{13}$

火草 $fa^{33}ts^{h}au^{33}$ 火绒

酒 $tsu^{33}$

拍酒 $p^{h}e^{11}tsu^{33}$ 把酒曲跟煮熟的米饭混合拌匀，冷却后封存发酵

烧酒 $ɕy^{45}tsu^{33}$ 酒的蒸馏过程

酒甑 $tsu^{33}tsən^{44}$

天锅 $t^{h}in^{45}kua^{45}$ 酒甑顶部用来起冷凝作用的大锅子

酒笕 $tsu^{33}tɕin^{33}$ 酒甑中用来收集和导流酒液的竹笕

酒瓮 $tsu^{33}oŋ^{44}$

苦酒 $k^{h}u^{33}tsu^{33}$ 糯米酿制的未经蒸馏的黄酒，度数较低，后劲足

红薯酒 $xoŋ^{13}fy^{13}tsu^{33}$

谷酒 $ko^{44}tsu^{33}$

高粱酒 $kau^{45}liaŋ^{13}tsu^{33}$

套缸酒 $t^{h}au^{44}kan^{45}tsu^{33}$ 一种通道本地的王牌酒。把烧酒和甜酒混合再过滤，酒精度较高

甜酒 $tin^{13}tsu^{33}$ 糯米酒

酒曲 $tsu^{33}tɕ^{h}io^{44}$

油茶 $iu^{13}tsa^{13}$

清茶 $ts^{h}in^{45}tsa^{13}$

糖豆茶 $tan^{13}tou^{22}tsa^{13}$ 用豆煮透，加糖，喝时加热水，通常为办酒席或是过春节时用

茶 $tsa^{13}$ 沏好的茶

谷雨茶ko$^{44}$u$^{11}$tsa$^{13}$藤茶，由当地一种野生藤本植物的叶子做成，可当茶喝，既有降压的功效，又可用于处理外伤，使伤口免于发炎

茶渣渣tsa$^{13}$tsa$^{45}$tsa$^{45}$泡过之后的茶叶

筛茶sai$^{45}$tsa$^{13}$

茶脚脚tsa$^{13}$ȶa$^{11}$ȶa$^{11}$喝完油茶后剩下的渣子

倒茶tau$^{44}$tsa$^{13}$泡普通的茶或清茶

饼干pin$^{33}$kan$^{45}$

回润fe$^{13}$yn$^{22}$食物受潮

三鲜汤san$^{45}$ɕin$^{45}$tʰan$^{45}$

□包子tɕiei$^{44}$py$^{45}$tsi$^{33}$用鸡蛋做馅儿的包子

血浆鸭fye$^{11}$tɕiaŋ$^{44}$a$^{11}$湘西湘南的一道鸭肉名菜，以鸭血入味为特点

酸汤鱼suan$^{45}$tʰan$^{45}$ȵu$^{13}$湘西的一道名菜，以鱼汤酸鲜为特点

*爆米py$^{44}$mi$^{11}$民俗文化词

*冻米toŋ$^{44}$mi$^{11}$民俗文化词

## 十五　红白大事

亲事tsʰən$^{45}$sɿ$^{22}$

纳亲酒la$^{11}$tsʰən$^{45}$tsu$^{33}$娶亲酒

嫁女酒tɕia$^{44}$ȵu$^{11}$tsu$^{33}$

媒婆me$^{13}$pa$^{13}$

望人家man$^{22}$ȵin$^{13}$tɕia$^{45}$看对象

送担soŋ$^{44}$tan$^{44}$定礼

望日子man$^{22}$ȵie$^{11}$tsi$^{33}$看日子

礼信li$^{11}$ɕin$^{44}$彩礼

见面礼tɕin$^{44}$min$^{22}$li$^{11}$

好日子xau$^{33}$ȵie$^{11}$tsi$^{33}$结婚的日子

喜酒ɕi$^{33}$tsu$^{33}$

纳亲la$^{11}$tsʰən$^{45}$娶亲

抬嫁妆tei$^{13}$tɕia$^{44}$tsuan$^{45}$结婚前男方把购买的嫁妆先送到女方家里，结婚那天再抬回来的过程

轿tɕy$^{22}$轿子

花轿fya$^{45}$tɕy$^{22}$

上亲ɕiaŋ$^{22}$tsʰən$^{45}$结婚那天女方家陪同新娘到男方家的客人

*送客soŋ$^{44}$kʰe$^{11}$

上门ɕiaŋ$^{22}$mən$^{13}$入赘

招郎tɕy$^{45}$lan$^{13}$招赘

嫁女tɕia$^{44}$ȵu$^{11}$

过门kua$^{44}$mən$^{13}$出嫁，只用于询问女方是否出嫁了的时候

交瓯酒tɕiau$^{45}$ou$^{45}$tsu$^{33}$交杯酒

开铺kʰei$^{45}$pʰu$^{45}$请已嫁的上有老下有小的妇女暖房，以求结婚后人丁兴旺

报日po$^{44}$ȵie$^{11}$男方提前一个月左右把选定的吉日报给女方，女方如果同意，则给男方礼单，双方商定结婚事宜，男方带回礼单

过礼kua$^{44}$li$^{11}$男方提前两天把礼单上的东西送给女方

*拦门酒lan$^{13}$mən$^{13}$tsu$^{33}$民俗文化词

*观亲kuan$^{45}$tsʰən$^{45}$民俗文化词

*观亲客kuan$^{45}$tsʰən$^{45}$kʰe$^{11}$民俗文化词

*观亲担kuan$^{45}$tsʰən$^{45}$tan$^{44}$民俗文化词

*引亲娘in$^{11}$tsʰən$^{45}$ȵan$^{13}$民俗文化词

*回门fe$^{13}$mən$^{13}$民俗文化词

队伙te$^{22}$fa$^{33}$送亲的

新房sən$^{45}$fan$^{13}$

半路亲pan$^{44}$lu$^{22}$tsʰən$^{45}$女子二婚

纳第二个la$^{11}$ti$^{22}$ni$^{22}$ka$^{44}$续弦

填房 tin$^{13}$fan$^{13}$ 嫁二嫁

改嫁 kei$^{33}$tɕia$^{44}$

接生 tse$^{11}$sen$^{45}$

报喜 po$^{44}$ɕi$^{33}$ 生小孩后向娘家报喜

伴人 pan$^{22}$ȵin$^{13}$ 胎盘

*藏伴人 tsan$^{13}$pan$^{44}$ȵin$^{13}$ 民俗文化词

引 in$^{11}$ 抚养小孩

屙尿上床 ie$^{45}$ȵy$^{22}$ɕiaŋ$^{22}$suan$^{13}$ 尿床

尿臊 ȵy$^{22}$sau$^{45}$ 尿臊味

坐篮 tsa$^{22}$lan$^{13}$ 一种用木或竹制的有围栏的婴儿坐具

打三朝 ta$^{33}$san$^{45}$tɕy$^{45}$ 做三朝

出月 ȶ$^{h}$o$^{44}$ȵo$^{11}$ 出月子，男婴足日出月，女婴要提前两天出月

封澡 xoŋ$^{45}$tsau$^{33}$ 在满月前的两三天，女方父母拿草药给女方“汗蒸”以驱毒

头胎 tou$^{13}$t$^{h}$e$^{45}$

头男长子 tou$^{13}$nan$^{13}$ȶan$^{33}$tsi$^{33}$ 头胎男孩

满岁 man$^{11}$se$^{44}$ 满周岁

　对周 te$^{44}$ȶu$^{45}$

登人 tən$^{45}$ȵin$^{13}$ 成年了

生尾巴 sen$^{45}$mie$^{11}$pa$^{45}$ 小孩子生日

上寿 ɕiaŋ$^{22}$ɕiu$^{22}$ 做寿

白喜 pe$^{11}$ɕi$^{33}$ 丧事

赶豆腐 kan$^{33}$tou$^{22}$fu$^{33}$ 奔丧

属 ɕio$^{11}$ ～虎

禁忌 ȶən$^{44}$tɕi$^{44}$

报销了 po$^{44}$ɕy$^{45}$le$^{11}$ 死的鄙称或谑称

　去货了 k$^{h}$u$^{44}$xo$^{44}$le$^{11}$

吊颈 ty$^{44}$koŋ$^{13}$ 上吊

跳水 t$^{h}$y$^{44}$fy$^{33}$ 投水

尸骨 ɕi$^{45}$ko$^{44}$

*函子 xan$^{13}$tsi$^{33}$ 民俗文化词

洗澡 se$^{33}$tsau$^{33}$ 抹尸

老衣 lau$^{11}$i$^{45}$ 寿衣

老鞋 lau$^{11}$ɕie$^{13}$ 寿鞋

寿被 ɕiu$^{22}$pi$^{22}$

*含牙银 xan$^{13}$ȵia$^{13}$ȵin$^{13}$ 民俗文化词

*封口纸 xoŋ$^{45}$k$^{h}$ou$^{33}$tɕi$^{33}$ 民俗文化词

报死 po$^{44}$si$^{33}$ 报丧

*拜路棍 pie$^{44}$lu$^{22}$kuən$^{44}$ 民俗文化词

*打长流水 ta$^{33}$ȶan$^{13}$ly$^{13}$fy$^{33}$ 民俗文化词

孝子 ɕy$^{44}$tsi$^{33}$

孝家 ɕy$^{44}$tɕia$^{45}$ 有丧事的人家

戴孝 tai$^{44}$ɕy$^{44}$

白 pe$^{11}$ 孝布

缚白 fa$^{11}$pe$^{11}$ 戴孝

孝衣 ɕy$^{44}$i$^{45}$ 孝衫

灵屋 lin$^{13}$o$^{44}$ 灵堂

庵堂 an$^{45}$tan$^{13}$ 佛堂

守夜 ɕiu$^{33}$ia$^{22}$ 守灵

　伴夜 pan$^{22}$ia$^{22}$

柳床 liu$^{11}$suan$^{13}$ 灵床

打七 ta$^{33}$ts$^{h}$e$^{44}$ 做七

守孝 ɕiu$^{33}$ɕy$^{44}$

满孝 man$^{11}$ɕy$^{44}$ 除孝

棺罩 kuan$^{45}$tsau$^{44}$ 用纸扎成的罩子，用来装饰棺材四周的木框

风水 xoŋ$^{45}$fy$^{33}$ 坟地

花圈 fya$^{45}$tɕ$^{h}$yan$^{45}$

鬼 tɕy$^{33}$

魂魄 fən$^{13}$pe$^{11}$

做道场 tsu$^{44}$tau$^{22}$ȶan$^{13}$

念经 nin$^{22}$ȶən$^{45}$

测字 tsʰe$^{11}$tsi$^{22}$

望地 man$^{11}$ti$^{22}$ 看风水

送 soŋ$^{44}$ 送葬

车柩 ȶʰa$^{45}$ȶu$^{44}$ 葬礼中的一环，将灵柩从堂屋抬至屋外

柩 ȶu$^{44}$ 灵柩

吃豆腐 tɕʰie$^{44}$tou$^{22}$fu$^{11}$ 喝丧礼酒

放大炮 fan$^{44}$tʰie$^{11}$pʰy$^{44}$ 放铁铳

捞去烧 lau$^{45}$kʰu$^{44}$ɕy$^{45}$ 火葬

碑 pi$^{45}$ 墓碑

坟场 fən$^{13}$ȶan$^{13}$

井 tsin$^{33}$ 墓穴

上祭 ɕiaŋ$^{22}$tse$^{44}$ 祭祀

*唱喏 ȶʰan$^{44}$ia$^{11}$ 古语词

打扮门路 ta$^{33}$pian$^{44}$mən$^{13}$lu$^{22}$ 做法事

头七 tou$^{13}$tsʰe$^{44}$

仙家 sin$^{45}$tɕia$^{45}$ 神仙

玉帝 y$^{45}$ti$^{45}$

佛 xo$^{11}$

阎王老子 nin$^{13}$uan$^{13}$lau$^{11}$tsi$^{33}$ 阎王爷

城隍庙 ȶən$^{13}$fan$^{13}$my$^{22}$

土地屋 tʰu$^{33}$ti$^{22}$o$^{44}$ 土地庙

土地公 tʰu$^{33}$ti$^{22}$koŋ$^{45}$ 土地爷

*长生土地 ȶan$^{13}$sen$^{45}$tʰu$^{33}$ti$^{22}$ 民俗文化词

*瑞庆夫人 sei$^{44}$tɕʰin$^{44}$fu$^{45}$ȵin$^{13}$ 民俗文化词

*坳头土地 y$^{44}$tou$^{13}$tʰu$^{33}$ti$^{22}$ 民俗文化词

关公庙 kuan$^{45}$koŋ$^{45}$my$^{22}$ 关帝庙

打卦老师 ta$^{33}$kua$^{44}$lau$^{11}$si$^{45}$ 打卦的

唱赞歌的 ȶʰan$^{44}$tsan$^{44}$ka$^{45}$ti$^{33}$ 在丧礼上唱祭文的人

算命先生 suan$^{44}$min$^{22}$sin$^{45}$sən$^{45}$

地理先生 ti$^{22}$li$^{11}$sin$^{45}$sən$^{45}$ 风水先生

望相的 man$^{22}$ɕiaŋ$^{44}$ti$^{33}$ 看相的

香火 ɕiaŋ$^{45}$fa$^{33}$ 神龛

香火台板 ɕiaŋ$^{45}$fa$^{33}$tei$^{13}$pan$^{33}$ 香案

登 tən$^{45}$ 上供

龙头蜡 lioŋ$^{13}$tou$^{13}$la$^{11}$ 春节舞龙灯时用来敬主人家神龛的蜡烛

蜡烛台 la$^{11}$ȶo$^{44}$tei$^{13}$ 烛台

香火钵头 ɕiaŋ$^{45}$fa$^{33}$po$^{11}$tou$^{13}$ 香炉

香 ɕiaŋ$^{45}$ 线香细长的

烧香 ɕy$^{45}$ɕiaŋ$^{45}$

签书 tsʰin$^{45}$fy$^{45}$ 印有谈吉凶的诗文的纸条

卦 kua$^{44}$

阴卦 in$^{45}$kua$^{44}$

阳卦 iaŋ$^{13}$kua$^{44}$

宝卦 pau$^{33}$kua$^{44}$

求签 ȶu$^{13}$tsʰin$^{45}$

打卦 ta$^{33}$kua$^{44}$ 卜卦

　算卦 suan$^{44}$kua$^{44}$

望相 man$^{22}$ɕiaŋ$^{44}$ 看相

鸡儿抽签 tɕi$^{45}$ni$^{13}$ȶʰu$^{45}$tsʰin$^{45}$ 迷信算命活动中的一种，用鸡或小鸟衔一张签牌或纸团来测算命运的方式

私角钱 si$^{45}$ko$^{11}$tsin$^{13}$ 私房钱

　私角粮 si$^{45}$ko$^{11}$liaŋ$^{13}$

起课 tɕʰi$^{33}$kʰo$^{44}$ 起数，占卜方法的一种

　打课 ta$^{33}$kʰo$^{44}$

灵 lin$^{13}$ 灵验

行运 xen$^{13}$yn$^{22}$

行背时运 xen$^{13}$pei$^{22}$ɕi$^{13}$yn$^{22}$ 走背运

好日子 xau$^{33}$ȵie$^{11}$tsi$^{33}$ 吉日

凶日子 ɕioŋ$^{45}$ȵie$^{11}$tsi$^{33}$ 凶日

许口 fy$^{33}$kʰou$^{33}$ 许愿

许愿 fy$^{33}$ȵuan$^{22}$

还愿 ʋyan$^{13}$ȵuan$^{22}$

杀红猪 sa$^{11}$xoŋ$^{13}$ȶu$^{45}$ 本地陆姓人祭祀祖先时的杀猪环节

过乡 kua$^{44}$ɕiaŋ$^{45}$ 本地陆姓人祭祀祖先的仪式，也叫“游太公”或“抬太公”。以前每四年一次，现在每六年一次，在农历十月初一日举行，把“太公”“太婆”的塑像抬起来在本地人村落间游行，然后举行祭祀仪式。

游太公 iu$^{13}$tʰe$^{44}$koŋ$^{45}$

抬太公 tei$^{13}$tʰe$^{44}$koŋ$^{45}$

乡老 ɕiaŋ$^{45}$lau$^{11}$“过乡”活动中仪式的主持者，由德高望重的老人担任

## 十六　日常生活

喂鸡 ʋi$^{44}$tɕi$^{45}$

喂养牲 ʋi$^{44}$iaŋ$^{11}$sen$^{45}$ 喂家禽家畜

整鱼 ȶən$^{33}$ȵu$^{13}$ 捕鱼

撑船 tsʰen$^{45}$ɕyan$^{13}$

打铁 ta$^{33}$tʰie$^{11}$

脱鞋 tʰo$^{11}$ɕie$^{13}$

*缚纱包 fa$^{11}$sa$^{45}$py$^{45}$ 民俗文化词

量衣 liaŋ$^{13}$i$^{45}$ 量身做衣服

雕边 ty$^{45}$pin$^{45}$ 缝在衣服里子边上的窄条

滚边 kən$^{11}$pin$^{45}$ 在衣服、布鞋等的边缘特别缝制的一种圆棱的边儿

钉扣子 tin$^{44}$tɕʰiu$^{44}$tsi$^{33}$

插花 tsʰa$^{11}$fya$^{45}$ 绣花儿

补巴 pu$^{33}$pia$^{45}$ 打补丁

弹棉被 tan$^{22}$min$^{13}$pi$^{22}$ 做被卧

洗头到 se$^{33}$tou$^{13}$tau$^{44}$ 洗一水

投 tou$^{13}$ 用清水漂洗

□ sen$^{45}$

晒衣 sai$^{44}$i$^{45}$ 晒衣服

浆衣 tɕiaŋ$^{45}$i$^{45}$ 浆衣服

烙衣 la$^{11}$i$^{45}$ 熨衣服

淘米 tau$^{13}$mi$^{11}$

烧火 ɕy$^{45}$fa$^{33}$ 生火

发面 fya$^{11}$min$^{22}$ 让面发酵

蒸馒头 ȶən$^{45}$man$^{22}$tou$^{13}$

打汤 ta$^{33}$tʰan$^{45}$ 做汤

氽汤 ȶʰuan$^{45}$tʰan$^{45}$

煮面 ȶu$^{33}$min$^{22}$ 煮面条

把箸 pia$^{33}$ȶu$^{44}$ 使筷子

拾菜 ɕie$^{11}$tsʰei$^{44}$ 择菜

选菜 suan$^{33}$tsʰei$^{44}$ 短菜，即用手将豆角等蔬菜掐成小段

洗菜 se$^{33}$tsʰei$^{44}$

切菜 tsʰe$^{11}$tsʰei$^{44}$

炒菜 tsʰau$^{33}$tsʰei$^{44}$

舀汤 y$^{11}$tʰan$^{45}$

淘汤 tau$^{13}$tʰan$^{45}$ 用菜汤泡饭

送饭 soŋ$^{44}$fyan$^{22}$ 用菜下饭

炒 tsʰau$^{33}$

炖 tən$^{44}$

熬 ŋau$^{13}$ ～油

焙 pe$^{22}$

熏 fyn$^{45}$

煨 ue$^{45}$

和 xo$^{22}$ ～面

□ yan$^{45}$ 揉：～面

包 py$^{45}$ ～馄饨

开饭 kʰei$^{45}$fyan$^{22}$

添饭 t$^{h}$in$^{45}$fyan$^{22}$

刨饭 pau$^{13}$fyan$^{22}$ 把饭往口里送的动作

咬饭 niau$^{11}$fyan$^{22}$ 嚼饭

吞饭 t$^{h}$ən$^{45}$fyan$^{22}$

喂饭 ʋi$^{44}$fyan$^{22}$

夹浆 tɕia$^{11}$tɕiaŋ$^{45}$ 饭夹生

饿了 ŋa$^{22}$le$^{11}$

　肚饥 tu$^{33}$tɕi$^{45}$

　䐬 tsau$^{13}$

吃独食 tɕ$^{h}$ie$^{44}$to$^{11}$ɕie$^{11}$

　吃背颈 tɕ$^{h}$ie$^{44}$pe$^{22}$koŋ$^{13}$

打饱□ ta$^{33}$py$^{33}$e$^{11}$ 打饱嗝

胀到了 ȶan$^{44}$tau$^{44}$le$^{11}$ 撑着了

口冇香 k$^{h}$ou$^{33}$mo$^{22}$ɕiaŋ$^{45}$ 嘴没味儿

噎到了 ie$^{11}$tau$^{44}$le$^{11}$

洗手 se$^{33}$ɕiu$^{33}$

刮面□ kua$^{11}$min$^{22}$k$^{h}$ua$^{44}$ 刮脸

剃胡子 t$^{h}$i$^{44}$fu$^{13}$tsi$^{33}$ 刮胡子

洗脚 se$^{33}$ȶa$^{11}$

洗儿澡 se$^{33}$ne$^{44}$tsau$^{33}$ ①擦澡；②妇女每天用水清洁私处

炙火 tɕie$^{11}$fa$^{33}$ 烤火

　□火 pen$^{45}$fa$^{33}$

点灯 tin$^{33}$tən$^{45}$

□灯 i$^{44}$tən$^{45}$ 熄灯

歇下儿 ɕie$^{11}$xa$^{22}$ni$^{44}$ 休息一会儿

眯下儿 mi$^{45}$xa$^{22}$ni$^{44}$ 打盹儿

洗面 se$^{33}$min$^{22}$ 洗脸

涮口 san$^{44}$k$^{h}$ou$^{33}$ 漱口

打辫子 ta$^{33}$pin$^{45}$tsi$^{33}$ 编辫子

梳丫角髻 su$^{45}$a$^{45}$ko$^{11}$tɕi$^{44}$ 梳髻

剪手指壳 tsin$^{33}$ɕiu$^{33}$tɕi$^{33}$k$^{h}$o$^{11}$ 剪指甲

挖耳朵 ʋya$^{45}$ȵie$^{11}$tia$^{33}$ 掏耳朵

歇凉 ɕie$^{11}$liaŋ$^{13}$ 乘凉

晒日头 sai$^{44}$ȵie$^{11}$tou$^{13}$ 晒太阳

起床 tɕ$^{h}$i$^{33}$suan$^{13}$

想打撑 ɕiaŋ$^{33}$ta$^{33}$ts$^{h}$uan$^{45}$ 犯困、打瞌睡

卧起 ua$^{22}$tɕ$^{h}$i$^{33}$ 躺下

打□ ta$^{33}$ts$^{h}$uan$^{45}$ 瞌睡

冇得打□ mo$^{22}$te$^{44}$ta$^{33}$ts$^{h}$uan$^{45}$ 睡不着

冇得□深 mo$^{22}$te$^{44}$ts$^{h}$uan$^{45}$ɕin$^{45}$ 睡不安稳、睡不深

仰天卧起 iaŋ$^{13}$t$^{h}$in$^{45}$ua$^{22}$tɕ$^{h}$i$^{33}$ 仰面睡

落侧卧起 la$^{11}$tse$^{44}$ua$^{22}$tɕ$^{h}$i$^{33}$ 侧着睡

仆起卧 p$^{h}$o$^{44}$tɕ$^{h}$i$^{33}$ua$^{22}$ 趴着睡

梦 moŋ$^{22}$

做噩梦 tsu$^{44}$o$^{11}$moŋ$^{22}$

讲梦话 kan$^{33}$moŋ$^{22}$ʋya$^{22}$ 说梦话

*发梦铳 fya$^{11}$moŋ$^{22}$ȶ$^{h}$oŋ$^{44}$ 特别词

着鬼撑 tɕie$^{11}$tɕy$^{33}$ts$^{h}$ən$^{45}$ 魇住了

加夜班 tɕia$^{45}$ia$^{22}$pian$^{45}$

熬夜 ŋau$^{13}$ia$^{22}$

轮哒伴老人家 lən$^{13}$ta$^{33}$pan$^{22}$lau$^{11}$ȵin$^{13}$tɕia$^{45}$ 子女轮流赡养父母

入园 ȵo$^{11}$ʋyn$^{13}$ 去地里干活

出工 ȶ$^{h}$o$^{44}$koŋ$^{45}$ 上工

收工 ɕiu$^{45}$koŋ$^{45}$

出去了 ȶ$^{h}$o$^{44}$k$^{h}$u$^{44}$le$^{11}$

回屋了 ue$^{13}$o$^{44}$le$^{11}$ 回家了

上街去了 ɕiaŋ$^{22}$tɕie$^{45}$k$^{h}$u$^{44}$le$^{11}$ 逛街

去行 k$^{h}$u$^{44}$xen$^{13}$ 散步

## 十七　讼事

打官司 ta$^{33}$kuan$^{45}$si$^{45}$

告状 kau$^{44}$tsuan$^{22}$

原告 ȵuan$^{13}$kau$^{44}$

被告 pi$^{22}$kau$^{44}$

状子 tsuan$^{22}$tsi$^{33}$

坐堂 tsa$^{22}$tan$^{13}$

退堂 t$^{h}$e$^{44}$tan$^{13}$

断案 tuan$^{22}$an$^{44}$ 问案

过堂 kua$^{44}$tan$^{13}$

证明人 ȶən$^{44}$min$^{13}$ȵin$^{13}$ 证人

人证 ȵin$^{13}$ȶən$^{44}$

物证 ue$^{11}$ȶən$^{44}$

对质 te$^{44}$tɕie$^{11}$

家务事 tɕia$^{45}$u$^{22}$sɿ$^{22}$

服 fu$^{13}$

有服 mo$^{22}$fu$^{13}$ 不服

上诉 ɕiaŋ$^{22}$su$^{44}$

判 p$^{h}$an$^{44}$ 宣判

讲 kan$^{33}$ 招供

开 k$^{h}$ei$^{45}$ 供出同伙

一伙的 ie$^{44}$fa$^{33}$ti$^{33}$ 同伙

□意做的 pai$^{45}$i$^{44}$tsu$^{44}$ti$^{33}$ 故犯

有是□意做的 mo$^{22}$ɕi$^{22}$pai$^{45}$i$^{44}$tsu$^{44}$ti$^{33}$ 误犯

犯法 fyan$^{22}$fya$^{11}$

犯罪 fyan$^{22}$tse$^{22}$

告夜状 kau$^{44}$ia$^{22}$tsuan$^{22}$ 诬告

连坐 lin$^{13}$tsa$^{22}$

保 pau$^{33}$ 保释

取保 tɕ$^{h}$i$^{33}$pau$^{33}$

捉 tso$^{11}$ 逮捕

押 a$^{11}$ 押解

青天大老爷 ts$^{h}$in$^{45}$t$^{h}$in$^{45}$tai$^{22}$lau$^{11}$ia$^{45}$

贪官 t$^{h}$an$^{45}$kuan$^{45}$

收黑钱 ɕiu$^{45}$xa$^{44}$tsin$^{13}$ 受贿

安背手 an$^{45}$pe$^{22}$ɕiu$^{33}$ 行贿

罚钱 fya$^{11}$tsin$^{13}$ 罚款

剁头 ȶa$^{11}$tou$^{13}$ 斩首

　剁脑壳 ȶa$^{11}$lau$^{11}$k$^{h}$o$^{11}$

铳打 ȶ$^{h}$oŋ$^{44}$ta$^{33}$ 枪毙

整 ȶən$^{33}$ 拷打

打屁股 ta$^{33}$p$^{h}$i$^{44}$ku$^{33}$

上枷 ɕiaŋ$^{22}$tɕia$^{45}$

手铐 ɕiu$^{33}$k$^{h}$au$^{44}$

脚扣 ȶa$^{11}$tɕ$^{h}$iu$^{44}$ 脚镣

缚起来 fa$^{11}$tɕ$^{h}$i$^{33}$lei$^{13}$ 绑起来

关起来 kuan$^{45}$tɕ$^{h}$i$^{33}$lei$^{13}$ 囚禁起来

坐牢 tsa$^{22}$lau$^{13}$

　坐监子 tsa$^{22}$kan$^{44}$tsi$^{33}$

送牢饭 soŋ$^{44}$lau$^{13}$fyan$^{22}$ 探监

翻牢 fyan$^{45}$lau$^{13}$ 越狱

租子 tsu$^{45}$tsi$^{33}$ 地租

地契 ti$^{22}$tɕ$^{h}$i$^{44}$

上粮 ɕiaŋ$^{22}$liaŋ$^{13}$ 纳税

布告 pu$^{44}$kau$^{44}$ 告示

通知 t$^{h}$oŋ$^{45}$tɕi$^{45}$

路条 lu$^{22}$ty$^{13}$

派 p$^{h}$ai$^{44}$ 命令

印 in$^{44}$

　章子 ȶan$^{45}$tsi$^{33}$

打移交 ta$^{33}$i$^{13}$tɕiau$^{45}$ 把经手的事务移交给接替的人

上任 ɕiaŋ$^{22}$ȵin$^{22}$

有当了 mo$^{22}$tan$^{45}$le$^{11}$ 卸任

撤职 ts$^{h}$e$^{11}$tɕi$^{44}$ 罢免

传票 ȶuan$^{13}$p$^{h}$y$^{44}$

## 十八　交际

结交 tɕie$^{11}$tɕiau$^{45}$ 交朋友

行动 xen$^{13}$toŋ$^{22}$ 来往

请客 tɕ$^{h}$in$^{33}$k$^{h}$e$^{11}$

看待 k$^{h}$an$^{45}$tai$^{22}$ 招待

做亲情 tsu$^{44}$ts$^{h}$in$^{45}$tsin$^{13}$ 做客

伴客 pan$^{22}$k$^{h}$e$^{11}$ 陪客

　陪客 pe$^{13}$k$^{h}$e$^{11}$

装生 tsuan$^{45}$sen$^{45}$ 推谢礼物

　做客 tsu$^{44}$k$^{h}$e$^{11}$

男亲情 nan$^{13}$ts$^{h}$in$^{45}$tsin$^{13}$ 男客人

女亲情 ȵu$^{11}$ts$^{h}$in$^{45}$tsin$^{13}$ 女客人

人情 ȵin$^{13}$tsin$^{13}$ 礼金

搭人情 ta$^{11}$ȵin$^{13}$tsin$^{13}$ 亲友间的人情往来

送礼 soŋ$^{44}$li$^{11}$ 不对等的送礼

东西 toŋ$^{45}$si$^{45}$ 礼物

送节 soŋ$^{44}$tse$^{11}$ 未婚男方在重要的传统节日给女方家送礼

捞节篮 lau$^{45}$tse$^{11}$lan$^{45}$ 送节的礼物

送亲情 soŋ$^{44}$ts$^{h}$in$^{45}$tsin$^{13}$ 送客

有送咯 mo$^{22}$soŋ$^{44}$lo$^{33}$ 不送了

太常行 t$^{h}$ai$^{44}$ȶan$^{13}$xen$^{13}$ 慢走

炒烦了 ts$^{h}$au$^{33}$fyan$^{13}$liau$^{11}$ 打扰了

莫要客气 mo$^{11}$y$^{44}$k$^{h}$e$^{11}$tɕ$^{h}$i$^{44}$ 不客气

有要紧 mo$^{22}$y$^{44}$ȶən$^{33}$ 没关系

有行 mo$^{22}$ɕin$^{13}$ 指能力上不行

酒席 tsu$^{33}$se$^{11}$

办酒 pian$^{22}$tsu$^{33}$ 办酒席

开席 k$^{h}$ei$^{45}$se$^{11}$ 开酒席

一桌酒席 ie$^{44}$ȶa$^{11}$tsu$^{33}$se$^{11}$

请帖 tɕ$^{h}$in$^{33}$t$^{h}$ie$^{11}$

下请帖 xa$^{22}$tɕ$^{h}$in$^{33}$t$^{h}$ie$^{11}$

坐起来 tsa$^{22}$tɕ$^{h}$i$^{33}$lei$^{13}$ 入席

上菜 ɕiaŋ$^{22}$ts$^{h}$ei$^{44}$

唆酒 so$^{45}$tsu$^{33}$ 酒席上一起喝或熟人之间的同饮

饮酒 in$^{11}$tsu$^{33}$ 喝酒的文雅说法

劝酒 tɕ$^{h}$yan$^{44}$tsu$^{33}$

干 kan$^{45}$ 干杯

渳酒 mi$^{45}$tsu$^{33}$ 小口喝酒

讲酒令 kan$^{33}$tsu$^{33}$lin$^{22}$ 行酒令

记仇 tɕi$^{44}$ɕiu$^{13}$ 吵架后互不理睬

大架得很 tai$^{22}$ka$^{44}$te$^{44}$xən$^{33}$ 故意抬高身价

望不过意 man$^{22}$pu$^{44}$kua$^{44}$i$^{44}$ 打抱不平

冤枉 yan$^{45}$uan$^{11}$

装□ tsuan$^{45}$ŋan$^{44}$ 装傻

出丑 ȶ$^{h}$o$^{44}$ȶ$^{h}$u$^{33}$

□糊 e$^{45}$fu$^{13}$ 丢人

巴结 pia$^{45}$tɕie$^{11}$

□ lo$^{11}$ 套近乎

望得起 man$^{22}$te$^{44}$tɕ$^{h}$i$^{33}$ 看得起

望不起 man$^{22}$pu$^{44}$tɕ$^{h}$i$^{33}$ 看不起

　瞧不起 tɕy$^{13}$pu$^{44}$tɕ$^{h}$i$^{33}$

答认 ta$^{11}$ȵin$^{22}$ 答应

有答认 mo$^{22}$ta$^{11}$ȵin$^{22}$ 不答应

□出去 li$^{13}$ȶ$^{h}$o$^{44}$k$^{h}$u$^{44}$ 撵出去

*睬贵 ts$^{h}$ai$^{33}$tɕy$^{44}$ 特别词

摆格 pie$^{33}$ke$^{11}$ 摆阔

## 十九　商业　交通

店子 tian$^{45}$tsi$^{33}$ 商店

字号 tsi$^{22}$xau$^{22}$

招牌 tɕy$^{45}$pie$^{13}$

广告 kuan$^{33}$kau$^{44}$

铺面 p$^{h}$u$^{44}$min$^{22}$ 商店的门面

开铺子 k$^{h}$ei$^{45}$p$^{h}$u$^{44}$tsi$^{33}$ 开商店

开店子 k$^{h}$ei$^{44}$tian$^{45}$tsi$^{33}$

收摊 ɕiu$^{45}$t$^{h}$an$^{45}$

饭铺 fyan$^{22}$p$^{h}$u$^{44}$ 饭馆

下馆子 xa$^{22}$kuan$^{33}$tsi$^{33}$

跑堂的 p$^{h}$au$^{33}$tan$^{13}$ti$^{33}$ 堂倌儿

绸缎铺 ɕiu$^{13}$tuan$^{22}$p$^{h}$u$^{44}$

百货店 pe$^{11}$xo$^{44}$tian$^{45}$

杂货店 tsa$^{11}$xo$^{44}$tian$^{45}$

杂货担 tsa$^{11}$xo$^{44}$tan$^{44}$ 货郎担

粮站 liaŋ$^{13}$tsan$^{44}$

瓷器店 tsi$^{13}$tɕ$^{h}$i$^{44}$tian$^{45}$

文具店 uən$^{13}$tɕy$^{44}$tian$^{45}$

茶馆 tsa$^{13}$kuan$^{33}$

案板 ŋan$^{44}$ȶa$^{11}$ 肉摊子

剃头铺 t$^{h}$i$^{44}$tou$^{13}$p$^{h}$u$^{44}$ 理发店

油榨屋 iu$^{13}$tsa$^{44}$o$^{44}$ 油坊

租 tsu$^{45}$ 租赁

租屋 tsu$^{45}$o$^{44}$ 租房子

当 tan$^{44}$ 典当

当屋 tan$^{44}$o$^{44}$ 典当房子

煤铺 me$^{13}$p$^{h}$u$^{44}$

开张 k$^{h}$ei$^{45}$ȶan$^{45}$ ① 开业；② 开始

开业 k$^{h}$ei$^{45}$ȵie$^{11}$

关门 kuan$^{45}$mən$^{13}$ ① 关门；② 歇业；③ 停业

盘点 pan$^{13}$tin$^{33}$

柜台 tɕy$^{22}$tei$^{13}$

开价 k$^{h}$ei$^{45}$tɕia$^{44}$

还价 yan$^{13}$tɕia$^{44}$

全包了 tsuan$^{13}$pau$^{45}$le$^{11}$ 包圆儿

扯伙 ȶ$^{h}$a$^{33}$fa$^{33}$ 合伙

引队 in$^{11}$te$^{44}$ 做伴

写字 ɕia$^{33}$tsi$^{22}$ 立字据

摁手印 ən$^{44}$ɕiu$^{33}$in$^{44}$

客 k$^{h}$e$^{11}$ 顾客

合理 xo$^{11}$li$^{11}$ 价钱公道

生意好 sən$^{45}$i$^{44}$xau$^{33}$ 买卖好

生意淡 sən$^{45}$i$^{44}$tan$^{22}$ 买卖冷清

划不来 fa$^{13}$pu$^{44}$lei$^{13}$ 不划算

保本 pau$^{33}$pən$^{33}$

赚钱 ȶuan$^{44}$tsin$^{13}$

赚头 ȶuan$^{44}$tou$^{13}$ 利润

发横财 fya$^{11}$ʋen$^{13}$tsei$^{13}$ 暴利

折 tɕie$^{11}$ 折扣

打折 ta$^{33}$tɕie$^{11}$

息 ɕi$^{11}$ 利息

运气好 ʋyn$^{22}$tɕ$^{h}$i$^{44}$xau$^{33}$

差 ts$^{h}$a$^{45}$ ～钱

押金 a$^{11}$ȶən$^{45}$

账房 ȶan$^{44}$fan$^{13}$

缴用 tɕiau$^{33}$ioŋ$^{22}$ 开销

收账 ɕiu$^{45}$ȶan$^{44}$ 记收入的账

记账 tɕi$^{44}$ȶan$^{44}$

欠账 tɕ$^{h}$in$^{44}$ȶan$^{44}$

赊账 ɕia$^{45}$ȶan$^{44}$

纳账 la$^{11}$ȶan$^{44}$ 讨债

烂账 lan$^{22}$ȶan$^{44}$ 收不回的账

发票 fya$^{11}$p$^{h}$y$^{44}$

收条 ɕiu$^{45}$ty$^{13}$ 收据

存款 tsən$^{13}$k$^{h}$uan$^{33}$

钞票 tsʰau$^{45}$pʰy$^{44}$ 纸币

□的 kən$^{13}$ti$^{33}$ 整钱

　□钱 kən$^{13}$tsin$^{13}$

铜毫子 toŋ$^{13}$xau$^{13}$tsi$^{33}$ 铜板儿

银毫子 ȵin$^{13}$xau$^{13}$tsi$^{33}$ 银圆

一分钱 ie$^{44}$fən$^{45}$tsin$^{13}$

一角钱 ie$^{44}$ȶa$^{11}$tsin$^{13}$

一块钱 ie$^{44}$tɕʰie$^{44}$tsin$^{13}$

一张票子 ie$^{44}$ȶan$^{45}$pʰy$^{44}$tsi$^{33}$ 一张钞票

一个铜毫子 ie$^{44}$ka$^{44}$toŋ$^{13}$xau$^{13}$tsi$^{33}$ 一个铜子儿

邮票 iu$^{13}$pʰy$^{44}$

存 tsən$^{13}$ 攒：～钱

戥子 tən$^{33}$tsi$^{33}$ 戥子秤

磅秤 pan$^{45}$ȶʰən$^{44}$

秤砣 ȶʰən$^{44}$ta$^{13}$

秤杆 ȶʰən$^{44}$kan$^{33}$ 秤梗子

秤星子 ȶʰən$^{44}$sin$^{45}$tsi$^{33}$ 秤星

秤盘 ȶʰən$^{44}$pan$^{13}$

秤钩 ȶʰən$^{44}$kou$^{45}$

秤毫子 ȶʰən$^{44}$xau$^{13}$tsi$^{33}$ 秤毫

笑面秤 ɕy$^{44}$min$^{22}$ȶʰən$^{44}$ 称物时秤尾上翘

黑面秤 xa$^{44}$min$^{22}$ȶʰən$^{44}$ 称物时秤尾下垂

趟板 tʰan$^{44}$pian$^{33}$ 平斗斛的木片

铁路 tʰie$^{11}$lu$^{22}$

铁轨 tʰie$^{11}$kui$^{33}$

火车站 fa$^{33}$ȶʰa$^{45}$tsan$^{44}$

车路 ȶʰa$^{45}$lu$^{22}$ 公路

车 ȶʰa$^{45}$

客车 kʰe$^{11}$ȶʰa$^{45}$

货车 xo$^{44}$ȶʰa$^{45}$

公共汽车 koŋ$^{45}$koŋ$^{22}$tɕʰi$^{44}$ȶʰa$^{45}$

包车 py$^{45}$ȶʰa$^{45}$ 轿车

儿包车 ne$^{44}$py$^{45}$ȶʰa$^{45}$ 小轿车

摩托车 mo$^{13}$tʰo$^{44}$ȶʰa$^{45}$

三轮车 san$^{45}$lən$^{13}$ȶʰa$^{45}$

板车 pian$^{33}$ȶʰa$^{45}$ 平板车

汽车 tɕʰi$^{44}$ȶʰa$^{45}$

火车 fa$^{33}$ȶʰa$^{45}$

马车 mia$^{11}$ȶʰa$^{45}$ 骡马拉货的车

车站 ȶʰa$^{45}$tsan$^{44}$

船 ɕyan$^{13}$

鸟船 ty$^{33}$ɕyan$^{13}$ 人力驱动的小型船，用来打鱼

轮船 lən$^{13}$ɕyan$^{13}$ 机械动力的大型船

龙船 loŋ$^{13}$ɕyan$^{13}$ 龙舟

码头 mia$^{11}$tou$^{13}$

渡口 tu$^{22}$kʰou$^{33}$

## 二十　文化教育

读书 to$^{11}$fy$^{45}$ ①去学校；②开始接受学校教育

学堂 xo$^{11}$tan$^{13}$ 私塾

逃课 tau$^{13}$kʰo$^{44}$ 逃学

读书钱 to$^{11}$fy$^{45}$tsin$^{13}$ 学费

假 tɕia$^{33}$ 假期

放假 fan$^{44}$tɕia$^{33}$

暑假 tsʰu$^{33}$tɕia$^{33}$

寒假 xan$^{13}$tɕia$^{33}$

农忙假 noŋ$^{13}$man$^{13}$tɕia$^{33}$

请假 tɕʰin$^{33}$tɕia$^{33}$

教 tɕiau$^{44}$ ①教：～你做；②管教

学 ɕio$^{11}$/xo$^{11}$ ～写字

上课 ɕiaŋ$^{22}$kʰo$^{44}$

下课 xa$^{22}$kʰo$^{44}$

讲台 tɕiaŋ$^{33}$tei$^{13}$

墨板 me$^{11}$pian$^{33}$ 黑板

墨板擦 me$^{11}$pian$^{33}$tsʰa$^{11}$ 黑板擦

写粉笔字 ɕia$^{33}$fən$^{33}$pie$^{44}$tsi$^{22}$

墨水 me$^{11}$fy$^{33}$ 墨汁

掭笔 tʰin$^{44}$pie$^{44}$

钢笔水 kan$^{45}$pie$^{44}$fy$^{33}$ 墨水儿

皮筒子 pi$^{13}$toŋ$^{13}$tsi$^{33}$ 笔帽子

研墨 ȵian$^{13}$me$^{11}$

墨盒 me$^{11}$xo$^{11}$

尺 tɕʰie$^{11}$ 尺子

勾尺 kou$^{45}$tɕʰie$^{11}$ 曲尺

卷尺 tɕyan$^{33}$tɕʰie$^{11}$

圆规 yn$^{13}$kui$^{45}$

量角器 liaŋ$^{13}$ko$^{11}$tɕʰi$^{44}$

橡皮擦 ɕiaŋ$^{22}$pi$^{13}$tsʰa$^{11}$

文具盒 uən$^{13}$tɕy$^{22}$xo$^{11}$

粉笔 fən$^{33}$pie$^{44}$

点名簿 tin$^{33}$min$^{13}$pu$^{22}$ 点名册

戒尺 tɕie$^{44}$tɕʰie$^{11}$

填红本 tin$^{13}$xoŋ$^{13}$pən$^{33}$ 红模子

大字本 tai$^{22}$tsi$^{22}$pən$^{33}$

作文本 tso$^{11}$uən$^{13}$pən$^{33}$

书 fy$^{45}$ ①书；②课本

蜡笔 la$^{11}$pie$^{44}$

点水笔 tin$^{33}$fy$^{33}$pie$^{44}$ 蘸水笔

笔抠 pie$^{44}$kʰou$^{45}$ 笔筒

削笔刀 su$^{45}$pie$^{44}$tau$^{45}$ 旋笔刀

三角板 san$^{45}$ko$^{11}$pian$^{33}$

订书机 tin$^{44}$fy$^{45}$tɕi$^{45}$

订书针 tin$^{44}$fy$^{45}$ȶən$^{45}$

图钉 tu$^{13}$tin$^{45}$

信纸 sən$^{44}$tɕi$^{33}$

读书人 to$^{11}$fy$^{45}$ȵin$^{13}$

认得着字的 ȵin$^{22}$te$^{44}$tɕie$^{11}$tsi$^{22}$ti$^{33}$ 识字的

有认得着字的 mo$^{22}$ȵin$^{22}$te$^{44}$tɕie$^{11}$tsi$^{22}$ti$^{33}$ 不识字的

温书 uən$^{45}$fy$^{45}$

背书 pe$^{22}$fy$^{45}$

赶考 kan$^{33}$kʰau$^{33}$

考场 kʰau$^{33}$ȶan$^{13}$

入考场 ȵo$^{11}$kʰau$^{33}$ȶan$^{13}$ 进考场

放榜 fan$^{44}$pan$^{33}$ 发榜

算术 suan$^{44}$fy$^{44}$

语文 y$^{11}$uən$^{13}$

体育 tʰi$^{33}$io$^{44}$

唱歌 ȶʰan$^{44}$ka$^{45}$ 音乐

画花 fa$^{22}$fya$^{45}$ 画画

认字 ȵin$^{22}$tsi$^{22}$ 识字

开蒙 kʰei$^{45}$moŋ$^{13}$ 启蒙

开学 kʰei$^{45}$xo$^{11}$

作业 tso$^{11}$ȵie$^{11}$

儿考 ne$^{44}$kʰau$^{33}$ 小考

大考 tai$^{22}$kʰau$^{33}$

卷子 tɕyan$^{44}$tsi$^{33}$ 考卷

第一名 ti$^{22}$ie$^{44}$min$^{13}$

头名 tou$^{13}$min$^{13}$

□名 mau$^{45}$min$^{13}$ 末名

满分 man$^{11}$fən$^{45}$

零分 lin$^{13}$fən$^{45}$

吃□ tɕʰie$^{44}$tɕiei$^{44}$

毕业 pi$^{11}$ȵie$^{11}$

楷书 kʰai$^{33}$fy$^{45}$

字帖 tsi$^{22}$tʰie$^{11}$

填红 tin$^{13}$xoŋ$^{13}$ 描红

划了 fa$^{22}$le$^{11}$ 涂了

写白眼字 ɕia$^{33}$pe$^{11}$ȵian$^{11}$tsi$^{22}$ 写白字

黑字 xa$^{44}$tsi$^{22}$ 字谜

跌落字 ta$^{44}$la$^{11}$tsi$^{22}$ 掉字

草稿 tsʰau$^{33}$kau$^{33}$

打草稿 ta$^{33}$tsʰau$^{33}$kau$^{33}$

誊一下 tən$^{13}$ie$^{44}$xa$^{22}$ 誊抄

一点 ie$^{44}$tin$^{33}$

一拍横的 ie$^{44}$pʰe$^{11}$ʋen$^{13}$ti$^{33}$ 一横

一拍直的 ie$^{44}$pʰe$^{11}$tɕie$^{11}$ti$^{33}$ 一竖

左边一拍 tsa$^{33}$pin$^{45}$ie$^{44}$pʰe$^{11}$ 一撇

右边一拍 iu$^{22}$pin$^{45}$ie$^{44}$pʰe$^{11}$ 一捺

一个勾勾 ie$^{44}$ka$^{44}$kou$^{45}$kou$^{45}$ 一勾

一挑 ie$^{44}$tʰy$^{45}$ 一提

一笔 ie$^{44}$pie$^{44}$

偏旁 pʰin$^{45}$pan$^{13}$ 偏旁儿

单人旁 tan$^{45}$ȵin$^{13}$pan$^{13}$ 单立人

双人旁 suan$^{45}$ȵin$^{13}$pan$^{13}$ 双立人

弯弓张 yan$^{45}$koŋ$^{45}$ʈan$^{45}$ 弓长张

立早章 lie$^{11}$tsau$^{33}$ʈan$^{45}$

宝盖头 pau$^{33}$kei$^{44}$tou$^{13}$

竖心旁 ɕiu$^{22}$sən$^{45}$pan$^{13}$

笔画 pie$^{44}$fa$^{22}$

## 二十一　文体活动

做游戏 tsu$^{44}$iu$^{13}$ɕi$^{44}$

做瞎子摸鱼 tsu$^{44}$xa$^{11}$tsi$^{33}$mo$^{45}$ȵu$^{13}$ 捉迷藏

做鹰掂鸡 tsu$^{44}$in$^{45}$tiaŋ$^{45}$tɕi$^{45}$ 老鹰捉小鸡

*拾子 ɕie$^{11}$tsi$^{33}$ 民俗文化词

*品子 pʰin$^{33}$tsi$^{33}$ 民俗文化词

*跘叉 pan$^{22}$tsʰa$^{45}$ 民俗文化词

*滚码 kən$^{11}$mia$^{11}$ 民俗文化词

砌塔 tɕʰi$^{44}$tʰa$^{11}$ 打水漂儿

踢鸡毛球 tʰie$^{11}$tɕi$^{45}$mau$^{13}$ʈu$^{13}$ 踢毽子

挑花 tʰy$^{45}$fya$^{45}$ 玩花绳儿

跳橡皮筋 tʰy$^{44}$ɕiaŋ$^{22}$pi$^{13}$ʈən$^{45}$ 跳皮筋

滚铁圈圈 kən$^{11}$tʰie$^{11}$tɕʰyan$^{45}$tɕʰyan$^{45}$ 滚铁环

跳房间 tʰy$^{44}$fan$^{13}$ken$^{44}$ 跳房子

坐坐儿 tsa$^{22}$tsa$^{22}$ni$^{13}$ 过家家

挤油 tsi$^{33}$iu$^{13}$ 多人在一团相互挤搡以取暖

*打油 ta$^{33}$iu$^{13}$ 民俗文化词

做斗鸡打架 tsu$^{44}$tɕi$^{45}$koŋ$^{45}$ta$^{33}$tɕia$^{44}$ 一种角力游戏。一条腿站立，用手搂起另一腿的脚踝交叉于膝上，用弯曲的膝盖撞击对方，争取把对方推倒在地

做牛打架 tsu$^{44}$ŋou$^{13}$ta$^{33}$tɕia$^{44}$ 相互用头顶着对方的角力游戏

栽树 tsei$^{45}$ɕiu$^{22}$ 人倒立

打龙 ta$^{33}$lioŋ$^{13}$ 舞龙

打龙灯 ta$^{33}$lioŋ$^{13}$tən$^{45}$ 舞龙灯

回回 fei$^{13}$fei$^{13}$ 舞狮子时引狮子的人

打划龙船 ta$^{33}$pia$^{13}$loŋ$^{13}$ɕyan$^{13}$ 赛龙舟

放抱 fan$^{44}$pau$^{22}$ 摔跤

跳舞 tʰy$^{44}$u$^{11}$

打□脚梆 ta$^{33}$lia$^{45}$ʈa$^{11}$pan$^{45}$ 单脚连续跳

打栽跟头 ta$^{33}$tsei$^{45}$kən$^{45}$tou$^{13}$ 翻跟头

打空心栽跟头 ta$^{33}$kʰoŋ$^{45}$sən$^{45}$tsei$^{45}$kən$^{45}$tou$^{13}$ 空手翻跟头

打飞脚 ta$^{33}$fi$^{45}$ʈa$^{11}$ 侧身翻

打赖 ta$^{33}$lai$^{22}$ 耍赖

炮 pʰy$^{44}$ 爆竹

放炮 fan$^{44}$pʰy$^{44}$ 放炮仗

大炮 tai$^{22}$p$^{h}$y$^{44}$ 二踢脚

千子头 ts$^{h}$in$^{45}$tsi$^{33}$tou$^{13}$ 千响炮

花炮 fya$^{45}$p$^{h}$y$^{44}$ 烟花

放花炮 fan$^{44}$fya$^{45}$p$^{h}$y$^{44}$ 放烟花

* 放铁炮 fan$^{44}$t$^{h}$ie$^{11}$p$^{h}$y$^{44}$ 民俗文化词

* 唱盘歌 ȶ$^{h}$an$^{44}$pan$^{13}$ka$^{45}$ 民俗文化词

* 口边言 k$^{h}$ou$^{33}$pin$^{45}$in$^{13}$ 民俗文化词

* 排歌 pie$^{13}$ka$^{45}$ 民俗文化词

* 花歌 fya$^{45}$ka$^{45}$ 民俗文化词

* 草歌 ts$^{h}$au$^{33}$ka$^{45}$ 民俗文化词

* 讲歌 kan$^{33}$ka$^{45}$ 民俗文化词

* 喉路歌 xou$^{13}$lu$^{22}$ka$^{45}$ 民俗文化词

歌堂 ka$^{45}$tan$^{13}$ 歌会

喊拳 xan$^{33}$tɕyan$^{13}$ 划拳

拾阄 ɕie$^{11}$kou$^{45}$ 抓阄

下色子 xa$^{22}$sai$^{44}$tsi$^{33}$ 掷色子

骨牌 ko$^{44}$pie$^{13}$

赌宝 tu$^{33}$pau$^{33}$ 压宝

坐庄 tsa$^{22}$tsuan$^{45}$

和牌 fu$^{13}$pie$^{13}$

象棋 ɕiaŋ$^{22}$tɕi$^{13}$

围棋 uei$^{13}$tɕi$^{13}$

黑子 xa$^{44}$tsi$^{33}$

白子 pe$^{11}$tsi$^{33}$

和棋 xo$^{13}$tɕi$^{13}$

拔河 p$^{h}$a$^{13}$xo$^{13}$

军棋 ȶən$^{45}$tɕi$^{13}$

跳子棋 t$^{h}$y$^{44}$tsi$^{33}$tɕi$^{13}$ 跳棋

炮 p$^{h}$au$^{44}$

兵 pin$^{45}$

卒子 tsu$^{11}$tsi$^{33}$ 卒

上士 ɕiaŋ$^{22}$sɿ$^{45}$ 士走上去

下士 xa$^{22}$sɿ$^{45}$ 士走下来

飞象 fi$^{45}$ɕiaŋ$^{22}$

下象 xa$^{22}$ɕiaŋ$^{22}$ 落象

学打 ɕio$^{11}$ta$^{33}$ 学武术

骑马脚 tɕi$^{13}$mia$^{11}$ȶa$^{11}$ 踩高跷

对刀 te$^{44}$tau$^{45}$

耍花刀 sa$^{33}$fya$^{45}$tau$^{45}$ 耍刀

打鼓 ta$^{33}$ku$^{33}$

篮球 lan$^{13}$ȶu$^{13}$

排球 pie$^{13}$ȶu$^{13}$

乒乓球 pin$^{33}$pan$^{33}$ȶu$^{13}$

鸡毛球 tɕi$^{45}$mau$^{13}$ȶu$^{13}$ 羽毛球

打球 ta$^{33}$ȶu$^{13}$

踢球 t$^{h}$ie$^{11}$ȶu$^{13}$

跳远 t$^{h}$y$^{44}$ʋyn$^{11}$

跳高 t$^{h}$y$^{44}$kau$^{45}$

扒水 pia$^{13}$fy$^{33}$ 用手划水

放仰天排 fan$^{44}$iaŋ$^{11}$t$^{h}$in$^{45}$pie$^{13}$ 仰泳

乘水 sən$^{13}$fy$^{33}$ 自由泳

打沕子 ta$^{33}$min$^{22}$tsi$^{33}$ 潜水

摸□ mo$^{45}$ŋan$^{13}$ 潜水下去摸石头缝里的鱼

唱戏的 ȶ$^{h}$an$^{44}$ɕi$^{44}$ti$^{33}$ 演员

* 梆梆戏 pan$^{45}$pan$^{45}$ɕi$^{44}$ 民俗文化词

侗戏 toŋ$^{22}$ɕi$^{44}$

人戏 ȵin$^{13}$ɕi$^{44}$ 汉族的有演员现场表演的戏

大戏 tai$^{22}$ɕi$^{44}$ 外来的有戏班的戏

戏台 ɕi$^{44}$tei$^{13}$

花鼓戏 fya$^{45}$ku$^{33}$ɕi$^{44}$

西洋镜 ɕi$^{45}$iaŋ$^{13}$ȶən$^{44}$ 万花筒

电影戏 tian$^{45}$in$^{33}$ɕi$^{44}$ 电影

耍把戏 sa$^{33}$pia$^{33}$ɕi$^{44}$ 杂技

唱花面ȶʰan$^{44}$fya$^{45}$min$^{22}$花脸

臭脚形ȶʰu$^{44}$ȶa$^{11}$ɕin$^{13}$小丑

旦角tan$^{22}$ȶa$^{11}$青衣

*打家倌ta$^{33}$tɕia$^{45}$kuan$^{45}$民俗文化词

箫ɕy$^{45}$

吹□ȶʰu$^{45}$kən$^{13}$吹芦笙

吹木叶ȶʰu$^{45}$mo$^{11}$ie$^{11}$

## 二十二 动作

卖mie$^{22}$ ①买；②卖

斢tʰy$^{33}$调换

换uan$^{22}$ ～灯泡

兑te$^{44}$掺

拾ɕie$^{11}$从较低的物体上摘取

尝ɕiaŋ$^{13}$

写ɕia$^{33}$

啄tiu$^{44}$

摺ie$^{11}$

添tʰin$^{44}$蘸

染lin$^{11}$染色

敲门kʰau$^{45}$mən$^{13}$

摇iau$^{13}$

笑ɕy$^{44}$

□头tiu$^{44}$tou$^{13}$点头

摇头iau$^{13}$tou$^{13}$

抬头tei$^{13}$tou$^{13}$

勾头kou$^{45}$tou$^{13}$低头

回头fe$^{13}$tou$^{13}$

旋头□去suan$^{22}$tou$^{13}$tiaŋ$^{44}$kʰu$^{44}$

面□偏过边去min$^{22}$kʰua$^{44}$pʰin$^{45}$kua$^{44}$pin$^{45}$kʰu$^{4}$ 脸转过去

得见te$^{44}$tɕin$^{44}$ ①看见；②遇见

遇着y$^{22}$tɕie$^{11}$

碰着pʰən$^{44}$tɕie$^{11}$

□眉毛ȵioŋ$^{44}$mi$^{13}$mau$^{13}$皱眉头

眼珠子乱旋ȵian$^{11}$tɕy$^{45}$tsi$^{33}$luan$^{22}$suan$^{22}$眼珠子乱转

流眼泪liu$^{13}$ȵian$^{11}$lei$^{22}$

得听te$^{44}$tʰin$^{44}$听见

开眼kʰei$^{45}$ȵian$^{11}$睁眼

鼓眼睛ku$^{33}$ȵian$^{11}$tsin$^{45}$瞪眼

眯起眼睛mi$^{45}$tɕʰi$^{33}$ȵian$^{11}$tsin$^{45}$半闭着眼

闭眼睛pi$^{44}$ȵian$^{11}$tsin$^{45}$

眨眼睛tsa$^{11}$ȵian$^{11}$tsin$^{45}$

眼睛□一下ȵian$^{11}$tsin$^{45}$tɕʰia$^{44}$ie$^{44}$xa$^{22}$使眼色

丫开嘴巴ŋa$^{45}$ kʰei$^{45}$tse$^{33}$pa$^{45}$张开嘴

嘴巴闭起tse$^{33}$pa$^{45}$pi$^{44}$tɕʰi$^{33}$闭嘴

嘴巴皮杵起tse$^{33}$pa$^{45}$pi$^{13}$tɕʰy$^{33}$tɕʰi$^{33}$噘嘴

瘪嘴pie$^{33}$tse$^{33}$

咬ȵiau$^{11}$ ①咬：狗～人；②嚼；③啃骨头

衔xan$^{13}$含

打口干ta$^{33}$kʰou$^{33}$kan$^{45}$解渴

款太常kʰuan$^{33}$tʰai$^{44}$ȶan$^{13}$闲聊

讲空话kan$^{33}$kʰoŋ$^{44}$ʋya$^{22}$说讽刺不满的话

讲空话kan$^{33}$kʰoŋ$^{45}$ʋya$^{22}$说没有实质内容、不起作用的话

搭话ta$^{11}$ʋya$^{22}$搭茬儿

作声tsu$^{44}$ɕin$^{45}$

有作声mo$^{22}$tsu$^{44}$ɕin$^{45}$不作声

过问kua$^{44}$mən$^{22}$

举手tɕy$^{33}$ɕiu$^{33}$

摆手pie$^{33}$ɕiu$^{33}$

放手fan$^{44}$ɕiu$^{33}$

动手toŋ$^{22}$ɕiu$^{33}$ ①动手；②正式开始

拍手 $p^he^{11}ɕiu^{33}$

背起个手 $pe^{22}tɕ^hi^{33}ka^{44}ɕiu^{33}$ 背着手

箍起个刀把手 $ku^{45}tɕ^hi^{33}ka^{44}tau^{45}pa^{44}ɕiu^{33}$ 两手交叉在胸前

笼起个手 $loŋ^{13}tɕ^hi^{33}ka^{44}ɕiu^{33}$ 双手交叉伸到袖筒里

捂 $u^{13}$ 捂住

摩 $ma^{11}$ 用手摩挲

管闲事 $kuan^{33}xan^{13}sɿ^{22}$

交代 $tɕiau^{45}tai^{22}$ 嘱咐

着讲 $tɕie^{11}kan^{33}$ 挨批评

着骂 $tɕie^{11}mia^{22}$ 挨骂

啰唆 $lo^{45}so^{45}$

选 $suan^{33}$ 选择

醉 $tse^{44}$

踩雄 $ts^hai^{33}ɕioŋ^{13}$ 公鸡交配

搊尿 $ts^hou^{45}ȵy^{22}$ 把尿

搊屎 $ts^hou^{45}ɕi^{33}$ 把屎

扶倒 $fu^{13}tau^{33}$ 扶着

弹手指头 $tan^{13}ɕiu^{33}tɕi^{33}tou^{13}$ 弹指

□拳头牯 $tsi^{45}tɕyan^{13}tou^{13}ku^{33}$ 攥拳头

生 $sen^{45}$ ①人生育；②兽产子；③禽类产卵

□仔 $pia^{11}tsi^{33}$ 鱼产卵

渗子鱼 $sən^{44}tsi^{33}ȵu^{13}$ 正在产卵期的鱼

来 $lei^{13}$

去 $k^hu^{44}$

入来 $ȵo^{11}lei^{13}$ 进来

回去 $ue^{13}k^hu^{44}$

起去 $tɕ^hi^{33}k^hu^{44}$ 起床去

回屋去 $ue^{13}o^{44}k^hu^{44}$ 回家

动 $toŋ^{22}$

跟 $kən^{45}$ ①给；②在

散 $san^{44}$ 施舍、打发

□ $ia^{44}$ 摇：～手

摇 $iau^{13}$ ～拖拉机

拍 $p^he^{11}$

拉 $la^{45}$

□ $tsi^{45}$ 用双手搭

□ $ȵiu^{44}$ 拧

搣 $me^{45}$ 用手掰开

□ $lia^{11}$ 撒：～肥料

戳 $ts^ho^{11}$ 刺

　□ $ȵo^{44}$

　□ $ʈuan^{22}$

簪 $tsan^{45}$ 扎

叉 $ts^ha^{45}$ 用食指与拇指丈量

捞 $lau^{45}$ 搅动

搅 $tɕiau^{13}$ 乱翻动

擦 $ts^ha^{11}$

揩 $tɕ^hie^{45}$

缚 $fa^{11}$ ①捆；②扎

磨 $ma^{13}$

翻 $fyan^{45}$

遮 $ʈa^{45}$ 关闭

开 $k^hei^{45}$ 打开

挲开 $ɕia^{45}k^hei^{45}$ 张开

　开起 $k^hei^{45}tɕ^hi^{33}$

抹 $ma^{11}$

立 $lie^{11}$ 站

靠 $k^hau^{44}$

碰着 $p^hoŋ^{44}tɕie^{11}$ 碰见

□ $tən^{44}$ ①碰坏；②跺脚；③撞

踢 $t^hie^{11}$

跪 $tɕ^hy^{44}$

踮 tin$^{33}$

交龙头脚 tɕiau$^{45}$lioŋ$^{13}$tou$^{13}$ʈa$^{11}$ 跷二郎腿

□kue$^{13}$ 蜷曲

□脚 ɳou$^{33}$ʈa$^{11}$ 抖腿

踢脚 tʰie$^{11}$ʈa$^{11}$ 踢腿

拱腰 koŋ$^{33}$y$^{45}$ 弯腰

撑腰 tsʰen$^{44}$y$^{45}$ ①用手撑腰；②支持

杵屁股 tɕʰy$^{33}$pʰi$^{44}$ku$^{33}$ 撅起屁股

敲背侧 kʰau$^{45}$pe$^{44}$tse$^{11}$ 捶背

踩 tsʰai$^{33}$ 蹬

打后脚 ta$^{33}$xou$^{22}$ʈa$^{11}$ 尥蹶子

抻 tsʰən$^{45}$ 挺：～起

跰倒了 pen$^{22}$tau$^{33}$le$^{11}$ 跌倒了

□起来 tɕia$^{13}$tɕʰi$^{33}$lei$^{13}$ 爬起来

转来 ʈuan$^{44}$lei$^{13}$ 往回走

转去 ʈuan$^{44}$kʰu$^{44}$

飞 fi$^{45}$

黄龙 uan$^{13}$lioŋ$^{13}$ 开溜

□ʈou$^{45}$ 抓

背 pei$^{44}$ 背负：～东西

扳 pian$^{45}$

挂 kua$^{44}$

□kʰua$^{44}$ 被尖的物体挂了一下

挖 ʋya$^{45}$

跰 pen$^{22}$ 跌倒

绊 pʰian$^{44}$

缠 tɕian$^{22}$ 纠缠

撞着鬼 tsʰuan$^{44}$tɕie$^{11}$tɕy$^{44}$ 见鬼了

按 an$^{44}$ 摁

抠 kʰou$^{45}$

□ɳa$^{45}$ 黏

腰柴 y$^{45}$sai$^{13}$ 把柴砍成段

撩柴 ly$^{13}$sai$^{13}$

蹀脚 tie$^{11}$ʈa$^{11}$ 打猎时在丛林中搜寻猎物

栽 tsei$^{45}$

种 ʈoŋ$^{44}$

锯 tɕie$^{44}$

射 ɕia$^{22}$ ①投掷；②扔

*溢 poŋ$^{13}$ 古语词

带 tai$^{44}$ 携带

挑 tʰy$^{45}$ 用尖东西弄出来

拨 po$^{11}$ 用条状物的一头拨开或举起

荡 tan$^{22}$ 用清水漂洗

刮 kua$^{44}$

浇 tɕy$^{45}$ 泼水

壅菜 ioŋ$^{45}$tsʰe$^{44}$ 浇菜

舀 y$^{33}$

滗 pi$^{44}$ 挡住渣滓或泡着的东西，将液体轻轻倒出

漏 lou$^{22}$

渗 sən$^{44}$ 渗透

滤 ly$^{22}$ 沥

晾 lan$^{22}$ ～衣服

捞 lau$^{13}$

□lia$^{11}$ 洒

披 pʰi$^{45}$

掀 ɕin$^{45}$ ～开

划 fa$^{22}$ ～火柴

扇 ɕin$^{45}$

□liau$^{44}$ 涂抹

打扮 ta$^{33}$pian$^{44}$

打耳巴掌 ta$^{33}$e$^{44}$pa$^{45}$ʈan$^{33}$ 扇耳光

发脾气 fya$^{11}$pi$^{13}$tɕʰi$^{44}$

吃冤枉 tɕʰie$^{44}$yan$^{45}$uan$^{11}$ 得了不该得的好处

白□pe$^{11}$lau$^{45}$幽默风趣、爱开玩笑
做场tsu$^{44}$ȶan$^{13}$做法、办法
做撤客事tsu$^{44}$ts$^{h}$e$^{44}$k$^{h}$a$^{11}$sɿ$^{22}$搞恶作剧
做好样tsu$^{44}$xau$^{33}$iaŋ$^{22}$做作
无法u$^{13}$fia$^{11}$ 没办法
崖ȵie$^{13}$做事拖沓
□t$^{h}$ən$^{44}$双方之间不愿意做，都等着对方做
对te$^{44}$对付、应付
有和气mo$^{22}$xo$^{13}$tɕ$^{h}$i$^{44}$不和
　有做得来mo$^{22}$tsu$^{44}$te$^{44}$lei$^{13}$
冤家yan$^{45}$tɕia$^{45}$
　对头te$^{44}$tou$^{13}$
脱撇t$^{h}$o$^{11}$p$^{h}$ie$^{11}$干脆
□tɕ$^{h}$iu$^{33}$颠簸
□色pie$^{11}$se$^{44}$褪色
□□pi$^{45}$sən$^{44}$突然出现
架始tɕia$^{44}$sɿ$^{33}$准备开始
有跟mo$^{22}$kən$^{45}$ 没在，不在
数su$^{33}$数动词
横牛ʋen$^{13}$ŋou$^{13}$蛮不讲理
望man$^{22}$ ①探望；②拜访
澄tsən$^{22}$沉淀
嫌弃ɕin$^{13}$tɕ$^{h}$i$^{44}$
讨嫌t$^{h}$au$^{33}$ɕian$^{13}$
注意tɕy$^{44}$i$^{44}$留神
巴不得pia$^{45}$pu$^{44}$te$^{44}$
记倒tɕi$^{44}$tau$^{33}$记住
有记倒mo$^{22}$tɕi$^{44}$tau$^{33}$忘记
恨xən$^{22}$
□得到tɕia$^{45}$ te$^{44}$ tau$^{44}$敢
有□得到mo$^{22}$tɕia$^{45}$ te$^{44}$ tau$^{44}$不敢

愿ȵuan$^{22}$愿意
有愿mo$^{22}$ ȵuan$^{22}$不愿意
心红sən$^{45}$xoŋ$^{13}$羡慕
红眼睛xoŋ$^{13}$ȵian$^{11}$tsin$^{45}$嫉妒
偏心p$^{h}$in$^{45}$sən$^{45}$
带厌tai$^{44}$in$^{44}$
心痛sən$^{45}$t$^{h}$oŋ$^{44}$爱惜物
痛t$^{h}$oŋ$^{44}$疼爱人
　挂歉kua$^{44}$tɕ$^{h}$in$^{44}$
怨yan$^{44}$埋怨
同情toŋ$^{13}$tɕin$^{13}$
想起来了ɕiaŋ$^{33}$tɕ$^{h}$i$^{33}$lei$^{13}$la$^{11}$
默神me$^{11}$ɕin$^{13}$考虑
装套tsuan$^{45}$t$^{h}$au$^{44}$设圈套
寻得了sən$^{13}$te$^{44}$le$^{11}$找着了
吓到了xe$^{11}$tau$^{44}$le$^{11}$吓着了
打忍ta$^{33}$ȵin$^{33}$吃惊
吓一跳大的xe$^{11}$ie$^{44}$t$^{h}$y$^{44}$tai$^{22}$ti$^{33}$惊吓
着急tɕie$^{11}$tɕie$^{44}$
　负急fu$^{44}$tɕie$^{44}$
思量si$^{45}$liaŋ$^{13}$挂念、思念
望路man$^{22}$lu$^{22}$盼望
有信mo$^{22}$sən$^{44}$怀疑
　怀疑fai$^{13}$ni$^{13}$
放心fan$^{44}$sən$^{45}$
操心ts$^{h}$au$^{45}$sən$^{45}$
将就tɕiaŋ$^{45}$tɕiu$^{22}$迁就
防哒fan$^{13}$ta$^{33}$提防
怪tɕie$^{44}$ ①责怪；②抱怨
怕羞场p$^{h}$ia$^{44}$su$^{45}$tsan$^{13}$腼腆
怄气ou$^{44}$tɕ$^{h}$i$^{44}$
忍气ȵin$^{33}$忍

失面子çie$^{44}$min$^{22}$tsi$^{33}$丢脸

齿tçʰi$^{33}$理睬

想下儿çiaŋ$^{33}$xa$^{22}$ni$^{44}$想想

打主意ta$^{33}$tçy$^{33}$i$^{44}$想主意

猜下儿tsʰe$^{45}$xa$^{22}$ni$^{44}$猜猜

故杀伊ku$^{44}$sa$^{11}$i$^{44}$料定

□mən$^{44}$沉思

□□的liaŋ$^{45}$liaŋ$^{45}$ti$^{33}$想要却得不到

晓得下数çy$^{33}$te$^{44}$xa$^{22}$su$^{44}$识趣

冇晓得下数mo$^{22}$çy$^{33}$te$^{44}$xa$^{22}$su$^{44}$不识趣

狗面□kou$^{33}$min$^{22}$kʰua$^{44}$不要脸

安排an$^{45}$pie$^{13}$

成çin$^{13}$ ①完成；②成功

成功ʈən$^{13}$koŋ$^{45}$

拐场kuai$^{33}$ʈan$^{13}$失败

搞坏了kau$^{33}$ʋye$^{22}$le$^{11}$

□势tçian$^{44}$çi$^{44}$娇惯

惹ɳa$^{11}$捉弄

让iaŋ$^{22}$让步

争气tsen$^{45}$tçʰi$^{44}$

争颈tsen$^{45}$koŋ$^{13}$争多

吵担tsʰau$^{33}$tan$^{45}$闹事

喊xan$^{33}$

□xou$^{13}$大声叫喊

争tsan$^{45}$

嘴巴多tse$^{33}$pa$^{45}$ta$^{45}$多嘴

*口答口应kʰou$^{33}$ta$^{44}$kʰou$^{33}$in$^{44}$特别词

打岔ta$^{33}$tsʰa$^{44}$插嘴

挖根ʋya$^{45}$kən$^{45}$刨根问底

弄送loŋ$^{22}$soŋ$^{44}$愚弄

对头te$^{44}$tou$^{13}$唱反调

取笑tçʰi$^{33}$çy$^{44}$嘲笑

瞒men$^{13}$隐瞒

打拗ta$^{33}$ŋau$^{44}$抬杠

起杠杆tçʰi$^{33}$koŋ$^{44}$kan$^{22}$出难题

## 二十三　位置

东方toŋ$^{45}$fan$^{45}$

东toŋ$^{45}$

西方si$^{45}$fan$^{45}$

西si$^{45}$

南方nan$^{13}$fan$^{45}$

南nan$^{13}$

北方pe$^{44}$fan$^{45}$

北pe$^{44}$

东南toŋ$^{45}$nan$^{13}$

东北toŋ$^{45}$pe$^{44}$

西南si$^{45}$nan$^{13}$

西北si$^{45}$pe$^{44}$

路边lu$^{22}$pin$^{45}$

当中当上tan$^{45}$ʈoŋ$^{45}$tan$^{45}$çiaŋ$^{22}$当间儿

床底下suan$^{13}$ti$^{33}$xa$^{22}$

楼底下lou$^{13}$ti$^{33}$xa$^{22}$

脚底下ʈa$^{11}$ti$^{33}$xa$^{22}$

碗底uan$^{33}$ti$^{33}$

锅底kua$^{45}$ti$^{33}$

缸子底kan$^{45}$tsi$^{33}$ti$^{33}$缸底儿

上头çiaŋ$^{22}$tou$^{13}$上面

上边çiaŋ$^{22}$pin$^{45}$

底下ti$^{33}$xa$^{22}$下面

下边xa$^{22}$pin$^{45}$

地下头ti$^{22}$xa$^{22}$tou$^{13}$ ①地下；②地面上

天上tʰin$^{45}$çiaŋ$^{22}$

坡上pʰa$^{45}$çiaŋ$^{22}$山上

路上 lu$^{22}$ɕiaŋ$^{22}$

街上 tɕie$^{45}$ɕiaŋ$^{22}$

墙上 ɕiaŋ$^{13}$ɕiaŋ$^{22}$

门上 mən$^{13}$ɕiaŋ$^{22}$

台板上 tei$^{13}$pian$^{33}$ɕiaŋ$^{22}$ 桌上

椅子上 i$^{33}$tsi$^{33}$ɕiaŋ$^{22}$

□背 ȶʰoŋ$^{44}$pe$^{44}$ 后来

手入 ɕiu$^{33}$ȵo$^{11}$ 手里

大门口 tai$^{22}$mən$^{13}$kʰou$^{33}$

门口 mən$^{13}$kʰou$^{33}$ 门外

墙外 ɕiaŋ$^{13}$uai$^{22}$

格子门前 ke$^{11}$tsi$^{33}$mən$^{13}$tsin$^{13}$ 窗户外头

车上 ȶʰa$^{45}$ɕiaŋ$^{22}$

车外 ȶʰa$^{45}$uai$^{22}$

车前 ȶʰa$^{45}$tsin$^{13}$

车后 ȶʰa$^{45}$xou$^{22}$

前边 tsin$^{13}$tou$^{13}$

坡门前 pʰa$^{45}$mən$^{13}$tsin$^{13}$ 山前

坡背后 pʰa$^{45}$pe$^{44}$xou$^{22}$ 山后

屋背后 o$^{44}$pe$^{44}$xou$^{22}$ 房后

以上 i$^{33}$ɕiaŋ$^{22}$

以下 i$^{33}$xa$^{22}$

入去儿 ȵo$^{11}$kʰu$^{44}$ni$^{44}$ 往里走

出去儿 ȶʰo$^{44}$kʰu$^{44}$ni$^{44}$ 往外走

朝东边行 tɕy$^{13}$toŋ$^{45}$pin$^{45}$xen$^{13}$ 往东走

朝西行 tɕy$^{13}$si$^{45}$xen$^{13}$ 往西走

转回来 ȶuan$^{44}$ue$^{13}$lei$^{13}$ 往回走

转回去 ȶuan$^{44}$ue$^{13}$kʰu$^{44}$

朝前行 tɕy$^{13}$tsin$^{13}$xen$^{13}$ 往前走

以东 i$^{33}$toŋ$^{45}$

以西 i$^{33}$si$^{45}$

以南 i$^{33}$nan$^{13}$

以北 i$^{33}$pe$^{44}$

以内 i$^{33}$nei$^{22}$

以外 i$^{33}$uai$^{22}$

以来 i$^{33}$lei$^{13}$

之后 tsi$^{45}$xou$^{22}$

之前 tsi$^{45}$tsin$^{13}$

之外 tsi$^{45}$uai$^{22}$

之内 tsi$^{45}$nei$^{22}$

之间 tsi$^{45}$ȶan$^{45}$

之上 tsi$^{45}$ɕiaŋ$^{22}$

之下 tsi$^{45}$xa$^{22}$

边上 pin$^{45}$ɕiaŋ$^{22}$ 旁边

附近 fu$^{44}$tɕin$^{22}$

眼门前 ȵian$^{11}$mən$^{13}$tsin$^{13}$ 跟前儿

角角 ko$^{11}$ko$^{11}$ 旮旯

坡角角 pʰa$^{45}$ko$^{11}$ko$^{11}$ 山冲

冲 ȶʰoŋ$^{45}$

冲口 ȶʰoŋ$^{45}$kʰou$^{33}$ 山冲与山外交接的地方

心入 sən$^{45}$ȵo$^{11}$ 心里

## 二十四　代词等

我的 ŋa$^{11}$ti$^{33}$

你的 ni$^{11}$ti$^{33}$

伊的 i$^{44}$ti$^{33}$

□的 uən$^{13}$ti$^{33}$ ①我们的；②咱们的

□的 no$^{13}$ti$^{33}$ 你们的

他的 tʰa$^{44}$ti$^{33}$ 他们的

□两个 uən$^{13}$liaŋ$^{11}$ka$^{44}$ 我们俩、咱俩

□两个 no$^{13}$liaŋ$^{11}$ka$^{44}$ 你们俩

他两个 tʰa$^{44}$liaŋ$^{11}$ka$^{44}$ 他们俩

两公孙 liaŋ$^{11}$koŋ$^{45}$sən$^{45}$ 爷孙俩

两姊妹 liaŋ$^{11}$tsi$^{33}$me$^{22}$ ①妯娌俩；姑嫂俩

两姑嫂 liaŋ$^{11}$ku$^{45}$sau$^{33}$ 姑嫂俩

两爷儿 liaŋ$^{11}$ia$^{45}$ni$^{13}$ ①父子俩；②叔侄俩

两爷女 liaŋ$^{11}$ia$^{45}$ȵu$^{11}$ ①母女俩；②母子俩；③父女俩；④姑侄俩；⑤婆媳俩

两兄弟 liaŋ$^{11}$fyan$^{45}$ti$^{22}$ ①兄弟俩；②哥儿俩

两姊妹 liaŋ$^{11}$tsi$^{33}$me$^{22}$ ①姐妹俩；②姐儿俩；③兄妹俩；④姐弟俩

两舅甥 liaŋ$^{11}$ʈu$^{22}$sən$^{45}$ 舅甥俩

个□他 ka$^{44}$nu$^{45}$t$^{h}$a$^{44}$ 哪些人

个个 ka$^{44}$ka$^{44}$ 人们

儿姊妹 tɕi$^{33}$tsi$^{33}$me$^{22}$ 妯娌们

儿姑嫂 tɕi$^{33}$ku$^{45}$sau$^{33}$ 姑嫂们

师傅徒弟儿个 ɕi$^{45}$fu$^{22}$tu$^{13}$ti$^{22}$tɕi$^{33}$ka$^{44}$ 师徒们

好箇 xau$^{33}$kei$^{44}$ 这些

好□ xau$^{33}$ʈa$^{44}$ 那些

好事□ xau$^{33}$sɿ$^{22}$ʈa$^{44}$ 那些事儿

好台板箇 xau$^{33}$tei$^{13}$pan$^{33}$kei$^{44}$ 一些桌子

好椅子箇 xau$^{33}$i$^{33}$tsi$^{33}$kei$^{44}$ 一些椅子

好书箇 xau$^{33}$fy$^{45}$kei$^{44}$ 一些书

好道理箇 xau$^{33}$tau$^{22}$li$^{11}$kei$^{44}$ 这些个理儿

你老人家 ni$^{11}$lau$^{11}$ȵin$^{13}$tɕia$^{45}$ 您

伊老人家 i$^{44}$lau$^{11}$ȵin$^{13}$tɕia$^{45}$ 您

□哩 mən$^{44}$li$^{33}$ 什么

好□ xau$^{33}$nu$^{45}$ 哪些

每个 me$^{11}$ka$^{44}$ 每个

□箇 t$^{h}$i$^{44}$kei$^{44}$ 这会儿

□□ t$^{h}$i$^{44}$ʈa$^{44}$ 那会儿

□□ t$^{h}$i$^{44}$nu$^{45}$ 哪会儿

□哩时候 mən$^{44}$li$^{33}$ɕi$^{13}$xou$^{22}$ 什么时候

□□ ʈa$^{44}$pe$^{33}$ 那么，连词

做□哩 tsu$^{44}$mən$^{44}$li$^{33}$ ①怎么；②为什么；③干什么

□个做场 nu$^{45}$ka$^{44}$tsu$^{44}$ʈan$^{13}$ 怎么办

□做 nu$^{45}$tsu$^{44}$

好久 xau$^{33}$ʈu$^{33}$ 多会儿

□ nu$^{45}$ 多么：你知道我～爱你吗

好 xau$^{33}$ 多么：我～想跟你回去

好 xau$^{33}$ 多，副词：～高啊

## 二十五　形容词

蛮大 man$^{13}$tai$^{22}$ 很大

儿儿咖 ne$^{44}$ne$^{45}$ka$^{44}$ 很小

阔套 k$^{h}$ua$^{11}$t$^{h}$au$^{44}$ 宽大

窄 tse$^{11}$ 狭小

矮骡子 ŋai$^{11}$lo$^{13}$tsi$^{33}$ 矮矬子，詈语

冇平 mo$^{22}$pin$^{13}$ 不平

正 ʈən$^{44}$

笪 tɕ$^{h}$ia$^{44}$ 斜

背静 pe$^{44}$tɕin$^{22}$ 安静

入窍 ȵo$^{11}$tɕ$^{h}$y$^{44}$ 开窍

活套 xo$^{11}$t$^{h}$au$^{44}$ ①灵活；②讲话圆滑

正宗 ʈən$^{44}$tsoŋ$^{45}$ 地道：菜做得～

生 sen$^{45}$ 肉是～的

熟 ɕio$^{11}$ 肉是～的

色 se$^{11}$ 颜色

深 ɕin$^{45}$ 颜色～

浅 ts$^{h}$in$^{33}$ 颜色～

墨黑 ma$^{44}$xa$^{44}$ 漆黑

灰白 fe$^{45}$pe$^{11}$

白戛戛 pe$^{11}$ka$^{11}$ka$^{11}$ 苍白

漂白 p$^{h}$y$^{44}$pe$^{11}$

雪白 so$^{11}$pe$^{11}$

朱红 ȶu$^{45}$xoŋ$^{13}$

绯红 fi$^{45}$xoŋ$^{13}$ 鲜红

粉红 fən$^{33}$xoŋ$^{13}$

深红 ɕin$^{45}$xoŋ$^{13}$

　老红 lau$^{11}$xoŋ$^{13}$

浅红 tsʰin$^{33}$xoŋ$^{13}$

深黄 ɕin$^{45}$uan$^{13}$

淡黄 tan$^{22}$uan$^{13}$ 浅黄

浅蓝 tsʰin$^{33}$lan$^{13}$

深蓝 ɕin$^{45}$lan$^{13}$

天蓝 tʰin$^{45}$lan$^{13}$ 天蓝色

草绿 tsʰau$^{33}$lio$^{11}$ 草绿色

水绿 fy$^{33}$lio$^{11}$ 水绿色

浅绿 tsʰin$^{33}$lio$^{11}$

青 tsʰin$^{45}$ 青色

紫 tsi$^{33}$

深灰 ɕin$^{45}$fe$^{45}$

淡灰 tan$^{22}$fe$^{45}$ 浅灰

银灰 ȵin$^{13}$fe$^{45}$

挂栗色 kua$^{44}$lie$^{11}$se$^{44}$ 褐色

芋荷色 u$^{22}$xa$^{13}$se$^{44}$

古铜色 ku$^{33}$toŋ$^{13}$se$^{44}$

嘈 tsau$^{45}$ 声音响亮

儿 ne$^{44}$ 声音微弱

暗 ŋan$^{44}$ 光线昏暗

阴凉 in$^{45}$liaŋ$^{13}$

冻 toŋ$^{44}$

温 uən$^{45}$ 水～

暖和 nuan$^{11}$xo$^{33}$ 不冷不热

齐整 tse$^{13}$ȶən$^{33}$ 整齐

合意 xo$^{11}$i$^{44}$ 称心

凌乱 lin$^{13}$luan$^{22}$

　□□的 ȵiau$^{45}$ȵiau$^{45}$ti$^{33}$

□骡得很 ȵiau$^{45}$lo$^{13}$te$^{44}$xən$^{33}$ 打扰

快当 tɕʰie$^{44}$tan$^{44}$ 迅速、快

梭 so$^{45}$ 形容蛇爬行的速度快

飙 py$^{45}$ 形容动物奔跑速度快

太常 tʰai$^{44}$ȶan$^{13}$ 缓慢

方裕 fan$^{45}$y$^{22}$ 方便

锋利 xoŋ$^{45}$li$^{22}$

□脚 ən$^{44}$ȶa$^{11}$ 硌脚

韧 ȵin$^{44}$ 面～

　□ tio$^{44}$

断 tuan$^{22}$

嫩 nən$^{22}$ 菜～

老 lau$^{11}$ 菜～

膭健 tsau$^{13}$tɕin$^{22}$ 康健

□ mei$^{45}$ 体格弱

好 xau$^{33}$

冇错 mo$^{22}$tsʰo$^{44}$ 不错

差不多 tsʰa$^{45}$pu$^{44}$ta$^{45}$

冇□哩咖遮 mo$^{22}$nu$^{45}$li$^{33}$ka$^{44}$ȶa$^{44}$ 不怎么样

冇顶事 mo$^{22}$tin$^{33}$sɿ$^{22}$ 不顶事

冇上算 mo$^{11}$ɕiaŋ$^{22}$suan$^{44}$ 不打紧

坏 ʋye$^{22}$ 不好

有儿差 iu$^{11}$ni$^{44}$tsʰa$^{45}$ 质量次

凑合 tsʰəu$^{44}$xo$^{11}$

标结 py$^{45}$tɕie$^{11}$ 英俊

出老 ȶʰo$^{44}$lau$^{11}$ 容貌比实际年龄大

牢靠 lau$^{13}$kʰau$^{44}$ ①坚固；②稳固

扎实 tsa$^{11}$ɕie$^{11}$ 强壮

稳砣砣的 uən$^{33}$to$^{13}$to$^{13}$ti$^{33}$ 稳固

　铁铁稳的 tʰie$^{11}$tʰie$^{11}$uən$^{33}$ti$^{33}$

要紧 y$^{44}$ʈən$^{33}$ 关键、重要

□□的 iau$^{44}$iau$^{44}$ti$^{33}$ 整洁

匀净 yn$^{13}$tɕin$^{22}$ 均匀

冇匀净 mo$^{22}$yn$^{13}$tɕin$^{22}$ 不均匀

饱 py$^{33}$

累 le$^{22}$

酸脚 suan$^{45}$ʈa$^{11}$ 腿发软

顺 fyn$^{22}$ 顺利

麻烦 ma$^{13}$fan$^{13}$

挤 tsi$^{33}$ 拥挤

通 t$^{h}$oŋ$^{45}$ 通畅

□ tɕia$^{11}$ 涩

麻 mia$^{13}$ 味道～

鲜白的 ɕin$^{45}$pe$^{11}$ti$^{33}$ 非常白

黄贡的 uan$^{13}$koŋ$^{44}$ti$^{33}$ 非常黄

绿荫的 lio$^{11}$in$^{45}$ti$^{33}$ 非常绿

墨黑贡的 ma$^{44}$xa$^{44}$koŋ$^{44}$ti$^{33}$ 非常黑

焦青的 tɕy$^{45}$ts$^{h}$in$^{45}$ti$^{33}$ 非常青

□苦的 piaŋ$^{44}$k$^{h}$u$^{33}$ti$^{33}$ 非常苦

清甜的 ts$^{h}$in$^{45}$tin$^{13}$ti$^{33}$ 非常甜

焦酸的 tɕy$^{45}$suan$^{45}$ti$^{33}$ 非常酸

饱背□的 py$^{33}$pe$^{44}$nen$^{44}$ti$^{33}$ 非常饱

瘪□□的 pie$^{33}$xe$^{45}$xe$^{45}$ti$^{33}$ 非常瘪

壮垒的 tɕyan$^{22}$lei$^{22}$ti$^{33}$ 非常壮

肥□的 fi$^{13}$kue$^{11}$ti$^{33}$ 非常肥

瘦巴筋的 sou$^{44}$pa$^{45}$ʈən$^{45}$ti$^{33}$ 非常瘦

清租的 tsin$^{44}$tsu$^{45}$ti$^{33}$ 非常冷

织密的 tsi$^{44}$mi$^{11}$ti$^{33}$ 非常密

□稀的 liaŋ$^{45}$ɕi$^{45}$ti$^{33}$ 非常稀

香喷的 ɕiaŋ$^{45}$p$^{h}$ən$^{44}$ti$^{33}$ 非常香

　喷香的 p$^{h}$ən$^{44}$ɕiaŋ$^{45}$ti$^{33}$

滚臭的 kuən$^{33}$ʈ$^{h}$u$^{44}$ti$^{33}$ 非常臭

　瘟臭的 uən$^{45}$ʈ$^{h}$u$^{44}$ti$^{33}$

苦咸的 k$^{h}$u$^{33}$xan$^{13}$ti$^{33}$ 非常咸

淡白汁的 tan$^{22}$pe$^{11}$tɕie$^{11}$ti$^{33}$ 非常淡

焦干的 tɕy$^{45}$kan$^{45}$ti$^{33}$ 非常干

浇沃湿的 tɕy$^{45}$ua$^{44}$ɕie$^{44}$ti$^{33}$ 非常湿

　沃湿得的 ua$^{44}$ɕie$^{44}$te$^{44}$ti$^{33}$

铁硬的 t$^{h}$ie$^{11}$ŋen$^{22}$ti$^{33}$ 非常硬

　梆硬的 pan$^{45}$ŋen$^{22}$ti$^{33}$

□□的 noŋ$^{44}$kue$^{44}$ti$^{33}$ 非常软

稀烂的 ɕi$^{45}$lan$^{22}$ti$^{33}$ 非常烂

滚浓的 kuən$^{33}$ȵoŋ$^{13}$ti$^{33}$ 非常浓

崭平的 tsan$^{33}$pin$^{13}$ti$^{33}$ 非常平

壁陡的 pie$^{11}$tou$^{33}$ti$^{33}$ 非常陡

圆□的 tɕyan$^{13}$lyan$^{45}$ti$^{33}$ 非常圆

瘪□的 pie$^{33}$xe$^{45}$ti$^{33}$ 非常扁

捞粗的 lau$^{45}$ts$^{h}$u$^{45}$ti$^{33}$ 非常粗

细喷的 se$^{44}$p$^{h}$ən$^{45}$ti$^{33}$ 非常细

老□□的 lau$^{11}$tɕia$^{11}$tɕia$^{11}$ti$^{33}$ 形容菜非常老

嫩汪汪的 nən$^{22}$uan$^{45}$uan$^{45}$ti$^{33}$ 形容菜非常嫩

光□的 kuan$^{45}$lin$^{45}$ti$^{33}$ 非常光滑

□光的 lin$^{45}$kuan$^{45}$ti$^{33}$ 东西用光了

捞糙的 lau$^{45}$ts$^{h}$au$^{44}$ti$^{33}$ 非常粗糙

滑□的 ʋya$^{11}$lin$^{45}$ti$^{33}$ 非常滑

□尖的 fye$^{44}$tsin$^{45}$ti$^{33}$ 非常尖

臊 sau$^{45}$ 膻

口臭 k$^{h}$ou$^{33}$ʈ$^{h}$u$^{44}$

好 xau$^{33}$ 质量～

经用 ʈən$^{45}$ioŋ$^{22}$ 物品经久耐用

泥 ni$^{11}$ ①磨蹭；②做事拖沓

攒劲 tsan$^{33}$ʈən$^{44}$ 努力

贪吃 tʰan$^{45}$tɕʰie$^{44}$嘴馋

饿痨猪 ŋa$^{22}$lau$^{13}$tɕy$^{45}$嘴馋的人

皮 pi$^{13}$不乖

是真要得下 ɕi$^{22}$ʈən$^{45}$y$^{44}$te$^{44}$xa$^{22}$真行

不消 pu$^{44}$ɕy$^{45}$不行

撤客 tsʰe$^{44}$kʰa$^{11}$缺德

孽报 ȵie$^{44}$po$^{44}$恶作剧

爱人 ei$^{44}$ȵin$^{13}$可爱

跳跳唱唱的 tʰy$^{44}$tʰy$^{44}$ʈʰan$^{44}$ʈʰan$^{44}$ti$^{33}$形容好动

溜 liu$^{44}$麻利

　发趟 fya$^{11}$tʰan$^{44}$

聪明 tsʰoŋ$^{45}$min$^{13}$

愚蠢 y$^{13}$tɕʰyn$^{33}$

灵变 lin$^{13}$pian$^{44}$机灵

宽心 kʰuan$^{45}$sən$^{45}$乐观

开心 kʰai$^{45}$sən$^{45}$

糊涂 fu$^{13}$tu$^{13}$

尿卵蹦儿 ȵiau$^{22}$luan$^{11}$pən$^{44}$ni$^{33}$死心眼儿

怂鬼 soŋ$^{13}$tɕy$^{33}$孬种

能干 nən$^{13}$kan$^{44}$

造孽 tsau$^{22}$ȵie$^{44}$可怜

充狠 ʈʰoŋ$^{45}$xən$^{33}$逞强

恶 o$^{11}$凶恶

　凶 ɕioŋ$^{45}$

和气 xo$^{13}$tɕʰi$^{44}$和蔼

□kən$^{13}$整的

浑 uən$^{13}$～身

吃 ʈʰa$^{45}$欺生

啬 se$^{44}$节俭

仔细 tsi$^{33}$se$^{44}$①仔细；②细心

粗心大意 tsʰu$^{45}$sən$^{45}$tai$^{22}$i$^{44}$

□tɕʰin$^{33}$粗鲁

犟 tɕiaŋ$^{22}$倔强

乖 tɕie$^{45}$温顺

尚好的 ɕiaŋ$^{22}$xau$^{33}$ ti$^{33}$好好儿的

## 二十六　副词　介词等

要得 y$^{44}$te$^{44}$ 必须

冇要 mo$^{22}$y$^{44}$不要

□的 ʈa$^{44}$ti$^{33}$那么，副词

冇……得很 mo$^{22}$…te$^{44}$xən$^{33}$很不

蛮好 man$^{13}$xau$^{33}$非常好

　好得□xau$^{33}$te$^{44}$ȵian$^{45}$

只 tɕi$^{45}$才：～三角钱

刻□kʰa$^{11}$ȵin$^{44}$才：～可以

全部 tsuan$^{13}$pu$^{22}$

　总 tsoŋ$^{33}$

　一下 ie$^{44}$xa$^{22}$

一起 ie$^{44}$tɕʰi$^{33}$

完全 uan$^{13}$tsuan$^{13}$

稍微 sau$^{45}$ʋi$^{13}$

好像 xau$^{33}$tɕiaŋ$^{22}$ ～有人来了

比较 pi$^{33}$tɕiau$^{44}$

特别 tʰe$^{11}$pie$^{11}$

□只 to$^{11}$tɕi$^{45}$净、只：～吃饭，不吃菜

刻间 kʰa$^{11}$tɕin$^{45}$ ①刚：～来；②刚才：～来的人是谁

有儿 iu$^{11}$ni$^{44}$有点儿

怕 pʰia$^{44}$恐怕

怕是 pʰia$^{44}$ɕi$^{22}$也许

根本 kən$^{45}$pən$^{33}$ ～冇行

正在 ʈən$^{44}$tsei$^{22}$

马上 mia$^{11}$çiaŋ$^{22}$

趁早 ȶʰən$^{44}$tsau$^{33}$

早迟 tsau$^{33}$tçi$^{13}$ 早晚：～会去

先 sin$^{45}$

再 tsei$^{44}$

另外 lin$^{22}$uai$^{22}$ 还有

扯常 ȶʰa$^{33}$ȶan$^{13}$ 经常

经常 ȶən$^{45}$çiaŋ$^{13}$

素来 su$^{44}$lei$^{13}$ 向来

一直 ie$^{44}$tçie$^{11}$

算好 suan$^{44}$xau$^{33}$ 幸亏

当面 tan$^{45}$min$^{22}$

一个人 ie$^{44}$ka$^{44}$ȵin$^{13}$ 单独

到了 tau$^{44}$le$^{11}$ 到底

□边 ȵa$^{45}$pin$^{45}$ 接近

□意 pai$^{45}$i$^{44}$ 特意

□意 nei$^{44}$i$^{44}$ 居然

顺便 fyn$^{22}$pian$^{22}$

轻松 tsʰin$^{45}$soŋ$^{45}$

舍死 çia$^{33}$si$^{33}$ 拼命

吃白的 tçʰie$^{44}$pe$^{11}$ti$^{33}$ 白吃

偏偏 pʰin$^{45}$pʰin$^{45}$

乱讲 luan$^{22}$kan$^{33}$ 胡说

肯定 kʰən$^{33}$tin$^{22}$

好心 xau$^{33}$sən$^{45}$ 一定

横 xoŋ$^{13}$

可能 kʰo$^{11}$nən$^{13}$

估计 ku$^{45}$tçi$^{44}$ ①估计；②可能

赶起 kan$^{33}$tçʰi$^{33}$ 连忙

来不及 lei$^{13}$pu$^{44}$tçʰie$^{11}$

来得及 lei$^{13}$te$^{44}$tçʰie$^{11}$

□ tçʰiau$^{44}$ 和：～他说

朝 tçy$^{13}$ 对：～我笑

到 tau$^{44}$ ①动词；②介词

入 ȵo$^{11}$ ①进入；②……里：屋～；③到，介词：扔～水去

离 lie$^{13}$ ～县城多远

跟……前头 kən$^{45}$…tsin$^{13}$tou$^{13}$ 前：～要洗手

跟 kən$^{45}$ ①在，动词；②在，介词；③给

在 tsai$^{22}$

从 tsoŋ$^{13}$ 介词，后接时间

拦 lan$^{13}$ 从，后接位置

自从 tsi$^{22}$tsoŋ$^{13}$

依 i$^{45}$ 照：～我看

捞 lau$^{45}$ 使、用

顺哒 fyn$^{22}$ta$^{33}$ 顺着

历哒 li$^{11}$ta$^{33}$ 沿着

帮 pan$^{45}$ 给

把 pia$^{33}$

捞 lau$^{45}$ 拿

按 an$^{44}$

着 tçie$^{11}$ 被：～狗咬了

让 iaŋ$^{22}$

比 pi$^{33}$

所以 so$^{33}$i$^{33}$

场白 ȶan$^{13}$pe$^{11}$……的话

……的话 …ti$^{33}$ʋya$^{22}$

冇管 mo$^{22}$kuan$^{33}$

是……□是……çi$^{22}$…tçi$^{44}$çi$^{22}$… 是……还是……

边……边……pin$^{45}$…pin$^{45}$… 一边……一边……

冇上算 mo$^{22}$çiaŋ$^{22}$suan$^{44}$ 且不算

的 ti$^{33}$ 我～东西

的 ti$^{33}$ 我会来～

得 te$^{44}$ 吃～饱

下去 xa$^{22}$k$^{h}$u$^{44}$ 读～

起 tɕ$^{h}$i$^{33}$ 着：门开～

了 la$^{11}$ 吃～一碗饭

了 le$^{11}$ 我来～

过 kua$^{44}$ 我去～

咧 le$^{11}$ 呢：还早～

冇 mo$^{22}$ 相当于“吗”：你吃过饭～

吧 pa$^{11}$ 你走～

啊 a$^{11}$ 你吃～

咪 lai$^{33}$ 嘛，表示不耐烦，不情愿：你快吃～

啰 lo$^{44}$ 提醒对方注意：小心儿～

诶 e$^{11}$ 表示感叹

哦 o$^{11}$ 提醒对方注意：小心儿～

## 二十七　量词

只 tɕie$^{11}$ 一～手

桌 ʈa$^{11}$ 一～酒席

色 se$^{11}$ 场：一～雨

幕 mo$^{45}$ 出：一～戏

身 ɕin$^{45}$ 一～棉衣

杆 kan$^{33}$ 一～枪

支 tɕie$^{45}$ 一～笔

丝 si$^{45}$ 条一～手巾

枝 tɕi$^{45}$ 一～花儿

件 tɕin$^{22}$ 一～事

套 t$^{h}$au$^{44}$ 一～家具

双 suan$^{45}$ 一～筷子

副 fu$^{44}$ 一～箩索

盏 tsan$^{33}$ 一～灯

抓 ya$^{45}$ 一～米

撒 sa$^{33}$ 把儿：一～萝卜

包 py$^{45}$ 一～花生

卷 tɕyan$^{33}$ 一～纸

掐 tɕ$^{h}$ia$^{45}$ 捆：一～柴

□ yn$^{22}$ 担：一～米

排 pie$^{13}$ 一～桌子

进 tɕin$^{44}$ 一～院子

挂 kua$^{44}$ 一～鞭炮

口 k$^{h}$ou$^{33}$ 句：一～话

个 ka$^{44}$ 位：一～客人

对 te$^{44}$ 一～花瓶

综 tsoŋ$^{45}$ 种：一～虫子

伙 fa$^{33}$ 一～人

□ p$^{h}$an$^{44}$ 帮：一～人

批 p$^{h}$i$^{45}$ 一～货

披 p$^{h}$i$^{45}$ 拨儿：一～人

窠 k$^{h}$ua$^{45}$ 窝：一～蜂

串 ʈ$^{h}$uan$^{44}$ 一～葡萄

一中叉 ie$^{44}$ʈoŋ$^{45}$ts$^{h}$a$^{45}$ 大拇指与中指张开的长度

一叉 ie$^{44}$ts$^{h}$a$^{45}$ 大拇指与食指张开的长度

一□ ie$^{44}$sən$^{13}$ 两臂平伸两手伸直的长度

一指 ie$^{44}$tɕi$^{33}$ ～长

一下 ie$^{44}$xa$^{22}$ 一停儿

一成 ie$^{44}$ʈən$^{13}$ 一成儿

一面□ ie$^{44}$min$^{22}$k$^{h}$ua$^{33}$ 一脸土

一身 ie$^{44}$ɕin$^{45}$ ～土

一肚 tu$^{33}$ 肚子：一～气

枚 me$^{45}$ 一～奖章

本 pən$^{33}$ 一～书

笔 pie$^{44}$ 一～款

封 xoŋ$^{45}$ 一～信

服 fu$^{44}$ 一～药

帖 t$^{h}$ie$^{11}$ 一～药

宗 tsoŋ$^{45}$ 味：一～药

条 ty$^{13}$ 一～江

个 ka$^{44}$ 顶：一～帽子

支 tɕi$^{45}$ 锭：一～墨

回 fei$^{13}$ 一～事

条 ty$^{13}$ 根：一～竹子

部 pu$^{22}$ 一～机器

□ȶan$^{44}$ 架：一～飞机

□ȶan$^{44}$ 列：一～火车

间 tɕian$^{45}$ 一～房

口 k$^{h}$ou$^{33}$ 一～井

个 ka$^{44}$ 口：一～人

家 tɕia$^{45}$ 一～铺子

个 ka$^{44}$ 所：一～学校

篇 p$^{h}$in$^{45}$ 一～文章

页 ie$^{11}$ 一～书

节 tse$^{11}$ 一～文章

段 tuan$^{22}$ 一～文章

片 p$^{h}$ian$^{44}$ 一～好心

丝 si$^{45}$ 片儿：一～肉

面 min$^{22}$ 一～旗

盘 pan$^{13}$ 一～棋

门 mən$^{13}$ 一～亲事

刀 tau$^{45}$ 一～纸

沓 t$^{h}$o$^{44}$ 一～纸

桩 tsuan$^{45}$ 一～事情

丘 ȶ$^{h}$u$^{45}$ 一～田

缸 kan$^{45}$ 一～水

瓯 ou$^{45}$ 杯：一～茶

棵 k$^{h}$ua$^{33}$ 一～树

□te$^{45}$ 泡：一～尿

个 ka$^{44}$ 尊：一～佛像

扇 ɕin$^{44}$ 一～门

张 ȶan$^{45}$ 幅：一～画儿

节 tse$^{11}$ 首：一～歌

面 min$^{22}$ 堵：一～墙

蔓 men$^{22}$ 瓣：一～花瓣

个 ka$^{44}$ 处：一～地方

部 pu$^{22}$ 一～书

班 pian$^{45}$ 一～车

水 fy$^{33}$ 洗一～衣裳

窑 y$^{13}$ 烧～一陶器

打 ta$^{33}$ 一～铅笔

砖 tɕyan$^{45}$ 团：一～饭

砣 to$^{13}$

□pei$^{45}$ 团：一～泥

堆 te$^{45}$ 一～雪

槽 tsau$^{13}$ 一～牙

路 lu$^{22}$ 一～公共汽车

师 si$^{45}$ 一～兵

旅 li$^{11}$ 一～兵

团 tuan$^{13}$ 一～兵

营 yn$^{13}$ 一～兵

连 lin$^{13}$ 一～兵

排 pie$^{13}$ 一～兵

班 pian$^{45}$ 一～兵

组 tsu$^{33}$ 一～人

撮 tso$^{11}$ 一～毛

卷 tɕyan$^{33}$ 轴儿：一～线

鬏 tɕiu$^{45}$ 绺：一～头发

手 ɕiu$^{33}$ 写一～好字

笔 pie$^{44}$ 写一～好字

票 p$^{h}$y$^{44}$ 当一～

届 tɕie$^{44}$ 一～会议

届 tɕie$^{44}$ 任：做一～官

盘 pan$^{13}$ 下一～棋

圈 tɕ$^{h}$yan$^{45}$ 打一～麻将

盘 pan$^{13}$ 打一～麻将

窖 kau$^{44}$ 打一～字牌

台 tei$^{13}$ 唱一～戏

丝 si$^{45}$ 一～肉

儿儿 ni$^{44}$ni$^{44}$ 点儿：一～面粉

滴 tie$^{11}$ 一～雨

盒 xo$^{11}$ 一～火柴

盒 xo$^{11}$ 一～首饰

箱子 ɕiaŋ$^{45}$tsi$^{33}$ 一～衣裳

架 tɕia$^{44}$ 一～书

柜 tɕy$^{22}$ 一～书

抽台 ȶ$^{h}$u$^{45}$tei$^{13}$ 抽屉：一～文件

箩 la$^{13}$ 筐子：一～菠菜

篓 lou$^{11}$ 一～草

篮 lan$^{45}$ 一～菠菜

篓 lou$^{11}$ 一～炭

炉子 lu$^{13}$tsi$^{33}$ 一～灰

包 py$^{45}$ 一～书

袋 tei$^{22}$ 一～干粮

塘 tan$^{13}$ 一～水

缸 kan$^{45}$ 一～金鱼

瓶 pin$^{13}$ 一～醋

罐 kuan$^{44}$ 一～荔枝

瓮 oŋ$^{44}$ 坛：一～酒

桶 t$^{h}$oŋ$^{33}$ 一～油

吊 ty$^{44}$ 一～红薯种

盆 pən$^{13}$ 一～洗澡水

壶 fu$^{13}$ 一～茶

锅 kua$^{45}$ 一～饭

笼 loŋ$^{13}$ 一～包子

盘 pan$^{13}$ 一～水果

盘 pan$^{13}$ 碟儿：一～小菜

碗 uan$^{33}$ 一～饭

盏 tsan$^{33}$ 盅：一～烧酒

勺 ɕia$^{11}$ 瓢：一～汤

挑 t$^{h}$y$^{45}$ 汤匙：一～汤

调羹 tiau$^{13}$kuen$^{33}$ 一～酱油

层 tsən$^{13}$ 一～楼

截 tse$^{11}$ 一～砖

个把两个 ka$^{44}$pia$^{33}$liaŋ$^{11}$ka$^{44}$ 一两个

百把个 pe$^{11}$pia$^{33}$ka$^{44}$

千把人 ts$^{h}$in$^{45}$pia$^{33}$ȵin$^{13}$

万把块钱 ʋyan$^{22}$pia$^{33}$tɕ$^{h}$ie$^{44}$tsin$^{13}$

里把路 li$^{11}$pia$^{33}$lu$^{22}$

里把两里路 li$^{11}$pia$^{33}$liaŋ$^{11}$li$^{11}$lu$^{22}$

亩把两亩 mou$^{11}$pia$^{33}$liaŋ$^{11}$mou$^{11}$

儿儿的东西 ni$^{33}$ni$^{45}$ti$^{33}$toŋ$^{45}$si$^{45}$ 一点儿东西

下下儿 xa$^{22}$xa$^{45}$ni$^{44}$ 一会儿：坐了～

回 fei$^{13}$ 次

上回 ɕiaŋ$^{22}$fei$^{13}$ 上次

头回 tou$^{13}$fei$^{13}$ ① 上次；② 第一次

回箇 fei$^{13}$kei$^{44}$ 这次

望一眼 man$^{22}$ie$^{44}$ȵian$^{11}$ 看一眼

口 k$^{h}$ou$^{33}$ 吃一～

场 ȶan$^{13}$ 闹一～

面 min$^{22}$ 见一～

## 二十八　附加成分等

快当得□ tɕʰie$^{44}$tan$^{44}$te$^{44}$ȵian$^{45}$ 快极了

好得很 xau$^{33}$te$^{44}$xən$^{33}$ 好极了

　好得□ xau$^{33}$te$^{44}$ȵian$^{45}$

　好得□ xau$^{33}$te$^{44}$kai$^{13}$

炬得要死 ou$^{44}$te$^{44}$y$^{44}$si$^{33}$ 热得要命

炬得抵不倒 ou$^{44}$te$^{44}$ti$^{33}$pu$^{44}$tau$^{33}$ 热得不行

炬得不得了 ou$^{44}$te$^{44}$pu$^{44}$te$^{44}$ly$^{11}$ 热得不得了

冷死了 len$^{11}$si$^{33}$la$^{33}$

饿□了 ŋa$^{11}$ȵian$^{45}$liau$^{11}$ 饿极了

饿得该死 ŋa$^{11}$te$^{44}$kei$^{45}$si$^{33}$ 饿得慌

暗里暗气的 ŋan$^{44}$li$^{45}$ŋan$^{44}$tɕʰi$^{44}$ti$^{33}$ 傻拉瓜唧的

□里□气的 ɕin$^{22}$li$^{45}$ɕin$^{22}$tɕʰi$^{44}$ti$^{33}$ 傻不楞登的

吃场 tɕʰie$^{44}$ȶan$^{13}$ 吃头儿

吃场 tɕʰie$^{44}$ȶan$^{13}$ 喝头儿

望场 man$^{22}$ȶan$^{13}$ 看头儿

做得 tsu$^{44}$te$^{44}$ 干头儿

望路 man$^{22}$lu$^{22}$ 奔头儿

苦得很的 kʰu$^{33}$te$^{44}$xən$^{33}$ti$^{33}$ 苦头儿

好一儿 xau$^{33}$ie$^{44}$ni$^{44}$ 好一点儿

大儿 tai$^{22}$ni$^{44}$ ①大一些；②大点儿

儿儿 ni$^{44}$ni$^{44}$ ①一点儿；②一丁点儿

千数个 tsʰin$^{45}$su$^{44}$ka$^{44}$ 千把个

半个 pan$^{44}$ka$^{44}$

一份 ie$^{44}$fən$^{22}$ 一半

　半边 pan$^{44}$pin$^{45}$

两份 liaŋ$^{11}$fən$^{22}$ 两半儿

多份 ta$^{45}$fən$^{22}$ ①多半儿；②一大半儿

小份 ɕy$^{33}$fən$^{22}$ 小半儿

小半份 ɕy$^{33}$pan$^{44}$fən$^{22}$ 一小半儿

一个半 ie$^{44}$ka$^{44}$pan$^{44}$

……上下 ɕiaŋ$^{22}$xa$^{22}$

……左右 tsa$^{33}$iu$^{22}$

## 二十九　数字等

十二 ɕie$^{11}$ni$^{22}$

十五 ɕie$^{11}$oŋ$^{11}$

二十一 ni$^{22}$ɕie$^{11}$ie$^{44}$

二十二 ni$^{22}$ɕie$^{11}$ni$^{22}$

三十一 san$^{45}$ɕie$^{11}$ie$^{44}$

四十 si$^{44}$ɕie$^{11}$

四十一 si$^{44}$ɕie$^{11}$ie$^{44}$

五十 oŋ$^{11}$ɕie$^{11}$

五十一 oŋ$^{11}$ɕie$^{11}$ie$^{44}$

六十 lio$^{11}$ɕie$^{11}$

六十一 lio$^{11}$ɕie$^{11}$ie$^{44}$

七十 tsʰe$^{44}$ɕie$^{11}$

七十一 tsʰe$^{44}$ɕie$^{11}$ie$^{44}$

八十 pia$^{11}$ɕie$^{11}$

八十一 pia$^{11}$ɕie$^{11}$ie$^{44}$

九十 ȶu$^{33}$ɕie$^{11}$

九十一 ȶu$^{33}$ɕie$^{11}$ie$^{44}$

一百零一 ie$^{44}$pe$^{11}$lin$^{13}$ie$^{44}$

一百一十 ie$^{44}$pe$^{11}$ie$^{44}$ɕie$^{11}$

一百一十一 ie$^{44}$pe$^{11}$ie$^{44}$ɕie$^{11}$ie$^{44}$

一百一十二 ie$^{44}$pe$^{11}$ie$^{44}$ɕie$^{11}$ni$^{22}$

一百二十 ie$^{44}$pe$^{11}$ni$^{22}$ɕie$^{11}$

一百三十 ie$^{44}$pe$^{11}$san$^{45}$ɕie$^{11}$

一百五 ie$^{44}$pe$^{11}$oŋ$^{11}$

二百 ni$^{22}$pe$^{11}$

两百块钱 liaŋ$^{11}$pe$^{11}$tɕʰie$^{44}$tsin$^{13}$

二百二十二 ni$^{22}$pe$^{11}$ni$^{22}$ɕie$^{11}$ni$^{22}$

二百五 ni$^{22}$pe$^{11}$oŋ$^{11}$ ①二百五十；②傻子

三百一 san$^{45}$pe$^{11}$ie$^{44}$ 三百一十

三百三 san$^{45}$pe$^{11}$san$^{45}$ 三百三十

三百六 san$^{45}$pe$^{11}$lio$^{11}$ 三百六十

三百八 san$^{45}$pe$^{11}$pia$^{11}$ 三百八十

一千一 ie$^{44}$tsʰin$^{45}$ie$^{44}$ 一千一百

一千九 ie$^{44}$tsʰin$^{45}$ȶu$^{33}$ 一千九百

两千 liaŋ$^{11}$tsʰin$^{45}$

　二千 ni$^{22}$tsʰin$^{45}$

三千 san$^{45}$tsʰin$^{45}$

五千 oŋ$^{11}$tsʰin$^{45}$

八千 pia$^{11}$tsʰin$^{45}$

两万 liaŋ$^{11}$ʋyan$^{22}$

　二万 ni$^{22}$ʋyan$^{22}$

二万二 ni$^{22}$ʋyan$^{22}$ni$^{22}$ 二万二千

　两万二 liaŋ$^{11}$ʋyan$^{22}$ni$^{22}$

三万五 san$^{45}$ʋyan$^{22}$oŋ$^{11}$ 三万五千

数 su$^{44}$ 数量

一斤半 ie$^{44}$ȶən$^{45}$pan$^{44}$

一儿 ie$^{44}$ni$^{44}$ 一点儿

一下 ie$^{44}$xa$^{22}$

三成 san$^{45}$ȶən$^{13}$

一号 ie$^{44}$xau$^{22}$

二号 ni$^{22}$xau$^{22}$

三号 san$^{45}$xau$^{22}$

四号 si$^{44}$xau$^{22}$

五号 oŋ$^{11}$xau$^{22}$

六号 lio$^{11}$xau$^{22}$

七号 tsʰe$^{44}$xau$^{22}$

八号 pia$^{11}$xau$^{22}$

九号 ȶu$^{33}$xau$^{22}$

十号 ɕie$^{11}$xau$^{22}$

初一 tsʰu$^{45}$ie$^{44}$

初二 tsʰu$^{45}$ni$^{22}$

初三 tsʰu$^{45}$san$^{45}$

初四 tsʰu$^{45}$si$^{44}$

初五 tsʰu$^{45}$oŋ$^{11}$

初六 tsʰu$^{45}$lio$^{11}$

初七 tsʰu$^{45}$tsʰe$^{44}$

初八 tsʰu$^{45}$pia$^{11}$

初九 tsʰu$^{45}$ȶu$^{33}$

初十 tsʰu$^{45}$ɕie$^{11}$

老大 lau$^{11}$tai$^{22}$

老二 lau$^{11}$ni$^{22}$

老三 lau$^{11}$san$^{45}$

老四 lau$^{11}$si$^{44}$

老五 lau$^{11}$oŋ$^{11}$

老六 lau$^{11}$lio$^{11}$

老七 lau$^{11}$tsʰe$^{44}$

老八 lau$^{11}$pia$^{11}$

老九 lau$^{11}$ȶu$^{33}$

老十 lau$^{11}$ɕie$^{11}$

老满 lau$^{11}$mian$^{11}$ 老幺

大哥 tai$^{22}$ka$^{45}$

儿哥 ne$^{44}$ka$^{45}$ 二哥

儿姐 ne$^{44}$ȶa$^{33}$ 二姐

一个 ie$^{44}$ka$^{44}$

四个 si$^{44}$ka$^{44}$

五个 oŋ$^{11}$ka$^{44}$

六个 lio$^{11}$ka$^{44}$

七个 tsʰe$^{44}$ka$^{44}$

八个 pia$^{11}$ka$^{44}$

九个 ȶu$^{33}$ka$^{44}$

十个 ɕie$^{11}$ka$^{44}$

一百一十个 ie$^{44}$pe$^{11}$ie$^{44}$ɕie$^{11}$ka$^{44}$

一百五十个 ie$^{44}$pe$^{11}$oŋ$^{11}$ɕie$^{11}$ka$^{44}$

二百五十个 ni$^{22}$pe$^{11}$oŋ$^{11}$ɕie$^{11}$ka$^{44}$

一千一百个 ie$^{44}$ts$^{h}$in$^{45}$ie$^{44}$pe$^{11}$ka$^{44}$

一千九百个 ie$^{45}$ts$^{h}$in$^{45}$ȶu$^{33}$pe$^{11}$ka$^{44}$

一万二千个 ie$^{44}$ʋyan$^{22}$ni$^{22}$ts$^{h}$in$^{45}$ka$^{44}$

三万五千个 san$^{45}$ʋyan$^{22}$oŋ$^{11}$ts$^{h}$in$^{45}$ka$^{44}$

一两个 ie$^{44}$liaŋ$^{11}$ka$^{44}$

两三个 liaŋ$^{11}$san$^{45}$ka$^{44}$

三五个 san$^{45}$oŋ$^{11}$ka$^{44}$

十数个 ɕie$^{11}$su$^{44}$ka$^{44}$ 十来个

十多个 ɕie$^{11}$ta$^{45}$ka$^{44}$

百把个 pe$^{11}$pia$^{33}$ka$^{44}$ 上百个

第二 ti$^{22}$ni$^{22}$

第三 ti$^{22}$san$^{45}$

第四 ti$^{22}$si$^{44}$

第五 ti$^{22}$oŋ$^{11}$

第六 ti$^{22}$lio$^{11}$

第七 ti$^{22}$ts$^{h}$e$^{44}$

第八 ti$^{22}$pia$^{11}$

第九 ti$^{22}$ȶu$^{33}$

第十 ti$^{22}$ɕie$^{11}$

第一个 ti$^{22}$ie$^{44}$ka$^{44}$

第二个 ti$^{22}$ni$^{22}$ka$^{44}$

第三个 ti$^{22}$san$^{45}$ka$^{44}$

第四个 ti$^{22}$si$^{44}$ka$^{44}$

第五个 ti$^{22}$oŋ$^{11}$ka$^{44}$

第六个 ti$^{22}$lio$^{11}$ka$^{44}$

第七个 ti$^{22}$ts$^{h}$e$^{44}$ka$^{44}$

第八个 ti$^{22}$pia$^{11}$ka$^{44}$

第九个 ti$^{22}$ȶu$^{33}$ka$^{44}$

第十个 ti$^{22}$ɕie$^{11}$ka$^{44}$

零 lin$^{13}$

两斤 liaŋ$^{11}$ȶən$^{45}$

　二斤 ni$^{22}$ȶən$^{45}$

两斤半 liaŋ$^{11}$ȶən$^{45}$pan$^{44}$

　二斤五两 ni$^{22}$ȶən$^{45}$oŋ$^{11}$liaŋ$^{11}$

两钱 liaŋ$^{11}$tsin$^{13}$

　二钱 ni$^{22}$tsin$^{13}$

二分 ni$^{22}$fən$^{45}$

　两分 liaŋ$^{11}$fən$^{45}$

两厘 liaŋ$^{11}$li$^{13}$

两丈 liaŋ$^{11}$ȶan$^{22}$

两尺 liaŋ$^{11}$tɕ$^{h}$ie$^{11}$

两寸 liaŋ$^{11}$ts$^{h}$ən$^{44}$

两里 liaŋ$^{11}$li$^{11}$

一担 ie$^{44}$tan$^{44}$ 重量单位，一百斤

二担 ni$^{22}$tan$^{44}$

　两担 liaŋ$^{11}$tan$^{44}$

三担 san$^{45}$tan$^{44}$

二担一 ni$^{22}$tan$^{44}$ie$^{44}$

　两担一 liaŋ$^{11}$tan$^{44}$ie$^{44}$

二担二 ni$^{22}$tan$^{44}$ni$^{22}$

　两担二 liaŋ$^{11}$tan$^{44}$ni$^{22}$

二担三 ni$^{22}$tan$^{44}$san$^{45}$

　两担三 liaŋ$^{11}$tan$^{44}$san$^{45}$

两亩 liaŋ$^{11}$mou$^{11}$

两顷 liaŋ$^{11}$ȶ$^{h}$ən$^{33}$

好多个 xau$^{33}$ta$^{45}$ka$^{44}$

好几个 xau$^{33}$tɕi$^{33}$ka$^{44}$

## 三十　其他

一清二楚 ie$^{44}$ts$^{h}$in$^{45}$ni$^{22}$ts$^{h}$u$^{33}$

一刀两断 ie$^{44}$tau$^{45}$liaŋ$^{11}$tuan$^{22}$

一举两得 ie$^{44}$tɕy$^{33}$liaŋ$^{11}$te$^{44}$

三番五次 san$^{45}$fyan$^{45}$oŋ$^{11}$tsʰɿ$^{44}$

三年两年 san$^{45}$nin$^{13}$liaŋ$^{11}$nin$^{13}$

三年五代 san$^{45}$nin$^{13}$oŋ$^{11}$tai$^{22}$ 三年五载

三日两节 san$^{45}$ȵie$^{11}$liaŋ$^{11}$tse$^{11}$ 三天两头

三日两夜 san$^{45}$ȵie$^{11}$liaŋ$^{11}$ia$^{22}$ 三天两夜

三长两短 san$^{45}$ȶan$^{13}$liaŋ$^{11}$tuan$^{33}$

三言两句 san$^{45}$in$^{13}$liaŋ$^{11}$tɕy$^{44}$ 三言两语

三心两意 san$^{45}$sən$^{45}$liaŋ$^{11}$i$^{44}$ 三心二意

四面八方 si$^{44}$min$^{22}$pia$^{11}$fan$^{45}$

四时八节 si$^{44}$ɕi$^{13}$pia$^{11}$tse$^{11}$

五心冇定 oŋ$^{11}$sən$^{45}$mo$^{22}$tin$^{22}$ 犹疑不决

五花八门 oŋ$^{11}$fya$^{45}$pia$^{11}$mən$^{13}$

七长八短 tsʰe$^{44}$ȶan$^{13}$pia$^{11}$tuan$^{33}$

七凑八凑 tsʰe$^{44}$tsʰou$^{44}$pia$^{11}$tsʰou$^{44}$ 七拼八凑

七手八脚 tsʰe$^{44}$ɕiu$^{33}$pia$^{11}$ȶa$^{11}$

千辛万苦 tsʰin$^{45}$sin$^{45}$ʋyan$^{22}$kʰu$^{33}$

千军万马 tsʰin$^{45}$ȶən$^{45}$ʋyan$^{22}$mia$^{11}$

千变万化 tsʰin$^{45}$pin$^{44}$ʋyan$^{22}$fya$^{44}$

千家万户 tsʰin$^{45}$tɕia$^{45}$ʋyan$^{22}$fu$^{22}$

千言万语 tsʰin$^{45}$in$^{13}$ʋyan$^{22}$y$^{11}$

千刀万剐 tɕʰin$^{45}$tau$^{45}$ʋyan$^{22}$kua$^{11}$

汤汤水水 tʰan$^{45}$tʰan$^{45}$fy$^{33}$fy$^{33}$

各种各样 ko$^{11}$tsoŋ$^{33}$ko$^{11}$iaŋ$^{22}$

金馐海味 ȶən$^{45}$tsʰu$^{45}$xei$^{33}$ʋi$^{22}$ 山珍海味

天长地久 tʰin$^{45}$ȶan$^{13}$ti$^{22}$ȶu$^{33}$

地久天长 ti$^{22}$ȶu$^{33}$tʰin$^{45}$ȶan$^{13}$

五荒六月 oŋ$^{11}$fan$^{45}$lio$^{11}$ȵo$^{11}$ 五六月

九冬十月 ȶu$^{33}$toŋ$^{45}$ɕie$^{11}$ȵo$^{11}$ 九十月

相依为命 ɕiaŋ$^{45}$i$^{33}$uei$^{13}$min$^{22}$

讲长讲短 kan$^{33}$ȶan$^{13}$kan$^{33}$tuan$^{33}$ 说长道短

甲 tɕia$^{11}$

乙 i$^{13}$

丙 pin$^{33}$

丁 tin$^{45}$

戊 u$^{45}$

己 tɕi$^{33}$

庚 ken$^{45}$

辛 ɕin$^{45}$

壬 in$^{13}$

癸 kuei$^{44}$

子 tsi$^{33}$

丑 ȶʰu$^{33}$

寅 in$^{13}$

卯 mou$^{11}$

辰 ɕin$^{13}$

巳 tɕi$^{44}$

午 oŋ$^{11}$

未 uei$^{44}$

申 ɕin$^{45}$

酉 iu$^{11}$

戌 si$^{13}$

亥 xai$^{22}$

# 第六章 语法

# 第一节

# 词法①

## 一 构词法

构词法（word formation）包括复合构词法和派生构词法。复合构词法是用句法方式（动宾、偏正等）而非形态方式构造新词的手段，因此不属于严格的形态。（刘丹青2003：284）

### （一）复合式构词

本地话的复合构词法与普通话基本相同，主要也是以下五种基本方式。

1. 联合式

联合式在本地话的复合词中较多，两个语素的地位相等。例如：兄弟、鳞甲穿山甲、团寨村子、乾坤门簪、阶蹬台阶、牌坊、牙齿、坼路缝儿等，数量上最多。其中两个语素的关系大多为同义或近义关系，如"鳞"与"甲"，"团"与"寨"，"阶"与"蹬"，"牌"与"坊"等。也有的两个语素的关系是反义关系，如"兄"与"弟"，"乾"与"坤"等。

联合式结构的动词也有一些，如交代嘱咐、收拾、打扮、嫌弃、行动来往、结交、将就迁就等，其中两个语素的关系大多为同义或近义关系，如"交"与"代"，"收"与"拾"等。

联合式的形容词和副词要少一些，形容词例如脱撇干脆、快活、欢喜等。副词例如另外、轻松、肯定、顺便、根本压根儿、早迟早晚、反正等。

2. 偏正式

偏正式复合词中同样也是名词占绝大多数，例如：月光月亮、柴刀、边门、谷草稻秆、火星流星、锑锅铝锅、铺雪鹅毛雪、上班长辈、大水洪水等。结构上也是"前偏后正"，即前一个语素修饰后一个语素，如"火星"表示"像火一样的星"，"铺雪"表示"像床铺一样的雪"，"上班"表示"上一个班辈（辈分）"。不过表示动物性别词时用的是前正后偏的结构，关于这

① 本章介绍本地话主要的语法特点。"体貌系统"由于主要与动词相关，本书归入"词法"一节。

一点后面有专文讨论。

其他词性的偏正式结构较少，动词如：后悔、默神考虑等。副词如：好心一定等。

3. 述宾式

述宾式结构复合词主要为动词。前一个语素表示动作，后一个语素是动作的对象、受事、与事或是施事，例如：背阴、吹风刮风、讨嫌、随意不管、吵担闹事、当阳向阳、撑腰支持、徭家串门儿、栽树倒立、着讲挨批等。此外，形容词和副词也较常用这一构词法，如：望路奔头儿、舍死拼命、扯常经常、做路一块儿、当面、趁早等。

4. 主谓式

主谓式结构复合词的前一语素为主语，后一语素是对它的陈述。如：火闪闪电、烟通烟囱、布告、天好晴天等，词性上主要是名词；动词的如心痛爱惜、心红羡慕等。

5. 述补式

述补式结构复合词主要是动词。前一语素是动作，后一语素是对前一语素的补充说明，例如：定成订婚、开起张开、上去、卧起躺、扶倒扶、跌落掉、记倒记住、答认答应等。也有其他词性的，如：算好幸亏等。

**（二）派生式构词**

本地话的派生构词法主要是通过词根加语缀构成。本地话的语缀较丰富。语缀分为前缀和后缀。本地话前缀和后缀在数量上不平衡。前缀较少，主要有“老、阿、第、得”几个，后缀相对要多一点，主要有“头、子、鼓、套、佬、家、客、场”等。下面先简要叙述，几个比较重要的语缀我们会在第二节讨论。

本地话前缀并不发达，总体来说有如下几个特点：一是前缀的数量比普通话要少，普通话的有些前缀如“可”等在本地话中没有；二是构词能力不强，普通话的有些词缀本地话也有，但构词能力弱，比如“老”可构成“老鼠、老师、老鸦”等，而像普通话中的“老虎”“老鹰”等本地话均不用派生式，如称“老虎”为“大虫”，称“老鹰”为“鹰”；三是有些前缀二者都有，但使用上有差异，如本地话中的前缀“阿”构成的几个词“阿鹊喜鹊、阿姨比母亲小的姨、阿嫂嫂子”与普通话的前缀“阿”在搭配上或是意义上均有差距。

关于后缀“头、鼓、子”，我们在下一节讨论。先对其他后缀稍做讨论。“套”在本地话中表示的是一种性状，只出现在“阔套宽敞、活套灵活、直套直爽”三个词中。“佬”主要表示职业或者身份，如“屠傅佬屠夫、补锅佬补锅匠、姨夫佬连襟、舅佬内亲兄弟”。“家”主要表示人物身份，如“男子家男人、女子家女人、后生家青年男性、野女家情妇”。“客”主要表示人物职业或情状，如“大船客驾船师傅、摆渡客摆渡师傅、痞子客流氓、大炮客爱吹牛的人”等。

**（三）逆序词**

本地话中的逆序词主要体现在时间词、动物性别词以及幼禽、幼兽的表达上。

1. 时间词

本地话的时间词大多也是采用前偏后正式构词，如：前日、后日、前年、旧年去年。但是有时两个词也采用前正后偏式：日□[ȵie⁴⁴nai³³]今天；年□[nin⁴⁵nai³³]今年。这应该是受侗语的影响，“今年”在陇城侗语和播阳侗语中均是[ȵin¹¹nai⁴²]。“今天”在陇城侗语中是[mɐn⁴⁵nai⁴²]，在播阳侗语中是[wən⁴⁵nai⁴²]。本地话借用了侗语语素“□[nai⁴²]”及语序，只是用汉语语素“日”替换了相应的侗语语素。

2. 动物性别词和幼禽、幼兽词

关于动物的性别词，北方汉语多用“公”“母”，性别词多前置，如“公鸡”“母鸡”。南方汉语多用“公/牯”“婆”，性别词多后置。本地话也与大多数南方汉语方言一样，如“鸡公、鸡婆、鸭公、鸭婆”等。

“公”一般表示成年雄性动物，后置，如：鸡公、鸭公、狗公（子）、马公。

“牯”，通常用来表示雄性动物，后置，如：猫牯公猫、牛牯公牛、沙牯公黄牛、水牯公水牛、阉牯子犍牛。偶也可用于指人，如：单身牯单身汉。另一类“牯”与动物的性别无关，我们下文再讨论。

“龙”一般只表示未成年雄狗，后置，如：狗龙。

“婆”表示成年已生育的雌禽，后置，如：鸡婆、鸭婆。

此外表示动物雌雄的词缀还有“□[nei²²]”“母”“草”和“牸”。

“草”或“牸”表示未生育过的雌兽。其中“牸”用于“牛”，如：牛牸、沙牸未生育过的母黄牛。“草”用于“狗”和“猪”，前置，如：草狗、草猪。相应的表雄性的“豮”一般只表示未成年雄猪，前置，如：豮猪。“草”和“豮”也见于通道官话，因此本地话的相应表达可能是受通道官话的影响。

“□[nei²²]”表示成年已生育的雌兽，后置，如：“狗□[nei²²]、猫□[nei²²]、马□[nei²²]、牛□[nei²²]”。陇城侗语和播阳侗语中的“母亲”为“[nəi³¹]”，本地话的“□[nei²²]”可能与此有关（通道侗语中表示雌性动物的语素为“[məi³¹]”）。

“母”的用法同“□[nei²²]”，如狗母、牛母、大虫母母老虎，但使用频率没有“□[nei²²]”那么高，“母”这个语素应该也是从通道官话中借入的，但是构词法上却是采用的侗语中心词在前的结构方式。

另外还有个别的逆序词如：闹热热闹、案脚条案、蛇鸡公鸡公蛇、楦鞋鞋楦子、宵夜夜宵、菜蔬蔬菜。其中的“闹热”是联合式，其他的都为偏正式。

**（四）“的”字结构**

本地话有大量的“的”字结构，构词能力强，可以分为以下几类。

1. 构成名词，表示时间或是人物。

（1）表时间：

日的白天　　夜的晚上

（2）表人物：

种田的农民　　摆摊子的摊贩　　帮厨的厨房帮手　　本地方的老乡

一屋的家人　　同班的同辈　　吃粮的警察　　同名的同名的人

一伙的同伙　　跑龙套的　　唱戏的演员　　望相的相面先生

唱赞歌的丧礼上唱祭文的人　　跑堂的　　讲门前话的说外乡话的

2. 构成形容词，其中大量的是以“BA的”或“AB的”（A为形容词，B为修饰性成分）构成形容词的生动形式，例如：

白戛戛的苍白　　壮垒的非常壮

黄贡的非常黄　　肥□[kue$^{11}$]的非常肥

绿荫的非常绿　　瘦巴筋的非常瘦

墨黑贡的非常黑　　浸租的非常冷

焦青的非常青　　织密的非常密

□[piaŋ$^{44}$]苦的非常苦　　□[liaŋ$^{45}$]稀的非常稀

清甜的非常甜　　香喷的/喷香的非常香

焦酸的非常酸　　滚臭的/瘟臭的非常臭

饱背□[nen$^{44}$]的非常饱　　苦咸的非常咸

瘪□□[xe$^{45}$xe$^{45}$]的非常瘪　　淡白汁的非常淡

也可以构成其他性质的形容词，例如：

光筒的全裸　　□□[iau$^{44}$iau$^{44}$]的整洁

3. 构成副词“箇的”，意为“这样”，例如：

箇的：这么他～高

□[ʈa$^{44}$]的：那么他～有钱

## 二　重叠与语缀

### （一）重叠

重叠主要指作为构词手段的重叠，而非语法意义上的“VV”重叠式。

1. 重叠前语素的性质

本地话中的重叠式从词性来看一般都是名词，但重叠前的语素则主要有名词性语素和动词性语素两类。

（1）重叠前的语素是名词性的，这一类的数量最多，如：

瓶瓶瓶子　　角角角落　　峒峒两山间的低凹处

凼凼水坑　　蔸蔸树的根部　　把把把儿

潭潭天然的潭　　锤锤锤子　　罐罐罐子

柜柜柜子　　盒盒盒子　　档档桌椅等腿间的横木

襻襻襻子　　回回舞狮时的引狮人

这种情况下重叠起到的是成词作用。比如本地话中“瓶”是不成词语素，如“水瓶”“饭瓶”，但不能单说“瓶”，也不说“瓶子”，只有在重叠后才能成词。

（2）重叠前的语素是动词性的，如：

勾勾钩子　　盖盖盖子

“勾”和“盖”在本地话中本是动词，如“勾倒”“勾头”“盖被”。

2. 亲属称谓中的重叠

在本地话的亲属称谓中，称呼长辈一般用单音节语素而不用重叠式，如“爷”指“父亲”，“□[pa$^{33}$]”指“母亲”，“公”指“祖父”，“婆”指“祖母”。

有些也可以重叠，但重叠后的指称对象已经变了，如“□□[pa$^{33}$pa$^{33}$]”已经不是指称“母亲”，而是指称的“叔母”，“爷爷”指称的不是“父亲”，而是“叔父”。从这个角度来看，重叠有小称的含义在里边。

本地话中有一些亲属称谓单独也可以说，重叠后的意思和用法也基本没有变化，与普通话一样，如“哥哥”和“姐姐”。

有时候的重叠形式表面上看与普通话相同，但实际指称对象却不同，如“太太”指称的不是“妻子”，而是“高祖父”。

3. AAB/BAA式重叠

“AAB”式重叠中的“B”是可能独立成词的，而“AA”是不能独立成词的，只能作为修饰性成分，与后面的语素一起构成偏正式词，例如：

旋旋风小的旋转风　　八八鸟八哥鸟　　女女儿女孩儿

□□[tiu$^{44}$tiu$^{44}$]帽鸭舌帽　　毛毛雨　　蛆蛆儿孑孓

或是重叠后再与前面的语素构成BAA式的偏正结构，如：

茶渣渣泡后剩下的茶叶　　茶脚脚喝完油茶剩下的渣子

坡角角山角落　　水凼凼水坑

深潭潭深的水潭　　床档档床架的横条

BAA式中的AA有的也不能直接成词，如“潭潭”“脚脚”，有的可以直接成词，如“凼凼”“渣渣”。

有的因为本字无从判断，因此无法确定是属于重叠式构词还是叠音式构词，如：

□□[pyan²²pyan²²]窟窿　　□□[ko⁴⁵ko⁴⁵]松球

无法判断这里的"□[pyan²²]、□[ko⁴⁵]"是否为语素。这里就不讨论这一类型了。

## （二）语缀

1."子"

"子"[tsi³³]缀主要用于构成名词，其中"子"前面的结构可以有几种。

（1）名词性语素

| | | |
|---|---|---|
| 格子窗户 | 舌子 | 稗子 |
| 郎子女婿 | 豹子 | 狮子 |
| 星子星星 | 崖子石子儿 | 茄子 |
| 梭子 | 褂子背心 | 构子冰 |

（2）动词性语素

| | | |
|---|---|---|
| 滚子轮子 | 铲子铁锹 | 钳子 |
| 起子螺丝刀 | 罩子早上的雾 | 錾子 |
| 趟子灰板 | 钻子 | 摇子橹 |
| 租子地租 | 照子镜子 | 碾子 |

（3）短语

| | | |
|---|---|---|
| 雪构子冰凌 | 帐檐子 | 纱扒子绕线的工具 |
| 阉牯子犍牛 | 牛舌子仙人掌 | 线砣子 |
| 火炭子木材燃烧后剩下的碎炭 | 砖坯子砖坯 | 砖模子做砖坯用的匣子 |
| 木栋子木头 | 黄□[tiu⁴⁵]子栀子花 | 门转子门轴 |

另一类"子"主要构成名词，依性情或特征来定义的人，通常带有贬义，如：

| | | |
|---|---|---|
| 瞎子 | 棍子赌徒 | 聋子 |
| 猛子鲁莽的人 | 败家子 | 砣子罗锅儿 |
| 拐子骗子 | 痞子 | 酒癫子酒鬼 |

2."头"和"牯"

（1）X+头

"头"的主要作用是构成名词，能产性强。例如：

| | | | | | |
|---|---|---|---|---|---|
| 日头太阳 | 锄头 | 木头 | 斧头 | 行头家具 | 钵头钵子 |
| 柱头柱子 | 心头心 | 芋头 | 藠头 | 炉头厨房 | 手指头手指 |
| 对头 | 跟头 | 赚头 | 里头 | 丫头 | 额门头 |

（2）X+牯

这里的"牯"不表示动物的性别，其主要作用是构成名词，能产性较弱，通常要加在

“头”的后面构成“X+头牯”，主要表示小和圆形或颗粒状的东西，形似石子或石头。例如：

米头牯粒状雪子　　崖头牯石头　　黄头牯鹅卵石

拳头牯拳头　　膝头牯膝盖

另外有两个词，一个是表示“马蜂”的“动□[ten²²]牯”，一个是表示“黄刺鱼”的“黄□[ŋe⁴⁵]牯”。从理据来看，应该是因为“马蜂”与“黄刺鱼”在形状上似石头或石块，而与表示雄性动物的“牯”似乎关系不大。

3.“得”和“场”

“得”是一个前缀，加在动语素前有两种功能，一种还是构成动词，但在原动词语素意义的基础上加上了“结果”义。如“得见”表示“看见、遇见”，“得听”表示“听见”。此时的“得”似乎只起到衬托音节的作用。但“得空”不属于此类，这里的“得”是动词，表示“有”的意思。

有时候“得”也可以放到动语素或是形语素后面，作用还是相当于普通话中的“-头儿”如“做得”意为“干头儿”，“苦得”意为“苦头儿”。例如：

个事箇做得这件事儿有干头儿。ka⁴⁴si²²kei⁴⁴tsu⁴⁴te⁴⁴.

我从来□苦得我从小吃够了苦头儿。ŋa¹¹tsoŋ¹³lei¹³to⁴⁴kʰu³³te⁴⁴.

与“得”功能相似的还有一个“场”。“场”是后缀，附在动词性语素后有两种功能，基本上与“得”相似：一种是只起衬托作用，整个结构的意义就是动语素的意义，如“做场”就是“做”。例如：

照箇个做场就好照这个做就好。tɕy⁴⁴kei⁴⁴ka⁴⁴tsu⁴⁴ʈan¹³tsu²²xau³³.

另一个有“值得”的意思，相当于普通话中的名词缀“-头儿”，如“吃场”意义是“吃头儿”，通常做“有”或是“冇得”和宾语，例如：

个菜箇有吃场这个菜有吃头。ka⁴⁴tsʰei⁴⁴kei⁴⁴iu¹¹tɕʰie⁴⁴ʈan¹³.

个酒□冇得吃场那个酒没喝头。ka⁴⁴tsu³³ʈa⁴⁴mo²²te⁴⁴tɕʰie⁴⁴ʈan¹³.

本书箇冇得望场这本书没看头。ka⁴⁴fy⁴⁵kei⁴⁴mo²²te⁴⁴man²²ʈan¹³.

个事情箇冇得搞场这件事有做头。ka⁴⁴si²²tɕin¹³kei⁴⁴mo²²te⁴⁴kau³³ʈan¹³.

4.“几”和“好……箇/□[ʈa⁴⁴]”

本地话中没有普通话那样表示复数的后缀“们”，表示有生命的个体复数概念用前缀“几”，如：“几姊妹”意为“姐妹们”，“几姑嫂”意为“姑嫂们”；表示无生命的用前缀“好”，但一般必须要与后面的指示代词一起构成一个框式结构“好……箇/□[ʈa⁴⁴]”，意为“这些/那些……”，例如：“好道理箇”意为“这些个理儿”，“好事□[ʈa⁴⁴]”意为“那些个事儿”，“好台板箇”意为“这些桌子”，“好椅子箇”表示“这些椅子”，“好书箇”意为“这些书”等。

本地话中人称代词要变为复数，也不像普通话那样加表复数的后缀“们”，而是换用另一单音节词来表示，类似于英语中的“异根法”。如“我们”说成“□[uən$^{13}$]”（单数为“我”），“他们”说成“□[no$^{13}$]”（单数为“你”），“他们”说成“他”（单数为“伊”）。

与此相关，人称代词的领格有两种形式，如果中心语是一般的物件，则也像普通话那样加助词“的”，如“我的书”“伊的本子”。但是如果中心语是亲属关系名词，则换用人称代词的复数形式来表达，如“□[uən$^{13}$]爷我爸、□□[no$^{13}$pa$^{33}$]你妈、他哥哥”。

5.“儿”

本地话中的“儿”共有3个，有三种读音：

儿$_1$读音为[ni$^{13}$]，意思是“儿子”，能产性较强，如“野儿”即“野崽子”，“同儿爷”表示“养父”，“侄儿子”表示“侄儿”等。

进而引申为“幼小的动物年龄小”，读音还是[ni$^{13}$]，如：鸭儿、鸡儿、鹅儿、狗儿、猫儿、马儿、牛儿、羊儿、鱼儿、蟆儿蝌蚪、细子儿小孩儿、男子家儿男孩儿、女女儿女孩儿。严格说起来，这一类词也属于“逆序词”，前面为名词性的中心语素，后面为表“小”的修饰性语素。

有时候看似“儿$_1$”表示的是“小”的物体或东西，如“菩萨儿”表示“瞳孔”。但这里的“儿”依然有“小人儿”的意思，因“菩萨”在本地话中有“人像”的意思，其造词理据是从人的瞳孔中可以看见小人儿。

儿$_2$读音为[ne$^{44}$]，放在前面表示物体的体积或规模小，如：儿凳、儿风、儿雨、儿崖小石块、儿路等。

有时候，这两个“儿”还会在一个词里出现，如“儿鱼儿、儿凳儿”，此时第一个“儿”是儿$_2$，表示的是物体的体积小，第二个“儿”是儿$_1$，表示的是细小的动物。

儿$_3$读音为[ni$^{44}$]，表示少量，可对应普通话的“点儿”，例如：有儿有点儿、差儿差点儿。表示强调时还可重叠，如儿儿[ni$^{44}$ni$^{44}$]表示“一点儿”，或在此基础上再变调：儿儿[ni$^{45}$ni$^{44}$]表示“一丁点儿”。

## 三　数量、方所、指代

### （一）数量

本地话的数量系统与普通话的差别不大，下面只挑几点稍加介绍。

1. 位数词的省略

本地话的位数词系统与普通话相同，当出现“百”以上的位数词，如果下面的位数是整数，则下面的位数词都可省略而只保留基数词，如“一百五十”可说成“一百五”，“一千九百”说成“一千九”，“三万二千”说成“三万二”。只有“二百五十”不能省成“二百五”，因为“二百五”专指“傻子”。如果后面再接量词，则位数词不能省，如

“一百五十个”不能说成“一百五个”。

2. 表示排行

表示排行时，最大的只称“老大”，最小的则通常称“老满（晚）”。排行第二时一般用“二”，如排行第二的叔叔叫“二爷”，排行第二的姑姑叫“二姑”，但有时也用“儿[ne44]”，如“儿哥”指“二哥”，“儿姐”指“二姐”，不过“儿爷”中的“儿”不表排行，专门表示团寨里与父亲同辈而年龄小的男子，相当于普通话中表泛称的“叔叔”。

3.“二”和“两”

本地话中“二”和“两”的分工基本上与普通话相同，序数只用“二”不用“两”，只有“两点钟”用“两”，基数词则可用“二”也可用“两”，如“二万”也可说“两万”。量词前一般用“两”，如说“两个”，不说“二个”，只说“一两个、两三个”，不说“一二个、二三个”。度量衡前一般“两”和“二”都可以说，如“二斤、两斤”“二分、两分”，只有在重量单位“两”前一般说“二”。有时候数词有引申义，如用“二八月”表示春天和秋天。此外，本地话中没有“俩、仨、廿、卅”这类的合音形式。

**（二）方所**

方所主要表示方向和相对位置关系以及处所名称，包括单纯方位词和复合方位词两大类。本地话中的单纯方位词有以下这些：

1. 东、南、西、北、中
2. 上、下、头、底、边
3. 左、右、前、后
4. 里、外、入、内

第一组的“东、西、南、北”在本地话中既可单说，也可与“方、边”构成方位，这个与普通话中的用法基本相同。“中”在本地话中不能单说，只能与“间”构成复合方位词“中间”。

第二组基本上可以做单纯方位词，也可以与其他词一起构成复合方位词。

“上”主要是单独依附在名词后表位置，如“天上、坡上、路上、街上、墙上、门上”，还可以与“边”一起构成复合方位词“上边上面”和“边上旁边”。有些时候“上”的方位义开始减弱，而突出了处所义，如“岸上”表示“河岸”，“坳上”表示“山坳”，“街上”表示“城里”等。

“下”既可单独依附于名词之上表示方位，也可以跟“底、脚”等一起构成复合方位词“底下、脚下”，或是与“头、边”构成“下头、下边”。“下”在本地话中单独依附于名词时并不表示“下面”，而是表示“里面”的意思。如“江下”指的是“河里”，且不常用（常用的是“入”）。本地话中要表示“下面”一般需用“～底下”或“～下边”。

“底下”表示“下面”，如“日头底下、月光底下、床底下、楼底下、脚底下、台板桌子底下”。“下边”也表示“下面”，但不如“底下”常用。“脚下”表示“根部”的意思，如“坡脚下”意为“山脚”。

“下头”使用面较狭窄，一般只出现在“地下头”中，表示的却是“地上”的意思。例如：

地下头攋搽得很地上很脏。ti$^{22}$xa$^{22}$tou$^{13}$la$^{11}$sa$^{11}$te$^{44}$xən$^{33}$.

本地话中的“头”除了与“下”组合构成复合方位词“下头”（见上文讨论）外，也可单独依附于名词，表示“顶部”的意思，如“坡头”表示“山顶”。在表示时间概念上，“头”则意为“前面的”，如“头几日、头几年”表示“前几日、前几年”。

“底”除了与“下”一起构成“底下”表方所外，还可单独依附于名词后面表示位置，如“碗底、锅底、缸子底”等，也可与“下”构成复合词“底下”表示方位。

“边”一般与“上、下、左、右、前、后”组合构成“上边、下边、左边、右边、前边、后边”等，也可单独依附于名词上，如“路边、江边”，也可以单独成词，就表示“旁边”或是“一边”。例如：

面□偏过边去了脸偏向一边去了。min$^{22}$k$^{h}$ua$^{44}$p$^{h}$in$^{45}$kua$^{44}$pin$^{45}$k$^{h}$u$^{44}$le$^{11}$.

第三组的“左”与“右”通常只与“边”组合构成“左边、右边”或是再加上“手”构成“左手边、右手边”来表示方位。“前”和“后”则通常分别与“头”“背”构成“前头”和“背后”来表示方位，如“屋前头”表示“房子前面”，“门背后”意为“门后”。本地话中的“门前”意思是指“外面”或是指“野外”。

第四组的“里”在本地话中通常只与“箇”“□[ȶa$^{44}$]”“□[nu$^{45}$]”组合，分别表示“这里”“那里”“哪里”，虽然也可以说“里头”，但是并不常用，估计是受官话的影响。“内”和“外”都只出现在一些比较文雅的词里面，如“以内、以外、内行、外行、之内、之外，城内、城外”等。

“入”在本地话中既可以是动词，表示“进去”的意思，如“入园”表示“下地里干活儿”，“入去、入来”表示“进去、进来”等，也可以是方所名词。本地话表示“里面”义时通常用“入”而不用“里”，如“屋入、心入、手入、城入、水入”，例如：

我屋入蛮穷咧我家里很穷呢。ŋa$^{11}$o$^{44}$ȵo$^{11}$man$^{13}$ȶoŋ$^{13}$le$^{11}$.

我手入有得钱我手里没钱。ŋa$^{11}$ɕiu$^{33}$ȵo$^{11}$mo$^{22}$te$^{44}$tsin$^{13}$.

此外，还有一些其他的组合方式可以用来表方位，比如说“门前路”可以用来表示“面前”，用“眼门前”表示“跟前儿”等，例如：

伊跟电视机门前路望倒望倒就打□了他在电视机前看着看着睡着了。

i$^{44}$kən$^{45}$tian$^{45}$sɿ$^{45}$tɕi$^{33}$mən$^{13}$tsin$^{13}$lu$^{22}$man$^{22}$tau$^{33}$man$^{22}$tau$^{33}$tsu$^{22}$ta$^{33}$ts$^{h}$uan$^{45}$la$^{11}$.

你莫到我跟门前来你别到我跟前来。ni$^{11}$ma$^{11}$tau$^{44}$ŋa$^{11}$kən$^{45}$mən$^{13}$tsin$^{13}$lei$^{13}$.

### （三）指代

本地话的指示代词，其指示范畴属近指、远指两分制。最基本的形式是：

近指：箇 [kei$^{44}$]　　　远指：□ [ȶa$^{44}$]

单纯指示代词也可以与表时间、处所、方式、事物的语素组合构成若干对合成的指示代词。本地话的指代系统见下面：

| | 近指代词 | 远指代词 |
|---|---|---|
| 事物 | 箇 | □ [ȶa$^{44}$] |
| 时间 | □ [t$^{h}$i$^{44}$] 箇 | □□ [t$^{h}$i$^{44}$ȶa$^{44}$] |
| 处所 | 里箇　箇 | 里□ [ȶa$^{44}$]　□ [ȶa$^{44}$] |
| 方式 | 样箇　箇个 | 样□ [ȶa$^{44}$]　□ [ȶa$^{44}$] 个 |
| 程度 | 箇的　箇个　箇 | □ [ȶa$^{44}$] 的 |

1. 指代事物

本地话中指代事物通常用“箇”和“□ [ȶa$^{44}$]”，在句子中主要充当主语，例如：

箇是个□写的诗这是谁写的诗？ kei$^{44}$ɕi$^{22}$ka$^{33}$nu$^{45}$ɕia$^{33}$ti$^{33}$ɕi$^{45}$？

□是我的书那是我的书。ȶa$^{44}$ɕi$^{22}$ŋa$^{11}$ti$^{33}$fy$^{45}$.

也可以充当定语，而且在语序上既有指示代词在前中心词在后的情况，也有中心词在前，指示代词在后的情况，例如：

原先箇老牛就讲过原先这老牛就说过。ȵuan$^{13}$sin$^{45}$kei$^{45}$lau$^{11}$ŋou$^{13}$tsu$^{22}$kan$^{33}$kua$^{44}$.

王先生的刀箇开得蛮好的王先生的这一刀开得很好。

uan$^{13}$sin$^{45}$sən$^{45}$ti$^{33}$tau$^{45}$kei$^{44}$k$^{h}$ei$^{45}$te$^{44}$man$^{13}$xau$^{33}$ti$^{33}$.

不过通常情况下“箇”和“□ [ȶa$^{44}$]”都是与其他量词组合成“量词……箇/□ [ȶa$^{44}$]”的框式结构，一起充当定语，其中最常见的量词是“个”。例如：

个事箇你报伊了冇这件事你告诉他了吗？ ka$^{44}$sɿ$^{22}$kei$^{33}$ni$^{11}$po$^{44}$i$^{44}$le$^{33}$mo$^{22}$？

个酒□太贵了那个酒太贵了。ka$^{44}$tsu$^{33}$ȶa$^{44}$t$^{h}$e$^{44}$tɕy$^{44}$le$^{11}$.

部电影箇望过，部电影□冇望过这部电影看过，那部电影没看过。

pu$^{33}$tian$^{44}$in$^{33}$kei$^{44}$man$^{22}$kua$^{44}$, pu$^{33}$tian$^{44}$in$^{33}$ȶa$^{44}$mo$^{22}$man$^{22}$kua$^{44}$.

2. 指代时间

本地话中表示时间通常用“□ [t$^{h}$i$^{44}$] 箇”和“□□ [t$^{h}$i$^{44}$ȶa$^{44}$]”，分别表示当前的时间和以前的时间，相当于普通话的“现在/这时候”和“过去/以前/那时候”，在句中做主语或状语，例如：

□箇还早啦，等下下儿再去啰这时候还早，等会儿再去吧。

t$^{h}$i$^{44}$kei$^{44}$xai$^{13}$tsau$^{33}$la$^{44}$, tən$^{33}$xa$^{22}$xa$^{44}$ni$^{44}$tsei$^{44}$k$^{h}$u$^{44}$lo$^{33}$.

你好久去哦？我□箇就去你什么时候去？我现在就去。

ni$^{11}$xau$^{33}$ʈu$^{33}$kʰu$^{44}$o$^{11}$？ ŋa$^{11}$tʰi$^{44}$kei$^{44}$tsu$^{22}$kʰu$^{44}$.

□□跟食堂门前，有外地人来讨饭那时候在食堂前，有外地人来讨饭。

tʰi$^{44}$ʈa$^{44}$kən$^{45}$ɕi$^{11}$tan$^{13}$mən$^{13}$tsin$^{13}$, iu$^{11}$uai$^{22}$ti$^{22}$ȵin$^{13}$lei$^{13}$tʰau$^{33}$fyan$^{22}$.

还有一种鱼，□□有，□箇冇得还有一种鱼，那时候有，现在没有。

xai$^{13}$iu$^{11}$ie$^{44}$ʈoŋ$^{33}$ȵu$^{13}$, tʰi$^{44}$ʈa$^{44}$iu$^{11}$, tʰi$^{44}$kei$^{44}$mo$^{22}$te$^{44}$.

3. 指代处所

指代处所可以单独用“箇”“□[ʈa$^{44}$]”，也可用方位词加“箇”“□[ʈa$^{44}$]”来表示，其中最常用的是“里箇”和“里□[ʈa$^{44}$]”，在句中做主语、宾语或是介词的宾语，例如：

箇有好多鱼哦这里有好多鱼啊。kei$^{44}$iu$^{11}$xau$^{33}$ta$^{45}$ȵu$^{13}$o$^{11}$.

江下箇好多鱼鱼儿哦河里有好多小鱼啊。kan$^{45}$xa$^{22}$kei$^{44}$xau$^{33}$ta$^{45}$ȵu$^{13}$ȵu$^{13}$ni$^{13}$o$^{11}$.

你跟里箇唱□哩你在这里唱什么？ ni$^{11}$kən$^{45}$ni$^{33}$kei$^{44}$ʈʰan$^{44}$mən$^{44}$ni$^{33}$？

你把书搬到里□去你把书搬到那里去。ni$^{11}$pia$^{33}$fy$^{45}$pian$^{45}$tau$^{44}$li$^{33}$ʈa$^{44}$kʰu$^{44}$.

鲁班跟箇，百无禁忌鲁班在此，百无禁忌。lu$^{11}$pian$^{45}$kən$^{45}$kei$^{44}$, pe$^{11}$u$^{13}$ʈən$^{44}$tɕi$^{44}$.

4. 指代方式

本地话中指代方式主要用“样箇、箇个”和“样□[ʈa$^{44}$]、□[ʈa$^{44}$]个”，在句中做状语，例如：

莫要样箇坐不要这样子坐。ma$^{11}$y$^{44}$iaŋ$^{22}$kei$^{44}$tsa$^{22}$.

伊素来就是箇个样子他一直是这个样子。i$^{44}$su$^{44}$lei$^{13}$tsu$^{22}$ɕi$^{22}$kei$^{44}$iaŋ$^{22}$tsi$^{33}$.

冇是□个做场，要箇个做场不是那样做，要这样做。

mo$^{22}$ɕi$^{22}$ʈa$^{44}$ka$^{44}$tsu$^{44}$ʈan$^{13}$, y$^{44}$kei$^{44}$ka$^{44}$tsu$^{44}$ʈan$^{13}$.

5. 指代程度

本地话表程度用“箇的、箇个、箇”，相当于普通话中的“这么”，但远指的只有“□[ʈa$^{44}$]的”，在句中通常做状语，例如：

你箇的厉害，冇晓得自家过来啊你这么厉害，不知道自己过来吗？

ni$^{11}$kei$^{44}$ti$^{33}$li$^{45}$xai$^{45}$, mo$^{22}$ɕy$^{33}$te$^{44}$tsi$^{22}$tɕia$^{45}$kua$^{44}$lei$^{13}$a$^{11}$？

他□的有钱，做□哩还去偷东西他那么有钱，干吗还去偷东西呢？

tʰa$^{45}$ʈa$^{44}$ti$^{33}$iu$^{11}$tsin$^{13}$, tsu$^{44}$mən$^{44}$li$^{33}$xai$^{13}$kʰu$^{44}$tʰou$^{45}$toŋ$^{45}$si$^{45}$？

箇个做工夫场白，男子家儿□要累坏去嘛这样干活的话，小伙子都会累坏的。

kei$^{44}$ka$^{44}$tsu$^{44}$koŋ$^{45}$fu$^{45}$ʈan$^{13}$pe$^{11}$, nan$^{13}$tsi$^{33}$tɕia$^{45}$ni$^{13}$to$^{33}$y$^{44}$le$^{22}$ʋye$^{22}$kʰu$^{44}$ma$^{11}$.

你跟我箇久咧你跟我这么久了。ni$^{11}$kən$^{45}$ŋa$^{11}$kei$^{44}$ʈu$^{33}$le$^{11}$.

“□[ʈa$^{44}$]的”的使用场合也有限，通常只用于表夸张或惊讶的语气。在其他场合，本地话并没有专门对应普通话“那么”的词，通常只用“箇”来表程度，例如：

太多了，冇要得箇多，只要箇多就够了太多了，不要那么多，只要这么多就够了。

t$^{h}$e$^{44}$ta$^{45}$le$^{11}$, mo$^{22}$y$^{44}$te$^{44}$kei$^{44}$ta$^{45}$, tɕi$^{44}$y$^{44}$kei$^{44}$ta$^{45}$tsu$^{22}$kou$^{44}$le$^{11}$.

颜色□淡箇远，你□冇望得出来那个颜色淡那么多，你都没看出来？

ian$^{13}$se$^{44}$ȶa$^{44}$tan$^{22}$kei$^{44}$ʋyn$^{11}$, ni$^{11}$to$^{44}$mo$^{22}$man$^{22}$te$^{44}$ȶ$^{h}$o$^{44}$lei$^{13}$？

## 四　性状与程度

朱德熙（1956）指出现代汉语的形容词可以分为性质形容词和状态形容词，他指出，“性质与状态两种概念的区别构成了一个语法范畴——性状范畴”。

一般来说，形容词的简单形式（单音节形容词和双音节形容词）只表示单纯的性状，形容词的复杂形式（包括重叠式、带前加成分或后加成分的形容词、形容词词组等）不仅表示性状，同时兼表程度。

下面先简单举例说明本地话与“普通话”在形容词简单形式方面的差异，先看本地话中的单音节形容词。

儿[ne$^{44}$]：小、声音微弱；阔[k$^{h}$ua$^{11}$]：宽；窄[tse$^{11}$]：房子狭小；笡[tɕ$^{h}$ia$^{44}$]：斜；偏[p$^{h}$in$^{45}$]：帽子歪；腈[tsin$^{45}$]：肉瘦；低[ti$^{45}$]：个头矮；肥[fi$^{13}$]：人胖；浓[ȵoŋ$^{13}$]：水浑浊；迟[tɕi$^{13}$]：来晚了；浊[tso$^{11}$]：水浑浊；厚[xou$^{22}$]：菜种得密；瘪[pie$^{33}$]：扁；嘈[tsau$^{45}$]：声音响亮；光[kuan$^{45}$]：光线明亮；膭[tsau$^{13}$]：饿；炠[ou$^{44}$]：天气热；爀[lai$^{44}$]：水热；□[noŋ$^{44}$]：糖软；沃[ua$^{44}$]：不干净、邋遢；浓[ȵoŋ$^{13}$]：粥稠；□[ma$^{22}$]：累；□[ɕin$^{22}$]：笨；□[tɕia$^{11}$]：涩；皮[pi$^{13}$]：调皮；乖[tɕie$^{45}$]：温顺；溜[liu$^{44}$]：麻利；泥[ni$^{11}$]：做事拖沓；恶[o$^{11}$]：凶恶；悭[tɕ$^{h}$ian$^{45}$]：吝啬；啬[se$^{44}$]：节俭；生[sen$^{45}$]：陌生。

从上面的例子来看，与普通话相比，本地话单音节形容词有以下几个特点：一是数量比较丰富，许多普通话中通常用双音节形容词来描述的性状，在本地话中则用单音节形容词来表示，如“浊、皮、溜、悭、生、啬、沃”等；二是本地话与普通话用的语素形式虽然有异，但从意义上来看还是近义关系，如本地话用“恶”来描述人的性情，普通话则用“凶”，本地话用“瘪”来描述物体的形状，普通话则用“扁”，本地话用“阔”来描述空间之大，普通话则用“宽”，本地话用“肥”描述人的体格，普通话则用“胖”。三是本地话有的词相对而言要更古老一些，如用“炠”来表示天气的炎热，用“爀”来表示水温高，用“悭”来表示吝啬，用“啬”来表示节俭。

下面是双音节形容词举例。

齐整[tse$^{13}$ȶən$^{33}$]：整齐；阔套[k$^{h}$ua$^{11}$t$^{h}$au$^{44}$]：房子宽敞；合意[xo$^{11}$i$^{44}$]：称心；背静[pe$^{44}$tɕin$^{22}$]：安静；快当[tɕ$^{h}$ie$^{44}$tan$^{44}$]：快；活套[xo$^{11}$t$^{h}$au$^{44}$]：灵活；太常[t$^{h}$ai$^{44}$ȶan$^{13}$]：慢；

正宗[ʈən$^{44}$tsoŋ$^{45}$]：地道；扎实[tsa$^{11}$ɕie$^{11}$]：强壮；沃湿[ua$^{44}$ɕie$^{44}$]：湿；䐬健[tsau$^{13}$tɕin$^{22}$]：老年人康健；标结[py$^{45}$tɕie$^{11}$]：英俊；闹热[lau$^{22}$ɲie$^{11}$]：热闹；好个[xau$^{33}$ka$^{44}$]：女子漂亮；直套[tɕie$^{11}$tʰau$^{44}$]：性格直爽；得空[te$^{44}$kʰoŋ$^{44}$]：空闲；经用[ʈən$^{45}$ioŋ$^{22}$]：东西经久耐用；勤勤[ʈən$^{13}$ʈən$^{13}$]：做事勤快；攒劲[tsan$^{33}$ʈən$^{44}$]：努力；撤客[tsʰe$^{44}$kʰa$^{11}$]：缺德；灵变[lin$^{13}$pian$^{44}$]：机灵；充狠[ʈʰoŋ$^{45}$xən$^{33}$]：逞强。

普通话中的双音节形容词本地话习惯用短语来表示，如“（小孩）可爱”在本地话中一般说成“爱人[ei$^{44}$ɲin$^{13}$]”，“富裕”在本地话中一般说成“有钱[iu$^{11}$tsin$^{13}$]”。

本地话中的程度表示法相对而言比较丰富，通常有以下三种方式：用状语表示、用补语表示、通过重叠式表示。下面我们挑几个本地话中比较重要的表程度的词语和结构来讨论。

### （一）程度副词“蛮”

本地话中状语加形容词来表示程度的格式较多，下面是几种主要的（列举时用X表示形容词，括号中是相应的普通话的说法）。

蛮X很X、太X、最X、特别X、比较X、有儿X有点儿X、好X很X

举例如下：

日□蛮炟今天很热。ɲie$^{44}$nai$^{33}$man$^{13}$ou$^{44}$.

个菜箇太贵了这个菜太贵了。ka$^{44}$tsʰei$^{44}$kei$^{44}$tʰe$^{44}$tɕy$^{44}$le$^{11}$.

伊是班上最高的他是班上最高的。i$^{44}$ɕi$^{22}$pian$^{45}$ɕiaŋ$^{22}$tsei$^{44}$kau$^{45}$ti$^{33}$.

□老师对□特别好我们老师对我们特别好。uən$^{13}$lau$^{11}$sɿ$^{33}$te$^{44}$uən$^{13}$tʰe$^{11}$pie$^{11}$xau$^{33}$.

箇个做场比较好这样做比较好。kei$^{44}$ka$^{44}$tsu$^{44}$ʈan$^{13}$pi$^{33}$tɕiau$^{44}$xau$^{33}$.

□日天有儿炟昨天有点儿热。tsin$^{11}$ɲie$^{11}$tʰin$^{45}$iu$^{11}$ni$^{44}$ou$^{44}$.

日□好大的风今天很大的风。ɲie$^{44}$nai$^{33}$xau$^{33}$tai$^{22}$ti$^{33}$xoŋ$^{45}$.

本地话也有普通话中常见的程度副词如“太”“比较”“最”等，其用法也与普通话中的相近。下面我们主要讨论本地话中使用频率较高的程度副词“蛮”。

“蛮”作为程度副词在本地话的使用频率很高，相当于普通话的“很”或是“太”，“蛮”在句中只能做状语。例如：

伊对我蛮好他对我很好。i$^{44}$te$^{44}$ŋa$^{11}$man$^{13}$xau$^{33}$.

伊捞了蛮多钱跟我他拿了很多钱给我。i$^{44}$lau$^{45}$le$^{11}$man$^{13}$ta$^{45}$tsin$^{13}$kən$^{45}$ŋa$^{11}$.

我屋入蛮穷咧。ŋa$^{11}$o$^{44}$ɲo$^{11}$man$^{13}$ʈoŋ$^{13}$le$^{11}$.

以上三个例子中“蛮”都是修饰形容词谓语，其中前两例是表示积极义的，后一例是表示消极义的。此外，“蛮”在本地话中也可修饰动词，例如：

我还是蛮同情伊的我还是同情他的。ŋa$^{11}$xai$^{13}$ɕi$^{22}$man$^{13}$toŋ$^{13}$tɕin$^{13}$i$^{44}$ti$^{33}$.

伊蛮爱讲话她很爱说话。i$^{44}$man$^{13}$ei$^{44}$kan$^{33}$ʋya$^{22}$.

伊冇蛮爱讲话他不太爱说话。i$^{44}$mo$^{22}$man$^{13}$ei$^{44}$kan$^{33}$ʋya$^{22}$.

伊还是蛮有情义咧他还是很有情义啊。i$^{44}$xai$^{13}$çi$^{22}$man$^{13}$iu$^{11}$tsin$^{13}$ni$^{22}$le$^{11}$.

个箇比个□重儿，冇是蛮望得出这个比那个重一点儿，不是太看得出来。

ka$^{44}$kei$^{44}$pi$^{33}$ka$^{44}$ȶa$^{44}$ȶoŋ$^{22}$ni$^{44}$, mo$^{22}$çi$^{22}$man$^{13}$man$^{22}$te$^{44}$ȶʰo$^{44}$.

从修饰的动词类型来看，主要是心理动词，其次是动词“有”，这一点与普通话是一样的，不过对比上文第2和第3例，普通话否定结构中虽然也可以用“很”，比如说“不很爱说话”，但更常见的说法是“不太爱说话”，而本地话在这种情况下还是用“蛮”。

而到了最后一例中“望”这样的实义动词，虽然本地话中的“蛮”也不能在肯定结构中直接修饰动词，但是在否定结构中用“蛮”则是很自然的。而普通话的否定结构中“很”的接受程度则很低，比如“不是很看得出来”的接受度低，一般说成“不太看得出来”。

本地话中程度副词修饰形容词时有不平衡现象。普通话可以说“很大”，也可以说“很小”，但本地话中可以说“蛮大”，但是不能说“蛮儿小”，相应的表达是用重叠式“儿儿咖”或是补语式的“儿得很”，例如：

好苹果箇儿儿咖。/好苹果箇儿得很这些苹果很小。

xau$^{33}$pin$^{13}$ko$^{33}$kei$^{44}$ne$^{44}$ne$^{45}$ka$^{44}$./ xau$^{33}$pin$^{13}$ko$^{33}$kei$^{44}$ne$^{44}$te$^{44}$xən$^{33}$.

### （二）“儿”

这里所讲的“儿”是“儿$_3$”，表示少量，读音为[ni$^{44}$]，相当于普通话的“一点儿”或“点儿”。在句中通常充当形容词或动词的补语成分，也可以单独做状语，例如：

好桃子箇比好桃子□要好儿这些桃子要比那些桃子好一点儿。

xau$^{33}$tau$^{13}$tsi$^{33}$kei$^{44}$pi$^{33}$xau$^{33}$tau$^{13}$tsi$^{33}$ȶa$^{44}$y$^{44}$xau$^{33}$ni$^{44}$.

还冇讲成啊？催伊快当儿还没说完啊？催他快一点儿！

xai$^{13}$mo$^{22}$kan$^{33}$çin$^{13}$a$^{11}$？ tsʰei$^{45}$i$^{44}$tçʰie$^{44}$tan$^{44}$ni$^{44}$！

好苹果箇贵是贵儿，不过蛮好吃这些苹果贵是贵了点儿，不过很好吃。

xau$^{33}$pin$^{13}$ko$^{33}$kei$^{44}$tçy$^{44}$çi$^{22}$tçy$^{44}$ni$^{44}$, pu$^{44}$kua$^{44}$man$^{13}$xau$^{33}$tçʰie$^{44}$.

日□有儿冷今天天有点儿冷。ȵie$^{44}$nai$^{33}$tʰin$^{45}$iu$^{11}$ni$^{44}$len$^{11}$.

屋入来亲情了，我去卖儿菜了家里来亲戚了，我去买点儿菜。

o$^{44}$ȵo$^{11}$lei$^{13}$tsʰin$^{45}$tsin$^{13}$liau$^{11}$, ŋa$^{11}$kʰu$^{44}$mie$^{11}$ni$^{44}$tsʰei$^{44}$la$^{11}$.

所有的信总着火烧了，儿□冇剩了所有的信都让火烧了，一点儿都没剩下。

so$^{33}$iu$^{11}$ti$^{33}$sən$^{44}$tsoŋ$^{33}$tçie$^{11}$fa$^{33}$çy$^{45}$le$^{11}$, ni$^{44}$to$^{44}$mo$^{22}$çin$^{22}$le$^{11}$.

我忘记了，儿□冇记得到了我忘记了，一点儿都不记得了。

ŋa$^{11}$man$^{22}$tçi$^{44}$le$^{11}$, ni$^{44}$to$^{44}$mo$^{22}$tçi$^{44}$te$^{44}$tau$^{44}$la$^{11}$.

前三例中“儿”分别充当形容词“好”“快当”“贵”的补语，第4和5两例中“儿”分别充当动词“有”“卖”的补语。后两例中“儿”都是做状语，意为“一点儿”。

“儿”也可与指示代词搭配构成“儿……箇”“儿……□[ȶa44]那”的框式结构来表示“这点儿”“那点儿”，例如：

儿钱箇□够用哦这点钱怎么够用呢？ ni44tsin13kei44nu45kou44ioŋ22o11？

儿鱼□够有够吃那点鱼够不够吃？ ni44ȵu13ȶa44kou44mo22kou44tɕhie44？

如果要强调量极少，一般会采用重叠的形式，通常是重叠“儿”，例如：

我会讲儿儿本地话，就是有□讲得标准我会讲一点点本地话，就是讲得不怎么标准。

ŋa11fe22kan33ni44ni44pən33ti22ʋya22, tsu22ɕi22mo22nu45kan33te44piau33tsuən33.

重叠后的第二个“儿”还可以变调为调值最高的阴平调以表强调，例如：

只剩儿儿薄皮柑了，我吃咕算啰只剩一点点橘子了，我吃了算了。

tɕi44ɕin22ni44ni45po11pi13kan45liau11, ŋa11tɕhie44ku44suan44lo11.

与“下”搭配时，则通常重叠“下”，如果要变调则也是把第二个“下”变为阴平调，例如：

还有哦，再过下下儿就吃成了还有呢，再过一下子就吃完了。

xai13mo22o33, tsei44kua44xa22xa45ni44tsu22tɕhie44ɕin13le33.

你先去吧，□过下下儿再去你先去吧，我们过一下子再去。

ni11sin45khu44pa44, uən13ku44xa22xa45ni44tsei44khu44.

### （三）“得+X”结构

“得”结构是指补语标记“得”加上程度补语，一起放在述语的后面，表示程度高。能够放在“得”后的补语有好几个，如“很”“□[nian45]”“要死”等。

1.“……得很”

我有爱伊得很我很不喜欢他。ŋa11mo22ei44i44te44xən33.

伊大架得很他很神气。ŋa11tai22tɕia44te44xən33.

伊忙得很，忙得连吃了饭有□忘记了他很忙，忙得连吃没吃饭都忘记了。

i44man13te44xən33, man13te44lin13tɕhie44le11fyan22mo22to44man22tɕi44le11.

2.“……得□[nian45]”

伊走得快当得□[nian45]他跑得很快。i44tsou33te44tɕhie44tan45te44nian45.

3.“……得要死”/“……得该死”

年□炬得要死今年热死了。nin45nai33ou44te44y44si33.

我饿得该死我饿死了。ŋa11ŋa22te44kei45si33.

4.“……得抵不倒”/“……得不得了”

年□炬得抵不倒今年热得不得了。nin$^{45}$nai$^{33}$ou$^{44}$te$^{44}$ti$^{33}$pu$^{44}$tau$^{33}$.

日□炬得不得了今天热得不得了。ȵie$^{44}$nai$^{33}$ou$^{44}$te$^{44}$pu$^{44}$te$^{44}$ly$^{11}$.

上面例句之中的“得要死”“得很”“该死”做补语，补充说明“好”“快”“冷”的程度，都是程度补语。程度补语有广义和狭义之分，狭义的程度补语是专门表示程度的，广义的程度补语则包括所有处于补语位置并能表达述语程度的词、短语和句子，除了表达程度，它们往往兼具其他功能。

### （四）其他程度表达

除了程度副词，本地话中还可以有一些其他的手段来表程度。指示代词“箇的这么、□[ȶa$^{44}$]的那么”以及形容词“好、死、透”等也可以放在形容词或者动词前面表示程度。例如：

伊箇的高咧他这么高啊。i$^{44}$kei$^{44}$ti$^{33}$kau$^{45}$le$^{11}$.

伊□的有钱啊他那么有钱啊。i$^{44}$ȶa$^{44}$ti$^{33}$iu$^{11}$tsin$^{13}$a$^{11}$.

我好想□你回去哦我好想和你回去啊。ŋa$^{11}$xau$^{33}$ɕiaŋ$^{33}$ȶʰau$^{33}$ni$^{11}$ue$^{13}$kʰu$^{44}$o$^{11}$.

伊呀，厉害死的他啊，厉害死了！ i$^{44}$ia$^{11}$, li$^{22}$xai$^{22}$si$^{33}$ti$^{33}$！

着雨淋得个浑身□沃湿透了被雨淋得全身都湿透了。

tɕie$^{11}$u$^{11}$lin$^{13}$te$^{44}$ka$^{44}$uən$^{13}$ɕin$^{45}$to$^{44}$ua$^{44}$ɕie$^{44}$tʰou$^{44}$le$^{11}$.

## 五　介引与关联

### （一）介引

本地话有许多介词的形式与用法跟普通话相差不大，如“把、从、照、对”等，这里只挑几个有特色的来稍加讨论。

1. 跟

“跟”在通道本地话中的用法丰富又复杂，使用频率较高。介词“跟”主要有三种意义，与现代汉语普通话的“跟”的义项有明显区别。

（1）表示给予，相当于“给”

通道本地话中“跟”可以做介词，引出动作的受事对象，相当于普通话中的介词“给”，主要存在于两种句法结构中。

A.V+O直+跟+O间/把+O直+V+跟+O间

“跟”介引出间接宾语，位于动词后面。直接宾语可以位于动词后，也可通过介词“把”提到动词前面。

你捞张剪刀跟我你拿一把剪刀给我。ni$^{11}$lau$^{45}$ȶan$^{45}$tsin$^{33}$tau$^{45}$kən$^{45}$ŋa$^{11}$.

伊散了个桃子跟我他给了我一个桃子。i$^{44}$san$^{44}$le$^{11}$ka$^{44}$tau$^{13}$tsi$^{33}$kən$^{45}$ŋa$^{11}$.

把个东西□捞跟伊把那个东西拿给她。pia$^{33}$ka$^{44}$toŋ$^{45}$si$^{45}$ȶa$^{44}$lau$^{45}$kən$^{45}$i$^{44}$.

B. 跟 +O间 +V+O直

请伊顺便跟我卖本书请他顺便给我买本书。tɕʰin$^{33}$i$^{44}$fyn$^{22}$pin$^{22}$kən$^{45}$ŋa$^{11}$mie$^{22}$pən$^{33}$fy$^{45}$.

此外，就如同普通话中的“给我”一样，本地话的“跟我”虚用为表示强调，例如：

你跟我把碗饭箇吃成去你给我把这碗饭吃完。

ni$^{11}$kən$^{45}$ŋa$^{11}$pia$^{33}$uan$^{33}$fyan$^{22}$kei$^{44}$tɕʰi$^{44}$ɕin$^{13}$kʰu$^{44}$.

（2）表示地点位置，相当于“在”

当“跟”字后面所接的词语表示具体的地点和位置时，这时的介词“跟”相当于“在”，同时这也是“跟”出现最多的用法。“跟”加后面的宾语构成的介宾结构位置比较自由，既可位于动词前，也可位于动词后。

A. 跟 +O+V

“跟”后接地点名词做状语，相当于普通话的“在”，例如：

跟□学的普通话在哪儿学的普通话？ kən$^{45}$nu$^{45}$ɕio$^{11}$ti$^{33}$pʰu$^{33}$tʰoŋ$^{45}$ʋya$^{22}$？

伊跟□吃的饭他在哪儿吃的饭？ i$^{44}$kən$^{45}$nu$^{45}$tɕʰie$^{44}$ti$^{33}$fyan$^{22}$？

你跟前头行，我跟□背行你在前面走，我在后面走。

ni$^{11}$kən$^{45}$tsin$^{13}$tou$^{13}$xen$^{13}$, ŋa$^{11}$kən$^{45}$ȶʰoŋ$^{44}$pe$^{44}$xen$^{13}$.

伊跟里□□个朋友讲话他在那儿和一个朋友说话。

i$^{44}$kən$^{45}$li$^{33}$ȶa$^{44}$ȶʰau$^{44}$ka$^{44}$poŋ$^{13}$iu$^{11}$kan$^{33}$ʋya$^{22}$.

B. V+ 跟 +O

伊坐跟椅子上他坐在椅子上。i$^{44}$tsa$^{22}$kən$^{45}$i$^{33}$tsi$^{33}$ɕiaŋ$^{22}$.

此外，本地话中的“跟”与普通话中的“在”基本对应，也还保留有动词的用法，例如：

我还跟屋入咧我还在家里呢。ŋa$^{11}$xai$^{13}$kən$^{45}$o$^{44}$ȵo$^{11}$le$^{33}$.

里箇冇得书，书跟里□这里没有书，书在那里。li$^{33}$kei$^{44}$mo$^{22}$te$^{44}$fy$^{45}$, fy$^{45}$kən$^{45}$li$^{33}$ȶa$^{44}$.

你跟□做事？我跟通道做事你在哪儿做事？我在通道做事。

ni$^{11}$kən$^{45}$nu$^{45}$tsu$^{22}$si$^{22}$？ ŋa$^{11}$kən$^{45}$tʰoŋ$^{45}$tau$^{44}$tsu$^{22}$si$^{22}$.

（3）在动词后表趋向，相当于“到”

除上述用法外，“跟”还可以用在动词的后面，表示趋向义，相当于普通话的“到”，例如：

箸跌落跟地上了，□的□寻不着筷子掉地上了，哪儿都找不着。

ȶu$^{44}$tie$^{44}$la$^{11}$kən$^{45}$ti$^{22}$ɕiaŋ$^{22}$le$^{11}$, nu$^{45}$ti$^{33}$to$^{33}$sən$^{13}$pu$^{44}$tɕie$^{11}$.

（4）引入对象，相当于“向”

“跟”还可以引入动作的对象，普通话的“跟”也有同样的用法，例如：

我跟伊借本书。ŋa$^{11}$kən$^{45}$i$^{44}$tɕia$^{44}$pən$^{33}$fy$^{45}$.

2. 着

“着”在通道本地话中多用于表示被动，倾向于与不好的情况搭配，相当于介词“被”，引入动作的施事，一般前面的主语是动作的受事，可以省略。“着”用于表被动，与现代汉语普通话中的助词用法差异很大，这个会在后面的“着”字句中详细讨论，例如：

伊着□讲哭了他被妈妈说哭了。i$^{44}$tɕie$^{11}$pa$^{33}$kan$^{33}$kʰo$^{44}$la$^{11}$.

个碗□着伊打破了那个碗被他打破了。ka$^{44}$uan$^{33}$ʈa$^{44}$tɕie$^{11}$i$^{44}$ta$^{33}$pʰa$^{44}$la$^{11}$.

所有的东西总着火烧了，儿□冇剩了所有的东西都被火烧了，一点儿都没剩了。

so$^{33}$iu$^{11}$ti$^{33}$toŋ$^{45}$si$^{45}$tsoŋ$^{33}$tɕie$^{11}$fa$^{33}$ɕy$^{45}$le$^{11}$, ni$^{44}$to$^{44}$mo$^{22}$ɕin$^{22}$le$^{11}$.

着伊缠了一夜白，□哩□做不成被他缠了一下午，什么都做不了。

tɕie$^{11}$i$^{44}$tɕian$^{13}$le$^{11}$ie$^{44}$ia$^{22}$pe$^{11}$, mən$^{44}$li$^{33}$to$^{44}$tsu$^{44}$pu$^{44}$ʈən$^{13}$.

着别个打糊涂了，一下箇冇明白过来被别人打糊涂了，这一下没明白过来。

tɕie$^{11}$pe$^{11}$ka$^{44}$ta$^{33}$fu$^{13}$tu$^{13}$le$^{11}$, ie$^{44}$xa$^{22}$kei$^{44}$mo$^{22}$min$^{13}$pe$^{11}$kua$^{44}$lei$^{13}$.

着雨淋得个浑身□沃湿透了被雨淋了个浑身都湿透了。

tɕie$^{11}$u$^{11}$lin$^{13}$te$^{44}$ka$^{44}$uən$^{13}$ɕin$^{45}$to$^{44}$ua$^{44}$ɕie$^{44}$tʰou$^{44}$le$^{11}$.

另外，“着”在本地话中也可以用于动词后，表示已经达到目的或有了结果，相当于普通话中的“得”或者“到”，某种程度上也相当于普通话的“着”（zháo），但在搭配上与普通话有明显不同，例如：

我认着是他自家的我认得是他自己的。ŋa$^{11}$ȵin$^{22}$tɕie$^{11}$ɕi$^{22}$tʰa$^{45}$tsi$^{22}$tɕia$^{45}$ti$^{33}$.

我是路上碰着伊的我是在路上碰到她的。ŋa$^{11}$ɕi$^{22}$lu$^{22}$ɕiaŋ$^{22}$pʰən$^{44}$tɕie$^{11}$i$^{44}$ti$^{33}$.

而且这个“着”还可以置于“得”之后，例如：

我一条团□寻交了，□冇寻得着伊我整个团寨都找遍了，都没找到她。

ŋa$^{11}$ie$^{44}$ty$^{13}$tuan$^{13}$to$^{44}$sən$^{13}$tɕiau$^{45}$le$^{11}$, to$^{44}$mo$^{22}$sən$^{13}$te$^{44}$tɕie$^{11}$i$^{44}$.

本地话中没有助词“着”（zhe），相应的表达为“起”，例如：

床上卧起个老人家床上躺着个老人。suan$^{13}$ɕiaŋ$^{22}$ua$^{11}$tɕʰi$^{33}$ka$^{44}$lau$^{11}$ȵin$^{13}$tɕia$^{45}$.

3. 捞

“捞”本是一个行为动词，和普通话中的动词“拿”意义及用法类似，后可接具体事物做宾语，例如：

个东西箇蛮重，捞冇捞得动这个东西很重，拿不拿得动？

ka$^{44}$toŋ$^{45}$si$^{45}$kei$^{44}$man$^{13}$ʈoŋ$^{22}$, lau$^{45}$mo$^{22}$lau$^{45}$te$^{44}$toŋ$^{22}$？

进一步虚化为介词，相当于“把”，引入所处置的或所关涉的对象，或是引入工具，相当于普通话的“用”，普通话的“拿”也有这样的用法，例如：

望你□箇捞□哩还跟别个看你现在拿什么还给别人？

man$^{22}$ni$^{11}$t$^{h}$i$^{44}$kei$^{44}$lau$^{45}$mən$^{44}$li$^{33}$ʋyan$^{13}$kən$^{45}$pie$^{11}$ka$^{44}$？

是真捞伊无法，烦死我了真的拿他没办法，烦死我了。

ɕi$^{22}$ʈən$^{45}$lau$^{45}$i$^{44}$u$^{13}$ɦia$^{11}$, fan$^{13}$si$^{33}$ŋa$^{11}$la$^{11}$.

你捞毛笔写你用毛笔写。

ni$^{11}$lau$^{45}$mau$^{13}$pi$^{44}$ɕia$^{33}$.

“捞”做介词还可引入致使的对象，相当于普通话中的“使”“令”“叫”“让”，例如：

伊的一番话捞所有在场的人□流眼泪了她的一番话让所有在场的人都流眼泪了。

i$^{44}$ti$^{33}$ie$^{44}$fyan$^{45}$ʋya$^{22}$lau$^{45}$so$^{33}$iu$^{11}$tsai$^{22}$ʈan$^{13}$ti$^{33}$ȵin$^{13}$to$^{44}$liu$^{13}$nian$^{11}$ly$^{22}$la$^{11}$。

4. 其他介词

其次，本地话中还有一些介词性成分，下面做简要介绍。

本地话引介方位或是对象一般不用“对着、向”等词，通常用“朝”，既可以引入方位，如“朝东边行”，也可以引介对象，例如：

伊朝哒我笑他对我着我笑。i$^{44}$tɕy$^{13}$ta$^{33}$ŋa$^{11}$ɕy$^{44}$.

注意哦！野猪朝你方向来了哦注意！野猪朝你的方向来了啊。

tɕy$^{44}$i$^{44}$o$^{33}$！ ia$^{11}$ʈu$^{45}$tɕy$^{13}$ni$^{11}$fan$^{45}$ɕiaŋ$^{44}$lei$^{13}$la$^{33}$o$^{33}$。

引介时间和地点的起点通常用“从”，但引介经过的线路和地点时用“拦”“历”或“帮”，相当于普通话的“从”或“沿着”，跟处所词或方位词语组合，例如：

从明□日起你有来了从明天开始你别来了。tsoŋ$^{13}$mən$^{13}$tɕi$^{45}$ȵie$^{44}$tɕ$^{h}$i$^{33}$ni$^{11}$mo$^{22}$lei$^{13}$la$^{11}$.

从我儿的时候讲起吧从我小的时候说起吧。tsoŋ$^{13}$ŋa$^{11}$ne$^{44}$ti$^{33}$ɕi$^{13}$xou$^{22}$kan$^{33}$tɕ$^{h}$i$^{33}$pa$^{11}$.

从里箇到里□总是人从这儿到那儿都是人。tsoŋ$^{13}$li$^{33}$kei$^{44}$tau$^{44}$li$^{33}$ʈa$^{44}$tsoŋ$^{33}$ɕi$^{22}$ȵin$^{13}$.

拦条路箇去从这条路去。lan$^{13}$ty$^{13}$lu$^{22}$kei$^{44}$k$^{h}$u$^{44}$.

历哒江边行沿着江边走。li$^{11}$ta$^{33}$kan$^{45}$pin$^{45}$xen$^{13}$.

王母娘娘就捞叉子帮中间一叉下去王母娘娘就拿头簪从中间一划下去。

uan$^{13}$mu$^{11}$ȵan$^{13}$ȵan$^{13}$tsu$^{22}$lau$^{45}$ts$^{h}$a$^{45}$tsi$^{33}$pan$^{45}$ʈoŋ$^{45}$kan$^{45}$ie$^{44}$ts$^{h}$a$^{11}$xa$^{22}$k$^{h}$u$^{44}$。

**（二）关联**

本地话的关联性成分并不丰富，句与句之间的衔接通常情况下不用关联词，例如：

小心儿哦，跸下去□也□不起来的啰小心点，摔倒了爬也爬不起来呢。

ɕy$^{33}$sen$^{45}$ni$^{44}$o$^{33}$, pen$^{22}$xa$^{22}$k$^{h}$u$^{44}$tɕia$^{13}$ia$^{11}$tɕia$^{13}$pu$^{44}$tɕ$^{h}$i$^{33}$lei$^{13}$ti$^{33}$lo$^{33}$.

伊把柑子剥皮了，伊又有吃他把橘子剥了皮又没吃。

i$^{44}$pia$^{33}$kan$^{45}$tsi$^{33}$po$^{11}$pi$^{13}$le$^{11}$, i$^{44}$iu$^{22}$mo$^{11}$tɕ$^{h}$ie$^{44}$.

普通话前一例这种情况下两个小句间通常要加上“要不然、否则”一类的关联词，而后一例普通话通常说成“他把橘子剥了皮，但是没吃。”但是本地话倾向于不用关联词语。

当然，用关联词也完全是可以的。本地话的一些关联词语的意义和用法与普通话相差不大，例如：

我以前坐过船，但是从来冇骑过马。

ŋa$^{11}$i$^{33}$tsin$^{13}$tsa$^{22}$kua$^{44}$ɕyan$^{13}$, tan$^{44}$ɕi$^{22}$tsoŋ$^{13}$lei$^{13}$mo$^{22}$tɕi$^{13}$kua$^{44}$mia$^{11}$.

只要伊肯来，我就冇得□哩话讲了只要她肯来，我就没有什么话说了。

tɕi$^{45}$y$^{44}$i$^{44}$kʰən$^{33}$lei$^{13}$, ŋa$^{11}$tsu$^{22}$mo$^{22}$te$^{44}$mən$^{44}$li$^{33}$ʋya$^{22}$kan$^{33}$la$^{11}$.

下面简要介绍本地话中常见的几个稍有特色的关联词语。

本地话表示顺承关系通常用“就”，例如：

冇小心呐就过咯三年，就生哒一对男女一晃就过了三年，生了一双儿女。

mo$^{22}$ɕy$^{33}$sən$^{45}$na$^{33}$tsu$^{22}$kua$^{44}$ke$^{33}$san$^{45}$nin$^{13}$, tsu$^{22}$sən$^{45}$ta$^{33}$ie$^{44}$te$^{44}$nan$^{13}$ȵu$^{11}$.

□跟□去了啊？就哭啊哭啊妈妈到哪儿去了？就哭啊哭啊。

pa$^{33}$kən$^{45}$nu$^{45}$kʰu$^{44}$le$^{11}$a$^{33}$？ tsu$^{22}$kʰo$^{44}$a$^{33}$kʰo$^{44}$a$^{33}$.

牛郎把牛角取下来，就做两只箩牛郎把牛角取了下来，做成了两只箩筐。

ŋou$^{13}$lan$^{13}$pia$^{33}$ŋou$^{13}$ko$^{11}$tsʰu$^{33}$xa$^{22}$lei$^{13}$, tsu$^{22}$tsu$^{44}$liaŋ$^{22}$tɕie$^{44}$la$^{13}$.

本地话表示转折关系通常用“不过”，例如：

我会讲侗话，不过冇□讲得好我会说侗话，不过说得不太好。

ŋa$^{11}$fe$^{22}$kan$^{33}$toŋ$^{22}$ʋya$^{22}$, pu$^{22}$ko$^{44}$mo$^{22}$nu$^{45}$kan$^{33}$te$^{44}$xau$^{33}$.

我去望过几回，不过□冇是蛮满意我去看过几次，不过都不是太满意。

ŋa$^{11}$kʰu$^{44}$man$^{22}$kua$^{44}$tɕi$^{33}$fe$^{13}$, pu$^{22}$ko$^{44}$to$^{44}$mo$^{22}$ɕi$^{22}$man$^{13}$man$^{11}$i$^{44}$.

表示假设关系通常用“要是”，相当于“如果”，或是用“……场白”，相当于“……的话”，例如：

要是忙就莫来了要是忙就别来了。y$^{44}$ɕi$^{22}$man$^{13}$tsu$^{22}$ma$^{11}$lei$^{13}$le$^{33}$.

你要箇的做场白，我就回去了你要这样做的话，我就回去了。

ni$^{11}$y$^{44}$kei$^{44}$ti$^{33}$tsu$^{45}$ʈan$^{13}$pe$^{11}$, ŋa$^{13}$tsu$^{22}$ue$^{13}$kʰu$^{44}$le$^{11}$.

表选择关系通常用“还是”，也可用“只是”，例如：

坐起吃好，还是立起吃好坐着吃好，还是站着吃好？

tsa$^{22}$tɕʰi$^{33}$tɕʰie$^{44}$xau$^{33}$, xai$^{13}$ɕi$^{22}$lie$^{11}$tɕʰi$^{33}$tɕʰie$^{44}$xau$^{33}$？

你是吃烟诶，只是吃茶哦你是抽烟呢，还是喝茶？

ni$^{11}$ɕi$^{22}$tɕʰie$^{44}$in$^{45}$ai$^{44}$, tɕi$^{44}$ɕi$^{22}$tɕʰie$^{44}$tsa$^{13}$o$^{11}$？

表示让步关系用“□□[ʈa$^{44}$pe$^{33}$]”，相当于普通话的“那么”，例如：

你要是没得事，□□你走□哩你要是没事，那么你跑什么？

ni$^{11}$y$^{44}$ɕi$^{22}$mo$^{22}$te$^{44}$sɿ$^{22}$, ȶa$^{44}$pe$^{33}$ni$^{11}$tsou$^{33}$mən$^{44}$li$^{33}$ ?

表示无条件关系用“冇管”或“随意”，相当于普通话的“不管”“随便”，例如：

冇管你去不去哦，反正我是要去的不管你去不去，反正我是要去的。

mo$^{22}$kuan$^{33}$ni$^{11}$k$^{h}$u$^{44}$pu$^{44}$k$^{h}$u$^{44}$o$^{11}$, fan$^{33}$ȶən$^{45}$ŋa$^{11}$ɕi$^{22}$y$^{44}$k$^{h}$u$^{44}$ti$^{33}$.

随意你□劝，伊□冇听随便你怎么劝，他都不听。tsei$^{13}$i$^{44}$ni$^{11}$nu$^{45}$tɕ$^{h}$yan$^{44}$, i$^{44}$to$^{44}$mo$^{22}$t$^{h}$in$^{44}$.

随意□得忙，你也要好好学习不管多忙，你都要好好学习。

tsei$^{13}$i$^{44}$nu$^{45}$ti$^{33}$man$^{13}$, ni$^{11}$ia$^{11}$y$^{44}$xau$^{33}$xau$^{33}$ɕio$^{11}$ɕi$^{11}$.





## 六　体貌系统

通道本地话的体貌标记的形式包括：了、过、咯、起、起来、哒、倒、在、正在、要、去、冇、再、重、看、“跟里箇”等。它们能够表示完成、持续、进行、继续、反复、经历、先行、已然、短时、尝试等体貌意义。

### （一）完成体

表示动作或变化已经完成。常常通过动词或形容词后加动态助词“了”“过”表示动作或状态的完成。本地话的“了”与普通话中的“了”用法相似。

1. 了

（1）V+了+NP

在动宾结构V+NP中间加入“了”，表动作或状态的完成，动词后的“了”后面常接名词性短语作为动作的对象，这里的动词通常是及物性动词。

我卖了一个碗。ŋa$^{11}$mie$^{11}$la$^{11}$ie$^{44}$ka$^{44}$uan$^{33}$.

我吃了茶□还是口干我喝了茶都还觉得渴。ŋa$^{11}$tɕ$^{h}$ie$^{44}$liau$^{11}$tsa$^{13}$to$^{44}$xai$^{13}$ɕi$^{22}$k$^{h}$ou$^{33}$kan$^{45}$.

我吃了夜饭，出去行了一□我吃了晚饭出去走了一会儿。

ŋa$^{11}$tɕ$^{h}$ie$^{44}$le$^{11}$ia$^{22}$fyan$^{22}$, ȶ$^{h}$o$^{44}$k$^{h}$u$^{44}$xen$^{13}$le$^{11}$ie$^{44}$t$^{h}$i$^{44}$.

我回来就卧了，还做了个梦我回来就睡了，还做了个梦。

ŋa$^{11}$ue$^{13}$lei$^{13}$tsu$^{22}$ua$^{11}$le$^{11}$, xai$^{13}$tsu$^{44}$le$^{11}$ka$^{44}$moŋ$^{22}$.

吃了碗饭箇再讲嘛吃了这碗饭再说吧。tɕ$^{h}$ie$^{44}$le$^{11}$uan$^{33}$fyan$^{22}$kei$^{44}$tsai$^{44}$kan$^{33}$ma$^{11}$.

我吃了三碗饭还冇吃饱我吃了三碗饭还没饱。

ŋa$^{11}$tɕ$^{h}$ie$^{44}$le$^{11}$san$^{45}$uan$^{33}$fyan$^{22}$xai$^{13}$mo$^{22}$tɕ$^{h}$ie$^{44}$py$^{33}$.

吃了饭再去好吧？ tɕ$^{h}$ie$^{44}$le$^{33}$fyan$^{22}$tsei$^{44}$k$^{h}$u$^{44}$xau$^{33}$pa$^{44}$ ?

我前日照了个相了我前天照了相了。ŋa$^{11}$tsin$^{11}$nie$^{11}$tɕy$^{44}$le$^{11}$ka$^{44}$ɕiaŋ$^{44}$la$^{11}$.

（2）V+NP+了

在述宾结构V+NP之后加上“了”表示动作的完成，V通常是动词，NP可以是名词或名词性短语，强调的是说话这个时刻已完成的动作状态的情状。

落雨了，路上小心儿哦下雨了，路上小心！ la$^{11}$u$^{11}$le$^{11}$, lu$^{22}$ɕiaŋ$^{22}$ɕy$^{33}$sən$^{45}$ni$^{44}$o$^{33}$.

伊吃饭了，你吃饭了冇他吃饭了，你吃饭了吗？ i$^{44}$tɕ$^{h}$ie$^{44}$fyan$^{22}$liau$^{11}$, ni$^{11}$tɕ$^{h}$ie$^{44}$fyan$^{22}$liau$^{11}$mo$^{22+44}$？

雨冇落了，天好了雨没下了，天晴了。u$^{11}$mo$^{22}$la$^{11}$le$^{11}$, t$^{h}$in$^{45}$xau$^{33}$le$^{11}$.

我报伊了，你不用讲了我告诉他了，你不用说了。ŋa$^{11}$po$^{44}$i$^{44}$le$^{11}$, ni$^{11}$pu$^{44}$ioŋ$^{22}$kan$^{33}$le$^{11}$.

“了”在这里用在句子的末尾，表示在说话的时候，这个动作状态已经完成，但是并不一定表示动作结束，“落雨了”“吃饭了”表示雨落了、饭吃了，强调的是“落”“吃”这个动作状态已经完成。

（3）V+C+了

在动词后面加上结果补语再加“了”表示动作的完成，并且有一个结果。强调的是最后动作的完成以及结果状态。

烟点燃了烟点着了。in$^{45}$tin$^{33}$in$^{13}$liau$^{11}$.

伊讲得快冇快？听清楚了冇她讲得快不快，听清楚了吗？

i$^{44}$kan$^{33}$te$^{44}$tɕ$^{h}$ie$^{44}$mo$^{22}$tɕ$^{h}$ie$^{44}$？ t$^{h}$in$^{44}$ts$^{h}$in$^{45}$ts$^{h}$u$^{33}$la$^{11}$mo$^{22}$？

是伊把个瓯□打碎了是他把那个碗打碎了。ɕi$^{22}$i$^{44}$pia$^{33}$ka$^{44}$ou$^{45}$ȶa$^{44}$ta$^{33}$sui$^{44}$le$^{11}$.

把别个脑壳都打出血了，你还笑把别人的头都打出血来了，你还笑！

pia$^{33}$pie$^{11}$ka$^{44}$lau$^{11}$k$^{h}$o$^{44}$to$^{44}$ta$^{33}$ȶ$^{h}$o$^{44}$fye$^{11}$le$^{11}$, ni$^{11}$xai$^{13}$ɕy$^{44}$！

着雨淋得个浑身都沃湿透了被雨淋得浑身湿透了。

tɕie$^{11}$u$^{11}$lin$^{13}$te$^{44}$ka$^{44}$uən$^{13}$ɕin$^{45}$to$^{44}$ua$^{44}$ɕie$^{44}$t$^{h}$ou$^{44}$le$^{11}$.

还冇，有可能还要□□儿就讲成了还没有。有可能还要一会儿就讲完了。

xai$^{13}$mo$^{22}$, iu$^{11}$k$^{h}$o$^{11}$nən$^{13}$xai$^{13}$y$^{44}$t$^{h}$i$^{44}$t$^{h}$i$^{44}$ni$^{44}$tsu$^{22}$kan$^{33}$ɕin$^{13}$la$^{11}$.

如上面例句中，“点燃了”“听清楚了”“打碎了”“打出血了”“讲成了”等，都是“V+C+了”的形式。“点燃了”表示点火的动作已经完成了，并且火是燃着的状态；“听清楚了”表示听的动作状态结束了，并达到“清楚”这样的效果。在这个表达式中，V主要是动词，在说话的时候，已经通过完成这个动作达到了C这样的结果，这里的“了”就相当于普通话中的“了$_1$”，表示动作的完结。

### （二）持续体

持续体表示某种状态在某一段时间内保持不变，包括动词所表示的动作完成后必然出现的结果；与动作的完成与否无必然关系的客观情况。可通过使用动态助词“起、哒、倒”或动词重叠来表示。

1. 起

在动词后面加上动态助词“起”表示动作状态的持续，相当于普通话中表持续义的助词“着”。

（1）V+起

在祈使句或者陈述句中可以单独使用“V+起”来表示持续。

坐起，莫立起来坐着，别站起来。tsa²²tɕʰi³³, ma¹¹lie¹¹tɕʰi³³lei¹³.

他门也锁起，格子也关起，一个人□冇得他家门也锁着，窗户也关着，一个人都没有。

tʰa⁴⁴mən¹³ie¹¹so³³tɕʰi³³, ke¹¹tsi³³ie¹¹kuan⁴⁵tɕʰi³³, ie⁴⁴ka⁴⁴ȵin¹³to⁴⁴mo²²te⁴⁴.

伊把门遮起冇得别个入去她把门关着不让别人进去。

i⁴⁴pia³³mən¹³ȶa⁴⁵tɕʰi³³mo²²te⁴⁴pe¹¹ka⁴⁴ȵo¹¹kʰu⁴⁴.

上面的例句中的“坐起、锁起、关起、遮起”都表示动作完成之后出现的结果并继续保持这种状态。

（2）V+起+NP

这个表达式用于存现句中，表示某种姿势或状态的存在。在这个“V+起”结构后面还可以带上宾语，可以是施事也可以是受事，与动作状态的完成无关。

门口立起一□人，正在讲□哩门口站着一伙人，正在说什么。

mən¹³kʰou³³lie¹¹tɕʰi³³ie⁴⁴pʰan⁴⁴ȵin¹³, ȶən⁴⁴tsai²²kan³³mən⁴⁴li³³.

台板上放起碗水桌子上放着一碗水。tei¹³pan³³ɕiaŋ²²fan⁴⁴tɕʰi³³uan¹¹fy³³.

伊日□穿起一身的新衣裤她今天穿着一身新衣服。

i⁴⁴ȵie⁴⁴nai³³ȶʰuan⁴⁵tɕʰi³³ie⁴⁴sən⁴⁵ti³³sən⁴⁵i⁴⁵kʰu⁴⁴.

莫怕！你大起胆子讲嘛别怕！你大着胆子说。ma¹¹pʰia⁴⁴！ ni¹¹tai²²tɕʰi³³tan³³tsi³³kan³³ma¹¹.

例句中的“一伙人”是“立”的动作发出者，“水”是“放”的动作对象，“新衣裤”是“穿”的对象，这些表达式也可以变为“NP+V+起”，“一□人在门口立起”“水在台板上放起”“新衣裤穿起”，这个NP可以在“V+起”之前或之后，但是口语中放在后面的情况更常见。

（3）$V_1$+起+$V_2$

两个动词构成连动式，之间通常是伴随关系，或者是同时进行的动作，或者$V_1$是$V_2$的方式。

坐起吃好，还是立起吃好坐着吃好，还是站着吃好？

tsa²²tɕʰi³³tɕʰie⁴⁴xau³³, xai¹³ɕi²²lie¹¹tɕʰi³³tɕʰie⁴⁴xau³³？

我笑起躲开伊了我笑着躲开他了。ŋa¹¹ɕy⁴⁴tɕʰi³³to³³kʰei⁴⁵i⁴⁴la¹¹.

我就是坐起冇动，望你把我□做我就是坐着不动，看你能把我怎么办。

ŋa¹¹tsu²²ɕi²²tsa²²tɕʰi³³mo²²toŋ²², man²²ni¹¹pia³³ŋa¹¹nu⁴⁵tsu⁴⁴.

在上例中的“坐起吃”“笑起躲开”“坐起冇动”中，$V_1$与$V_2$的关系正是伴随或者同时进行的状态，同时还有$V_1$表示$V_2$的方式。

（4）V+起+V+起

通过动词重叠形式来表达持续，在这个结构之后要再接上动词，表示动作在持续时出现了新的情况。

讲起讲起就笑起来了说着说着就笑起来了。kan³³tɕʰi³³kan³³tɕʰi³³tsu²²ɕy⁴⁴tɕʰi³³lei¹³la¹¹.

如上例中的“讲起讲起”就是“说着说着”，表示这种“说”的动作一直在持续，后面往往会有新的情况出现，这里是“笑”这种情况的发生。

2. 哒

“哒”的情况与“起”类似，也有“V+哒+NP”的表达式来表示持续的状态。

伊一日□的□伴哒我讲话他一整天都陪着我说话。

i⁴⁴ie⁴⁴ȵie⁴⁴kən¹³ti³³to⁴⁴pan²²ta³³ŋa¹¹kan³³ʋya²².

我正在里箇寻哒伊，还有寻着我正在这里找着他，还没找着。

ŋa¹¹ʈən⁴⁴tsai²²li⁴⁴kei³³sən¹³ta³³i⁴⁴, xai¹³mo²²sən¹³tɕie¹¹.

还有在连动式中，用“$V_1$+哒+$V_2$”表示两个动作的同时进行，或者是伴随或方式。

想哒讲嘛，有要抢哒讲嘛想着说，不要抢着说。

ɕiaŋ³³ta³³kan³³ma¹¹, mo²²y⁴⁴ʈʰan³³ta³³kan³³ma¹¹.

3. 倒

“倒”主要用于重叠式“V+倒+V+倒”中，这个动词重叠式与“起”一样，后面通常会接谓词性词语，表示新情况的出现。

伊望电视，望倒望倒就打□了他看电视，看着看着就睡着了。

i⁴⁴man²²tian⁴⁵sɿ⁴⁵, man²²tau³³man²²tau³³tsu²²ta³³tsʰuan⁴⁴le¹¹.

这里本来是在看电视，“望倒望倒”表明这个“望”的动作一直在持续，最后由“看电视”变化为“睡着”，这就是新情况的出现。

**（三）进行体**

进行体所表示的语法意义是动作或状态变化正在持续进行的过程中，通过添加副词“正在、正”表示正在进行的动作或变化的过程。通道本地话还可以通过“在”“跟里箇”等结构表示。

1. 正在+V+NP

在动词前加上“正在”表示动作状态正在进行，跟普通话中的“正在”的用法以及作用相似，都表示在说话的时间点这个动作正在进行。

我正在里箇吃饭，还有吃成我正在这里吃饭，还没吃完。

ŋa¹¹ʈən⁴⁴tsai²²li⁴⁴kei⁴⁴tɕʰie⁴⁴fyan²², xai¹³mo²²tɕʰie⁴⁴ɕin¹³.

伊来的时候我正在卧觉子他来的时候我正在睡觉。

i$^{44}$lei$^{13}$ti$^{33}$ɕi$^{13}$xou$^{22}$ŋa$^{11}$ʈən$^{44}$tsei$^{22}$ua$^{22}$tɕiau$^{44}$tsi$^{33}$.

上面的例句中的“吃”和“话”的动作在说话的时候是正在进行的，而且是持续进行的状态，在此刻是正在“吃”或者“卧”着的。

2. V+NP+在

这是有别于普通话的一种表达式。“在”放在句末，可以理解为时体助词，整个结构表示正在进行的动作。

他吃饭在他正在吃饭。i$^{44}$tɕ$^{h}$ie$^{44}$fyan$^{22}$tsei$^{22}$.

他几个跟里□讲话哒在他们几个正在那儿说话呢。t$^{h}$a$^{45}$tɕi$^{33}$ka$^{44}$kən$^{45}$ni$^{45}$ʈa$^{44}$kan$^{33}$ʋya$^{22}$ta$^{33}$tsei$^{22}$.

上例句中的语序与普通话不同，副词“在”不用在动词前表示正在进行的动作，而是放在句末。这样的表达在本地话口语中是很自然很常见的。

3. 跟里箇+V

通道本地话中的表达正在进行的动作行为，常用到固定结构“跟里箇”，例如：

我跟里箇放录音咯我正在放录音呢。ŋa$^{11}$kən$^{45}$ni$^{44}$kei$^{44}$fan$^{44}$lu$^{11}$in$^{33}$no$^{11}$.

伊跟里箇□个朋友讲话他正在和一个朋友在说话。

i$^{44}$kən$^{45}$li$^{33}$kei$^{44}$tɕ$^{h}$iau$^{44}$ka$^{44}$poŋ$^{13}$iu$^{11}$kan$^{33}$ʋya$^{22}$.

“跟里箇”本义是“在这里”，但是在上面两例中却相当于普通话中的副词“正、正在”，用在句子中表示“正在进行”的意义，这种由空间义向时间义的投射在汉语方言中是很常见的。

**（四）起始体**

起始体表示动作或变化正在开始并将继续下去，通道本地话在动词或形容词后接“起来”表示动作或状态变化将要开始并持续下去。

起始体的主要格式为“V+起来+了”，在这个表达式中,V可以是动词，也可以是形容词。

天冷起来了。t$^{h}$in$^{45}$len$^{11}$tɕ$^{h}$i$^{33}$lei$^{13}$la$^{11}$.

讲起讲起就笑起来了说着说着就笑起来了。kan$^{33}$tɕ$^{h}$i$^{33}$kan$^{33}$tɕ$^{h}$i$^{33}$tsu$^{22}$ɕy$^{44}$tɕ$^{h}$i$^{33}$lei$^{13}$la$^{11}$.

前一例中的V是形容词“冷”，表示天变冷了，而且这个“冷”的状态将会继续下去；后一例中的V是动词“笑”，表示产生“笑”这个动作的变化过程会继续下去。

**（五）经历体**

过去某个时候曾经完成过某种动作、发生过某种变化或存在过某种情况。在通道本地话中经历体的表达主要是通过动态助词“过”“了”来表示。

1. 过

放在动词后表示过去曾经有过这样的事情。通常在动词后面加上动态助词“过”来表示。

（1）V+过+NP

个牛箇拉过车，冇骑过人这头牛拉过车，没有骑过人。

ka$^{44}$ŋou$^{13}$kei$^{44}$la$^{45}$kua$^{44}$ȶ$^{h}$a$^{45}$, mo$^{22}$tɕi$^{13}$kua$^{44}$ȵin$^{13}$.

我以前坐过船，但是从来冇骑过马我以前坐过船，但是没有骑过马。

ŋa$^{11}$i$^{33}$tsin$^{13}$tsa$^{22}$kua$^{44}$ɕyan$^{13}$, tan$^{22}$ɕi$^{22}$tsoŋ$^{13}$lei$^{13}$mo$^{22}$tɕi$^{13}$kua$^{44}$mia$^{11}$.

个房箇冇坐过人这间房没有住过人。ka$^{44}$fan$^{13}$kei$^{44}$mo$^{22}$tsa$^{22}$kua$^{45}$ȵin$^{13}$.

个儿马箇还冇骑过人，你小心儿哦这匹小马还没骑过人，你小心点啊。

ka$^{44}$ne$^{44}$mia$^{11}$kei$^{44}$xai$^{13}$mo$^{22}$tɕi$^{13}$kua$^{44}$ȵin$^{13}$, ni$^{11}$ɕy$^{33}$sən$^{45}$ni$^{44}$o$^{33}$.

我刻间洗过澡了，日□冇打篮球咯我刚洗过澡了，今天不打篮球了。

ŋa$^{11}$k$^{h}$a$^{11}$tɕin$^{45}$se$^{33}$kua$^{44}$tsau$^{33}$la$^{33}$, ȵie$^{44}$nai$^{33}$mo$^{22}$ta$^{33}$lan$^{13}$ȶu$^{13}$lo$^{33}$.

（2）V+过+（NP）

在这个表达式中，动态助词“过”后的成分可以保留，也可以省略。

伊去过上海，我冇去过他去过上海，我没去过。i$^{44}$k$^{h}$u$^{44}$kua$^{44}$ɕiaŋ$^{22}$xei$^{33}$, ŋa$^{11}$mo$^{22}$k$^{h}$u$^{44}$kua$^{44}$.

我十几年前去过，□冇儿忘记了我十多年前去过，都有点儿忘记了。

ŋa$^{11}$ɕie$^{11}$tɕi$^{33}$nin$^{13}$tsin$^{13}$k$^{h}$u$^{44}$kua$^{44}$, to$^{44}$iu$^{11}$ni$^{44}$man$^{22}$tɕi$^{44}$la$^{11}$.

我冇会讲普通话，冇得学过我不会说普通话，没学过。

ŋa$^{11}$mo$^{22}$fe$^{22}$kan$^{33}$p$^{h}$u$^{33}$t$^{h}$oŋ$^{45}$ʋya$^{22}$, mo$^{22}$te$^{44}$ɕio$^{11}$kua$^{44}$.

在这个表达式中，NP与前面的动词V并不构成施、受事的关系，而是与动作行为相关的对象。在这种表达式中，用在回答时NP常常省略不说，或是前文中提及过的内容，后面再谈到时也可以省略NP，如第一例中的“上海”，在后一分句就可以省略，这与普通话基本相似。

2. 了

在通道本地话中经历体的表达还可借助动态助词“了”来表示发生过的事情。与“过”相同，用在动词后表示经历了这个动作，后面还可接宾语，可以是施事或受事。如：

伊忙得很，忙得连吃了饭冇□忘记了他很忙，忙得连吃了饭没有都忘记了。

i$^{44}$man$^{13}$te$^{44}$xən$^{33}$, man$^{13}$te$^{44}$lin$^{13}$tɕ$^{h}$ie$^{44}$le$^{11}$fyan$^{22}$mo$^{22}$to$^{44}$man$^{22}$tɕi$^{44}$le$^{11}$.

“吃了饭”正是“V+了+NP”的形式，就是“吃过了饭”的意思，表示吃饭这件事情已经发生过了。

**（六）短时体**

通道本地话中的短时体主要是与“下”相关，有两种表示方法，通过重叠式表示时间短暂，或通过“V+下儿”表示短暂的动作状态。

1. 重叠式

主要是通过量词“个”和“□[tʰi⁴⁴]”的重叠并加上“儿”表短时体，“下下儿”“□□[tʰi⁴⁴tʰi⁴⁴]儿”相当于普通话的“一会儿”。

你先去吧，□过下下儿再去你先去吧，我们过一会儿再去。

$ni^{11}sin^{45}k^hu^{44}pa^{44}$, $uən^{13}kua^{44}xa^{22}xa^{45}ni^{44}tsei^{44}k^hu^{44}$.

有可能还要□□儿就讲成了有可能还要一会儿才讲完。

$iu^{11}k^ho^{11}nən^{13}xai^{13}y^{44}t^hi^{44}t^hi^{44}ni^{44}tsu^{22}kan^{33}ɕin^{13}la^{11}$.

2. V+（下）+儿

通过在动词后加“下儿”表示短时体，相当于普通话中的“V一V”，表示短暂的动作状态，例如：

来□下儿朵花箇香冇香来闻一闻这朵花香不香？

$lei^{13}ȵu^{45}xa^{22}ni^{44}tia^{33}fya^{45}kei^{44}ɕiaŋ^{45}mo^{22}ɕiaŋ^{45}$？

锅里还有饭冇？你去望下儿锅里还有饭没有？你去看一下。

$kua^{45}li^{11}xai^{13}iu^{11}fyan^{22}mo^{22+45}$？ $ni^{11}k^hu^{44}man^{22}xa^{22}ni^{44}$.

医生报你多卧儿，吃烟啊吃茶□冇行医生要你多躺一会儿，抽烟喝茶都不行。

$i^{45}sən^{45}po^{44}ni^{11}ta^{45}ua^{22}ni^{44}$, $tɕ^hie^{44}in^{45}a^{33}tɕ^hie^{44}tsa^{13}to^{44}mo^{22}ɕin^{13}$.

你试下儿你试一下。$ni^{11}ɕi^{44}xa^{22}ni^{44}$.

上文例句中的“□[ȵu⁴⁵]下儿”“望下儿”都是“V+下儿”的形式，但是这个“下”有时候可以省略，如“卧儿”就是“睡一睡”，也可以说是“卧下儿”。但有一点需要注意，在上面的例句中，表示尝试的“试试看”中存在短时体时，这个形式与短时体的表达形式无异，尝试态包含在短时体中了。

### （七）先行体

本地话表示先行体有几种形式，其中以下面的第一种最有特色。

1. 得……□[ȶai⁴⁴]

“□[ȶai⁴⁴]”本字不详，只能放在句子的末尾，表示“先完成这件事再说”的意思，即表示时间上的先行性。

得我去敲伊的门□让我先去敲他的门。$te^{44}ŋa^{11}k^hu^{44}k^hau^{45}i^{45}ti^{33}mən^{13}ȶai^{44}$.

得跟他借本书□先得跟他们借本书。$te^{44}kən^{45}t^ha^{45}tɕia^{44}pən^{33}fy^{45}ȶai^{44}$.

个事箇我得报伊□这件事我得先告诉他。$ka^{44}si^{22}kei^{44}ŋa^{11}te^{44}po^{44}i^{44}ȶai^{44}$.

“得”如果位于主语前，整个结构的意思为“让某人先做什么”，如前一例中表示“让我先去敲他的门”。中间例中表示“让我先跟他们借本书”。如果放于主语后，则表示“得先做什么”，如最后一例表示“这件事情我得先告诉他”。

本地话中的先行体的表达也可以用“再”作为标记，表示“先完成某件事再说”的意义。一般有两种表达形式。

2. $V_1$+了+NP+再+$V_2$

“$V_1$+了+NP”表示完成了某个动作，“再+$V_2$表示$V_1$的动作完成之后再进行$V_2$，只是这里借助了动态助词“了”来表达这个意义。

吃了饭再去好冇好吃了饭再去好不好？ tɕʰie$^{44}$liau$^{11}$fyan$^{22}$tsei$^{44}$kʰu$^{44}$xau$^{33}$mo$^{22}$xau$^{33}$？

吃了碗饭箇再讲嘛吃了这碗饭再说嘛。tɕʰie$^{44}$le$^{11}$uan$^{33}$fyan$^{22}$kei$^{44}$tsai$^{44}$kan$^{33}$ma$^{11}$.

了了个事箇再去了了这件事情再去。ly$^{11}$le$^{11}$ka$^{44}$sɿ$^{22}$kei$^{44}$tsei$^{44}$kʰu$^{44}$.

上面的例句中，都是表达了$V_1$这个动作的完成是$V_2$这个动作发生的前提条件，要先进行$V_1$，才能继续$V_2$的动作。一个动作是另一个动作的发生条件，它完成的动作在时间上一定在前面。

3. 先+$V_1$+NP+再+$V_2$

在这个表达方式中，通常在前面加上副词“先”，接一个谓词性短语，后面再接“再”，最后再接动词，表示先完成动作$V_1$之后再进行$V_2$的动作。

莫负急，先吃儿水再讲别急，先喝点水再说。ma$^{11}$fu$^{44}$tɕie$^{44}$, sin$^{45}$tɕʰie$^{44}$ni$^{44}$fy$^{33}$tsei$^{44}$kan$^{33}$.

先吃瓯茶再讲吧先喝杯茶再说吧。sin$^{45}$tɕʰie$^{44}$ou$^{45}$tsa$^{13}$tsei$^{44}$kan$^{33}$pa$^{33}$.

“先”后面的这个动作行为是“再”后面的动作行为发生的前提，也可以说$V_1$是$V_2$的条件，“再讲”可以理解是一个词，也可理解为“再+$V_2$”，“讲”是具体的动作。

**（八）已然体**

已然体指在说话这个时间点，某个动作已经完成或者完结。通常在句末用助词“了”来标记已然体，用“NP+V+了”“V+NP+了”的形式，V可以是动词也可以是形容词，分别表示动作的结束和状态的完成。

伊来了他来了。i$^{44}$lei$^{13}$la$^{11}$.

落雨了下雨了。la$^{11}$u$^{11}$le$^{11}$.

伊一欢喜就唱起歌来了她一高兴就唱起歌来了。i$^{44}$ie$^{44}$kʰuan$^{45}$tɕʰi$^{33}$tsu$^{22}$ȶʰan$^{44}$tɕʰi$^{33}$ka$^{45}$lei$^{13}$la$^{11}$.

上面的例句中，在说话的时候，“伊来了”“落雨了”“唱起歌来了”这些动作都已经完成了，是已成事实。

我去望了了，冇得我去看了，没有。ŋa$^{11}$kʰu$^{44}$man$^{22}$le$^{33}$liau$^{11}$, mo$^{22}$te$^{44}$.

你快把碗饭箇吃去，饭□清了你快把这碗饭吃掉，饭都冷了。

ni$^{11}$tɕʰie$^{44}$pia$^{33}$uan$^{33}$fyan$^{22}$kei$^{44}$tɕʰie$^{44}$kʰu$^{44}$, fyan$^{22}$to$^{44}$tsin$^{44}$la$^{11}$.

你望伊急得，急得面□□红了你看他急得，急得脸都红了。

ni$^{11}$man$^{22}$i$^{44}$tɕie$^{44}$te$^{44}$, tɕie$^{44}$te$^{44}$min$^{22}$kʰua$^{33}$to$^{44}$xoŋ$^{13}$le$^{11}$.

所有的钱总用成了，儿□有剩了所有的钱都花光了，一点儿都没剩了。

$so^{33}iu^{11}ti^{33}tsin^{13}tso\eta^{33}io\eta^{22}\c{c}in^{13}le^{11}$, $ni^{44}to^{44}mo^{22}\c{c}in^{22}le^{11}$.

伊着老师讲了一夜白她被老师说了一下午。$i^{44}t\c{c}ie^{11}lau^{11}s\text{ɿ}^{33}kan^{33}le^{11}ie^{44}ia^{22}pe^{11}$.

上面第3例中的“面□[$k^hua^{33}$]都红了”和第4例中的“钱总用成了”中的V分别是形容词和动词，表示“红”的状态完成以及“用”的动作已经完结。

通道本地话中的体貌系统中包含八种体貌，与普通话及其他方言中的体貌系统比较，发现其体貌表达有相同之处，但也有自己的特点，有些体貌的表达甚至是通道本地话所特有的，比如“跟里箇”。

## 七　语气词

本地话的语气系统比较复杂。主要有两种表现方式，一是体现在语调上面，二是体现在语气词上边。下面逐一讨论。

### （一）语调

本地话可以通过在句末音节的声调后附加语调的方式来表达语气，例如：

口话箇捞本地话□个讲这句话用本地话怎么说？

$k^hou^{33}\text{ʋ}ya^{22}kei^{33}lau^{45}p\text{ə}n^{33}ti^{22}\text{ʋ}ya^{22}nu^{45}ka^{33}kan^{33+45}$？

跟□学的普通话跟谁学的普通话？ $k\text{ə}n^{45}nu^{45}\c{c}io^{11}ti^{33}p^hu^{44}t^ho\eta^{33}\text{ʋ}ya^{22+45}$？

伊跟□吃的饭他在哪儿吃的饭？ $i^{44}k\text{ə}n^{45}nu^{45}t\c{c}^hie^{44}ti^{33}fyan^{22+45}$？

跟屋入做□哩在家里做什么？ $k\text{ə}n^{45}o^{44}\text{ȵ}o^{11}tsu^{44}m\text{ə}n^{44}li^{33+45}$？

第1例中的“讲”本为上声调，第2、3两例中的“话”“饭”本为阳去调，第4例中“哩”本为33调，在发完各自的本调33后或22后，再附加上高调45来表疑问。不管句末词是何声调，都是在原词的声调后加上一个高的45调来表示，这符合人类语言习惯用升调来表疑问的倾向。刘丹青（2008：8）指出，表示疑问的音高变化可能是声调，也可能是语调。区分的方法之一是看韵律特征改变的单位是否具有固定的句法属性。本地话的这个45调并不是原字声调的延伸，也没有固定的语法属性，而是跟着整个句子的语调走的，因此应该是语调的一部分。

### （二）语气词

运用语调来表语气通常是在特殊疑问句中。本地话一般疑问句中通常不用语调来表语气（特殊疑问句也有用语气词的），依然用语气词。本地话中有些语气语与普通话中形式和用法基本上差不多，如“吧、啊”等，例如：

还有到吧？ $xai^{13}mo^{22}tau^{44}pa^{44}$？

个□啊谁啊？ $ka^{44}nu^{45}a^{33}$？

还有吃成啊？催伊快当儿还没吃完啊？催他快点儿。

xai$^{13}$mo$^{22}$tɕ$^{h}$ie$^{44}$ɕin$^{13}$a$^{11}$？ ts$^{h}$e$^{45}$i$^{44}$tɕ$^{h}$ie$^{44}$tan$^{44}$ni$^{44}$.

上述例句中的“吧”和“啊”与普通话用法一样，最后一例用疑问的形式，实际表达的是不满的情绪。

下面讨论一下本地话与普通话差异较大的地方。

首先，本地话没有语气词“吗”，因此实际上也就没有普通的是非问，普通话中凡用“吗”构成的是非问到了本地话中通常都表现为以“冇”结尾的反复问，相当于普通话中的“……没有”，例如：

个事箇你报伊了冇这件事你告诉他了吗？ ka$^{44}$sɿ$^{22}$kei$^{44}$ni$^{11}$po$^{44}$i$^{44}$le$^{11}$mo$^{22}$？

你去冇你去吗？ ni$^{11}$k$^{h}$u$^{44}$mo$^{22}$？

关于这一点，我们会有本章第二节第四部分“疑问句”中再加以讨论。下面讨论几个本地话中常用的语气词，要说明的是，语气词在句中有时会随着句子语气的变化而有不同的音高值。

1. 咧 [le]

本地话与普通话“呢”对应的语气词是“咧”。“咧”与“呢”可能具有同源关系。例如：

我的书咧？ ŋa$^{11}$ti$^{33}$fy$^{45}$le$^{44}$？

你望个□好咧你看哪个好呢？ ni$^{11}$man$^{22}$ka$^{44}$nu$^{45}$xau$^{33}$le$^{45}$？

我该冇该来咧我该不该来呢？ ŋa$^{11}$kei$^{45}$mo$^{22}$kei$^{45}$lei$^{13}$le$^{44}$？

前两例都是用于特指问，其中第一例整句只有一个名词性成分。而最后一例是用于选择问句。再看下面几例：

我屋入蛮穷咧。ŋa$^{11}$o$^{44}$ȵo$^{11}$man$^{13}$ȶoŋ$^{13}$le$^{11}$.

伊到□去了？还跟屋入咧他去哪儿了？还在家里呢。i$^{44}$tau$^{44}$nu$^{45}$k$^{h}$u$^{45}$la$^{11}$？ xai$^{13}$kən$^{45}$o$^{44}$ȵo$^{11}$le$^{33}$.

伊跟里□□个合适的讲话咧他在那儿跟朋友说话呢。

i$^{44}$kən$^{45}$li$^{11}$ȶa$^{44}$tɕ$^{h}$au$^{44}$ka$^{44}$xo$^{11}$ɕi$^{13}$ti$^{33}$kan$^{33}$ʋya$^{22}$le$^{11}$.

个后生家咯气力大咧小伙子力气大着呢。ka$^{44}$xou$^{22}$sən$^{45}$tɕia$^{45}$ke$^{33}$tɕ$^{h}$i$^{44}$lie$^{11}$tai$^{22}$le$^{33}$.

书咧书读不好，手艺咧手艺学不会，你□咖做哦书呢书读不好，手艺呢手艺学不会，你怎么办啊？

fy$^{45}$le$^{44}$fy$^{45}$to$^{11}$pu$^{44}$xau$^{33}$, ɕiu$^{33}$ni$^{22}$le$^{44}$ɕiu$^{33}$ni$^{22}$ɕio$^{11}$pu$^{44}$fe$^{22}$, ni$^{11}$nu$^{45}$ka$^{33}$tsu$^{44}$o$^{11}$？

前四例都是用在陈述句中，表明动作或状态的持续。其中第4例不仅指明性质，而且还有略带夸张的味道。最后一例则是表示列举。

2. 嘛 [ma]

语气词“嘛”通常表示鼓励或是希望，例如：

莫怕！你大起胆子讲嘛。ma$^{11}$p$^{h}$ia$^{44}$！ ni$^{11}$tai$^{22}$tɕ$^{h}$i$^{33}$tan$^{33}$tsi$^{33}$kan$^{33}$ma$^{11}$.

你尝下儿伊做的好东西箇再去嘛你尝一下他做的这些东西再去嘛。

ni$^{11}$ɕiaŋ$^{13}$xa$^{22}$ni$^{44}$i$^{44}$tsu$^{44}$ti$^{33}$xau$^{33}$toŋ$^{45}$si$^{45}$kei$^{44}$tsei$^{44}$kʰu$^{44}$ma$^{11}$.

或者表示按道理应该如此，例如：

我只读了半个学期就冇读了，因为屋入还是穷嘛。

ŋa$^{11}$tɕi$^{11}$to$^{11}$le$^{33}$pan$^{44}$ka$^{44}$ɕio$^{11}$tɕi$^{13}$tsu$^{22}$mo$^{22}$to$^{11}$le$^{33}$, in$^{45}$ʋi$^{13}$o$^{44}$ȵo$^{11}$xai$^{13}$ɕi$^{22}$ȶoŋ$^{11}$ma$^{11}$.

我是实在冇得钱嘛。ŋa$^{11}$ɕi$^{22}$ɕi$^{11}$tsai$^{22}$mo$^{22}$te$^{44}$tsin$^{13}$ma$^{11}$.

3. 哦[o]

语气词“哦”使用也比较频繁，能表达几种不同的语气。其中之一是用于表达吃惊或是不满情绪，例如：

你望几点钟了呐，做□哩还冇吃成哦你看都什么时候了，为什么还没吃完呢？

ni$^{11}$man$^{22}$tɕi$^{33}$tin$^{33}$ȶoŋ$^{45}$le$^{33}$na$^{44}$, tsu$^{44}$mən$^{44}$li$^{33}$xai$^{13}$mo$^{22}$tɕʰie$^{44}$ɕin$^{13}$o$^{11}$？

做□哩隔哒半日还冇去哦怎么半天了还不走？

tsu$^{45}$mən$^{45}$li$^{33}$ke$^{11}$ta$^{33}$pan$^{44}$ȵie$^{11}$xai$^{13}$mo$^{22}$kʰu$^{44}$o$^{11}$？

你做□哩七点了还冇起来哦你为什么七点了还没起来呢？

ni$^{11}$tsu$^{44}$mən$^{44}$li$^{33}$tsʰe$^{44}$tin$^{33}$la$^{33}$xai$^{13}$mo$^{22}$tɕʰi$^{33}$lei$^{13}$o$^{11}$？

同时“哦”还可以表示与对方商量，或是提醒对方注意，例如：

你是吃烟诶，只是吃茶哦你是抽烟，还是喝茶呢？ ni$^{11}$ɕi$^{22}$tɕʰie$^{44}$in$^{45}$ai$^{44}$, tɕi$^{44}$ɕi$^{22}$tɕʰie$^{44}$tsa$^{13}$o$^{11}$？

个东西箇有好重哦这个东西很重呢。ka$^{44}$toŋ$^{45}$si$^{45}$kei$^{44}$iu$^{11}$xau$^{33}$ȶoŋ$^{22}$o$^{11}$.

伊对人蛮好的哦他对人蛮好的呢。i$^{44}$te$^{44}$ȵin$^{13}$man$^{13}$xau$^{33}$ti$^{33}$o$^{44}$.

落雨了，路上小心儿哦下雨了，路上小心点啊！ la$^{11}$u$^{11}$le$^{11}$, lu$^{22}$ɕiaŋ$^{22}$ɕy$^{33}$sən$^{45}$ni$^{44}$o$^{33}$！

你打冇打算去哦你打不打算去呢？ ni$^{11}$ta$^{33}$mo$^{22}$ta$^{33}$suan$^{44}$kʰu$^{44}$o$^{11}$？

4. 诶[ei]/[ai]/[e]

语气词“诶”的读音不太稳定，有时读[ei]，有时读[ai]或[e]，不确定这些读音一定属同一语素，今暂且归到一起。“诶”的第一种用法是起缓和语气的作用，通常放在句末，有时也可放在句中，可放在称谓词后面。普通话在这种情况下通常用“啊”或是不用语气词，例如：

你姓□哩诶你姓什么？ ni$^{11}$ɕin$^{44}$mən$^{44}$li$^{33}$e$^{11+44}$？

冇，我冇吃烟诶不，我不抽烟。mo$^{22}$, ŋa$^{11}$mo$^{22}$tɕʰie$^{44}$in$^{45}$e$^{11}$.

“诶”的第二种用法是放在称谓语的后面，类似于呼格，例如：

嫂嫂诶，你撑船过来接下我啰嫂嫂，你撑船过来接下我吧。

sau$^{33}$sau$^{33}$e$^{33}$, ni$^{11}$tsʰən$^{45}$ɕyan$^{13}$kua$^{44}$lei$^{13}$tse$^{11}$xa$^{22}$ŋa$^{11}$lo$^{33}$.

□诶！你过来望下儿啰妈妈，你过来看一下吧。pa$^{33}$e$^{11}$！ ni$^{11}$kua$^{44}$lei$^{13}$man$^{22}$xa$^{22}$ni$^{44}$lo$^{11}$.

畜生诶，做□哩你又来了哦畜生，你为什么又来了啊？

ȶʰo$^{11}$sən$^{45}$e$^{33}$, tsu$^{44}$mən$^{45}$li$^{33}$ni$^{11}$iu$^{22}$lei$^{13}$o$^{11}$？

“诶”的第三种用法是表示感叹，例如：

伊厉害诶，画得蛮好搞他很厉害啊，画得非常好。i$^{44}$li$^{45}$xai$^{45}$e$^{11}$, fa$^{22}$te$^{44}$man$^{13}$xau$^{33}$kau$^{33}$.

真有接诶，等我过去□真的不接啊，待我过去再说。ȶən$^{45}$mo$^{22}$tse$^{11}$ai$^{33}$, tən$^{33}$ŋa$^{11}$kua$^{44}$kʰu$^{44}$ȶai$^{44}$.

5. 啰[lo]

“啰”的用法也比较广泛。它可以表示提醒对方注意，例如：

好生行，莫走，跰倒的啰小心走，别跑，要摔倒的。xau$^{33}$sen$^{45}$xen$^{13}$, ma$^{11}$tsou$^{33}$, pen$^{22}$tau$^{33}$ti$^{33}$lo$^{33}$.

小心儿哦，跰下去□也□不起来的啰小心点儿，摔倒了爬了爬不起来的。

ɕy$^{33}$sen$^{45}$ni$^{44}$o$^{33}$, pen$^{22}$xa$^{22}$kʰu$^{44}$tɕia$^{13}$ia$^{11}$tɕia$^{13}$pu$^{44}$tɕʰi$^{33}$lei$^{13}$ti$^{33}$lo$^{33}$.

“啰”还可以有建议、与对方商量的意味，例如：

□箇还早啦，等下下儿再去啰现在还早啊，等会儿再去吧。

tʰi$^{44}$kei$^{44}$xai$^{13}$tsau$^{33}$la$^{33}$, tən$^{33}$xa$^{22}$xa$^{44}$ni$^{44}$tsei$^{44}$kʰu$^{44}$lo$^{33}$.

你吃烟有去啰你去抽烟吗？ ni$^{11}$tɕʰie$^{44}$in$^{45}$mo$^{11}$kʰu$^{44}$lo$^{11}$？

只剩儿儿了，吃咕算啰只剩一点点了，吃掉算了。tɕi$^{44}$ɕin$^{22}$ni$^{44}$ni$^{45}$liau$^{11}$, tɕʰie$^{44}$ku$^{44}$suan$^{44}$lo$^{11}$.

此外，“啰”还有助词的用法，大致相当于“了”，例如：

有行啰，□是搞不赢啰不行了，那是来不及了。mo$^{22}$ɕin$^{13}$lo$^{33}$, ȶa$^{44}$ɕi$^{22}$kau$^{33}$pu$^{44}$in$^{13}$lo$^{33}$.

饭熟啰，快来吃啊。fyan$^{22}$ɕio$^{11}$lo$^{33}$, tɕʰie$^{44}$lei$^{13}$tɕʰie$^{44}$a$^{11}$.

6. 唻[lai]

“唻”表示出乎意外，带有不满的语气，例如：

老张来了有？讲了伊也来的唻老张来了吗？说了他也来的啊！

lau$^{11}$ȶan$^{45}$lei$^{13}$lo$^{33}$mo$^{22}$？ kan$^{33}$le$^{11}$i$^{44}$ia$^{11}$lei$^{13}$ti$^{33}$lai$^{33}$！

讲了就去的唻，做□哩隔哒半日还有去哦说了就去啊，为什么隔了半天了还没去呢？

kan$^{33}$liau$^{11}$tsu$^{22}$kʰu$^{44}$ti$^{33}$lai$^{33}$, tsu$^{44}$mən$^{44}$li$^{33}$ke$^{44}$ta$^{33}$pan$^{44}$nie$^{11}$xai$^{13}$mo$^{22}$kʰu$^{44}$o$^{11}$.

# 第二节

# 句 法

## 一 “把”字句和“被”字句

### （一）“把”字句

本地话也有“把”做介词引介处置对象构成的“把”字句，其基本格式与用法跟普通话相同，可以按照动词带不同成分分为几种类型。

1. S+把+O+adv+V

动词后没有其他成分，但动词前通常有副词，例如：

我就是坐起冇动，望你把我□做我就是坐着不动，看你把我怎么样。

ŋa$^{11}$tsu$^{22}$ɕi$^{22}$tsa$^{22}$tɕʰi$^{33}$mo$^{22}$toŋ$^{22}$, man$^{22}$ni$^{11}$pia$^{33}$ŋa$^{11}$nu$^{45}$tsu$^{44}$.

伊把钱一射，□哩□冇讲，转身就行了他把钱一扔，什么都没说，转身就走了。

i$^{44}$pia$^{33}$tsin$^{13}$ie$^{44}$ɕia$^{22}$, mən$^{44}$li$^{33}$to$^{44}$mo$^{22}$kan$^{33}$, ʈuan$^{33}$ɕin$^{45}$tsu$^{22}$xen$^{13}$la$^{11}$.

2. S+把+O+V+C

这种结构中的动词后带有补语成分，例如：

你快把碗饭箇吃去你快把这碗饭吃掉。ni$^{11}$tɕʰie$^{44}$pia$^{33}$uan$^{33}$fyan$^{22}$kei$^{44}$tɕʰie$^{44}$kʰu$^{44}$.

莫要把瓯打烂了别把杯子打烂了。ma$^{11}$y$^{44}$pia$^{33}$ou$^{45}$ta$^{33}$lan$^{22}$le$^{11}$.

是伊把个瓯□打碎了是他把那个杯子打碎了。ɕi$^{22}$i$^{44}$pia$^{33}$ka$^{44}$ou$^{45}$ʈa$^{44}$ta$^{33}$se$^{44}$le$^{11}$.

我好后悔当时冇把伊留起我很后悔当时没把她留住。

ŋa$^{11}$xau$^{33}$xou$^{22}$fe$^{33}$tan$^{45}$ɕi$^{13}$mo$^{22}$pia$^{33}$i$^{44}$liu$^{13}$tɕʰi$^{33}$.

赶快把伊请来。kan$^{33}$tɕʰie$^{44}$pia$^{33}$i$^{44}$tɕʰin$^{33}$lei$^{13}$.

你把门遮起你把门关上。ni$^{11}$pia$^{33}$mən$^{13}$ʈa$^{45}$tɕʰi$^{33}$.

你把钱放好起，莫跌落哦你把钱收好，别掉了。ni$^{11}$pia$^{33}$tsin$^{13}$fan$^{44}$xau$^{33}$tɕ$^{h}$i$^{33}$, ma$^{11}$ta$^{44}$la$^{11}$o$^{33}$.

3. S+把+O+V+O

此结构中的动词后接宾语，例如：

你□可以冇把人当人你怎么可以不把人当人呢？ ni$^{11}$nu$^{45}$k$^{h}$o$^{33}$i$^{11}$mo$^{22}$pia$^{33}$ȵin$^{13}$tan$^{45}$ȵin$^{13}$？

把别个脑壳都打出血了，你还笑！ pia$^{33}$pie$^{11}$ka$^{44}$lau$^{11}$k$^{h}$o$^{44}$to$^{44}$ta$^{33}$ȶ$^{h}$o$^{44}$fye$^{11}$le$^{11}$, ni$^{11}$xai$^{13}$ɕy$^{44}$！

4. S+把+O+V+P+O

此结构中的动词后接介宾成分，例如：

把个东西□递跟我把那个东西递给我。pia$^{33}$ka$^{44}$toŋ$^{45}$si$^{45}$ȶa$^{44}$ti$^{22}$kən$^{45}$ŋa$^{11}$.

快当把书还跟伊快把书还给她。tɕ$^{h}$ie$^{44}$tan$^{44}$pia$^{33}$fy$^{45}$ʋyan$^{13}$kən$^{45}$ie$^{44}$.

可见总体上而言，本地话中的“把”字句跟普通话中“把”字句的特征与用法基本相同。本地话中被介词“把”字提前的宾语一般也是有定的，而且动词不能是孤零零的光杆动词，一般都有修饰性成分，要么有宾语，要么有补语，或者有修饰性的成分，如第一个例句中的“□怎么”和第二个例句中的“一”。

### （二）“着”字句

本地话中没有介词“被”，被动标记词是“着”[tɕie$^{11}$]，基本的句式如下：

1. S+着+O+V

这种格式中动词后要带足句成分，例如：

大树着雷打了大树被雷打了。tai$^{22}$ɕiu$^{22}$tɕie$^{11}$le$^{13}$ta$^{33}$le$^{11}$.

个事情箇着我□晓得了这件事情被我妈知道了。ka$^{44}$ɕi$^{22}$tɕin$^{13}$kei$^{44}$tɕie$^{11}$ŋa$^{11}$pa$^{33}$ɕy$^{33}$te$^{44}$la$^{11}$.

所有的信总着火烧了所有的信都被火烧了。so$^{33}$iu$^{11}$ti$^{33}$sən$^{44}$tsoŋ$^{33}$tɕie$^{11}$fa$^{33}$ɕy$^{45}$le$^{11}$.

2. S+着+O+V+C

即动词后带补语，例如：

伊着□讲哭了他被妈妈说哭了。i$^{44}$tɕie$^{11}$pa$^{33}$kan$^{33}$k$^{h}$o$^{44}$la$^{11}$.

着伊缠了一日□的被他缠了一整天。tɕie$^{11}$i$^{44}$tɕian$^{13}$le$^{11}$ie$^{44}$ȵie$^{11}$kən$^{13}$ti$^{33}$.

着雨淋得个浑身□沃湿透了被雨淋得浑身都湿透了。

tɕie$^{11}$u$^{11}$lin$^{13}$te$^{44}$ka$^{44}$uən$^{13}$ɕin$^{45}$to$^{44}$ua$^{44}$ɕie$^{44}$t$^{h}$ou$^{44}$le$^{11}$.

## 二 双宾句

关于“双宾句”的范围，学术界尚有许多争议。我们暂且采用朱德熙（1982）的分类，只讨论带有真双宾语的情况。朱德熙（1982）将带真双宾语的情况分为三种类型：“给予”类、“获取”类和“等同”类。双宾句的基本格式为：S+V+$O_p$+$O_c$（$O_p$指近宾，$O_c$指远宾）

关于“获取”类双宾句和“等同”类双宾句，通道本地话的句式与普通话的基本相同，例如：

卖药的个□骗了伊一千块钱那个卖药的骗了他一千块钱。

mie$^{22}$ia$^{11}$ti$^{33}$ka$^{44}$ȶa$^{44}$p$^{h}$ian$^{44}$le$^{11}$i$^{44}$ie$^{44}$ts$^{h}$in$^{45}$tɕ$^{h}$ie$^{44}$tsin$^{13}$.

我上个月借了伊三百块钱我上个月借了他三百块钱。

ŋa$^{11}$ɕiaŋ$^{22}$ka$^{44}$ȵo$^{11}$tɕia$^{44}$le$^{11}$i$^{44}$san$^{45}$pe$^{11}$tɕ$^{h}$ie$^{44}$tsin$^{13}$.

我喊伊老王我叫他老王。ŋa$^{11}$xan$^{33}$i$^{44}$lau$^{11}$uan$^{13}$.

“给予”类双宾句，对于典型的“给予”类动词，普通话有两种格式，一种格式是“S+V+O间+O直”，一种格式是“S+V+O直+P+O间”。本地话没有前一种格式，只有后一种格式，例如：

我去把钱还跟伊我去把钱还给他。ŋa$^{11}$k$^{h}$u$^{44}$pia$^{33}$tsin$^{13}$ʋyan$^{13}$kən$^{45}$i$^{44}$.

捞一本书跟我，捞三本书跟伊拿一本书给我，拿三本书给他。

lau$^{45}$i$^{44}$pən$^{33}$fy$^{45}$kən$^{45}$ŋa$^{11}$, lau$^{45}$san$^{45}$pən$^{33}$fy$^{45}$kən$^{45}$i$^{44}$.

伊散了根烟跟我他给了我一支烟。i$^{44}$san$^{44}$le$^{33}$kən$^{44}$in$^{45}$kən$^{45}$ŋa$^{11}$.

第一例中在本地话中不能说成“我去还伊钱”。第二例不能说成“捞我一本书，捞伊三本书。”第三例不能说成“伊散我一根烟”。

但是对于不太典型的“给予”动词，则两种格式都可以，例如：

个□猜出来我就奖励伊十块钱谁猜出来我就奖他十块钱。

ka$^{33}$nu$^{45}$ts$^{h}$ai$^{45}$ȶ$^{h}$o$^{44}$lei$^{13}$ŋa$^{11}$tsu$^{22}$tɕiaŋ$^{33}$li$^{44}$i$^{44}$ɕie$^{11}$tɕ$^{h}$ie$^{44}$tsin$^{13}$.

个□猜出来我就奖励十块钱跟伊。

ka$^{33}$nu$^{45}$ts$^{h}$e$^{45}$ȶ$^{h}$o$^{44}$lei$^{13}$ŋa$^{11}$tsu$^{22}$tɕiaŋ$^{33}$li$^{44}$ɕie$^{11}$tɕ$^{h}$ie$^{44}$tsin$^{13}$kən$^{45}$i$^{44}$.

## 三　比较句

“比较句”是个很宽泛的句类，《马氏文通》中已将比较句分为了三类：平比、差比和极比。这里我们只讨论差比句。

差比句是一种用语义关系范畴来定性的句子类型。一个完整的差比句应该包括四个参项：比较主体、比较参项、比较基准、比较标记。

### （一）比较主体

关于比较主体，能够充当比较主体的有名词、名词短语、代词、代词短语、“的”字短语、动词短语等。汉语差比句的一大特点是比较主体和属性主体可以分离。本地话也是如此，虽然典型的差比句中比较主体同时就是属性主体，但是也可以分离，比如：

瘦的比肥的好。sou$^{44}$ti$^{33}$pi$^{33}$fi$^{13}$ti$^{33}$xau$^{33}$.

肉瘦的比肥的好。ȵa$^{44}$sou$^{44}$ti$^{33}$pi$^{33}$fi$^{13}$ti$^{33}$xau$^{33}$.

前一句中的属性主体未出现，比较主体是“瘦的”。后一句中的比较主体是“瘦的”，而属性主体却是“肉”。再如：

做起事来，伊比个□□快当做起事来，他比谁都快。tsu$^{44}$tɕ$^{h}$i$^{33}$sɿ$^{22}$lei$^{13}$, i$^{44}$pi$^{33}$ka$^{44}$nu$^{45}$to$^{44}$tɕ$^{h}$ie$^{44}$tan$^{44}$.

此句中的比较主体是“伊”，属性主体却是VP短语“做起事来”。

**（二）比较参项**

关于比较参项，本地话中的典型成分也和普通话一样，主要有以下几种类型：

1. 形容词，例如：

个箇比个□好这个比那个好。ka$^{44}$kei$^{44}$pi$^{33}$ka$^{44}$ȶa$^{44}$xau$^{33}$.

伊走起来比个□□快当他跑起来比谁都快。i$^{44}$tsou$^{33}$tɕ$^{h}$i$^{33}$lei$^{13}$pi$^{33}$ka$^{44}$nu$^{45}$to$^{44}$tɕ$^{h}$ie$^{44}$tan$^{44}$.

一个比一个走得快一个比一个跑得快。ie$^{44}$ka$^{44}$pi$^{33}$ie$^{44}$ka$^{44}$tsou$^{33}$te$^{44}$tɕ$^{h}$ie$^{44}$.

个日子箇一日比一日好这日子一天比一天好。ka$^{44}$nie$^{11}$tsi$^{33}$kei$^{44}$ie$^{44}$ȵie$^{44}$pi$^{33}$ie$^{44}$ȵie$^{44}$xau$^{33}$.

2. 形容词前加副词，例如：

以后的日子比□箇更好以后的日子比现在更好。i$^{33}$xou$^{22}$ti$^{33}$nie$^{11}$tsi$^{33}$pi$^{33}$t$^{h}$i$^{44}$kei$^{44}$ken$^{44}$xau$^{33}$.

种颜色箇比种颜色□淡箇远这种颜色比那种颜色淡这么多。

ȶoŋ$^{33}$ian$^{13}$se$^{44}$kei$^{44}$pi$^{33}$ȶoŋ$^{33}$ian$^{13}$se$^{44}$ȶa$^{44}$tan$^{22}$kei$^{44}$ʋyn$^{11}$.

3. 形容词后加补语，例如：

坐起吃比立起吃要好儿坐着吃比站着吃要好点儿。

tsa$^{22}$tɕ$^{h}$i$^{33}$tɕ$^{h}$ie$^{44}$pi$^{33}$lie$^{11}$tɕ$^{h}$i$^{33}$tɕ$^{h}$ie$^{44}$y$^{44}$xau$^{33}$ni$^{44}$.

个箇比个□儿儿儿，有是蛮望得出这个比那个要小一丁点儿，不太看得出来。

ka$^{44}$kei$^{44}$pi$^{33}$ka$^{44}$ȶa$^{44}$ne$^{44}$ne$^{45}$ni$^{44}$, mo$^{22}$ɕi$^{22}$man$^{13}$man$^{22}$te$^{44}$ȶ$^{h}$o$^{44}$.

□日的天气比日乃的好多啰昨天的天气比今天的好多了。

tsin$^{11}$nie$^{11}$ti$^{33}$t$^{h}$in$^{45}$tɕ$^{h}$i$^{44}$pi$^{33}$ȵie$^{44}$nai$^{11}$ti$^{33}$xau$^{33}$ta$^{45}$lo$^{33}$.

□箇的日子比□□强多啰现在的日子比过去强多了。

t$^{h}$i$^{44}$kei$^{44}$ti$^{33}$nie$^{11}$tsi$^{33}$pi$^{33}$t$^{h}$i$^{44}$ȶa$^{44}$ȶan$^{13}$ta$^{45}$lo$^{33}$.

**（三）比较基准**

古今汉语比较句的一大差别是基准伴随着“比”字句的兴起从动词后位置演变到动词前的位置。本地话已经没有比较基准在动词后位置的痕迹了。

几年箇的生活一年比一年好这几年的生活一年比一年好。

tɕi$^{33}$nin$^{45}$kei$^{44}$ti$^{33}$sen$^{45}$xo$^{11}$ie$^{44}$nin$^{45}$pi$^{33}$ie$^{44}$nin$^{45}$xau$^{33}$.

我比不上你，你赚得比我多我比不上你，你赚得比我多。

ŋa$^{11}$pi$^{33}$pu$^{44}$ɕiaŋ$^{22}$ni$^{11}$, ni$^{11}$ȶuan$^{22}$te$^{44}$pi$^{33}$ŋa$^{11}$ta$^{45}$.

### （四）比较标记

比较标记通常用“比”，否定形式用“比不上”。也可用“冇得”，用法大致与普通话中的“不如”相当，例如：

伊比不上你，你走得比伊快她比不上你，你跑得比她快。

i$^{44}$pi$^{33}$pu$^{44}$ɕiaŋ$^{22}$ni$^{11}$, ni$^{11}$tsou$^{33}$te$^{44}$pi$^{33}$i$^{44}$tɕʰie$^{44}$.

个坡箇冇得个坡□高这个山不如那个山高。ka$^{44}$pʰa$^{45}$kei$^{44}$mo$^{22}$te$^{44}$ka$^{44}$pʰa$^{45}$ȶa$^{44}$kau$^{45}$.

好屋箇冇得好屋□好这座房子不如那座房子好。xau$^{33}$o$^{44}$kei$^{44}$mo$^{22}$te$^{44}$xau$^{33}$o$^{44}$ȶa$^{44}$xau$^{33}$.

## 四　疑问句

刘丹青（2008：2）指出，人类语言普遍存在的疑问句基本功能类别有两类：一为是非疑问句（yes-no question，又叫一般疑问句或极性疑问句 polarity question），二为特指疑问句（疑问代词问句 wh-question）。下面我们先来讨论本地话中的一般疑问句。

### （一）是非问

本地话通常会用否定副词“冇”结尾，表示是非问。可以说，本地话实际上是用反复问的形式来表达是非问的内容，如：

你还会讲别地方的话冇你还会说别的地方的吗？ ni$^{33}$xai$^{13}$fe$^{22}$kan$^{33}$pie$^{11}$ti$^{22}$fan$^{45}$ti$^{33}$ʋya$^{22}$mo$^{22}$？

老张来了冇老张来了吗？ lau$^{11}$ȶan$^{45}$lei$^{13}$lo$^{33}$mo$^{22}$？

你还有钱冇你还有钱吗？ ni$^{11}$xai$^{13}$iu$^{11}$tsin$^{13}$mo$^{22}$？

也可以在此基础上再附加疑问语调，如：

会讲普通话冇会说普通话吗？ fe$^{22}$kan$^{33}$pʰu$^{44}$tʰoŋ$^{33}$ʋya$^{22}$mo$^{22+45}$？

锅里还有饭冇锅里还有饭吗？ kua$^{45}$li$^{11}$xai$^{13}$iu$^{11}$fyan$^{22}$mo$^{22+45}$？

伊吃饭了，你吃饭了冇他吃饭了，你吃饭了吗？

i$^{44}$tɕʰie$^{44}$fyan$^{22}$liau$^{11}$, ni$^{11}$tɕʰie$^{44}$fyan$^{22}$liau$^{11}$mo$^{22+44}$？

在上述几例中，“冇”的本调为阳去22，句末没有附加其他的语调，则表示普通的疑问。也可以在整个句子上再加上一个高的44调或45调，则疑问的意味更浓厚，可以视为疑问语气的叠加。

### （二）反复问

本地话的反复问一般采用“V冇V”或是“A冇A”的形式，例如：

你去冇去你去不去？ ni$^{11}$kʰu$^{44}$mo$^{22}$kʰu$^{44}$？

吃了饭再去好冇好吃了饭去好不好？ tɕʰie$^{44}$le$^{33}$fyan$^{22}$tse$^{44}$kʰu$^{44}$xau$^{33}$mo$^{22}$xau$^{33+44}$？

你□下儿朵花箇香冇香了你闻一下这朵花香不香？

ni$^{11}$ȵu$^{45}$xa$^{22}$ni$^{44}$tia$^{33}$fya$^{45}$kei$^{44}$ɕiaŋ$^{45}$mo$^{22}$ɕiaŋ$^{45}$la$^{11}$？

这种情况下的“V”和“A”通常会带补语，构成“V/A+得”或“V/A+得+C”的格式，例如：

好果子箇吃冇吃得这些果子吃不吃得？ xau$^{33}$ko$^{33}$tsi$^{33}$kei$^{44}$tɕ$^{h}$ie$^{44}$mo$^{22}$tɕ$^{h}$ie$^{44}$te$^{44}$？

个事情箇讲冇讲得这件事情说不说得？ ka$^{44}$si$^{22}$tɕin$^{13}$kei$^{44}$kan$^{33}$mo$^{22}$kan$^{33}$te$^{44}$？

个东西箇蛮重，捞冇捞得动这个东西很重，拿不拿得动？

ka$^{44}$toŋ$^{45}$si$^{45}$kei$^{44}$man$^{13}$ȶoŋ$^{22}$, lau$^{45}$mo$^{22}$lau$^{45}$te$^{44}$toŋ$^{22}$？

个箇事你做冇做得成这件事你做不做得了？ ka$^{44}$kei$^{44}$si$^{22}$ni$^{11}$tsu$^{44}$mo$^{22}$tsu$^{44}$te$^{44}$ɕin$^{13}$？

□来冇来得了啊你们来不来得了啊？ no$^{13}$lei$^{13}$mo$^{22}$lei$^{13}$te$^{44}$ly$^{11}$a$^{11}$？

**（三）选择问**

本地话的选择问跟普通话中的形式基本相同，用“还是”来连接，例如：

行起去好，还是坐车去好走着去好，还是坐车去好？

xen$^{13}$tɕ$^{h}$i$^{33}$k$^{h}$u$^{44}$xau$^{33}$, xau$^{33}$ɕi$^{22}$tsa$^{22}$ȶ$^{h}$a$^{45}$k$^{h}$u$^{44}$xau$^{33}$？

贵的好还是便宜的好？ tɕy$^{44}$ti$^{33}$xau$^{33}$xai$^{13}$ɕi$^{22}$pin$^{13}$ni$^{22}$ti$^{33}$xau$^{33}$？

但同时还可以用“只是”来连接两个问项，意义不变，例如：

你是吃饭诶，只是吃面哦？ ni$^{11}$ɕi$^{22}$tɕ$^{h}$ie$^{44}$fyan$^{22}$ai$^{44}$, tɕi$^{44}$ɕi$^{22}$tɕ$^{h}$ie$^{44}$min$^{22}$o$^{11}$？

**（四）特殊疑问句**

本地话中的特殊疑问词跟普通话中的有一定的差异。下面我们按照不同的特殊疑问词来分析本地话中的特殊疑问句。

1. 问“地点”用“□[nu$^{45}$]”，相当于普通话的“哪儿”，例如：

你跟□学的手艺你在哪儿学的手艺？ ni$^{11}$kən$^{45}$nu$^{45}$ɕio$^{11}$ti$^{33}$ɕiu$^{33}$ni$^{22+44}$？

伊到□去了他到哪儿去了？ i$^{44}$tau$^{44}$nu$^{45}$k$^{h}$u$^{44}$liau$^{11}$？

伊跟□吃的饭他在哪儿吃的饭？ i$^{44}$kən$^{45}$nu$^{45}$tɕ$^{h}$ie$^{44}$ti$^{33}$fyan$^{22+44}$？

本书□到底跟□那本书到底在哪儿？ pən$^{33}$fy$^{45}$ȶa$^{44}$tau$^{44}$ti$^{33}$kən$^{45}$nu$^{45}$？

2. 问“人”用“个□[nu$^{45}$]”，相当于普通话的“谁”。在结构上，由于本地话是属于中心语前置的，指示代词或疑问代词在中心语之后，因此实际上对应的是普通话的“哪个”，例如：

个□啊？我是老王。ka$^{44}$nu$^{45}$a$^{33}$？ ŋa$^{11}$ɕi$^{22}$lau$^{11}$uan$^{13}$.

日□开会是个□的主席今天开会是哪个的主席？ ȵie$^{44}$nai$^{33}$k$^{h}$ei$^{45}$fe$^{22}$ɕi$^{22}$ka$^{44}$nu$^{45}$ti$^{33}$tsu$^{33}$ɕi$^{11+45}$？

3. 问事物或情况，用“□[mən$^{44}$]哩”，相当于普通话的“什么”，例如：

你跟屋入做□哩你在家里做什么？ ni$^{11}$kən$^{45}$o$^{44}$ȵo$^{11}$tsu$^{44}$mən$^{44}$li$^{33}$？

你讲得蛮好，你还会讲儿□哩你还会讲点什么？

ni$^{11}$kan$^{33}$te$^{44}$man$^{13}$xau$^{33}$, ni$^{11}$xai$^{13}$fe$^{22}$kan$^{33}$ni$^{44}$mən$^{44}$li$^{33}$？

4. 询问原因或目的，用“做□[mən$^{44}$]哩”，相当于普通话中的“怎么”“为什么”，例如：

你望几点钟了呐，做□哩还冇做成作业哦你看都几点了，怎么还没做完作业呢？

ni$^{11}$man$^{22}$tɕi$^{33}$tin$^{33}$ȶən$^{45}$le$^{11}$na$^{44}$, tsu$^{44}$mən$^{44}$li$^{33}$xai$^{13}$mo$^{22}$tsu$^{44}$ɕin$^{13}$tso$^{11}$ȵie$^{11}$o$^{11}$？

讲了就做成的唻，做□哩半日还冇做成哦说了就做完啊，怎么半天了还没做完呢？

kan$^{33}$le$^{11}$tsu$^{22}$tsu$^{44}$ɕin$^{13}$ti$^{33}$lai$^{33}$, tsu$^{44}$mən$^{44}$li$^{33}$pan$^{44}$ȵie$^{11}$xai$^{13}$mo$^{22}$tsu$^{44}$ɕin$^{13}$o$^{11}$？

你做□哩十点了还冇起来哦你为什么十点了还没起来呢？

ni$^{11}$tsu$^{44}$mən$^{44}$li$^{33}$ɕie$^{11}$tin$^{33}$le$^{11}$xai$^{13}$mo$^{22}$tɕ$^{h}$i$^{33}$lei$^{13}$o$^{11}$？

在句法位置上，“做□[mən$^{44}$]哩”通常是放在谓语前做状语，但是有些时候也可以放在谓语之后，例如：

去做□哩啊？ k$^{h}$u$^{44}$tsu$^{44}$mən$^{44}$li$^{33}$a$^{33}$？

这句话在本地话中实际上是一个歧义句，可以进行不同的分析，既可以分析为“去做”是连谓结构，疑问结构“□[mən$^{44}$]哩”做宾语，意为“去做什么呢”，也可以分析为“做□[mən$^{44}$]哩”为疑问结构，做谓语“去”的状语，意为“为什么去呢”。

下面这个句子中的“□[mən$^{44}$]哩”也可以做相同的处理，例如：

伊泥□哩哦他在磨蹭什么呢？ i$^{44}$ni$^{13}$mən$^{44}$li$^{33}$o$^{11}$？

这句话可以分析为“他在泥磨蹭什么啊？”，也可以分析为“他为什么泥磨蹭啊？”。

“□[mən$^{44}$]哩”在本地话中也有虚指的用法，此时不表疑问，例如：

门口立起一□人，跟□讲□哩门口站着一帮人，在那里说些什么。

mən$^{13}$k$^{h}$ou$^{33}$lie$^{11}$tɕ$^{h}$i$^{33}$ie$^{44}$p$^{h}$an$^{44}$ȵin$^{13}$, kən$^{45}$ȶa$^{44}$kan$^{33}$mən$^{44}$li$^{33}$.

5. 询问时间有许多不同的表示方法。一般性的“什么时候”在本地话中用“□[mən$^{44}$]哩时候”。也可用“□[nu$^{45}$]”再加不同的时间词来构成，时间词前置，例如“年□[nu$^{45}$]”就是“哪年”，“日□[nu$^{45}$]”则是“哪天”，例如：

你是年□来的？ ni$^{11}$ɕi$^{22}$nin$^{45}$nu$^{45}$lei$^{13}$ti$^{33+44}$？

时间长度则用“好久”，相当于普通话中的“多久”“多会儿”，例如：

你好久去哦？我□箇就去了你多久去呢？我现在就去。

ni$^{11}$xau$^{33}$ȶu$^{33}$k$^{h}$u$^{44}$o$^{11}$？ ŋa$^{11}$t$^{h}$i$^{44}$kei$^{44}$tsu$^{22}$k$^{h}$u$^{44}$la$^{11}$.

6. 询问数量、重量用“好多”“好重”，相当于普通话中的“多少”“多重”，例如：

要好多刻间够咧要多少才够呢？ y$^{44}$xau$^{33}$ta$^{45}$k$^{h}$a$^{11}$tɕin$^{45}$kou$^{44}$le$^{44}$？

个东西箇有好重哦这个东西有多重呢？ ka$^{44}$toŋ$^{45}$si$^{45}$kei$^{44}$iu$^{11}$xau$^{33}$ȶoŋ$^{22}$o$^{11}$？

7. 询问年龄用“好大”，相当于普通话中的“多大”，例如：

你年□好大了你今年多大了？ ni$^{11}$nin$^{45}$nai$^{33}$xau$^{33}$tai$^{22}$la$^{11+44}$？

普通话中的有些固定的表疑问结构，在本地话中需要换用其他结构形式来表达，例如：

你老人家姓□哩诶您老贵姓？ ni$^{11}$lau$^{11}$ȵin$^{13}$tɕia$^{45}$ɕin$^{44}$mən$^{44}$li$^{33}$ai$^{11+44}$？

这里的“姓□[mən$^{44}$]哩”相当于普通话中的“贵姓？”

个事箇□咖做场这件事怎么办？ ka$^{44}$sɿ$^{22}$kei$^{44}$nu$^{45}$ka$^{33}$tsu$^{44}$ȶan$^{13}$？

“□[nu$^{45}$]咖做场”相当于普通话的“怎么办”，也可以直接说“□[nu$^{45}$]咖做”，例如：

事不想做，又冇得钱，你□咖做哦不想做事，又没有钱，你怎么办啊？

sɿ$^{22}$pu$^{44}$ɕiaŋ$^{33}$tsu$^{44}$, iu$^{22}$mo$^{22}$te$^{44}$tsin$^{13}$, ni$^{11}$nu$^{45}$ka$^{33}$tsu$^{44}$o$^{11}$？

## 五　否定句

本地话的否定句要分两种情况来讨论，一是对句子的否定，二是对句内成分的否定。

普通话中有两个否定词：“不”和“没”。对一般的否定用“不”，对已然的否定用“没”。这两个否定词在本地话中都用“冇[mo$^{22}$]”来表示，例如：

烟也好，酒也好，我□冇会烟也好，酒也好，我都不会。

in$^{45}$ia$^{11}$xau$^{33}$, tsu$^{33}$ia$^{11}$xau$^{33}$, ŋa$^{11}$to$^{33}$mo$^{22}$fe$^{22}$.

我从来就冇出过门我从来就没出过门。ŋa$^{11}$tsoŋ$^{13}$lei$^{13}$tsu$^{22}$mo$^{22}$ȶ$^{h}$o$^{44}$kua$^{44}$mən$^{13}$.

我冇会讲普通话，冇得学过我不会说普通话，没有学过。

ŋa$^{11}$mo$^{22}$fe$^{22}$kan$^{33}$p$^{h}$u$^{44}$t$^{h}$oŋ$^{33}$ʋya$^{22}$, mo$^{22}$te$^{44}$ɕio$^{11}$kua$^{33}$.

我就冇得□哩话讲了我就没有什么话说了。ŋa$^{11}$tsu$^{22}$mo$^{22}$te$^{44}$mən$^{44}$li$^{33}$ʋya$^{22}$kan$^{33}$la$^{11}$.

做□哩还冇去哦为什么还没去呢？ tsu$^{44}$mən$^{44}$li$^{33}$xai$^{13}$mo$^{22}$k$^{h}$u$^{44}$o$^{11}$？

不过冇□讲得好不过没怎么讲好。pu$^{44}$kua$^{44}$mo$^{22}$nu$^{45}$kan$^{33}$te$^{44}$xau$^{33}$.

个东西□冇跟里□，也冇跟里箇那个东西不在那里，也不在这里。

ka$^{44}$toŋ$^{45}$si$^{45}$ȶa$^{44}$mo$^{22}$kən$^{45}$ni$^{44}$ȶa$^{44}$, ia$^{11}$mo$^{22}$kən$^{45}$ni$^{44}$kei$^{44}$.

第1例中的“冇”对应普通话的“不”，“冇会”即“不会”。第2例中的“冇”对应普通话的“没”，“冇出过门”即“没出过门”，而普通话的“没有”在本地话中的表达是“冇得”，如第3例中的“冇得学过”即“没有学过”。第4例中的“冇得□哩话讲了”就是“没有什么话说了”。第5例的“还冇”即“还没”。第6例虽然也可以理解为“不过讲得不好”，但根据字面意思则应该对应“不过没怎么讲好”，“冇□”对应的是“没怎么”。第7例中的“冇跟”既可理解为“不在”，也可理解为“没在”，全句意为“那个东西既不在/没在那儿，也不在/没在这儿”。

另外一种是短语层面的否定，最常见的是对述补短语的否定。普通话中如果否定词与述补短语连用时，“不”要放到动词后，补语前，而“没”则通常放在整个述补结构前，如

“吃不完”和“没吃完”。本地话述补结构的否定式也没有“V+有+C”的结构，这种情况下也用“V+不+C”，表示的都是“可能义”，例如：

个东西箇我捞不动这个东西我拿不动。ka$^{44}$toŋ$^{45}$si$^{45}$kei$^{44}$ŋa$^{11}$lau$^{45}$pu$^{44}$toŋ$^{22}$.

你哄不到我你骗不了我。ni$^{11}$xoŋ$^{33}$pu$^{44}$tau$^{44}$ŋa$^{11}$.

我也讲不清楚。ŋa$^{11}$ia$^{33}$kan$^{33}$pu$^{44}$ts$^{h}$in$^{45}$ts$^{h}$u$^{33}$.

我望不出个□高个□低我看不出哪个高哪个低。ŋa$^{11}$man$^{22}$pu$^{44}$ȶ$^{h}$o$^{44}$ka$^{44}$nu$^{45}$kau$^{45}$ka$^{44}$nu$^{45}$ti$^{45}$.

伊行得越来越快，我□跟不上了他走得越来越快，我都跟不上了。

i$^{44}$xen$^{13}$te$^{44}$ʋye$^{11}$lei$^{13}$ʋye$^{11}$tɕ$^{h}$ie$^{44}$, ŋa$^{11}$to$^{44}$kən$^{45}$pu$^{44}$ɕiaŋ$^{22}$la$^{11}$.

个箇□个□大儿一样的，分不出来这个和那个大小一样的，分不出来。

ka$^{44}$kei$^{44}$tɕ$^{h}$iau$^{44}$ka$^{44}$ȶa$^{44}$tai$^{22}$ne$^{44}$ie$^{44}$iaŋ$^{22}$ti$^{33}$, fən$^{45}$pu$^{44}$ȶ$^{h}$o$^{44}$lei$^{13}$.

十个人吃不完锅饭箇十个人吃不完这锅饭。

ɕie$^{11}$ka$^{44}$ȵin$^{13}$tɕ$^{h}$ie$^{44}$pu$^{44}$ɕin$^{13}$ka$^{44}$kua$^{45}$fyan$^{22}$kei$^{44}$.

如果要用“冇”，则须将“冇”置于动词前，这样实际上是换用成了另外的结构，表达的也是另外的意思了。例如：

本书箇我寻了半日了，冇寻着这本书我找了半天了，没找着。

pən$^{33}$fy$^{45}$kei$^{44}$ŋa$^{11}$sən$^{13}$le$^{11}$pan$^{22}$ȵie$^{44}$le$^{11}$, mo$^{22}$sən$^{13}$tɕie$^{11}$.

跌落跟地上了，□的□寻不着掉到地上了，怎么都找不着。

ta$^{44}$la$^{11}$kən$^{45}$ti$^{22}$ɕiaŋ$^{22}$la$^{11}$, nu$^{45}$ti$^{33}$to$^{44}$sən$^{13}$pu$^{44}$tɕie$^{11}$.

前一例中的“冇寻着”表示结果，意为“没找着”，而后一例中的“寻不着”表示“可能”。

但是在表“容纳”义的数量结构对应式中，通道本地话不能出现“这房子坐不下十个人”和“这锅饭吃不了十个人”这样的否定方式，而只能用下面两例中这样的否定结构。

栋屋箇冇坐得下十个人这栋房子住不下十个人。ȶoŋ$^{44}$o$^{44}$kei$^{44}$mo$^{22}$tsa$^{44}$te$^{44}$xa$^{22}$ɕie$^{11}$ka$^{44}$ȵin$^{13}$.

锅饭箇冇够十个人吃这锅饭不够十个人吃。kua$^{45}$fyan$^{22}$kei$^{44}$mo$^{22}$kou$^{44}$ɕie$^{11}$ka$^{44}$ȵin$^{13}$tɕ$^{h}$ie$^{44}$.

## 六 可能句

汉语中表达“可能”意义，主要有两种形式，一种是用能愿动词，另一种是用可能补语。其次还有方言口语中表示主观上对情况的估计所运用的表达形式。

### （一）能愿动词

通道本地话的能愿动词跟普通话大致相同，也包括“能、可能、能够、可以、会”等几个。“能、能够、可能”主要表示：1. 主观上具有某种能力；2. 具备某种客观条件；3. 情理上许可；4. 准许；5. 估计。例如：

伊还能打架他还能打架。i$^{44}$xai$^{13}$nən$^{13}$ta$^{33}$tɕia$^{44}$.

敬了菩萨才能吃。tɕin$^{44}$le$^{11}$pu$^{13}$sa$^{11}$tsai$^{13}$nən$^{13}$tɕ$^{h}$ie$^{44}$.

我只能够帮你做到箇个我只能帮你到这儿了。ŋa$^{11}$tɕi$^{44}$nən$^{13}$kou$^{44}$pan$^{45}$ni$^{11}$tsu$^{44}$tau$^{44}$kei$^{44}$ka$^{44}$.

伊可能还跟□他可能还在那儿。i$^{44}$k$^{h}$o$^{33}$nən$^{13}$xai$^{13}$kən$^{45}$ȶa$^{44}$.

个箇可能有点难哦这个可能有点难哦。ka$^{44}$kei$^{44}$k$^{h}$o$^{11}$nən$^{13}$iu$^{11}$tin$^{33}$nan$^{13}$o$^{11}$.

我刻间可能算错了，我再算一回我刚才可能算错了，我再算一次。

ŋa$^{11}$k$^{h}$a$^{11}$tɕin$^{45}$k$^{h}$o$^{11}$nən$^{13}$suan$^{44}$ts$^{h}$o$^{44}$le$^{11}$, ŋa$^{11}$tsei$^{44}$suan$^{44}$ie$^{44}$fei$^{13}$.

“能”的否定形式是“冇能”，“能够”的否定形式是“冇能够”，例如：

能来就来，冇能来就冇来能来就来，不能来就别来。

nən$^{13}$lei$^{13}$tsu$^{22}$lei$^{13}$, mo$^{22}$nən$^{13}$lei$^{13}$tsu$^{22}$mo$^{22}$lei$^{13}$.

我冇能够怪别个，只怪得着我自家我不能怪别人，只能怪自己。

ŋa$^{11}$mo$^{22}$nən$^{13}$kou$^{45}$tɕie$^{44}$pie$^{11}$ka$^{44}$, tɕi$^{45}$tɕie$^{44}$te$^{44}$tɕie$^{11}$ŋa$^{11}$tsi$^{22}$tɕia$^{45}$.

通道本地话中通常不说“不可能”，而是用“冇得”，例如：

个事箇我冇得答认这件事我不可能答应。ka$^{44}$sɿ$^{22}$kei$^{44}$ŋa$^{11}$mo$^{22}$te$^{44}$ta$^{11}$ȵin$^{22}$.

同样，本地话也不用“能不能”或“能冇能”，这种情况下通常会用可能补语来表达。

通道本地话中的“会”通常只表示“主观能力”，例如：

你还会讲别地方的话冇你还会说别的地方的话吗？ ni$^{11}$xai$^{13}$fe$^{22}$kan$^{33}$pie$^{11}$ti$^{22}$fan$^{45}$ti$^{33}$ʋya$^{22}$mo$^{22}$？

冇会了，我从来就冇出过门，只会讲本地话不会了，我没来没有出过门，只会说本地话。

mo$^{22}$fe$^{22}$le$^{11}$, ŋa$^{11}$tsoŋ$^{13}$lei$^{13}$tsu$^{22}$mo$^{22}$ȶ$^{h}$o$^{44}$kua$^{44}$mən$^{13}$, tɕi$^{44}$fe$^{22}$kan$^{33}$pən$^{33}$ti$^{22}$ʋya$^{22}$.

如果要表示“客观条件的容许”，通常不用“会”，而换用其他结构，例如：

明□日王经理来冇来公司明天王经理会来公司吗？

mən$^{13}$tɕi$^{45}$ȵie$^{44}$uan$^{13}$tɕin$^{33}$li$^{11}$lei$^{13}$mo$^{22}$lei$^{13}$koŋ$^{33}$sɿ$^{33}$？

我望伊怕冇得来我看他恐怕不会来。ŋa$^{11}$man$^{22}$i$^{44}$p$^{h}$ia$^{44}$mo$^{22}$te$^{44}$lei$^{13}$.

箇个做工夫场白，男子家儿□要累坏去嘛这样干活，男子汉都会累坏的啊。

kei$^{44}$ka$^{44}$tsu$^{44}$koŋ$^{45}$fu$^{45}$ȶan$^{13}$pe$^{11}$, nan$^{13}$tsi$^{33}$tɕia$^{45}$ni$^{13}$to$^{44}$y$^{44}$le$^{22}$ʋye$^{22}$k$^{h}$u$^{44}$ma$^{11}$.

第一例普通话通常会说成“明天王经理会来公司吗？”第二例会说成“我看他不会来。”最后一例则会说成“这样干活的话，小伙子都会累坏的”。这些句子在通道本地话中一般不用“会”。

“可以”既可以表示“可能”或者“能够”，也可以表示“许可”，例如：

饭熟了，可以吃了。fyan$^{22}$ɕiu$^{11}$le$^{11}$, k$^{h}$o$^{33}$i$^{33}$tɕ$^{h}$ie$^{44}$le$^{11}$.

你□可以冇把人当人你怎么可以不把人当人呢？ ni$^{11}$nu$^{45}$ko$^{33}$i$^{11}$mo$^{22}$pia$^{33}$ȵin$^{13}$tan$^{45}$ȵin$^{13}$？

早儿迟儿来□可以早点儿晚点儿都可以。tsau$^{33}$ni$^{44}$tɕi$^{13}$ni$^{44}$lei$^{13}$to$^{44}$k$^{h}$o$^{33}$i$^{11}$.

普通话“可以”的否定不是“不可以”而是“不能”。“不可以”表示“禁止、不容许”，通道本地话中“可以”的否定形式也是“不能”，而且本地话没有“不可以”的表达式。

**（二）可能补语**

赵元任（1979）把汉语中补语的可能式分为四种：“V得/不C”“V得/不了（来）”（例如“吃得/不了、做得/不来”）“V得/不得”和词汇性的可能式（例如“来得/不及、用得/不着”）。通道本地话的可能补语也基本上可分为这几类。

1. V得/不（冇）C

在动词和结果补语或趋向补语之间插入“得”或“不”来表示“可能”或“不可能”。主要表示“主观或客观条件是否容许实现（某种结果或趋向）”。肯定式通常用“V得C”，可带宾语，也可不带宾语。否定式则有三种结构，一种为“V不C”，一种为“V冇C”，一种为“冇V得C”，例如：

我捞得动，伊捞不动我拿得动，他拿不动。ŋa$^{11}$lau$^{45}$te$^{44}$toŋ$^{22}$, i$^{44}$lau$^{45}$pu$^{44}$toŋ$^{22}$.

个坡箇我□得上去，伊□不上这个坡我爬得上，他爬不上。

ka$^{44}$p$^{h}$a$^{45}$kei$^{44}$ŋa$^{11}$tɕia$^{13}$te$^{44}$ɕiaŋ$^{22}$k$^{h}$u$^{44}$, i$^{44}$tɕia$^{13}$pu$^{44}$ɕiaŋ$^{22}$.

个事箇我也讲不清楚这件事儿我也说不清楚。ka$^{44}$sɿ$^{22}$kei$^{44}$ŋa$^{11}$ia$^{33}$kan$^{33}$pu$^{44}$ts$^{h}$in$^{45}$ts$^{h}$u$^{33}$.

栋屋箇冇坐得下十个人这栋房子住不下十个人。ȶoŋ$^{44}$o$^{44}$kei$^{44}$mo$^{22}$tsa$^{44}$te$^{44}$xa$^{22}$ɕie$^{11}$ka$^{44}$ȵin$^{13}$.

一般以“V冇V得C”的结构来进行提问，例如：

好书箇蛮重，提冇提得起这些书很重，提不提得起？

xau$^{33}$fy$^{45}$kei$^{44}$man$^{13}$ȶoŋ$^{22}$, ti$^{13}$mo$^{22}$ti$^{13}$te$^{44}$tɕ$^{h}$i$^{33}$？

好字箇你认冇认得着诶这些字你认不认识？ xau$^{33}$tsi$^{22}$kei$^{44}$ni$^{11}$ȵin$^{22}$mo$^{22}$ȵin$^{22}$te$^{44}$tɕie$^{11}$e$^{44}$？

本地话也有像普通话那样的凝固式可能补语结构，常见的有“来得（不）及”“吃得（不）开”“划得（不）来”“谈得（不）来”“经得（不）起”等。这个时候否定式只用“不”，不用“冇”。这些熟语形式一般不能按照字面义来理解，如“吃得开”的意思是“受欢迎”；“谈得来”的意思是“双方思想相合、没有分歧”。

2. V得了/不了[ly$^{11}$]、V得成/冇成

主要表示“主、客观条件是否容许实现（某种动作或变化）”，“V得（不）了”格式中实际上最常用的只有动词“来”，其他的动词一般会用“V得成/冇成”的格式，例如：

我冇得事，来得了。伊太忙了，来不了我没事儿，来得了，他太忙，来不了。

ŋa$^{11}$mo$^{22}$te$^{44}$sɿ$^{22}$, lei$^{13}$te$^{44}$ly$^{11}$. i$^{44}$t$^{h}$e$^{44}$man$^{13}$le$^{11}$, lei$^{13}$pu$^{44}$ly$^{11}$.

你来冇来得了哦你来不来得了啊？ ni$^{11}$lei$^{13}$mo$^{22}$lei$^{13}$te$^{44}$ly$^{11}$o$^{11}$？

给你三日时间，你做冇做得成给你三天时间，你做不做得完？

ke$^{44}$ni$^{11}$san$^{45}$ȵie$^{44}$ɕi$^{13}$kan$^{45}$, ni$^{11}$tsu$^{44}$mo$^{22}$tsu$^{44}$te$^{44}$ɕin$^{13}$？

你做得成，我是做冇成你做得完，我做不完。ni$^{11}$tsu$^{44}$te$^{44}$ɕin$^{13}$, ŋa$^{11}$ɕi$^{22}$tsu$^{44}$mo$^{22}$ɕin$^{13}$.

□八个人吃不成台板菜箇我们八个人吃不完这桌菜。

uən$^{13}$pia$^{11}$ka$^{44}$ȵin$^{13}$tɕ$^{h}$ie$^{44}$pu$^{44}$ɕin$^{13}$tei$^{13}$pian$^{33}$ts$^{h}$ei$^{44}$kei$^{44}$.

3. V得/不得

“V得/不得”主要表示“情理上是否许可”，否定用法多表示“不应该”，一般用来表示规劝、提醒或警告等，例如：

好果子箇吃冇吃得这些果子吃不吃得？ xau$^{33}$ko$^{33}$tsi$^{33}$kei$^{44}$tɕ$^{h}$ie$^{44}$mo$^{22}$tɕ$^{h}$ie$^{44}$te$^{44}$？

个箇是熟的，吃得，个□是生的，吃不得这个是熟的，吃的，那个是生的，吃不得。

ka$^{44}$kei$^{44}$ɕi$^{22}$ɕio$^{11}$ti$^{33}$, tɕ$^{h}$ie$^{44}$te$^{44}$. ka$^{44}$ȶa$^{44}$ɕi$^{22}$sen$^{45}$ti$^{33}$, tɕ$^{h}$ie$^{44}$pu$^{44}$te$^{44}$.

## 七　动补句

通道本地话中的动补句分为以下几类。

### （一）趋向补语句

趋向补语分为简单趋向补语和复合趋向补语，简单趋向补语包括“来”“去”“起”，这些趋向动词做补语时既可以表现为本义，也可以表现为引申义；复合趋向有“来”组的“起来”（“起去”只做谓语中心，不做补语）“出来”“下来”“上来”“过来”“入来”（进来）和“去”组的“出去”“下去”“上去”。下面分条缕析每组趋向补语构成的趋向补语句的下位句式，重点从几个趋向补语的角度来讨论一下本地话趋向补语句的特点。

| | | | | | | | |
|---|---|---|---|---|---|---|---|
| 来 | 起 | 起来 | 出来 | 下来 | 上来 | 过来 | 入来 |
| 去 | | | 出去 | 下去 | 上去 | | |

1. 来

本地话中“来”可以单独做动词补语，例如：

赶快把伊请来赶紧把他请来。kan$^{33}$tɕ$^{h}$ie$^{44}$pia$^{33}$i$^{44}$tɕ$^{h}$in$^{33}$lei$^{13}$.

但是普通话中有些“V来”的结构在本地话中的可接受程度低，通常需换用另外的结构，或者把宾语置于动词与补语之间，例如：

里□来了一个男子家儿前面走来一个小男孩儿。li$^{44}$ȶa$^{44}$lei$^{13}$le$^{33}$ie$^{44}$ka$^{44}$nan$^{13}$tsi$^{33}$tɕia$^{45}$ni$^{13}$.

上例这样的句子普通话可以说成“前面走来了一个小男孩”，但本地话中没有“行来”这样的用法（本地话用“行”表示“行走”义）。

相反的情况也存在。对于本地话中的某些“V+O+来”结构，虽然普通话也有相同的结构，但是有些搭配在本地话中可以，在普通话中不行，例如：

望事来，□箇还冇讲得定看情况，现在还不好说。

man$^{22}$sɿ$^{22}$lei$^{13}$, t$^{h}$i$^{44}$kei$^{44}$xai$^{13}$mo$^{22}$kan$^{33}$te$^{44}$tin$^{22}$.

伊跟我做女家来伊肯冇肯她给我做妻子肯不肯？

i$^{44}$kən$^{33}$ŋa$^{11}$tsu$^{44}$ȵu$^{11}$tɕia$^{45}$lai$^{13}$i$^{44}$kʰən$^{33}$mo$^{22}$kʰən$^{33}$ ？

是冇是你捞咖我的衣来哦是不是你拿了我的衣服？ ɕi$^{22}$mo$^{22}$ɕi$^{22}$ni$^{11}$lau$^{45}$ka$^{11}$ŋa$^{11}$ti$^{33}$i$^{45}$lei$^{13}$o$^{11}$ ？

第1例普通话一般会说成“看情况（再说）”，而后两例中的“来”在普通话中的接受程度都很低。

2. 起来

本地话中“起来”的用法和普通话基本一致，在和个别动词搭配时会产生新的构式意义，如“坐起来”的意思是酒席上请客人“入席”，这与普通话有差异。“起来”补语句有两种形式，一种是分离式，一种是结合式，分离式的基本句式：S+V+起+O+来；结合式的基本句式：（S）+V+起来。两种情况下的“起来”都既可以是本义，也可以是引申义。例如：

我抬起头来笑了一下。ŋa$^{11}$tei$^{13}$tɕʰi$^{33}$tou$^{13}$lei$^{13}$ɕy$^{44}$le$^{11}$ie$^{44}$xa$^{22}$.

伊做起事来，比个□□快当她做起事儿来比谁都快。

i$^{44}$tsu$^{44}$tɕʰi$^{33}$sɿ$^{22}$lei$^{13}$, pi$^{33}$ka$^{44}$nu$^{45}$to$^{44}$tɕʰie$^{44}$tan$^{45}$.

小心儿哦，跰哒□也□不起来的啰小心点啊，摔倒了爬也爬不起来呢。

ɕy$^{33}$sən$^{45}$ni$^{44}$o$^{33}$, pen$^{22}$ta$^{33}$tɕia$^{13}$ia$^{33}$tɕia$^{13}$pu$^{44}$tɕʰi$^{33}$lei$^{13}$ti$^{33}$lo$^{33}$.

讲起讲起就笑起来了说着说着就笑起来了。kan$^{33}$tɕʰi$^{33}$kan$^{33}$tɕʰi$^{33}$tsu$^{22}$ɕy$^{44}$tɕʰi$^{33}$lei$^{13}$la$^{11}$.

但是看下面的两个例子：

吹起风来，落起雨来。ȶʰu$^{22}$tɕʰi$^{33}$xoŋ$^{45}$lei$^{13}$, la$^{11}$tɕʰi$^{33}$u$^{11}$lei$^{13}$.

吹起大风来，落起大雨来。ȶʰu$^{22}$tɕʰi$^{33}$tai$^{22}$xoŋ$^{45}$lei$^{13}$, la$^{11}$tɕʰi$^{33}$tai$^{22}$u$^{11}$lei$^{13}$.

本地话的上述两个例句都是常见的，但普通话的使用就有限制条件，比如可以说“吹起风来，下起雨来”，但“吹起大风来，下起大雨来”的接受程度就比较低，通常会说“吹起了大风，下起了大雨”或是“吹起大风来了，下起大雨来了”。

有些时候，“来”还可以省略，只说“起”，见下面“起”的讨论。

3. 去

趋向补语“去”表示离开说话人的方向，这与普通话相同，基本句式：S+V+O+去，有时后面还加上述宾短语表目的，组成重动句，例如：

你到□去哦？我上街去你到哪儿去？我上街去。ni$^{11}$tau$^{44}$nu$^{45}$kʰu$^{44}$o$^{11}$ ？ ŋa$^{11}$ɕiaŋ$^{22}$tɕie$^{45}$kʰu$^{44}$.

我上街去卖了一份报纸望我上街去买了一份报纸看。

ŋa$^{11}$ɕiaŋ$^{22}$tɕie$^{45}$kʰu$^{44}$mie$^{22}$le$^{11}$ie$^{44}$fən$^{22}$pau$^{45}$tɕi$^{33}$man$^{22}$.

与“来”一样，“去”也可以直接置于动词后做补语，但是与普通话有差异。普通话中有些“V去”的搭配在本地话中可接受度低，例如：

个汽车箇要开到广州去这部汽车要开到广州去。ka$^{44}$tɕʰi$^{44}$ȶʰa$^{45}$kei$^{44}$y$^{44}$kʰei$^{45}$tau$^{44}$kuan$^{33}$ȶu$^{45}$kʰu$^{44}$.

普通话这种情况下既可以说“这辆汽车要开到广州去”，也可以说“这辆汽车要开去广州”，但本地话中没有后面的说法。

4. 起

在本地话中，“起”作为趋向补语的用法非常丰富，可以归类为以下几种。

（1）用于普通行为动词后，且一般是瞬时动词，意思相当于“过”，表示行为动作完结，且一般后面会跟随下一动作，形成重动句。“起”的语义指向包含完结后短时内紧接着发生了下一动作的意味，基本句式为：（S）+$V_1$+起+$O_1$+$V_2$+（$O_2$），$V_1$和$V_2$有明显的先后关系，例如：

伊接起苹果就咬了一口。i$^{44}$tse$^{11}$tɕ$^{h}$i$^{33}$p$^{h}$in$^{13}$ko$^{33}$tsu$^{22}$niau$^{11}$le$^{11}$ie$^{44}$k$^{h}$ou$^{33}$.

（2）用于表示状态义的动词后，表示动作状态的持续，相当于普通话中的“着”或“住”，这是对“起”这一动作意义的进一步抽象。基本句式为：S+$V_1$+起+O+$V_2$+（O），例如：

莫走，你跟我立起别跑，你给我站住！ ma$^{11}$tsou$^{33}$, ni$^{11}$kən$^{45}$ŋa$^{11}$lie$^{11}$tɕ$^{h}$i$^{33}$.

我好后悔当时冇把伊留起我很后悔当时没把她留住。

ŋa$^{11}$xau$^{33}$xou$^{22}$fe$^{33}$tan$^{45}$ɕi$^{13}$mo$^{22}$pia$^{33}$i$^{44}$liu$^{13}$tɕ$^{h}$i$^{33}$。

我笑起躲开伊了我笑着躲开他了。ŋa$^{11}$ɕy$^{44}$tɕ$^{h}$i$^{33}$to$^{33}$k$^{h}$ei$^{45}$i$^{44}$la$^{11}$.

需要说明的是，这里的$V_1$和$V_2$没有上述的先后关系，而是一种修饰关系，且$V_1$同为行为动词，但语义不再指向行为动作而是行为动作形成的状态。再者此处的$V_1$还可以是其他动词甚至是形容词，而此处的“起”主要是表示这种状态的持续。有时会在谓语后插入形容词和“起”一同做补语。

莫怕！你大起胆子讲嘛别怕！你大着胆子说。ma$^{11}$p$^{h}$ia$^{44}$, ni$^{11}$tai$^{22}$tɕ$^{h}$i$^{33}$tan$^{33}$tsi$^{33}$kan$^{33}$ma$^{11}$.

你把钱放好起，莫跌落哦。ni$^{11}$pia$^{33}$tsin$^{13}$fan$^{44}$xau$^{33}$tɕ$^{h}$i$^{33}$, ma$^{11}$ta$^{44}$la$^{11}$o$^{33}$.

**（二）结果补语句**

结果补语一般用于表示动作结束后产生的结果，这种结果可以是已然的，也可以是未然的。常见的结果补语“完”“过”“烂”“饱”等和普通话的意义用法类似，在本地话中有几个比较特殊的结果补语，如“着”“去”“出”。

1. 着

“着”在通道本地话中是一个很常见的补语，常和“V得”结构搭配，表示结果义，且通常出现在主谓谓语句中，例如：

好字箇你认冇认得着这些字你认不认识？ xau$^{33}$tsi$^{22}$kei$^{44}$ni$^{11}$ȵin$^{22}$mo$^{22}$ȵin$^{22}$te$^{44}$tɕie$^{11+44}$？

我一个大字都冇认得着我一个大字都不认识。ŋa$^{11}$ie$^{44}$ka$^{44}$tai$^{22}$tsi$^{22}$to$^{44}$mo$^{22}$ȵin$^{22}$te$^{44}$tɕie$^{11}$.

我一条团都寻交了，□冇寻得着伊我整个寨子都找遍了，都没找得着。

ŋa$^{11}$ie$^{44}$ty$^{13}$tuan$^{13}$to$^{44}$sən$^{13}$tɕiau$^{45}$le$^{11}$, to$^{44}$mo$^{22}$sən$^{13}$te$^{44}$tɕie$^{11}$i$^{44}$.

2. 去

在本地话中，“去”除了能表示趋向义外，还可以表示结果义，常见格式为：“S+V+（O）+去”，表示改变或准备改变事物的状态，意思上相当于表结果义的“走”或是“掉”，例如：

帽子着风吹去了帽子被风吹掉了。mau$^{22}$tsi$^{33}$tɕie$^{11}$xoŋ$^{45}$ȶʰu$^{45}$kʰu$^{44}$liau$^{11}$.

你快把碗饭箇吃去，饭都清了你快把这碗饭吃了，饭都凉了。

ni$^{11}$tɕʰie$^{44}$pia$^{33}$uan$^{33}$fyan$^{22}$kei$^{44}$tɕʰie$^{44}$kʰu$^{44}$, fyan$^{22}$to$^{44}$tsin$^{44}$la$^{11}$.

前一例中的“吹去”相当于说“吹走”或“吹掉”。后一例中的“吃去”表示的是“吃掉”，即改变了“饭”的状态。有时候，“去”的前面甚至还可以出现表结果义的词语，例如：

台板上放起碗水，莫碰滚去桌子上放着碗水，别碰翻了。

tei$^{13}$pan$^{33}$ɕiaŋ$^{22}$fan$^{44}$tɕʰi$^{33}$uan$^{33}$fy$^{33}$, ma$^{11}$pʰən$^{44}$kən$^{11}$kʰu$^{44}$.

箇个做工夫场白，男子家儿□要累坏去嘛这样子做事的话，小伙子都会累坏的。

kei$^{44}$ka$^{44}$tsu$^{44}$koŋ$^{45}$fu$^{45}$ȶan$^{13}$pe$^{11}$, nan$^{13}$tsi$^{33}$tɕia$^{45}$ni$^{13}$to$^{33}$y$^{44}$le$^{22}$ʋye$^{22}$kʰu$^{44}$ma$^{11}$.

第一例“碰滚去”中的“碰滚”相当于“打翻”，第二例中“去”前面已经有了表结果的形容词“坏”，这两句中的“去”的语义更加虚化，有向助词演变的倾向了。

3. 出

本地话中的“出”基本上相当于普通话中的“出来”，一般使用引申义，表示动作产生结果，例如：

个箇比个□儿儿，冇是蛮望得出这个比那个小一点点，不太看得出来。

ka$^{44}$kei$^{44}$pi$^{33}$ka$^{44}$ȶa$^{44}$ne$^{44}$ni$^{44}$, mo$^{22}$ɕi$^{22}$man$^{13}$man$^{22}$te$^{44}$ȶʰo$^{44}$.

4. 交

“交”放在动词后做补语，表示一种周遍无遗，相当于普通话的“遍”，例如：

□通道的旅游景点我□行交了我们通道的旅游景点我都走遍了。

uən$^{13}$tʰoŋ$^{45}$tau$^{44}$ti$^{33}$li$^{33}$iu$^{13}$tɕin$^{33}$tian$^{33}$ŋa$^{11}$to$^{44}$xen$^{13}$tɕiau$^{45}$la$^{11}$.

我一条团都寻交了，都冇寻得着伊我整个寨子都找遍了，也没找着他。

ŋa$^{11}$ie$^{44}$ty$^{13}$tuan$^{13}$to$^{44}$sən$^{13}$tɕiau$^{45}$le$^{11}$, to$^{44}$mo$^{22}$sən$^{13}$te$^{44}$tɕie$^{11}$i$^{44}$.

### （三）状态补语句

在状态补语句中，标记词“得”是比较常见的，其肯定形式与普通话差别不大，否定形式通常是在补语前加“冇”。状态补语的基本句式为：S+V+得+（冇）C，补语通常由形容词或动词来充当，也可以是主谓短语。

你望伊急得，急得面□都红了你看她着急的样子，急得脸都红了。

ni$^{11}$man$^{22}$i$^{44}$tɕie$^{44}$te$^{44}$, tɕie$^{44}$te$^{44}$min$^{22}$kʰua$^{33}$to$^{44}$xoŋ$^{13}$le$^{11}$.

伊跟□立得正正的他在那儿站得笔直的。i$^{44}$kən$^{45}$ȶa$^{44}$lie$^{11}$te$^{44}$ȶən$^{44}$ȶən$^{44}$ti$^{33}$.

伊行得冇快她走得不快。i$^{44}$xen$^{13}$te$^{44}$mo$^{22}$tɕʰie$^{44}$.

当状态补语出现在对比问句中，根据强调的对象不同，发问的词也有所不同。

伊讲得快冇快？听清楚了冇他说得快吗？听清楚了吗？

i$^{44}$kan$^{33}$te$^{44}$tɕʰie$^{44}$mo$^{22}$tɕʰie$^{44}$？ tʰin$^{44}$tsʰin$^{45}$tsʰu$^{33}$la$^{11}$mo$^{22}$？

伊讲冇讲得快？只有五分钟时间了他说得快吗？只有五分钟了。

i$^{44}$kan$^{33}$mo$^{22}$kan$^{33}$te$^{44}$tɕʰie$^{44}$？ tɕi$^{45}$iu$^{11}$oŋ$^{11}$fən$^{45}$ȶoŋ$^{45}$ɕi$^{13}$kan$^{33}$le$^{11}$.

上文前一例强调的是讲话内容，后一例则强调的是讲话过程。

# 第七章 语法例句

# 第一节

## 《中国语言资源调查手册·汉语方言》

01 **小张昨天钓了一条大鱼，我没有钓到鱼。**

ɕiau$^{33}$tsan$^{33}$tsin$^{11}$nie$^{11}$ty$^{44}$te$^{44}$ka$^{44}$tai$^{22}$ȵu$^{13}$, ŋa$^{11}$mo$^{22}$ty$^{44}$te$^{44}$tau$^{44}$.

小 张 前 日 钓 得 个 大 鱼，我 冇 钓 得 到。

02 a. **你平时抽烟吗？** b. **不，我不抽烟。**

ni$^{11}$tɕʰie$^{44}$in$^{45}$mo$^{11}$kʰu$^{44}$lo$^{11}$？ mo$^{22}$, ŋa$^{11}$mo$^{22}$tɕʰie$^{44}$in$^{45}$e$^{11}$.

你 吃 烟 冇 去 啰？ 冇，我 冇 吃 烟 诶。

03 a. **你告诉他这件事了吗？** b. **是，我告诉他了。**

ka$^{44}$sɿ$^{22}$kei$^{44}$ni$^{11}$po$^{44}$i$^{44}$le$^{11}$mo$^{22}$？ oŋ$^{11}$, ŋa$^{11}$po$^{44}$i$^{44}$le$^{11}$.

个 事 箇 你 报 伊 了 冇？ 嗯，我 报 伊 了。

04 **你吃米饭还是吃馒头？**

ni$^{11}$ɕi$^{22}$tɕʰie$^{44}$fyan$^{22}$na$^{45}$, tɕi$^{45}$ɕi$^{22}$tɕʰie$^{44}$man$^{45}$tʰou$^{13}$？

你 是 吃 饭 呐，只 是 吃 馒 头？

05 **你到底答应不答应他？**

ni$^{11}$tau$^{44}$ti$^{33}$ta$^{11}$mo$^{22}$ta$^{11}$ȵin$^{22}$i$^{44}$？

你 到 底 答 冇 答 应 伊？

06 a. **叫小强一起去电影院看《刘三姐》。**

xan$^{33}$ɕiau$^{33}$tɕʰiaŋ$^{13}$tsu$^{44}$lu$^{22}$kʰu$^{44}$tian$^{45}$in$^{33}$yan$^{45}$man$^{22}$liu$^{13}$san$^{33}$tɕie$^{33}$.

喊 小 强 走 路 去 电 影 院 望《刘 三 姐》。

b. **这部电影他看过了。/他看过这部电影了。**

pu$^{33}$tian$^{44}$in$^{33}$kei$^{44}$i$^{44}$man$^{22}$kua$^{44}$liau$^{11}$.

部 电 影 箇 伊 望 过 了。

i$^{44}$man$^{44}$kua$^{44}$pu$^{22}$tian$^{45}$in$^{33}$kei$^{44}$liau$^{11}$.

伊 望 过 部 电 影 箇 了。

07 **你把碗洗一下。**

ni$^{11}$pia$^{33}$uan$^{33}$se$^{33}$ie$^{44}$xa$^{22}$.

你 把 碗 洗 一 下。

08 **他把橘子剥了皮，但是没吃。**

i$^{44}$pia$^{33}$kan$^{45}$tsi$^{33}$po$^{11}$pi$^{13}$le$^{11}$, i$^{44}$iu$^{22}$mo$^{22}$tɕʰie$^{44}$.

伊 把 柑 子 剥 皮 了，伊 又 冇 吃。

i$^{44}$pia$^{33}$kan$^{45}$tsi$^{33}$pi$^{13}$po$^{11}$le$^{11}$, i$^{44}$iu$^{22}$mo$^{22}$tɕʰie$^{44}$.

伊 把 柑 子 皮 剥 了，伊 又 冇 吃。

09 **他们把教室都装上了空调。**

tʰa$^{33}$pia$^{33}$tɕiau$^{45}$sɿ$^{22}$tsoŋ$^{33}$tsuan$^{45}$tɕʰi$^{33}$kʰoŋ$^{33}$tʰiau$^{13}$liau$^{11}$.

他 把 教 室 总 装 起 空 调 了。

10 **帽子被风吹走了。**

mau$^{22}$tsi$^{33}$tɕie$^{11}$xoŋ$^{45}$ȶʰu$^{45}$kʰu$^{44}$liau$^{11}$.

帽 子 着 风 吹 去 了。

11 **张明被坏人抢走了一个包，人也差点儿被打伤。**

tsan$^{33}$min$^{13}$tɕie$^{11}$ʋye$^{22}$ȵin$^{13}$ȶʰan$^{33}$le$^{11}$ka$^{44}$py$^{45}$py$^{45}$kʰu$^{44}$, ȵin$^{13}$ia$^{11}$tsʰa$^{45}$ni$^{44}$tɕie$^{11}$ta$^{33}$ɕiaŋ$^{45}$le$^{11}$.

张 明 着 坏 人 抢 了 个 包 包 去，人 也 差 儿 着 打 伤 了。

12 **快要下雨了，你们别出去了。**

y$^{44}$la$^{11}$u$^{11}$la$^{11}$, no$^{13}$ma$^{11}$ȶʰo$^{44}$kʰu$^{44}$la$^{11}$.

要 落 雨 了，□ 莫 出 去 了。

13 **这毛巾很脏了，扔了它吧。**

si$^{33}$min$^{22}$pu$^{44}$kei$^{44}$ua$^{44}$te$^{44}$xən$^{33}$le$^{11}$, ɕia$^{22}$kʰu$^{44}$suan$^{44}$la$^{11}$.

洗 面 布 箇 沃 得 很 了，射 去 算 了。

14 **我们是在车站买的车票。**

uən$^{13}$ɕi$^{22}$kən$^{45}$ȶʰa$^{45}$tsan$^{44}$mie$^{22}$ti$^{33}$ȶʰa$^{45}$pʰy$^{44}$.

□ 是 跟 车 站 卖 的 车 票。

15 **墙上贴着一张地图。**

pie$^{11}$ɕiaŋ$^{22}$ȵa$^{45}$tɕʰi$^{33}$ie$^{44}$ȶan$^{45}$ti$^{22}$tu$^{13}$.

壁 上 □ 起 一 张 地 图。

16　**床上躺着一个老人。**

suan$^{13}$ɕiaŋ$^{22}$ua$^{11}$tɕ$^{h}$i$^{33}$ka$^{44}$lau$^{11}$ȵin$^{13}$tɕia$^{45}$.

床 上 卧 起 个 老 人 家。

17　**河里游着好多小鱼。**

ka$^{44}$kan$^{45}$xa$^{22}$kei$^{44}$xau$^{33}$ta$^{45}$ȵu$^{13}$ȵu$^{13}$ni$^{13}$o$^{11}$.

个 江 下 箇 好 多 鱼 鱼 儿 哦。

18　**前面走来了一个胖胖的小男孩。**

ni$^{44}$ȶa$^{44}$lei$^{13}$le$^{33}$ie$^{44}$ka$^{44}$fi$^{13}$fi$^{13}$ti$^{33}$nan$^{13}$tsi$^{33}$tɕia$^{45}$ni$^{13}$.

里 □ 来 了 一 个 肥 肥 的 男 子 家 儿。

19　**他家一下子死了三头猪。**

t$^{h}$a$^{45}$o$^{44}$ȵo$^{11}$ie$^{44}$xa$^{22}$tsu$^{22}$si$^{33}$le$^{11}$san$^{45}$ka$^{44}$ȶu$^{45}$.

他 屋 入 一 下 就 死 了 三 个 猪。

20　**这辆汽车要开到广州去。/这辆汽车要开去广州。**

ka$^{44}$tɕ$^{h}$i$^{44}$ȶ$^{h}$a$^{45}$kei$^{44}$y$^{44}$k$^{h}$ei$^{45}$tau$^{44}$kuan$^{33}$ȶu$^{45}$k$^{h}$u$^{44}$.

个 汽 车 箇 要 开 到 广 州 去。

21　**学生们坐汽车坐了两整天了。**

xau$^{33}$xo$^{11}$sən$^{45}$kei$^{44}$tsa$^{22}$tɕ$^{h}$i$^{44}$ȶ$^{h}$a$^{45}$tsa$^{22}$le$^{11}$liaŋ$^{11}$ȵie$^{44}$tso$^{44}$ti$^{11}$la$^{11}$.

好 学 生 箇 坐 汽 车 坐 了 两 日 足 的 了。

22　**你尝尝他做的点心再走吧。**

ni$^{11}$ɕiaŋ$^{13}$xa$^{22}$ni$^{44}$i$^{44}$tsu$^{44}$ti$^{33}$xau$^{33}$toŋ$^{45}$si$^{45}$kei$^{44}$tsei$^{44}$k$^{h}$u$^{44}$ma$^{11}$.

你 尝 下 儿 伊 做 的 好 东 西 箇 再 去 嘛。

23　a. **你在唱什么？**

ni$^{11}$kən$^{45}$ni$^{33}$kei$^{44}$ȶ$^{h}$an$^{44}$mən$^{44}$ni$^{33}$?

你 跟 里 箇 唱 □ 哩？

b. **我没在唱，我放着录音呢。**

ŋa$^{11}$mo$^{22}$ȶ$^{h}$an$^{44}$no$^{11}$, ŋa$^{11}$kən$^{45}$ni$^{44}$kei$^{44}$fan$^{44}$lu$^{11}$in$^{33}$no$^{11}$.

我 冇 唱 呐，我 跟 里 箇 放 录 音 呐。

24　a. **我吃过兔子肉，你吃过没有？**

ŋa$^{11}$tɕ$^{h}$ie$^{44}$kua$^{44}$t$^{h}$u$^{44}$tsi$^{33}$ȵa$^{44}$, ni$^{11}$tɕ$^{h}$ie$^{44}$kua$^{44}$mo$^{22}$?

我 吃 过 兔 子 肉，你 吃 过 冇？

b. **没有，我没吃过。**

mo$^{22}$, ŋa$^{11}$mo$^{22}$tɕ$^{h}$ie$^{44}$kua$^{44}$.

冇，我 冇 吃 过。

25　**我洗过澡了，今天不打篮球了。**

ŋa$^{11}$kʰa$^{11}$tɕin$^{45}$se$^{33}$kua$^{44}$tsau$^{33}$la$^{11}$, ȵie$^{44}$nai$^{33}$mo$^{22}$ta$^{33}$lan$^{13}$ȶu$^{13}$lo$^{11}$.

我 刻 间 洗 过 澡 了，日 □ 冇 打 篮 球 咯。

26　**我算得太快算错了，让我重新算一遍。**

ŋa$^{11}$suan$^{44}$te$^{44}$tʰe$^{44}$tɕʰie$^{44}$tan$^{45}$le$^{11}$, kʰo$^{11}$nən$^{13}$suan$^{44}$tsʰo$^{44}$le$^{11}$, ŋa$^{11}$tsei$^{44}$suan$^{44}$ie$^{44}$fei$^{13}$.

我 算 得太 快 当 了，可 能 算 错 了，我 再 算 一 回。

27　**他一高兴就唱起歌来了。**

i$^{44}$ie$^{44}$kʰuan$^{45}$tɕʰi$^{33}$tsu$^{22}$ȶʰan$^{44}$tɕʰi$^{33}$ka$^{45}$lei$^{13}$la$^{11}$.

伊一 欢 喜 就 唱 起 歌 来 了。

28　**谁刚才议论我老师来着?**

kʰa$^{11}$tɕin$^{45}$ka$^{44}$nu$^{45}$kan$^{33}$ uən$^{13}$ti$^{33}$lau$^{33}$sɿ$^{33}$ ?

刻 间 个 □ 讲 □ 的 老 师?

29　**只写了一半，还得写下去。**

tɕi$^{44}$ɕia$^{33}$le$^{11}$ie$^{44}$fən$^{22}$, xai$^{13}$y$^{44}$ɕia$^{33}$.

只 写 了 一 份，还 要 写。

30　**你才吃了一碗米饭，再吃一碗吧。**

ni$^{11}$kʰa$^{11}$tɕin$^{45}$tɕi$^{44}$tɕʰie$^{44}$la$^{11}$ie$^{44}$uan$^{33}$fyan$^{22}$le$^{11}$, xai$^{13}$tɕʰie$^{44}$ie$^{44}$uan$^{33}$pa$^{44}$.

你 刻 间 只 吃 了 一 碗 饭 了，还 吃 一 碗 吧。

31　**让孩子们先走，你再把展览仔仔细细地看一遍。**

lau$^{45}$se$^{44}$tsi$^{33}$ni$^{13}$kʰu$^{44}$tan$^{45}$tou$^{13}$, ni$^{11}$tsei$^{44}$pia$^{33}$tsan$^{33}$lan$^{33}$tsi$^{33}$tsi$^{33}$se$^{44}$se$^{44}$ti$^{33}$man$^{22}$ie$^{44}$fe$^{13}$.

捞 细 子 儿 去 当 头，你 再 把 展 览 仔 仔 细 细 地 望 一 回。

32　**他在电视机前看着看着睡着了。**

i$^{44}$kən$^{45}$tian$^{45}$sɿ$^{45}$tɕi$^{33}$mən$^{13}$tsin$^{13}$lu$^{22}$man$^{22}$tau$^{33}$man$^{22}$tau$^{33}$tsu$^{22}$ta$^{33}$tsʰuan$^{45}$la$^{11}$.

伊跟 电 视 机 门 前 路 望 倒 望 倒 就 打 □ 了。

33　**你算算看，这点钱够不够花?**

ni$^{11}$suan$^{44}$xa$^{22}$ni$^{44}$la$^{11}$, ni$^{44}$tsin$^{13}$kei$^{44}$kou$^{44}$mo$^{22}$kou$^{44}$ioŋ$^{22}$ ?

你 算 下 儿 啦，儿 钱 箇 够 冇 够 用?

34　**老师给了你一本很厚的书吧?**

lau$^{33}$sɿ$^{33}$lau$^{45}$liau$^{11}$ie$^{44}$pən$^{33}$man$^{13}$xou$^{22}$ti$^{33}$fy$^{45}$kən$^{45}$ni$^{11}$pa$^{44}$ ?

老 师 捞 了 一 本 蛮 厚 的 书 跟 你 吧?

35　**那个卖药的骗了他一千块钱呢。**

mie$^{22}$ia$^{11}$ti$^{33}$ka$^{44}$ȶa$^{44}$pʰian$^{44}$le$^{11}$i$^{44}$ie$^{44}$tsʰin$^{45}$tɕʰie$^{44}$tsin$^{13}$kʰu$^{44}$la$^{11}$.

卖 药 的 个 □ 骗 了伊 一 千 块 钱 去 了。

36 a. **我上个月借了他三百块钱。(借入)**

ŋa$^{11}$ɕiaŋ$^{22}$ka$^{44}$ȵo$^{11}$tɕia$^{44}$le$^{11}$i$^{44}$san$^{45}$pe$^{11}$tɕ$^{h}$ie$^{44}$tsin$^{13}$.

我 上 个 月 借 了 伊 三 百 块 钱。

b. **我上个月借了他三百块钱。(借出)**

ŋa$^{11}$ɕiaŋ$^{22}$ka$^{44}$ȵo$^{11}$tɕia$^{44}$kən$^{45}$i$^{44}$san$^{45}$pe$^{11}$tɕ$^{h}$ie$^{44}$tsin$^{13}$.

我 上 个 月 借 跟 伊 三 百 块 钱。

37 a. **王先生的刀开得很好。(王先生是施事)**

uan$^{13}$sin$^{45}$sən$^{45}$ti$^{33}$tau$^{45}$k$^{h}$ei$^{45}$te$^{44}$man$^{13}$xau$^{33}$ti$^{11}$.

王 先 生 的 刀 开 得 蛮 好 的。

b. **王先生的刀开得很好。(王先生是受事)**

uan$^{13}$sin$^{45}$sən$^{45}$ti$^{33}$tau$^{45}$kei$^{44}$k$^{h}$ei$^{45}$te$^{44}$man$^{13}$xau$^{33}$ti$^{11}$.

王 先 生 的 刀 箇 开 得 蛮 好 的。

38 **我不能怪人家，只能怪自己。**

ŋa$^{11}$mo$^{22}$nən$^{13}$kou$^{45}$tɕie$^{44}$pie$^{11}$ka$^{44}$, tɕi$^{45}$tɕie$^{44}$te$^{44}$tɕie$^{11}$ŋa$^{11}$tsi$^{22}$tɕia$^{45}$.

我 冇 能 够 怪 别 个, 只 怪 得 着 我 自 家。

39 a. **明天王经理会来公司吗?**

mən$^{13}$tɕi$^{45}$ ȵie $^{44}$uan$^{13}$tɕin$^{33}$li$^{11}$lei$^{13}$mo$^{22}$lei$^{13}$koŋ$^{33}$sɿ$^{33}$ ?

明 □ 日 王 经 理 来 冇 来 公 司?

b. **我看他不会来。**

ŋa$^{11}$man$^{22}$i$^{44}$p$^{h}$ia$^{44}$mo$^{22}$te$^{44}$lei$^{13}$.

我 望 伊 怕 冇 得 来。

40 **我们用什么车从南京往这里运家具呢?**

uən$^{13}$ioŋ$^{22}$mən$^{44}$li$^{13}$ȶ$^{h}$a$^{45}$la$^{13}$nan$^{13}$ȶən$^{33}$ʋyn$^{22}$tɕia$^{45}$tɕy$^{44}$tau$^{44}$ni$^{44}$kei$^{44}$lei$^{13}$ ?

□ 用 □ 哩 车 拿 南 京 运 家 具 到 里 箇 来?

41 **他像个病人似的靠在沙发上。**

i$^{44}$tɕiaŋ$^{22}$ka$^{44}$pin$^{22}$ȵin$^{13}$iaŋ$^{22}$ti$^{33}$k$^{h}$au$^{44}$kən$^{45}$sa$^{33}$fa$^{33}$ɕiaŋ$^{22}$.

伊像 个 病 人 样 的 靠 跟 沙 发 上。

42 **这么干活连小伙子都会累坏的。**

kei$^{44}$ka$^{44}$tsu$^{44}$koŋ$^{45}$fu$^{45}$ȶan$^{13}$pe$^{11}$, nan$^{13}$tsi$^{33}$tɕia$^{45}$ni$^{13}$to$^{44}$y$^{44}$le$^{22}$ʋye$^{22}$k$^{h}$u$^{44}$ma$^{11}$.

箇 个 做 工 夫 场 白, 男 子 家 儿 □ 要 累 坏 去 嘛。

43 **他跳上末班车走了。我迟到一步，只能自己慢慢走回学校了。**

i$^{44}$t$^{h}$y$^{44}$ɕiaŋ$^{22}$tsei$^{44}$xou$^{22}$ie$^{44}$pian$^{45}$ȶ$^{h}$a$^{45}$ȶa$^{44}$k$^{h}$u$^{44}$la$^{11}$, ŋa$^{11}$tɕi$^{13}$le$^{11}$ie$^{44}$ȶa$^{11}$,

伊 跳 上 最 后 一 班 车 □ 去 了, 我 迟 了 一 脚,

tɕi$^{45}$iu$^{11}$tsi$^{22}$tɕia$^{45}$t$^{h}$ai$^{44}$ȶan$^{13}$xen$^{13}$ue$^{13}$xo$^{11}$tan$^{13}$k$^{h}$u$^{44}$le$^{11}$.

只 有 自 家 太 常 行 回 学 堂 去 了。

44 **这是谁写的诗？谁猜出来我就奖励谁十块钱。**

kei$^{44}$ɕi$^{22}$ka$^{44}$nu$^{45}$ɕia$^{33}$ti$^{11}$ɕi$^{45}$？ ka$^{44}$nu$^{45}$ts$^{h}$e$^{45}$ȶ$^{h}$o$^{44}$lei$^{13}$ŋa$^{11}$tsu$^{22}$tɕiaŋ$^{33}$li$^{44}$i$^{44}$ɕie$^{11}$tɕ$^{h}$ie$^{44}$tsin$^{13}$.

箇 是 个 □ 写 的 诗？ 个 □ 猜 出 来 我 就 奖 励 伊 十 块 钱。

45 **我给你的书是我教中学的舅舅写的。**

ŋa$^{11}$lau$^{45}$kən$^{45}$ni$^{11}$ti$^{33}$fy$^{45}$ɕi$^{22}$uən$^{13}$tɕiau$^{44}$ȶoŋ$^{45}$xo$^{11}$ti$^{11}$ka$^{44}$ȶu$^{22}$ȶa$^{44}$ɕia$^{33}$ti$^{11}$.

我 捞 跟 你 的 书 是 □ 教 中 学 的 个 舅 □ 写 的。

46 **你比我高，他比你还要高。**

ni$^{11}$pi$^{33}$ŋa$^{11}$kau$^{45}$, i$^{44}$pi$^{33}$ni$^{11}$xai$^{13}$y$^{44}$kau$^{45}$.

你 比 我 高，伊 比 你 还 要 高。

47 **老王跟老张一样高。**

lau$^{11}$uan$^{13}$ȶ$^{h}$au$^{44}$lau$^{11}$ȶan$^{45}$ie$^{44}$iaŋ$^{22}$kau$^{45}$ti$^{33}$.

老 王 □ 老 张 一 样 高 的。

48 **我走了，你们俩再多坐一会儿。**

ŋa$^{11}$k$^{h}$u$^{44}$la$^{11}$, no$^{13}$liaŋ$^{11}$ka$^{44}$tsei$^{44}$tsa$^{11}$ie$^{44}$t$^{h}$i$^{44}$.

我 去 了,□ 两 个 再 坐 一□。

49 **我说不过他，谁都说不过这个家伙。**

ŋa$^{11}$kan$^{33}$pu$^{44}$in$^{13}$i$^{44}$, ka$^{33}$nu$^{45}$to$^{44}$kan$^{33}$pu$^{44}$in$^{13}$ka$^{44}$tɕia$^{45}$fa$^{33}$kei$^{44}$.

我 讲 不 赢 伊,个 □ □ 讲 不 赢 个 家 伙 箇。

ŋa$^{11}$kan$^{33}$i$^{44}$pu$^{44}$in$^{13}$, ka$^{44}$tɕia$^{45}$fa$^{33}$kei$^{44}$ka$^{44}$nu$^{45}$to$^{44}$kan$^{33}$i$^{44}$pu$^{44}$in$^{13}$.

我 讲 伊 不 赢，个 家 伙 箇 个 □ □ 讲 伊 不 赢。

50 **上次只买了一本书，今天要多买几本。**

tou$^{13}$fei$^{13}$tɕi$^{44}$mie$^{22}$le$^{11}$ie$^{44}$pən$^{33}$fy$^{45}$, fei$^{13}$kei$^{44}$y$^{44}$ta$^{45}$mie$^{22}$tɕi$^{33}$pən$^{33}$.

头 回 只 卖 了 一 本 书，回 箇 要 多 卖 几 本。

# 第二节

# 《汉语方言语法调查例句》

001 **这句话用本地话怎么说?**

k$^{h}$ou$^{33}$ʋya$^{22}$kei$^{44}$lau$^{45}$pən$^{33}$ti$^{22}$ʋya$^{22}$nu$^{45}$ka$^{33}$kan$^{33+45}$ ?

口 话 箇 捞 本 地 话 □ 咖 讲?

002 **你还会说别的地方的话吗?**

ni$^{11}$xai$^{13}$fe$^{22}$kan$^{33}$pie$^{11}$ti$^{22}$fan$^{45}$ti$^{33}$ʋya$^{22}$mo$^{22}$ ?

你 还 会 讲 别 地 方 的 话 冇?

003 **不会了，我从小就没出过门，只会说本地话。**

mo$^{22}$fe$^{22}$le$^{11}$, ŋa$^{11}$tsoŋ$^{13}$lei$^{13}$tsu$^{22}$mo$^{22}$ȶ$^{h}$o$^{44}$kua$^{44}$mən$^{13}$, tɕi$^{45}$fe$^{22}$kan$^{33}$pən$^{33}$ti$^{22}$ʋya$^{22}$.

冇 会 了，我 从 来 就 冇 出 过 门， 只 会 讲 本 地 话。

004 **会，还会说客家话、侗话，不过说得不怎么好。**

fe$^{22}$, xai$^{13}$fe$^{22}$kan$^{33}$k$^{h}$e$^{11}$ʋya$^{22}$, fe$^{22}$kan$^{33}$toŋ$^{22}$ʋya$^{22}$, pu$^{44}$ko$^{44}$mo$^{22}$nu$^{45}$kan$^{33}$te$^{44}$xau$^{33}$.

会，还 会 讲 客 话，会 讲 侗 话， 不 过 冇 □ 讲 得 好。

005 **会说普通话吗?**

fe$^{22}$kan$^{33}$p$^{h}$u$^{44}$t$^{h}$oŋ$^{33}$ʋya$^{22}$mo$^{22+45}$ ?

会 讲 普 通 话 冇?

006 **不会说，没有学过。**

mo$^{22}$fe$^{22}$kan$^{33}$, mo$^{22}$te$^{44}$ɕio$^{11}$kua$^{44}$.

冇 会 讲， 冇 得 学 过。

007 **会说一点儿，不标准就是了。**

fe$^{22}$kan$^{33}$ni$^{44}$ni$^{44}$, tsu$^{22}$ɕi$^{22}$mo$^{22}$nu$^{45}$kan$^{33}$te$^{44}$piau$^{33}$tsuən$^{33}$.

会讲 儿儿，就是有 □ 讲 得标 准。

008 **在什么地方学的普通话？**

kən$^{45}$nu$^{45}$ɕio$^{11}$ti$^{33}$pʰu$^{44}$tʰoŋ$^{33}$ʋya$^{22+45}$？

跟 □ 学的普通 话？

009 **上小学中学都学普通话。**

to$^{11}$ne$^{44}$xo$^{11}$ʈoŋ$^{45}$xo$^{11}$tsoŋ$^{33}$te$^{44}$ɕio$^{11}$pʰu$^{44}$tʰoŋ$^{33}$ʋya$^{22}$.

读儿 学 中 学 总 得学 普 通 话。

010 **谁呀？我是老王。**

ka$^{44}$nu$^{45}$a$^{33}$？ ŋa$^{11}$ɕi$^{22}$lau$^{11}$uan$^{13}$.

个 □ 啊？ 我 是 老 王。

011 **您贵姓？我姓王，您呢？**

ni$^{11}$ɕin$^{44}$mən$^{44}$li$^{33}$e$^{44}$？ ŋa$^{11}$ɕin$^{44}$uan$^{13}$, ni$^{11}$le$^{44}$？

你姓 □ 哩诶？ 我 姓 王， 你 咧？

012 **我也姓王，咱俩都姓王。**

ŋa$^{11}$ia$^{11}$ɕin$^{44}$uan$^{13}$, uən$^{13}$liaŋ$^{11}$ka$^{44}$to$^{44}$ɕin$^{44}$uan$^{13}$.

我 也 姓 王， □ 两 个 □ 姓 王。

013 **巧了，他也姓王，本来是一家嘛。**

ei$^{45}$？ i$^{44}$ia$^{11}$ɕin$^{44}$uan$^{13}$a$^{44}$？ ʈa$^{44}$pən$^{33}$lei$^{13}$ɕi$^{22}$ie$^{44}$tɕia$^{45}$le$^{11}$.

诶？ 伊也 姓 王 啊， □ 本 来 是 一家 咧。

014 **老张来了吗？说好他也来的！**

lau$^{11}$ʈan$^{45}$lei$^{13}$lo$^{33}$mo$^{22}$？ kan$^{33}$le$^{11}$i$^{44}$ia$^{11}$lei$^{13}$ti$^{33}$lai$^{33}$.

老 张 来 了 冇？ 讲 了 伊也 来 的唻！

015 **他没来，还没到吧。**

i$^{44}$mo$^{22}$lei$^{13}$ai$^{33}$, xai$^{13}$mo$^{22}$tau$^{44}$pa$^{44}$？

伊冇 来 诶，还 冇 到 吧？

016 **他上哪儿了？还在家里呢。**

i$^{44}$tau$^{44}$nu$^{45}$kʰu$^{45}$la$^{11}$？ xai$^{13}$kən$^{45}$o$^{44}$ȵo$^{11}$le$^{33}$.

伊到 □ 去 了？ 还 跟 屋 入 咧。

017 **在家做什么？在家吃饭呢。**

kən$^{45}$o$^{44}$ȵo$^{11}$tsu$^{44}$mən$^{44}$li$^{33+45}$？ kən$^{45}$o$^{44}$ȵo$^{11}$tɕʰie$^{44}$fyan$^{22}$no$^{33}$.

跟 屋 入 做 □ 哩？ 跟 屋 入 吃 饭 呐。

018 **都几点了，怎么还没吃完？**

ni$^{11}$man$^{22}$tɕi$^{33}$tin$^{33}$ȶoŋ$^{45}$le$^{33}$na$^{44}$, tsu$^{44}$mən$^{44}$li$^{33}$xai$^{13}$mo$^{22}$tɕ$^{h}$ie$^{44}$ɕin$^{13}$o$^{11}$？

你 望 儿 点 钟 了 呐, 做 □ 哩 还 有 吃 成 哦?

019 **还没有呢，再有一会儿就吃完了。**

xai$^{13}$mo$^{22}$o$^{33}$, tsei$^{44}$kua$^{44}$xa$^{22}$xa$^{45}$ni$^{44}$tsu$^{22}$tɕ$^{h}$ie$^{44}$ɕin$^{13}$le$^{33}$.

还 有 哦, 再 过 下 下 儿 就 吃 成 了。

020 **他在哪儿吃的饭?**

i$^{44}$kən$^{45}$nu$^{45}$tɕ$^{h}$ie$^{44}$ti$^{33}$fyan$^{22+45}$？

伊 跟 □ 吃 的 饭?

021 **他是在我家吃的饭。**

i$^{44}$ɕi$^{22}$kən$^{45}$uən$^{13}$li$^{33}$ke$^{33}$tɕ$^{h}$ie$^{44}$ti$^{33}$fyan$^{22}$.

伊 是 跟 □ 哩 咯 吃 的 饭。

022 **真的吗? 真的，他是在我家吃的饭。**

ȶən$^{45}$ti$^{33}$a$^{45}$？ ɕi$^{22}$ȶən$^{45}$ti$^{33}$lo$^{33}$, i$^{44}$ɕi$^{22}$kən$^{45}$uən$^{13}$li$^{44}$ke$^{33}$tɕ$^{h}$ie$^{44}$ ti$^{33}$fyan$^{22}$.

真 的 啊? 是 真 的 啰, 伊 是 跟 □ 哩 咯 吃 的 饭。

023 **先喝一杯茶再说吧!**

sin$^{45}$tɕ$^{h}$ie$^{44}$ou$^{45}$tsa$^{13}$tsei$^{44}$kan$^{33}$pa$^{33}$！

先 吃 瓯 茶 再 讲 吧!

024 **说好了就走的，怎么半天了还不走?**

kan$^{33}$liau$^{11}$tsu$^{22}$k$^{h}$u$^{44}$ti$^{33}$lai$^{33}$, tsu$^{44}$mən$^{44}$li$^{33}$ke$^{44}$ta$^{33}$pan$^{44}$nie$^{11}$xai$^{13}$mo$^{22}$k$^{h}$u$^{44}$o$^{11}$？

讲 了 就 去 的 唻, 做 □ 哩 隔 哒 半 日 还 有 去 哦?

025 **他磨磨蹭蹭的，做什么呢?**

i$^{44}$ni$^{11}$mən$^{44}$li$^{33}$o$^{11}$？ tsu$^{44}$mən$^{44}$li$^{33}$k$^{h}$u$^{44}$liau$^{11}$a$^{44}$？

伊 泥 □ 哩 哦, 做 □ 哩 去 了 啊?

026 **他正在那儿跟一个朋友说话呢。**

i$^{44}$kən$^{45}$li$^{11}$ȶa$^{44}$ȶ$^{h}$au$^{44}$ka$^{44}$xo$^{11}$ɕi$^{13}$ti$^{33}$kan$^{33}$ʋya$^{22}$le$^{11}$.

伊 跟 里 □ □ 个 合 适 的 讲 话 咧。

027 **还没说完啊? 催他快点儿!**

xai$^{13}$mo$^{22}$kan$^{33}$ɕin$^{13}$a$^{11}$？ ts$^{h}$ei$^{45}$i$^{44}$tɕ$^{h}$ie$^{44}$tan$^{45}$ni$^{44}$.

还 有 讲 成 啊? 催 伊 快 当 儿!

028 **好，好，他就来了。**

xau$^{33}$, xau$^{33}$, i$^{44}$tsu$^{22}$lei$^{13}$ti$^{33}$.

好, 好, 伊就 来 的。

029 **你上哪儿去？我上街去。**

ni$^{11}$tau$^{44}$nu$^{45}$kʰu$^{44}$o$^{11}$？ ŋa$^{11}$ɕiaŋ$^{22}$tɕie$^{45}$kʰu$^{44}$.

你 到 □ 去 哦？ 我 上 街 去。

030 **你多会儿去？我马上就去。**

ni$^{11}$xau$^{33}$ȶu$^{33}$kʰu$^{44}$o$^{11}$？ ŋa$^{11}$tʰi$^{44}$kei$^{44}$tsu$^{22}$kʰu$^{44}$.

你 好 久 去 哦？ 我 □ 箇 就 去。

031 **做什么去呀？家里来客人了，买点儿菜去。**

kʰu$^{44}$tsu$^{44}$mən$^{44}$li$^{33}$e$^{44}$？ o$^{44}$ȵo$^{11}$lei$^{13}$tsʰin$^{45}$tsin$^{13}$liau$^{11}$, ŋa$^{11}$kʰu$^{44}$mie$^{22}$ni$^{44}$tsʰei$^{44}$la$^{11}$.

去 做 □ 哩 诶？ 屋 入 来 亲 情 了， 我 去 卖 儿 菜 了。

032 **你先去吧，我们一会儿再去。**

ni$^{11}$sin$^{45}$kʰu$^{44}$pa$^{44}$, uən$^{13}$ku$^{44}$xa$^{22}$xa$^{45}$ni$^{44}$tsei$^{44}$kʰu$^{44}$.

你 先 去 吧，□ 过 下 下 儿 再 去。

033 **好好儿走，别跑！小心摔跤了。**

xau$^{33}$sen$^{45}$xen$^{13}$, ma$^{11}$tsou$^{33}$, pen$^{22}$tau$^{33}$ti$^{33}$lo$^{33}$.

好 生 行， 莫 走， 跰 倒 的 啰。

034 **小心点儿，不然的话摔下去爬都爬不起来。**

ɕy$^{33}$sen$^{45}$ni$^{44}$o$^{33}$, pen$^{22}$xa$^{22}$kʰu$^{44}$tɕia$^{13}$ia$^{11}$tɕia$^{13}$pu$^{44}$tɕʰi$^{33}$lei$^{13}$ti$^{33}$lo$^{33}$.

小 心 儿 哦，跰 下 去 □ 也 □ 不 起 来 的 啰。

035 **不早了，快去吧！**

mo$^{22}$tsau$^{33}$le$^{33}$, tɕʰie$^{44}$tan$^{45}$kʰu$^{44}$le$^{33}$！

冇 早 了，快 当 去 咧！

036 **这会儿还早呢，过一会儿再去吧。**

tʰi$^{44}$kei$^{44}$xai$^{13}$tsau$^{33}$la$^{44}$, tən$^{33}$xa$^{22}$xa$^{44}$ni$^{44}$tsei$^{44}$kʰu$^{44}$lo$^{33}$.

□ 箇 还 早 啦，等 下 下 儿 再 去 啰。

037 **吃了饭再去好不好？**

tɕʰie$^{44}$liau$^{11}$fyan$^{22}$tsei$^{44}$kʰu$^{44}$xau$^{33}$mo$^{22}$xau$^{33}$？

吃 了 饭 再 去 好 冇 好？

038 **不行，那可就来不及了。**

mo$^{22}$ɕin$^{13}$lo$^{33}$, ȶa$^{44}$ɕi$^{22}$kau$^{33}$pu$^{44}$in$^{13}$lo$^{44}$.

冇 行 啰，□ 是 搞 不 赢 啰。

039 **不管你去不去，反正我是要去的。**

mo$^{22}$kuan$^{33}$ni$^{11}$kʰu$^{44}$pu$^{44}$kʰu$^{44}$o$^{11}$, fan$^{33}$ȶən$^{45}$ŋa$^{11}$ɕi$^{22}$y$^{44}$kʰu$^{44}$ti$^{33}$.

冇 管 你去 不 去 哦，反 正 我 是要 去 的。

040 **你爱去不去。你爱去就去，不爱去就不去。**

ai$^{45}$, tsei$^{13}$ni$^{11}$o$^{33}$, ni$^{11}$ei$^{44}$k$^{h}$u$^{44}$tsu$^{22}$k$^{h}$u$^{44}$o$^{11}$, mo$^{22}$ei$^{44}$k$^{h}$u$^{44}$tsu$^{22}$ma$^{11}$k$^{h}$u$^{44}$.

诶，随 你哦。你 爱去 就 去 哦，冇 爱 去 就 莫 去。

041 **那我非去不可！**

ȶa$^{44}$ŋa$^{11}$ɕi$^{22}$xoŋ$^{13}$y$^{44}$k$^{h}$u$^{44}$！

□我 是 横 要 去。

042 **那个东西不在那儿，也不在这儿。**

ka$^{44}$ȶoŋ$^{45}$si$^{45}$ȶa$^{44}$mo$^{22}$kən$^{45}$ni$^{44}$ȶa$^{44}$, ia$^{11}$mo$^{22}$kən$^{45}$ni$^{44}$kei$^{44}$.

个 东 西 □ 冇 跟 里 □，也 冇 跟 里 箇。

043 **那到底在哪儿？**

ȶa$^{44}$tau$^{44}$ti$^{33}$kən$^{45}$nu$^{45}$？

□ 到 底 跟 □？

044 **我也说不清楚，你问他去。**

ŋa$^{11}$ia$^{11}$kan$^{33}$pu$^{44}$ts$^{h}$in$^{45}$ts$^{h}$u$^{33}$, ni$^{11}$k$^{h}$u$^{44}$mən$^{22}$i$^{44}$.

我 也 讲 不 清 楚，你 去 问 伊。

045 **怎么办呢？不是那么办，要这么办才对。**

nu$^{45}$ka$^{44}$tsu$^{44}$ȶan$^{13}$？ mo$^{22}$ɕi$^{22}$ȶa$^{44}$ka$^{44}$tsu$^{44}$ȶan$^{13}$, y$^{44}$kei$^{44}$ka$^{44}$tsu$^{44}$ȶan$^{13}$.

□ 咖 做 场？ 冇 是 □个 做 场，要箇 个 做 场。

046 **要多少才够呢？**

y$^{44}$xau$^{33}$ta$^{45}$k$^{h}$a$^{11}$ȵin$^{44}$kou$^{44}$？

要好 多 刻 □ 够？

047 **太多了，要不了那么多，只要这么多就够了。**

t$^{h}$e$^{44}$ta$^{45}$le$^{11}$, mo$^{22}$y$^{44}$te$^{44}$kei$^{44}$ta$^{45}$, tɕi$^{45}$y$^{44}$kei$^{44}$ta$^{45}$tsu$^{22}$kou$^{44}$le$^{11}$.

太 多 了，冇 要 得箇 多，只 要箇 多 就 够 了。

048 **不管怎么忙，也得好好儿学习。**

tsei$^{13}$i$^{44}$nu$^{45}$ti$^{33}$man$^{13}$, ia$^{11}$y$^{44}$xau$^{33}$xau$^{33}$ɕio$^{11}$ɕi$^{11}$.

随 意□ 得 忙，也 要 好 好 学 习。

049 **你闻闻这朵花香不香？**

ni$^{11}$ȵu$^{45}$xa$^{22}$ni$^{44}$tia$^{33}$fya$^{45}$kei$^{44}$ɕiaŋ$^{45}$mo$^{22}$ɕiaŋ$^{45}$la$^{11}$？

你 □ 下 儿 朵 花 箇 香 冇 香 了？

050 **好香呀，是不是？**

xau$^{33}$çiaŋ$^{45}$o$^{11}$, çi$^{22}$mo$^{22}$çi$^{22}$ ?

好 香 哦，是 冇 是?

051 **你是抽烟呢，还是喝茶?**

ni$^{11}$çi$^{22}$tç$^{h}$ie$^{44}$in$^{45}$ai$^{44}$, tçi$^{44}$çi$^{22}$tç$^{h}$ie$^{44}$tsa$^{13}$o$^{11}$ ?

你 是 吃 烟 诶，只 是 吃 茶 哦?

052 **烟也好，茶也好，我都不会。**

in$^{45}$ia$^{11}$xau$^{33}$, tsa$^{13}$ia$^{11}$xau$^{33}$, ŋa$^{11}$to$^{44}$mo$^{22}$fe$^{22}$.

烟 也 好， 茶 也 好， 我 □ 冇 会。

053 **医生叫你多睡一睡，抽烟喝茶都不行。**

i$^{45}$sən$^{45}$po$^{44}$ni$^{11}$ta$^{45}$ua$^{22}$ni$^{44}$, tç$^{h}$ie$^{44}$in$^{45}$a$^{33}$tç$^{h}$ie$^{44}$tsa$^{13}$to$^{44}$mo$^{22}$çin$^{13}$.

医 生 报 你 多 卧 儿， 吃 烟 啊 吃 茶 □ 冇 行。

054 **咱们一边走一边说。**

uən$^{13}$pin$^{45}$xen$^{13}$pin$^{45}$kan$^{33}$pa$^{11}$.

□ 边 行 边 讲 吧。

055 **这个东西好是好，就是太贵了。**

ka$^{44}$toŋ$^{45}$si$^{45}$kei$^{44}$xau$^{33}$çi$^{22}$xau$^{33}$, tsu$^{22}$çi$^{22}$t$^{h}$e$^{44}$tçy$^{44}$la$^{11}$.

个 东 西 箇 好 是 好， 就 是 太 贵 了。

056 **这个东西虽说贵了点儿，不过挺结实的。**

ka$^{44}$toŋ$^{45}$si$^{45}$kei$^{44}$tçy$^{44}$çi$^{22}$tçy$^{44}$ni$^{44}$, pu$^{44}$kua$^{44}$man$^{13}$tsa$^{11}$çie$^{11}$ti$^{33}$.

个 东 西 箇 贵 是 贵 儿，不 过 蛮 扎 实 的。

057 **他今年多大了?**

i$^{44}$nin$^{45}$nai$^{33}$xau$^{33}$tai$^{22}$la$^{33}$ ?

伊 年 □ 好 大 了?

058 **也就是三十来岁吧?**

ia$^{11}$tsu$^{22}$çi$^{22}$san$^{45}$çi$^{11}$se$^{44}$tsa$^{33}$iu$^{22}$pa$^{44}$ ?

也 就 是 三 十 岁 左 右 吧?

059 **看上去不过三十多岁的样子。**

man$^{22}$çiaŋ$^{22}$k$^{h}$u$^{44}$pu$^{44}$kua$^{44}$san$^{45}$çi$^{11}$ta$^{45}$se$^{44}$iaŋ$^{22}$tsi$^{33}$.

望 上 去 不 过 三 十 多 岁 样 子。

060 **这个东西有多重呢?**

ka$^{44}$toŋ$^{45}$si$^{45}$kei$^{44}$iu$^{11}$xau$^{33}$ȶoŋ$^{22}$o$^{11}$ ?

个 东 西 箇 有 好 重 哦?

061 **怕有五十多斤吧。**

p$^{h}$ia$^{44}$iu$^{11}$oŋ$^{11}$ɕi$^{11}$ta$^{45}$ȶən$^{45}$pa$^{44}$？

怕 有 五 十 多 斤 吧？

062 **我五点半就起来了，你怎么七点了还不起来？**

ŋa$^{11}$oŋ$^{11}$tin$^{33}$pan$^{44}$tsu$^{22}$tɕ$^{h}$i$^{33}$lei$^{13}$le$^{11}$, ni$^{11}$tsu$^{44}$mən$^{44}$li$^{33}$ts$^{h}$e$^{44}$tin$^{33}$la$^{33}$xai$^{13}$mo$^{22}$tɕ$^{h}$i$^{33}$lei$^{13}$o$^{11}$？

我 五 点 半 就 起 来 了，你 做 □ 哩 七 点 了 还 冇 起 来 哦？

063 **三四个人盖一床被。一床被盖三四个人。**

san$^{45}$si$^{44}$ka$^{44}$ȵin$^{13}$ȶa$^{45}$ie$^{44}$suan$^{13}$pi$^{22}$. ie$^{44}$suan$^{13}$pi$^{22}$ȶa$^{45}$san$^{45}$si$^{44}$ka$^{44}$ȵin$^{13}$.

三 四 个 人 遮 一 床 被。一 床 被 遮 三 四 个 人。

064 **一个大饼夹一根油条。一根油条外加一个大饼。**

ie$^{44}$ka$^{44}$tai$^{22}$pin$^{33}$tɕia$^{44}$ie$^{44}$ty$^{13}$iu$^{13}$ty$^{13}$. ie$^{44}$ty$^{13}$iu$^{13}$ty$^{13}$lin$^{22}$uai$^{22}$tɕia$^{45}$ie$^{44}$ka$^{44}$tai$^{22}$pin$^{33}$.

一 个 大 饼 夹 一 条 油 条。一 条 油 条 另 外 加 一 个 大 饼。

065 **两个人坐一张凳子。一张凳子坐了两个人。**

liaŋ$^{11}$ka$^{44}$ȵin$^{13}$tsa$^{22}$ie$^{44}$ty$^{13}$tən$^{44}$. ie$^{44}$ty$^{13}$tən$^{44}$tsa$^{22}$le$^{11}$liaŋ$^{11}$ka$^{44}$ȵin$^{13}$.

两 个 人 坐 一 条 凳。一 条 凳 坐 了 两 个 人。

066 **一辆车装三千斤麦子。三千斤麦子刚好够装一辆车。**

ie$^{44}$pu$^{22}$ȶ$^{h}$a$^{45}$tsan$^{45}$le$^{11}$san$^{45}$ts$^{h}$in$^{45}$ȶən$^{45}$me$^{11}$tsi$^{33}$.

一 部 车 装 了 三 千 斤 麦 子。

san$^{45}$ts$^{h}$in$^{45}$ȶən$^{45}$me$^{11}$tsi$^{33}$k$^{h}$a$^{11}$k$^{h}$a$^{11}$tsan$^{45}$men$^{33}$ie$^{44}$ȶ$^{h}$a$^{45}$.

三 千 斤 麦 子 恰 恰 装 满 一 车。

067 **十个人吃一锅饭。一锅饭够吃十个人。**

ɕie$^{11}$ka$^{44}$ȵin$^{13}$tɕ$^{h}$ie$^{44}$ie$^{44}$kua$^{45}$fyan$^{22}$. ie$^{11}$kua$^{45}$fyan$^{22}$kou$^{44}$ɕie$^{11}$ka$^{44}$ȵin$^{13}$tɕ$^{h}$ie$^{44}$.

十 个 人 吃 一 锅 饭。一 锅 饭 够 十 个 人 吃。

068 **十个人吃不了这锅饭。这锅饭吃不了十个人。**

ɕie$^{11}$ka$^{44}$ȵin$^{13}$tɕ$^{h}$ie$^{44}$pu$^{44}$ɕin$^{13}$ka$^{44}$kua$^{45}$fyan$^{22}$kei$^{44}$.

十 个 人 吃 不 成 个 锅 饭 箇。

kua$^{45}$fyan$^{22}$kei$^{44}$mo$^{22}$kou$^{44}$ɕie$^{11}$ka$^{44}$ȵin$^{13}$tɕ$^{h}$ie$^{44}$.

锅 饭 箇 冇 够 十 个 人 吃。

069 **这个屋子住不下十个人。**

ȶoŋ$^{44}$o$^{44}$kei$^{44}$mo$^{22}$tsa$^{44}$te$^{44}$xa$^{22}$ɕie$^{11}$ka$^{44}$ȵin$^{13}$.

栋 屋 箇 冇 坐 得 下 十 个 人。

070 **小屋堆东西，大屋住人。**

ne$^{44}$o$^{44}$te$^{45}$toŋ$^{45}$si$^{45}$, tai$^{22}$o$^{44}$tsa$^{22}$ȵin$^{13}$.

儿 屋 堆 东 西，大 屋 坐 人。

071 **他们几个人正说着话呢。**

tʰa$^{45}$tɕi$^{33}$ka$^{44}$kən$^{45}$ni$^{33}$ȶa$^{44}$kan$^{33}$ʋya$^{22}$ta$^{33}$tsei$^{22}$.

他 几 个 跟 里 □ 讲 话 哒 在。

072 **桌上放着一碗水，小心别碰倒了。**

tei$^{13}$pan$^{33}$ɕiaŋ$^{22}$fan$^{44}$tɕʰi$^{33}$uan$^{33}$fy$^{33}$, ma$^{11}$pʰən$^{44}$kən$^{11}$kʰu$^{44}$.

台 板 上 放 起 碗 水，莫 碰 滚 去。

073 **门口站着一帮人，在说着什么。**

mən$^{13}$kʰou$^{33}$lie$^{11}$tɕʰi$^{33}$ie$^{44}$pʰan$^{44}$ȵin$^{13}$, ȶən$^{44}$tsai$^{22}$kan$^{33}$mən$^{44}$li$^{33}$.

门 口 立 起 一 □ 人，正 在 讲 □ 哩。

074 **坐着吃好，还是站着吃好？**

tsa$^{22}$tɕʰi$^{33}$tɕʰie$^{44}$xau$^{33}$, xai$^{13}$ɕi$^{22}$lie$^{11}$tɕʰi$^{33}$tɕʰie$^{44}$xau$^{33}$?

坐 起 吃 好，还 是 立 起 吃 好?

075 **想着说，不要抢着说。**

ɕiaŋ$^{33}$ta$^{33}$kan$^{33}$ma$^{11}$, mo$^{22}$y$^{44}$ȶʰan$^{33}$ta$^{33}$kan$^{33}$ma$^{11}$.

想 哒 讲 嘛，有 要 抢 哒 讲 嘛。

076 **说着说着就笑起来了。**

kan$^{33}$tɕʰi$^{33}$kan$^{33}$tɕʰi$^{33}$tsu$^{22}$ɕy$^{44}$tɕʰi$^{33}$lei$^{13}$la$^{11}$.

讲 起 讲 起 就 笑 起 来 了。

077 **别怕！你大着胆子说吧。**

ma$^{11}$pʰia$^{44}$！ ni$^{11}$tai$^{22}$tɕʰi$^{33}$tan$^{33}$tsi$^{33}$kan$^{33}$ma$^{11}$.

莫 怕！ 你 大 起 胆 子 讲 嘛。

078 **这个东西重着呢，足有一百来斤。**

ka$^{44}$toŋ$^{45}$si$^{45}$kei$^{44}$ȶoŋ$^{22}$le$^{33}$, tso$^{44}$iu$^{11}$ie$^{44}$pe$^{11}$ta$^{45}$ȶin$^{45}$.

个 东 西 箇 重 咧，足 有 一 百 多 斤。

079 **他对人可好着呢。**

i$^{44}$te$^{44}$ȵin$^{13}$man$^{13}$xau$^{33}$ti$^{33}$o$^{44}$.

伊 对 人 蛮 好 的 哦。

080 **这小伙子可有劲着呢。**

ka$^{44}$xou$^{22}$sən$^{45}$tɕia$^{45}$ke$^{33}$tɕʰi$^{44}$lie$^{11}$tai$^{22}$le$^{33}$.

个 后 生 家 咯 气 力 大 咧。

081 **别跑，你给我站着！**

$ma^{11}tsou^{33}$, $ni^{11}kən^{45}ŋa^{11}lie^{11}tɕ^hi^{33}$！

莫 走， 你 跟 我 立 起！

082 **下雨了，路上小心着！**

$la^{11}u^{11}le^{11}$, $lu^{22}ɕiaŋ^{22}ɕy^{33}sən^{45}ni^{44}o^{33}$！

落 雨 咧， 路 上 小 心 儿 哦！

083 **点着火了。着凉了。**

$tin^{33}in^{13}fa^{33}liau^{11}$. $tɕie^{11}liaŋ^{13}liau^{11}$.

点 燃 火 了。 着 凉 了。

084 **甭着急，慢慢儿来。**

$ma^{11}tɕie^{11}tɕie^{44}$, $t^hai^{44}ȶan^{13}lei^{13}$.

莫 着 急， 太 常 来。

085 **我正在这儿找着你，还没找着。**

$ŋa^{11}ȶən^{44}tsei^{22}li^{33}kei^{44}sən^{13}ta^{33}tsei^{22}$, $xai^{13}mo^{22}sən^{13}tɕie^{11}$.

我 正 在 里 箇 寻 哒 在， 还 冇 寻 着。

086 **她呀，可厉害着呢！**

$i^{44}ia^{11}$, $li^{22}xai^{22}si^{33}ti^{33}$！

伊 呀， 厉 害 死 的！

087 **这本书好看着呢。**

$pən^{33}fy^{45}kei^{44}man^{13}xau^{33}ka^{44}le^{11}$.

本 书 箇 蛮 好 咖 咧。

088 **饭好了，快来吃吧。**

$fyan^{22}ɕio^{11}lo^{33}$, $tɕ^hie^{44}lei^{13}tɕ^hie^{44}a^{11}$.

饭 熟 啰， 快 来 吃 啊。

089 **锅里还有饭没有？你去看一看。**

$kua^{45}li^{11}xai^{13}iu^{11}fyan^{22}mo^{22+45}$？ $ni^{11}k^hu^{44}man^{22}xa^{22}ni^{44}$.

锅 里 还 有 饭 冇？ 你 去 望 下 儿。

090 **我去看了，没有饭了。**

$ŋa^{11}k^hu^{44}man^{22}le^{33}liau^{11}$, $mo^{22}te^{44}$.

我 去 望 了 了， 冇 得。

091 **就剩一点儿了，吃了得了。**

$tɕi^{44}ɕin^{22}ni^{44}ni^{45}liau^{11}$, $tɕ^hie^{44}ku^{33}suan^{44}lo^{11}$.

只 剩 儿 儿 了， 吃 咕 算 啰。

092 **吃了饭要慢慢儿地走，别跑，小心肚子疼。**

tɕʰie$^{44}$liau$^{11}$fyan$^{22}$y$^{44}$mian$^{22}$mian$^{22}$ni$^{44}$xen$^{13}$, ma$^{11}$tsou$^{33}$, tu$^{33}$tʰoŋ$^{44}$ti$^{33}$lo$^{33}$.

吃 了 饭 要 慢 慢 儿 行， 莫 走， 肚 痛 的 啰。

093 **他吃了饭了，你吃了饭没有呢？**

i$^{44}$tɕʰie$^{44}$fyan$^{22}$liau$^{11}$, ni$^{11}$tɕʰie$^{44}$fyan$^{22}$liau$^{11}$mo$^{22+44}$？

伊 吃 饭 了， 你 吃 饭 了 冇？

094 **我喝了茶还是渴。**

ŋa$^{11}$tɕʰie$^{44}$liau$^{11}$tsa$^{13}$to$^{44}$xai$^{13}$ɕi$^{22}$kʰou$^{33}$kan$^{45}$.

我 吃 了 茶 □ 还 是 口 干。

095 **我吃了晚饭，出去溜达了一会儿，回来就睡下了，还做了个梦。**

ŋa$^{11}$tɕʰie$^{44}$le$^{33}$ia$^{22}$fyan$^{22}$, ȶʰo$^{44}$kʰu$^{44}$xen$^{13}$le$^{11}$ie$^{44}$tʰi$^{44}$, ue$^{13}$lei$^{13}$tsu$^{22}$ua$^{11}$le$^{11}$, xai$^{13}$tsu$^{44}$le$^{11}$ka$^{44}$moŋ$^{22}$.

我 吃 了 夜 饭， 出 去 行 了 一 □， 回 来 就 卧 了， 还 做 了 个 梦。

096 **吃了这碗饭再说。**

tɕʰie$^{44}$le$^{11}$uan$^{33}$fyan$^{22}$kei$^{44}$tsei$^{44}$kan$^{33}$ma$^{11}$.

吃 了 碗 饭 箇 再 讲 嘛。

097 **我昨天照了相了。**

ŋa$^{11}$tsin$^{13}$nie$^{11}$tɕy$^{44}$le$^{11}$ka$^{44}$ɕiaŋ$^{44}$la$^{11}$.

我 前 日 照 了 个 相 了。

098 **有了人，什么事都好办。**

iu$^{11}$le$^{11}$ȵin$^{13}$, mən$^{44}$li$^{33}$sɿ$^{22}$to$^{44}$xau$^{33}$pian$^{22}$.

有 了 人， □ 哩 事 □ 好 办。

099 **不要把茶杯打碎了。**

mo$^{22}$y$^{44}$pia$^{33}$ou$^{45}$ta$^{33}$lan$^{22}$le$^{11}$.

冇 要 把 瓯 打 烂 了。

100 **你快把这碗饭吃了，饭都凉了。**

ni$^{11}$tɕʰie$^{44}$pia$^{33}$uan$^{33}$fyan$^{22}$kei$^{44}$tɕʰie$^{44}$kʰu$^{44}$, fyan$^{22}$to$^{44}$tsin$^{44}$la$^{11}$.

你 快 把 碗 饭 箇 吃 去， 饭 □ 浸 了。

101 **下雨了。雨不下了，天晴开了。**

la$^{11}$u$^{11}$le$^{11}$. u$^{11}$mo$^{22}$la$^{11}$le$^{11}$, tʰin$^{45}$xau$^{33}$le$^{11}$.

落 雨 了。雨 冇 落 了， 天 好 了。

102 **打了一下。去了一趟。**

ta$^{33}$le$^{11}$ie$^{44}$xa$^{22}$. k$^{h}$u$^{44}$le$^{11}$ie$^{44}$t$^{h}$an$^{44}$.

打 了 一 下。去 了 一 趟。

103 **晚了就不好了，咱们快点儿走吧！**

tɕi$^{13}$le$^{11}$tsu$^{22}$mo$^{22}$xau$^{33}$la$^{11}$, uən$^{13}$tɕ$^{h}$ie$^{44}$ni$^{44}$xen$^{13}$pa$^{44}$！

迟 了 就 冇 好 了，□ 快 儿 行 吧！

104 **给你三天时间做得了做不了？**

ke$^{33}$ni$^{11}$san$^{45}$ ȵie $^{44}$ɕi$^{13}$kan$^{45}$, ni$^{11}$tsu$^{44}$mo$^{22}$tsu$^{44}$te$^{44}$ɕin$^{13}$？

给 你 三 日 时 间，你 做 冇 做 得 成？

105 **你做得了，我做不了。**

ni$^{11}$tsu$^{44}$te$^{44}$ɕin$^{13}$, ŋa$^{11}$ɕi$^{22}$tsu$^{44}$mo$^{22}$ɕin$^{13}$.

你 做 得 成，我 是 做 冇 成。

106 **你骗不了我。**

ni$^{11}$xoŋ$^{33}$pu$^{44}$tau$^{44}$ŋa$^{11}$.

你 哄 不 到 我。

107 **了了这桩事情再说。**

ly$^{11}$le$^{11}$ka$^{44}$sɿ$^{22}$kei$^{44}$tsei$^{44}$kan$^{33}$.

了 了 个 事 箇 再 讲。

108 **这间房没住过人。**

ka$^{44}$fan$^{13}$kei$^{44}$mo$^{22}$tsa$^{22}$kua$^{45}$ȵin$^{13}$.

个 房 箇 冇 住 过 人。

109 **这牛拉过车，没骑过人。**

ka$^{44}$ŋou$^{13}$kei$^{44}$la$^{45}$kua$^{44}$ȶ$^{h}$a$^{45}$, mo$^{22}$tɕi$^{13}$kua$^{44}$ȵin$^{13}$.

个 牛 箇 拉 过 车，冇 骑 过 人。

110 **这小马还没骑过人，你小心点儿。**

ka$^{44}$ne$^{44}$mia$^{11}$kei$^{44}$xai$^{13}$mo$^{22}$tɕi$^{13}$kua$^{44}$ȵin$^{13}$, ni$^{11}$ɕy$^{33}$sən$^{45}$ni$^{44}$o$^{33}$.

个 儿 马 箇 还 冇 骑 过 人，你 小 心 儿 哦。

111 **以前我坐过船，可从来没骑过马。**

ŋa$^{11}$i$^{33}$tsin$^{13}$tsa$^{22}$kua$^{44}$ɕyan$^{13}$, tan$^{44}$ɕi$^{22}$tsoŋ$^{13}$lei$^{13}$mo$^{22}$tɕi$^{13}$kua$^{44}$mia$^{11}$.

我 以 前 坐 过 船，但 是 从 来 冇 骑 过 马。

112 **丢在街上了。搁在桌上了。**

ta$^{44}$la$^{11}$kən$^{45}$tɕie$^{45}$ɕiaŋ$^{22}$la$^{11}$, fan$^{44}$kən$^{45}$tei$^{13}$pan$^{33}$ɕiaŋ$^{22}$la$^{11}$.

跌落 跟 街 上 了。放 跟 台 板 上 了。

113 **掉到地上了，怎么都没找着。**

ta$^{44}$la$^{11}$kən$^{45}$ti$^{22}$ɕiaŋ$^{22}$la$^{11}$, nu$^{45}$ti$^{33}$to$^{44}$sən$^{13}$pu$^{44}$tɕie$^{11}$.

跌落 跟 地 上 了，□ 的 □ 寻 不 着。

114 **今晚别走了，就在我家住下吧！**

ia$^{22}$nai$^{33}$ma$^{11}$xen$^{13}$la$^{11}$, tsu$^{22}$kən$^{45}$uən$^{13}$o$^{44}$ȵo$^{11}$tsa$^{22}$ia$^{22}$.

夜 □ 莫 行 了，就 跟 □ 屋 入 坐 夜。

115 **这些果子吃得吃不得？**

xau$^{33}$ko$^{33}$tsi$^{33}$kei$^{44}$tɕ$^{h}$ie$^{44}$mo$^{22}$tɕ$^{h}$ie$^{44}$te$^{44}$ ?

好 果 子 箇 吃 冇 吃 得？

116 **这是熟的，吃得。那是生的，吃不得。**

ka$^{44}$kei$^{44}$ɕi$^{22}$ɕio$^{11}$ti$^{33}$, tɕ$^{h}$ie$^{44}$te$^{44}$. ka$^{44}$ʈa$^{44}$ɕi$^{22}$sen$^{45}$ti$^{33}$, tɕ$^{h}$ie$^{44}$pu$^{44}$te$^{44}$.

个 箇 是 熟 的，吃 得。个 □ 是 生 的，吃 不 得。

117 **你们来得了来不了？**

no$^{13}$lei$^{13}$mo$^{22}$lei$^{13}$te$^{44}$ly$^{11}$a$^{11}$ ?

□ 来 冇 来 得 了 啊？

118 **我没事，来得了，他太忙，来不了。**

ŋa$^{11}$mo$^{22}$te$^{44}$sɿ$^{22}$, lei$^{13}$te$^{44}$ly$^{11}$. i$^{44}$t$^{h}$e$^{44}$man$^{13}$le$^{11}$, lei$^{13}$pu$^{44}$ly$^{11}$.

我 冇 得 事，来 得 了。伊 太 忙 了，来 不 了。

119 **这个东西很重，拿得动拿不动？**

ka$^{44}$toŋ$^{45}$si$^{45}$kei$^{44}$man$^{13}$ʈoŋ$^{22}$, lau$^{45}$mo$^{22}$lau$^{45}$te$^{44}$toŋ$^{22}$ ?

个 东 西 箇 蛮 重，捞 冇 捞 得 动？

120 **我拿得动，他拿不动。**

ŋa$^{11}$lau$^{45}$te$^{44}$toŋ$^{22}$, i$^{44}$lau$^{45}$pu$^{44}$toŋ$^{22}$.

我 捞 得 动，伊 捞 不 动。

121 **真不轻，重得连我都拿不动了。**

iu$^{11}$ni$^{44}$ʈoŋ$^{22}$, lin$^{13}$ŋa$^{11}$to$^{44}$lau$^{45}$pu$^{44}$toŋ$^{22}$la$^{11}$.

有 儿 重，连 我 □ 捞 不 动 了。

122 **他手巧，画得很好看。**

i$^{44}$li$^{45}$xai$^{45}$e$^{11}$, fa$^{22}$te$^{44}$man$^{13}$xau$^{33}$ka$^{33}$.

伊厉 害 诶，画 得 蛮 好 咖。

123 **他忙得很，忙得连吃过饭没有都忘了。**

i$^{44}$man$^{13}$te$^{44}$xən$^{33}$, man$^{13}$te$^{44}$lin$^{13}$tɕ$^{h}$ie$^{44}$le$^{11}$fyan$^{22}$mo$^{22}$to$^{44}$man$^{22}$tɕi$^{44}$le$^{11}$.

伊忙 得很，忙 得连吃 了饭 冇□忘 记了。

124 **你看他急得，急得脸都红了。**

ni$^{11}$man$^{22}$i$^{44}$tɕie$^{44}$te$^{44}$, tɕie$^{44}$te$^{44}$min$^{22}$kʰua$^{33}$to$^{44}$xoŋ$^{13}$le$^{11}$.

你望 伊急得，急得面 □ □红了。

125 **你说得很好，你还会说些什么呢？**

ni$^{11}$kan$^{33}$te$^{44}$man$^{13}$xau$^{33}$, ni$^{11}$xai$^{13}$fe$^{22}$kan$^{33}$te$^{44}$mən$^{44}$li$^{33}$？

你讲得蛮 好，你还会讲得□ 哩？

126 **说得到，做得了，真棒！**

kan$^{33}$te$^{44}$tau$^{44}$, tsu$^{44}$te$^{44}$tau$^{44}$, ɕi$^{22}$ʈən$^{45}$li$^{45}$xai$^{45}$.

讲得到，做得到，是真 厉害！

127 **这个事情说得说不得呀？**

ka$^{44}$sɿ$^{22}$tɕin$^{13}$kei$^{44}$kan$^{33}$mo$^{22}$kan$^{33}$te$^{44}$？

个事情 箇讲 冇 讲 得？

128 **他说得快不快？听清楚了吗？**

i$^{44}$kan$^{33}$te$^{44}$tɕʰie$^{44}$mo$^{22}$tɕʰie$^{44}$？ tʰin$^{44}$tsʰin$^{45}$tsʰu$^{33}$la$^{11}$mo$^{22}$？

伊讲得快 冇快？ 听 清 楚 了冇？

129 **他说得快不快？只有五分钟时间了。**

i$^{44}$kan$^{33}$mo$^{22}$kan$^{33}$te$^{44}$tɕʰie$^{44}$？ tɕi$^{45}$iu$^{11}$oŋ$^{11}$fən$^{45}$ʈoŋ$^{45}$ɕi$^{13}$kan$^{33}$le$^{11}$.

伊讲冇 讲 得快？ 只有五分 钟时间 了。

130 **这是他的书。**

kei$^{44}$ɕi$^{22}$i$^{44}$ti$^{33}$fy$^{45}$.

箇是伊的书。

131 **那本书是他哥哥的。**

pən$^{33}$fy$^{45}$ʈa$^{44}$ɕi$^{22}$tʰa$^{45}$ka$^{45}$ka$^{45}$ti$^{33}$.

本书□是他 哥哥 的。

132 **桌子上的书是谁的？是老王的。**

tei$^{13}$pan$^{33}$ɕiaŋ$^{22}$ti$^{33}$fy$^{45}$ɕi$^{22}$ka$^{44}$nu$^{45}$ti$^{33}$？ ɕi$^{22}$lau$^{11}$uan$^{13}$ti$^{33}$.

台板 上 的书是个□的？ 是老 王 的。

133 **屋子里坐着很多人，看书的看书，看报的看报，写字的写字。**

o$^{44}$ȵo$^{11}$tsa$^{22}$tɕʰi$^{33}$man$^{13}$ta$^{45}$ȵin$^{13}$, man$^{22}$fy$^{45}$ti$^{33}$man$^{22}$fy$^{45}$, man$^{22}$pau$^{45}$tɕi$^{33}$ti$^{33}$man$^{22}$pau$^{45}$tɕi$^{33}$,

屋入坐起蛮 多人，望 书的望书，望 报 纸的望 报 纸，

ɕia$^{33}$tsi$^{22}$ti$^{33}$ɕia$^{33}$tsi$^{22}$.

写 字 的 写 字。

134 要说他的好话，不要说他的坏话。

y$^{44}$kan$^{33}$i$^{44}$ti$^{33}$xau$^{33}$ʋya$^{22}$, ma$^{11}$kan$^{33}$i$^{44}$ti$^{33}$k$^{h}$oŋ$^{44}$ʋya$^{22}$.

要讲 伊的好 话，莫 讲 伊的空 话。

135 上次是谁请的客？是我请的。

ɕiaŋ$^{22}$fei$^{13}$ɕi$^{22}$ka$^{44}$nu$^{45}$tɕ$^{h}$in$^{33}$ti$^{33}$k$^{h}$e$^{11+45}$？ ɕi$^{22}$ŋa$^{11}$tɕ$^{h}$in$^{33}$ti$^{33}$k$^{h}$e$^{11}$.

上 回 是 个 □ 请 的 客？ 是 我 请 的 客。

136 你是哪年来的？

ni$^{11}$ɕi$^{22}$nin$^{45}$nu$^{45}$lei$^{13}$ti$^{33}$？

你是 年 □ 来 的？

137 我是前年到的北京。

ŋa$^{11}$ɕi$^{22}$tsin$^{13}$nin$^{45}$tau$^{44}$ti$^{33}$pe$^{44}$ʈən$^{45}$.

我 是 前 年 到 的 北 京。

138 你说的是谁？

ni$^{11}$kan$^{33}$ti$^{33}$ɕi$^{22}$ka$^{44}$nu$^{45}$？

你讲 的是 个 □？

139 我反正不是说的你。

ŋa$^{11}$fan$^{33}$ʈən$^{45}$mo$^{22}$ɕi$^{22}$kan$^{33}$ni$^{11}$.

我 反 正 冇 是讲 你。

140 他那天是见的老张，不是见的老王。

i$^{44}$ ɳie $^{44}$ʈa$^{44}$ɕi$^{22}$fe$^{22}$ti$^{33}$lau$^{11}$ʈan$^{45}$, mo$^{22}$ɕi$^{22}$fe$^{22}$ti$^{33}$lau$^{11}$uan$^{13}$.

伊日 □是 会的老 张，冇 是会 的老 王。

141 只要他肯来，我就没的说了。

tɕi$^{45}$y$^{44}$i$^{44}$k$^{h}$ən$^{33}$lei$^{13}$, ŋa$^{11}$tsu$^{22}$mo$^{22}$te$^{44}$mən$^{44}$li$^{33}$ʋya$^{22}$kan$^{33}$la$^{11}$.

只要伊肯 来，我 就 冇 得 □ 哩 话 讲 了。

142 以前是有的做，没的吃。

t$^{h}$i$^{44}$ʈa$^{44}$ɕi$^{22}$iu$^{11}$tsu$^{44}$ti$^{33}$, mo$^{22}$te$^{44}$tɕ$^{h}$ie$^{44}$ti$^{33}$.

□ □ 是 有 做 的，冇 得 吃 的。

143 现在是有的做，也有的吃。

t$^{h}$i$^{44}$kei$^{44}$ɕi$^{22}$iu$^{11}$tsu$^{44}$ti$^{33}$, ia$^{11}$iu$^{11}$tɕ$^{h}$ie$^{44}$ti$^{33}$.

□ 箇 是 有 做 的，也 有 吃 的。

144 上街买个蒜啊葱的，也方便。

çiaŋ$^{22}$tçie$^{45}$mia$^{22}$ka$^{44}$suan$^{44}$a$^{33}$ts$^{h}$oŋ$^{45}$a$^{33}$, a$^{11}$fan$^{45}$y$^{22}$.

上 街 卖 个 蒜 啊葱 啊，也方 裕。

145 **柴米油盐什么的，都有的是。**

sai$^{13}$mi$^{11}$iu$^{13}$in$^{13}$, mən$^{44}$li$^{33}$to$^{44}$iu$^{11}$ti$^{33}$çi$^{22}$.

柴 米 油 盐，□ 哩□ 有 的是。

146 **写字算账什么的，他都能行。**

çia$^{33}$tsi$^{22}$suan$^{44}$ȶan$^{44}$, tsei$^{13}$tau$^{44}$mən$^{44}$li$^{44}$i$^{44}$to$^{44}$çin$^{13}$.

写 字 算 账，随 到 □ 哩伊□行。

147 **把那个东西递给我。**

pia$^{33}$ka$^{44}$toŋ$^{45}$si$^{45}$ȶa$^{44}$ti$^{22}$kən$^{45}$ŋa$^{11}$.

把 个 东 西 □递 跟 我。

148 **是他把那个杯子打碎了。**

çi$^{22}$i$^{44}$pia$^{33}$ka$^{44}$ou$^{45}$ȶa$^{44}$ta$^{33}$sui$^{44}$le$^{11}$.

是伊把 个 瓯 □ 打 碎 了。

149 **把人家脑袋都打出血了，你还笑！**

pia$^{33}$pie$^{11}$ka$^{44}$lau$^{11}$k$^{h}$o$^{44}$to$^{44}$ta$^{33}$ȶ$^{h}$o$^{44}$fye$^{11}$le$^{11}$, ni$^{11}$xai$^{13}$çy$^{44}$！

把 别 个 脑 壳 □ 打出 血 了，你 还 笑！

150 **快去把书还给他。**

tç$^{h}$ie$^{44}$tan$^{45}$pia$^{33}$fy$^{45}$ʋyan$^{13}$kən$^{45}$i$^{44}$.

快 当 把 书 还 跟 伊。

151 **我真后悔当时没把他留住。**

ŋa$^{11}$xau$^{33}$xou$^{22}$fe$^{33}$tan$^{45}$çi$^{13}$mo$^{22}$pia$^{33}$i$^{44}$liu$^{13}$tç$^{h}$i$^{33}$.

我 好 后 悔 当 时 冇 把 伊 留 起。

152 **你怎么能不把人当人呢？**

ni$^{11}$nu$^{45}$ko$^{33}$i$^{11}$mo$^{22}$pia$^{33}$ȵin$^{13}$tan$^{45}$ȵin$^{13}$？

你 □ 可 以冇 把 人 当 人？

153 **有的地方管太阳叫日头。**

iu$^{11}$ti$^{33}$ti$^{22}$fan$^{45}$kan$^{33}$t$^{h}$an$^{44}$iaŋ$^{13}$tçy$^{44}$tsu$^{44}$nie$^{11}$tou$^{13}$.

有 的 地 方 讲 太 阳 叫 作 日 头。

154 **什么？她管你叫爸爸！**

mən$^{44}$li$^{33}$？ i$^{44}$xan$^{33}$ni$^{11}$tsu$^{44}$ia$^{45}$a$^{44}$！

□ 哩？ 伊 喊 你 作 爷 啊！

155 **你拿什么都当真的，我看没必要。**

ni$^{11}$pia$^{33}$mən$^{44}$li$^{33}$to$^{44}$tan$^{45}$ʈən$^{45}$ti$^{33}$, ŋa$^{11}$man$^{22}$mo$^{22}$pi$^{44}$y$^{44}$.

你 把 □ 哩□ 当 真 的，我 望 冇 必要。

156 **真拿他没办法，烦死我了。**

ɕi$^{22}$ʈən$^{45}$lau$^{45}$i$^{44}$u$^{13}$fia$^{11}$, fyan$^{13}$si$^{33}$ ŋa$^{11}$la$^{11}$.

是真 捞 伊 无 法，烦 死 我 了。

157 **看你现在拿什么还人家。**

man$^{22}$ni$^{11}$t$^{h}$i$^{44}$kei$^{44}$lau$^{45}$mən$^{44}$li$^{33}$ ʋyan$^{13}$kən$^{45}$pie$^{11}$ka$^{44}$.

望 你□ 箇 捞 □ 哩 还 跟 别 个。

158 **被妈妈说哭了。**

i$^{44}$tɕie$^{11}$pa$^{33}$kan$^{33}$k$^{h}$o$^{44}$la$^{11}$.

伊 着 □ 讲 哭 了。

159 **所有的书信都被火烧了，一点儿剩的都没有。**

so$^{33}$iu$^{11}$ti$^{33}$sən$^{44}$tsoŋ$^{33}$tɕie$^{11}$fa$^{33}$ɕy$^{45}$le$^{11}$, ni$^{44}$to$^{44}$mo$^{22}$ɕin$^{22}$le$^{11}$.

所有 的 信 总 着 火 烧 了，儿 □ 冇 剩 了。

160 **被他缠了一下午，什么都没做成。**

tɕie$^{11}$i$^{44}$tɕian$^{13}$le$^{11}$ie$^{44}$ia$^{22}$pe$^{11}$, mən$^{44}$li$^{33}$to$^{44}$tsu$^{44}$pu$^{44}$ʈən$^{13}$.

着 伊 缠 了 一 夜 白，梦 哩 都 做 不 成。

161 **让人给打懵了，一下子没明白过来。**

tɕie$^{11}$pe$^{11}$ka$^{44}$ta$^{33}$fu$^{13}$tu$^{13}$le$^{11}$, ie$^{44}$xa$^{22}$kei$^{44}$mo$^{22}$min$^{13}$pe$^{11}$kua$^{44}$lei$^{13}$.

着 别 个 打 糊 涂 了，一 下 箇 冇 明 白 过 来。

162 **给雨淋了个浑身湿透。**

tɕie$^{11}$u$^{11}$lin$^{13}$te$^{44}$ka$^{44}$uən$^{13}$ɕin$^{45}$to$^{44}$ua$^{44}$ɕie$^{44}$t$^{h}$ou$^{44}$le$^{11}$.

着 雨 淋 得 个 浑 身 □ 沃 湿 透 了。

163 **给我一本书。给他三本书。**

lau$^{45}$ie$^{44}$pən$^{33}$fy$^{45}$kən$^{45}$ŋa$^{11}$. lau$^{45}$san$^{45}$pən$^{33}$fy$^{45}$kən$^{45}$i$^{44}$.

捞 一 本 书 跟 我。捞 三 本 书 跟 伊。

164 **这里没有书，书在那里。**

ni$^{33}$kei$^{44}$mo$^{22}$te$^{44}$fy$^{45}$, fy$^{45}$kən$^{45}$ni$^{33}$ʈa$^{44}$.

里 箇 冇 得 书，书 跟 里 □。

165 **叫他快来找我。**

po$^{44}$i$^{44}$tɕ$^{h}$ie$^{44}$lei$^{13}$sən$^{13}$ŋa$^{11}$.

报 伊 快 来 寻 我。

166 **赶快把他请来。**

kan$^{33}$tɕʰie$^{44}$pia$^{33}$i$^{44}$tɕʰin$^{33}$lei$^{13}$.

赶 快 把 伊 请 来。

167 **我写了条子请病假。**

ŋa$^{11}$ɕia$^{33}$le$^{11}$ka$^{44}$ty$^{13}$tsi$^{33}$tɕʰin$^{33}$pin$^{22}$tɕia$^{33}$.

我 写 了 个 条 子 请 病 假。

168 **我上街买了份报纸看。**

ŋa$^{11}$ɕiaŋ$^{22}$tɕie$^{45}$kʰu$^{44}$mie$^{22}$le$^{11}$ie$^{44}$fən$^{22}$pau$^{45}$tɕi$^{33}$man$^{22}$.

我 上 街 去 卖 了 一 份 报 纸 望。

169 **笑着躲开了他。**

ŋa$^{11}$ɕy$^{44}$tɕʰi$^{33}$to$^{33}$kʰei$^{45}$i$^{44}$la$^{11}$.

我 笑 起 躲 开 伊 了。

170 **我抬起头笑了一下。**

ŋa$^{11}$tei$^{13}$tɕʰi$^{33}$tou$^{13}$lei$^{13}$ɕy$^{44}$le$^{11}$ie$^{44}$xa$^{22}$.

我 抬 起 头 来 笑 了 一 下。

171 **我就是坐着不动，看你能把我怎么着。**

ŋa$^{11}$tsu$^{22}$ɕi$^{22}$tsa$^{22}$tɕʰi$^{33}$mo$^{22}$toŋ$^{22}$, man$^{22}$ni$^{11}$pia$^{33}$ŋa$^{11}$nu$^{45}$tsu$^{44}$.

我 就 是 坐 起 冇 动， 望 你 把 我 □ 做。

172 **她照顾病人很细心。**

i$^{44}$tɕy$^{45}$fu$^{45}$pin$^{22}$ȵin$^{13}$man$^{13}$tsi$^{33}$se$^{44}$ti$^{33}$.

伊 招 呼 病 人 蛮 仔 细 的。

173 **他接过苹果就咬了一口。**

i$^{44}$tse$^{11}$tɕʰi$^{33}$pʰin$^{13}$ko$^{33}$tsu$^{22}$ȵiau$^{11}$le$^{11}$ie$^{44}$kʰou$^{33}$.

伊 接 起 苹 果 就 咬 了 一 口。

174 **他的一番话使在场的所有人都流了眼泪。**

i$^{44}$ti$^{33}$ie$^{44}$fyan$^{45}$ʋya$^{22}$lau$^{45}$so$^{33}$iu$^{11}$tsai$^{22}$ʈan$^{13}$ti$^{33}$ȵin$^{13}$to$^{44}$liu$^{13}$nian$^{11}$ly$^{22}$la$^{11}$.

伊 的 一 番 话 捞 所 有 在 场 的 人 □ 流 眼 泪 了。

175 **我们请他唱了一首歌。**

uən$^{13}$tɕʰin$^{33}$i$^{44}$ʈʰan$^{44}$le$^{11}$ie$^{44}$tɕie$^{11}$ka$^{45}$.

□ 请 伊 唱 了 一 节 歌。

176 **我有几个亲戚在外地做工。**

ŋa$^{11}$iu$^{11}$tɕi$^{33}$ka$^{44}$tsʰən$^{45}$tsin$^{13}$kən$^{45}$uai$^{22}$ti$^{22}$tsu$^{44}$sɿ$^{22}$.

我有几个亲　情　跟　外地做　事。

177　**他整天都陪着我说话。**

i$^{44}$ie$^{44}$ ȵie $^{44}$kən$^{13}$ti$^{33}$to$^{44}$pan$^{22}$ta$^{33}$ŋa$^{11}$kan$^{33}$ʋya$^{22}$.

伊一日　□　的□伴　哒我讲　话。

178　**我骂他是个大笨蛋，他居然不恼火。**

ŋa$^{11}$mia$^{22}$i$^{44}$ɕi$^{22}$ka$^{44}$pan$^{44}$lau$^{11}$kʰo$^{44}$, i$^{44}$ nei$^{44}$i$^{44}$to$^{44}$mo$^{22}$ȵa$^{11}$fa$^{33}$.

我骂　伊是个　跘　脑　壳，伊□　意□　冇　惹　火。

179　**他把钱一扔，二话不说，转身就走。**

i$^{44}$pia$^{33}$tsin$^{13}$ie$^{44}$ɕia$^{22}$, mən$^{44}$li$^{33}$to$^{44}$mo$^{22}$kan$^{33}$, ȶuan$^{33}$ɕin$^{45}$tsu$^{22}$xen$^{13}$la$^{11}$.

伊把　钱　一　射，□　哩□　冇　讲，　转　身　就　行　了。

180　**我该不该来呢？**

ŋa$^{11}$kei$^{45}$mo$^{22}$kei$^{45}$lei$^{13}$le$^{44}$？

我该　冇　该　来　咧？

181　**你来也行，不来也行。**

ni$^{11}$lei$^{13}$ie$^{11}$ɕin$^{13}$, mo$^{22}$lei$^{13}$ie$^{11}$ɕin$^{13}$.

你来也行，冇　来也行。

182　**要我说，你就不应该来。**

y$^{44}$ŋa$^{11}$kan$^{33}$, ni$^{11}$tsu$^{22}$mo$^{22}$in$^{44}$kei$^{45}$lei$^{13}$.

要我　讲，你就　冇　应　该　来。

183　**你能不能来？**

ni$^{11}$lei$^{13}$mo$^{22}$lei$^{13}$te$^{44}$ly$^{11}$o$^{11}$？

你来　冇　来得了　哦？

184　**看看吧，现在说不准。**

man$^{22}$sɿ$^{22}$lei$^{13}$, tʰi$^{44}$kei$^{44}$xai$^{13}$mo$^{22}$kan$^{33}$te$^{44}$tin$^{22}$.

望　事来，□　箇　还　冇　讲　得　定。

185　**能来就来，不能来就不来。**

nən$^{13}$lei$^{13}$tsu$^{22}$lei$^{13}$, mo$^{22}$nən$^{13}$lei$^{13}$tsu$^{22}$mo$^{22}$lei$^{13}$.

能　来就　来，冇　能　来　就　冇　来。

186　**你打算不打算去？**

ni$^{11}$ta$^{33}$mo$^{22}$ta$^{33}$suan$^{44}$kʰu$^{44}$o$^{11}$？

你打冇　打算　去　哦？

187 **去呀！谁说我不打算去？**

k$^{h}$u$^{44}$a$^{33}$! ka$^{44}$nu$^{45}$kan$^{33}$ŋa$^{11}$mo$^{22}$ta$^{33}$suan$^{44}$k$^{h}$u$^{44}$o$^{11}$ ?

去 啊！个 □ 讲 我 有 打 算 去 哦？

188 **他一个人敢去吗？**

i$^{44}$ie$^{44}$ka$^{44}$ȵin$^{13}$tɕia$^{45}$te$^{44}$tau$^{44}$k$^{h}$u$^{44}$mo$^{22}$ ?

伊一个 人 □ 得到 去 有？

189 **敢！那有什么不敢的？**

tɕia$^{45}$te$^{44}$tau$^{44}$ ! ȶa$^{44}$li$^{33}$iu$^{11}$mən$^{44}$li$^{33}$ mo$^{22}$tɕia$^{45}$te$^{44}$tau$^{44}$ti$^{33}$a$^{11}$ ?

□ 得到！ □ 哩有 □ 哩 有 □ 得 到 的 啊？

190 **他到底愿不愿意说？**

i$^{44}$tau$^{44}$ti$^{33}$ȵuan$^{22}$mo$^{22}$ȵuan$^{22}$kan$^{33}$a$^{11}$ ?

伊到 底 愿 有 愿 讲 啊？

191 **谁知道他愿意不愿意说？**

ka$^{44}$nu$^{45}$ɕy$^{33}$te$^{44}$i$^{44}$ȵuan$^{22}$mo$^{22}$ȵuan$^{22}$kan$^{33+44}$ ?

个 □ 晓 得伊 愿 有 愿 讲？

192 **愿意说得说，不愿意说也得说。**

ȵuan$^{22}$kan$^{33}$ia$^{11}$y$^{44}$kan$^{33}$, mo$^{22}$ȵuan$^{22}$kan$^{33}$ia$^{11}$y$^{44}$te$^{44}$kan$^{33}$.

愿 讲 也 要 讲， 有 愿 讲 也 要 得 讲。

193 **反正我得让他说，不说不行。**

fan$^{33}$ȶən$^{44}$ŋa$^{11}$y$^{44}$iaŋ$^{22}$i$^{44}$kan$^{33}$ȶ$^{h}$o$^{44}$lei$^{13}$, mo$^{22}$kan$^{33}$mo$^{22}$ɕin$^{13}$.

反 正 我 要 让 伊讲 出 来，有 讲 有 行。

194 **还有没有饭吃？**

xai$^{13}$iu$^{11}$mo$^{22}$iu$^{22}$fyan$^{22}$tɕ$^{h}$ie$^{44+45}$ ?

还 有 有 有 饭 吃？

195 **有，刚吃呢。**

iu$^{11}$, k$^{h}$a$^{11}$tɕin$^{45}$tɕ$^{h}$ie$^{44}$la$^{44}$.

有，刻 间 吃 啦。

196 **没有了，谁叫你不早来！**

mo$^{22}$te$^{44}$la$^{11}$, ka$^{44}$nu$^{45}$ iaŋ$^{22}$ni$^{11}$mo$^{22}$tsau$^{33}$lei$^{13}$ni$^{44}$ !

有 得 了，个 □ 让 你 有 早 来 儿！

197 **你去过北京吗？我没去过。**

ni$^{11}$k$^{h}$u$^{44}$kua$^{44}$pe$^{44}$ȶən$^{45}$mo$^{22}$ ? ŋa$^{11}$mo$^{22}$k$^{h}$u$^{44}$kua$^{44}$.

你 去 过 北 京 冇? 我 冇 去 过。

198 **我十几年前去过，可没怎么玩，都没印象了。**

ŋa$^{11}$ɕie$^{11}$tɕi$^{33}$nin$^{13}$tsin$^{13}$k$^{h}$u$^{44}$kua$^{44}$, pu$^{44}$kua$^{44}$ɕi$^{22}$mo$^{22}$nu$^{45}$k$^{h}$u$^{44}$xei$^{45}$, to$^{44}$iu$^{11}$ni$^{44}$man$^{22}$tɕi$^{44}$la$^{11}$.

我 十 几 年 前 去 过，不 过 是 冇 □ 去 哈，□ 有 儿 忘 记 了。

199 **这件事他知道不知道?**

iaŋ$^{22}$sɿ$^{22}$kei$^{44}$i$^{44}$ɕy$^{33}$mo$^{22}$ɕy$^{33}$te$^{44+45}$ ?

样 事 箇 伊 晓 冇 晓 得?

200 **这件事他肯定知道。**

ka$^{44}$sɿ$^{22}$kei$^{44}$i$^{44}$k$^{h}$ən$^{33}$tin$^{22}$ɕy$^{33}$te$^{44}$.

个 事 箇 伊 肯 定 晓 得。

201 **据我了解，他好像不知道。**

kən$^{45}$tɕy$^{44}$ŋa$^{11}$liau$^{11}$kai$^{33}$, i$^{44}$ɕi$^{22}$xau$^{33}$tɕiaŋ$^{22}$mo$^{22}$ɕy$^{33}$te$^{44}$.

根 据 我 了 解，伊 是 好 像 冇 晓 得。

202 **这些字你认得不认得?**

xau$^{33}$tsi$^{22}$kei$^{44}$ni$^{11}$ȵin$^{22}$mo$^{22}$ȵin$^{22}$te$^{44}$tɕie$^{11+44}$ ?

好 字 箇 你 认 冇 认 得 着?

203 **我一个大字也不认得。**

ŋa$^{11}$ie$^{44}$ka$^{44}$tai$^{22}$tsi$^{22}$to$^{44}$mo$^{22}$ȵin$^{22}$te$^{44}$tɕie$^{11}$.

我 一 个 大 字 □ 冇 认 得 着。

204 **只有这个字我不认得，其他字都认得。**

tɕi$^{45}$iu$^{11}$ka$^{44}$tsi$^{22}$kei$^{44}$ŋa$^{11}$mo$^{22}$ȵin$^{22}$te$^{44}$tɕie$^{11}$, tɕi$^{13}$y$^{13}$tsi$^{22}$to$^{44}$ȵin$^{22}$te$^{44}$tɕie$^{11}$.

只 有 个 字 箇 我 冇 认 得 着， 其 余 字 □ 认 得 着。

205 **你还记得不记得我了?**

ni$^{11}$xai$^{13}$tɕi$^{44}$mo$^{22}$tɕi$^{44}$te$^{44}$tau$^{44}$ŋa$^{11}$ ?

你 还 记 冇 记 得 到 我?

206 **记得，怎么能不记得!**

tɕi$^{44}$te$^{44}$, nu$^{45}$ ka$^{44}$ nən$^{13}$kou$^{44}$mo$^{22}$tɕi$^{44}$te$^{44}$ !

记 得，□ 个 能 够 冇 记 得!

207 **我忘了，一点都不记得了。**

ŋa$^{11}$man$^{22}$tɕi$^{44}$le$^{11}$, ni$^{44}$to$^{44}$mo$^{22}$tɕi$^{44}$te$^{44}$tau$^{44}$la$^{11}$.

我 忘 记 了，儿 □ 冇 记 得 到 了。

208 **你在前边走，我在后边走。**

ni$^{11}$kən$^{45}$tsin$^{13}$tou$^{13}$xen$^{13}$, ŋa$^{11}$kən$^{45}$ȶ$^{h}$oŋ$^{44}$pe$^{44}$xen$^{13}$.

你 跟 前 头 行， 我 跟 □ 背 行。

209 **我告诉他了，你不用再说了。**

ŋa$^{11}$po$^{44}$i$^{44}$le$^{11}$, ni$^{11}$pu$^{44}$ioŋ$^{22}$kan$^{33}$le$^{11}$.

我 报 伊 了， 你 不 用 讲 了。

210 **这个大，那个小，你看哪个好？**

ka$^{44}$kei$^{44}$tai$^{22}$, ka$^{44}$ȶa$^{44}$ne$^{44}$, ni$^{11}$man$^{22}$ka$^{44}$nu$^{45}$xau$^{33}$le$^{45}$ ?

个 箇 大， 个 □ 儿， 你 望 个 □ 好 咧？

211 **这个比那个好。**

ka$^{44}$kei$^{44}$pi$^{33}$ka$^{44}$ȶa$^{44}$xau$^{33}$.

个 箇 比 个 □ 好。

212 **那个没有这个好，差多了。**

ka$^{44}$ȶa$^{44}$mo$^{22}$te$^{44}$ka$^{44}$kei$^{44}$xau$^{33}$, ts$^{h}$a$^{45}$ʋyn$^{11}$lo$^{33}$.

个 □ 冇 得 个 箇 好， 差 远 啰。

213 **要我说这两个都好。**

y$^{44}$ŋa$^{11}$kan$^{33}$ɕi$^{22}$liaŋ$^{11}$ka$^{44}$kei$^{44}$to$^{44}$xau$^{33}$.

要 我 讲 是 两 个 箇 □ 好。

214 **其实这个比那个好多了。**

tɕi$^{13}$sɿ$^{13}$ka$^{44}$kei$^{44}$pi$^{33}$ka$^{44}$ȶa$^{44}$xau$^{33}$ta$^{45}$lo$^{33}$.

其 实 个 箇 比 个 □ 好 多 啰。

215 **今天的天气没有昨天好。**

ȵie$^{44}$nai$^{33}$ti$^{33}$t$^{h}$in$^{45}$tɕ$^{h}$i$^{44}$mo$^{22}$te$^{44}$tsin$^{11}$nie$^{11}$ti$^{33}$xau$^{33}$.

日 □ 的 天 气 冇 得 □ 日 的 好。

216 **昨天的天气比今天好多了。**

tsin$^{11}$nie$^{11}$ti$^{33}$t$^{h}$in$^{45}$tɕ$^{h}$i$^{44}$pi$^{33}$ȵie$^{44}$nai$^{11}$ti$^{33}$xau$^{33}$ta$^{45}$lo$^{33}$.

□ 日 的 天 气 比 日 □ 的 好 多 啰。

217 **明天的天气肯定比今天好。**

mən$^{13}$tɕi$^{45}$ȵie$^{44}$ti$^{33}$t$^{h}$in$^{45}$tɕ$^{h}$i$^{44}$k$^{h}$ən$^{33}$tin$^{22}$pi$^{33}$ȵie$^{44}$nai$^{11}$ti$^{33}$xau$^{33}$.

明 □ 日 的 天 气 肯 定 比 日 □ 的 好。

218 **那个房子没有这个房子好。**

ȶoŋ$^{13}$o$^{44}$ȶa$^{44}$mo$^{22}$te$^{44}$ȶoŋ$^{13}$o$^{44}$kei$^{44}$xau$^{33}$.

□ 屋 □ 冇 得 □ 箇 好。

219 **这些房子不如那些房子好。**

xau$^{33}$o$^{44}$kei$^{44}$mo$^{22}$te$^{44}$xau$^{33}$o$^{44}$ȶa$^{44}$xau$^{33}$.

好 屋 箇 冇 得 好 □ 好。

220 **这个有那个大没有？**

ka$^{44}$kei$^{44}$iu$^{11}$ka$^{44}$ȶa$^{44}$tai$^{22}$mo$^{22+44}$？

个 箇 有 个 □ 大 冇？

221 **这个跟那个一般大。**

ka$^{44}$kei$^{44}$ȶ$^{h}$o$^{33}$ka$^{44}$ȶa$^{44}$ie$^{44}$iaŋ$^{22}$tai$^{22}$.

个 箇 □ 个 □ 一 样 大。

222 **这个比那个小了一点点儿，不怎么看得出来。**

ka$^{44}$kei$^{44}$pi$^{33}$ka$^{44}$ȶa$^{44}$ne$^{44}$ne$^{44}$ne$^{45}$ni$^{44}$, mo$^{22}$ɕi$^{22}$man$^{13}$man$^{22}$te$^{44}$ȶ$^{h}$o$^{44}$.

个 箇 比 个 □儿 儿 儿 儿，冇 是 蛮 望 得出。

223 **这个大，那个小，两个不一般大。**

ka$^{44}$kei$^{44}$tai$^{22}$, ka$^{44}$ȶa$^{44}$ne$^{44}$, liaŋ$^{11}$ka$^{44}$mo$^{22}$ie$^{44}$iaŋ$^{22}$tai$^{22}$.

个 箇 大，个 □ 儿，两 个 冇 一 样 大。

224 **这个跟那个大小一样，分不出来。**

ka$^{44}$kei$^{44}$tɕ$^{h}$io$^{33}$ka$^{44}$ȶa$^{44}$tai$^{22}$ne$^{44}$ie$^{44}$iaŋ$^{22}$ti$^{33}$, fən$^{45}$pu$^{44}$ȶ$^{h}$o$^{44}$lei$^{13}$.

个 箇 □ 个 □ 大 儿 一 样 的，分 不 出 来。

225 **这个人比那个人高。**

ka$^{44}$ȵin$^{13}$kei$^{44}$pi$^{33}$ka$^{44}$ȵin$^{13}$ȶa$^{44}$kau$^{45}$.

个 人 箇 比 个 人 □ 高。

226 **是高一点儿，可是没有那个人胖。**

ɕi$^{22}$kau$^{45}$ta$^{33}$ni$^{44}$, pu$^{44}$kua$^{44}$ɕi$^{22}$mo$^{22}$te$^{44}$ ka$^{44}$ȵin$^{13}$ȶa$^{44}$fi$^{13}$.

是 高 哒儿，不 过 是 冇 得 个 人 □ 肥。

227 **他们一般高，我看不出谁高谁矮。**

t$^{h}$a$^{45}$liaŋ$^{11}$ka$^{44}$ie$^{44}$iaŋ$^{22}$kau$^{45}$ti$^{33}$, ŋa$^{11}$man$^{22}$pu$^{44}$ȶ$^{h}$o$^{44}$ka$^{44}$nu$^{45}$kau$^{45}$ka$^{44}$nu$^{45}$ti$^{45}$.

他 两 个 一 样 高 的，我 望 不 出 个 □ 高 个 □低。

228 **胖的好还是瘦的好？**

fi$^{13}$ti$^{33}$xau$^{33}$xai$^{13}$ɕi$^{22}$sou$^{44}$ti$^{33}$xau$^{33}$？

肥 的 好 还 是 瘦 的 好？

229 **瘦的比胖的好。**

sou$^{44}$ti$^{33}$pi$^{33}$fi$^{13}$ti$^{33}$xau$^{33}$.

瘦 的比肥 的 好。

230 瘦的胖的都不好，不瘦不胖最好。

sou$^{44}$ti$^{33}$fi$^{13}$ti$^{33}$to$^{44}$mo$^{22}$xau$^{33}$, mo$^{22}$sou$^{44}$mo$^{22}$fi$^{13}$ti$^{33}$tsei$^{44}$xau$^{33}$.

瘦 的 肥 的□有 好， 有 瘦 有 肥 的 最 好。

231 这个东西没有那个东西好用。

ka$^{44}$toŋ$^{45}$si$^{45}$kei$^{44}$mo$^{22}$te$^{44}$ka$^{44}$toŋ$^{45}$si$^{45}$ȶa$^{44}$xau$^{33}$ioŋ$^{22}$.

个 东 西 箇 有 得 个 东 西 □ 好 用。

232 这两种颜色一样吗？

liaŋ$^{11}$ȶoŋ$^{33}$ian$^{13}$se$^{44}$kei$^{44}$ie$^{44}$iaŋ$^{22}$ti$^{33}$mo$^{22+44}$？

两 种 颜 色 箇 一 样 的 有？

233 不一样，一种色淡，一种色浓。

mo$^{22}$ie$^{44}$iaŋ$^{22}$, ie$^{44}$ȶoŋ$^{33}$ian$^{13}$se$^{44}$tan$^{22}$ni$^{44}$, ie$^{44}$ȶoŋ$^{33}$noŋ$^{13}$ni$^{44}$.

有 一 样，一 种 颜 色 淡 儿，一 种 浓 儿。

234 这种颜色比那种颜色淡多了，你都看不出来？

ȶoŋ$^{33}$ian$^{13}$se$^{44}$kei$^{44}$pi$^{33}$ȶoŋ$^{33}$ian$^{13}$se$^{44}$ ȶa$^{44}$tan$^{22}$kei$^{44}$ʋyn$^{11}$, ni$^{11}$to$^{44}$mo$^{22}$man$^{22}$te$^{44}$ȶʰo$^{44}$lei$^{13}$？

种 颜 色 箇 比 种 颜 色 □ 淡 箇 远， 你□ 有 望 得 出 来？

235 你看看现在，现在的日子比过去强多了。

ni$^{11}$man$^{22}$xa$^{22}$tʰi$^{44}$kei$^{44}$ma$^{11}$, tʰi$^{44}$kei$^{44}$ti$^{33}$nie$^{11}$tsi$^{33}$pi$^{33}$tʰi$^{44}$ȶa$^{44}$ȶan$^{13}$ta$^{45}$lo$^{33}$.

你 望 下 □ 箇 嘛， □ 箇 的 日 子 比 □ □ 强 多 啰。

236 以后的日子比现在更好。

i$^{33}$xou$^{22}$ti$^{33}$nie$^{11}$tsi$^{33}$pi$^{33}$tʰi$^{44}$kei$^{44}$ken$^{44}$xau$^{33}$.

以后 的日 子 比 □ 箇 更 好。

237 好好干吧，这日子一天比一天好。

xau$^{33}$sən$^{45}$tsu$^{44}$ni$^{44}$, ka$^{44}$nie$^{11}$tsi$^{33}$kei$^{44}$ie$^{44}$ȵie$^{44}$pi$^{33}$ie$^{44}$ȵie$^{44}$xau$^{33}$.

好 心 做 儿，个 日 子 箇 一 日 比 一 日 好。

238 这些年的生活一年比一年好，越来越好。

tɕi$^{33}$nin$^{45}$kei$^{44}$ti$^{33}$sen$^{45}$xo$^{11}$ie$^{44}$nin$^{45}$pi$^{33}$ie$^{44}$nin$^{45}$xau$^{33}$, ye$^{11}$lei$^{13}$ye$^{11}$xau$^{33}$.

几 年 箇 的 生 活 一 年 比 一 年 好， 越 来 越 好。

239 咱兄弟俩比一比谁跑得快。

uən$^{13}$liaŋ$^{11}$fyn$^{45}$ti$^{22}$pi$^{33}$ie$^{44}$pi$^{33}$, ka$^{44}$nu$^{45}$tsou$^{33}$te$^{44}$tɕʰie$^{44}$tan$^{45}$.

□ 两 兄 弟 比 一 比，个 □ 走 得 快 当。

240 我比不上你，你跑得比我快。

ŋa$^{11}$pi$^{33}$pu$^{44}$ɕiaŋ$^{22}$ni$^{11}$, ni$^{11}$tsou$^{33}$te$^{44}$pi$^{33}$ŋa$^{11}$tɕʰie$^{44}$.

我 比 不 上 你，你 走 得 比 我 快。

241 **他跑得比我还快，一个比一个跑得快。**

i$^{44}$tsou$^{33}$te$^{44}$pi$^{33}$ŋa$^{11}$xai$^{13}$tɕʰie$^{44}$tan$^{45}$, ie$^{44}$ka$^{44}$pi$^{33}$ie$^{44}$ka$^{44}$tsou$^{33}$te$^{44}$tɕʰie$^{44}$.

伊 走 得 比 我 还 快 当，一 个 比 一 个 走 得 快。

242 **他比我吃得多，干得也多。**

i$^{44}$pi$^{33}$ŋa$^{11}$tɕʰie$^{44}$te$^{44}$ta$^{45}$, tsu$^{44}$te$^{44}$ia$^{11}$ta$^{45}$.

伊 比 我 吃 得 多，做 得 也 多。

243 **他干起活来，比谁都快。**

i$^{44}$tsu$^{44}$tɕʰi$^{33}$sɿ$^{22}$lei$^{13}$, pi$^{33}$ka$^{44}$nu$^{45}$to$^{44}$tɕʰie$^{44}$tan$^{45}$.

伊 做 起 事 来，比 个 □ □ 快 当。

244 **说了一遍，又说一遍，不知说了多少遍。**

kan$^{33}$la$^{11}$ie$^{44}$fi$^{13}$, iu$^{22}$kan$^{33}$ie$^{44}$fi$^{13}$, mo$^{22}$ɕy$^{33}$te$^{44}$kan$^{33}$la$^{11}$xau$^{33}$ta$^{45}$fi$^{13}$.

讲 了 一 回，又 讲 一 回，冇 晓 得 讲 了 好 多 回。

245 **我嘴笨，可是怎么也说不过他。**

ŋa$^{11}$ti$^{33}$tse$^{33}$pa$^{45}$tɕio$^{11}$te$^{44}$xən$^{33}$, nu$^{45}$ka$^{44}$to$^{44}$mo$^{22}$kan$^{33}$te$^{44}$in$^{13}$i$^{44}$.

我 的 嘴 巴 □ 得 很，□ 个 □ 冇 讲 得 赢 伊。

ŋa$^{11}$ti$^{33}$tse$^{33}$pa$^{45}$tɕio$^{11}$te$^{44}$xən$^{33}$, nu$^{45}$ka$^{44}$to$^{44}$mo$^{22}$kan$^{33}$te$^{44}$ i$^{44}$ in$^{13}$.

我 的 嘴 巴 □ 得 很，□ 个 □ 冇 讲 得 伊 赢。

246 **他走得越来越快，我都跟不上了。**

i$^{44}$xen$^{13}$te$^{44}$ye$^{11}$lei$^{13}$ye$^{11}$tɕʰie$^{44}$, ŋa$^{11}$to$^{44}$kən$^{45}$pu$^{44}$ɕiaŋ$^{22}$la$^{11}$.

伊 行 得 越 来 越 快，我 □ 跟 不 上 了。

247 **越走越快，越说越快。**

ye$^{11}$xen$^{13}$ye$^{11}$tɕʰie$^{44}$, ye$^{11}$kan$^{33}$ye$^{11}$tɕʰie$^{44}$.

越 行 越 快，越 讲 越 快。

248 **慢慢说，一句一句地说。**

tʰai$^{44}$ȶan$^{13}$kan$^{33}$, ie$^{44}$kʰou$^{33}$ie$^{44}$kʰou$^{33}$ti$^{33}$kan$^{33}$.

太 常 讲，一 口 一 口 地 讲。

# 第三节

# 其他例句

01　**一共多少钱？**

ie$^{44}$koŋ$^{44}$xau$^{33}$ta$^{45}$tsin$^{13}$？

一 共 好 多 钱？

02　**我和你一起去。**

uən$^{13}$liaŋ$^{11}$ka$^{44}$ie$^{44}$tɕʰi$^{33}$kʰu$^{44}$.

□ 两 个 一 起 去。

uən$^{13}$liaŋ$^{11}$ka$^{44}$ie$^{44}$lu$^{22}$kʰu$^{44}$.

□ 两 个 一 路 去。

03　**我只去过一次。**

ŋa$^{11}$tɕi$^{45}$kʰu$^{44}$ka$^{44}$ie$^{44}$tʰan$^{44}$.

我 只 去 咖 一 趟。

04　**净吃饭，不吃面。**

to$^{11}$tɕi$^{45}$tɕʰie$^{44}$fyan$^{22}$, mo$^{22}$tɕʰie$^{44}$min$^{22}$.

□ 只 吃 饭， 冇 吃 面。

05　**我刚来，赶不上。**

ŋa$^{11}$kʰa$^{11}$tɕin$^{45}$lei$^{13}$, kan$^{33}$pu$^{44}$ɕiaŋ$^{22}$.

我 刻 间 来， 赶 不 上。

06　**这双鞋我穿着刚刚好。**

suan$^{45}$ɕie$^{13}$kei$^{44}$ŋa$^{11}$kʰa$^{11}$kʰa$^{11}$ȶʰuan$^{45}$te$^{44}$tɕie$^{11}$.

双 鞋 箇 我 恰 恰 穿 得 着。

07 **不大不小，刚好合适。**

mo$^{22}$tai$^{22}$mo$^{22}$ne$^{44}$, k$^{h}$a$^{11}$k$^{h}$a$^{11}$xo$^{11}$ɕi$^{44}$.

有 大 有 儿， 恰 恰 合 适。

08 **刚才来的人是谁？**

k$^{h}$a$^{11}$tɕin$^{45}$lei$^{13}$ti$^{33}$ɕi$^{22}$ka$^{44}$nu$^{45}$ ?

刻 间 来 的 是 个 □?

09 **天有点儿冷。**

t$^{h}$in$^{45}$iu$^{11}$ni$^{44}$len$^{11}$.

天 有 儿 冷。

10 **明天也许要下雨。**

mən$^{13}$tɕi$^{45}$ȵie$^{44}$p$^{h}$ia$^{44}$ɕi$^{22}$y$^{44}$la$^{11}$u$^{11}$.

明 □ 日 怕 是 要 落 雨。

11 **我吃了饭就去。**

ŋa$^{11}$tɕ$^{h}$ie$^{44}$le$^{11}$fyan$^{22}$tsu$^{22}$k$^{h}$u$^{44}$.

我 吃 了 饭 就 去。

12 **他根本就不知道。**

i$^{44}$kən$^{45}$pən$^{33}$tsu$^{22}$mo$^{22}$ɕy$^{33}$te$^{44}$.

伊 根 本 就 有 晓 得。

13 **他来的时候我正在睡觉。**

i$^{44}$lei$^{13}$ti$^{33}$ɕi$^{13}$xou$^{22}$ŋa$^{11}$ȶən$^{44}$tsei$^{22}$ua$^{11}$tɕiau$^{44}$tsi$^{33}$.

伊 来 的 时 候 我 正 在 卧 觉 子。

14 **早晚来都行。**

tsau$^{33}$ni$^{44}$tɕi$^{13}$ni$^{44}$lei$^{13}$to$^{44}$k$^{h}$o$^{33}$i$^{11}$.

早 儿 迟 儿 来 都 可 以。

15 **天快亮了。**

t$^{h}$in$^{45}$y$^{44}$kuan$^{45}$la$^{11}$.

天 要 光 了。

16 **你先去，我过一会儿再来。**

ni$^{11}$sin$^{45}$k$^{h}$u$^{44}$, ŋa$^{11}$kua$^{44}$t$^{h}$i$^{44}$tsei$^{44}$lei$^{13}$.

你 先 去， 我 过 □ 再 来。

17 **他原来不知道，后来才听人说的。**

i$^{44}$ȵuan$^{13}$sin$^{45}$mo$^{22}$ɕy$^{33}$te$^{44}$, ȶ$^{h}$oŋ$^{44}$pe$^{44}$xen$^{13}$te$^{44}$t$^{h}$in$^{44}$pie$^{11}$ka$^{44}$kan$^{33}$ti$^{33}$.

伊原　先有晓　得，□　背行　得听　别个讲　的。

18　**他读书的时候经常迟到。**

i$^{44}$to$^{11}$fy$^{45}$ti$^{33}$ɕi$^{13}$xou$^{22}$ʈʰa$^{33}$ʈan$^{13}$tɕi$^{13}$tau$^{44}$.

伊读书的时候　扯　常　迟　到。

19　**他向来是这样子的。**

i$^{44}$su$^{44}$lei$^{13}$tsu$^{22}$ɕi$^{22}$kei$^{44}$ iaŋ$^{22}$tsi$^{33}$.

伊素来　就是　箇　样　子。

20　**他一直在问。**

i$^{44}$ie$^{44}$tsʅ$^{13}$kən$^{45}$ʈa$^{44}$mən$^{22}$.

伊一直　跟　□ 问。

21　**不用急，反正还来得及。**

mo$^{22}$tɕie$^{44}$, fan$^{33}$ʈən$^{44}$xai$^{13}$lei$^{13}$te$^{44}$tɕʰie$^{11}$.

冇　急，反　正　还来得　及。

22　**非到九点不开会。**

mo$^{22}$tau$^{44}$ʈu$^{33}$tin$^{33}$mo$^{22}$kʰei$^{45}$fe$^{22}$.

冇　到　九点　冇　开　会。

23　**我幸亏带了伞。**

suan$^{44}$xau$^{33}$ŋa$^{11}$tai$^{44}$san$^{33}$lei$^{13}$le$^{11}$.

算　好　我　带　伞　来　了。

24　**有话当面说，不要背地说。**

iu$^{11}$ʋya$^{22}$tan$^{45}$min$^{22}$kan$^{33}$, mo$^{22}$y$^{44}$pe$^{22}$ti$^{33}$kan$^{33}$.

有话　当　面　讲，　冇要背地讲。

25　**他到底走了没有，你要问清楚。**

i$^{44}$tau$^{44}$ti$^{33}$kʰu$^{44}$le$^{11}$mo$^{22}$, ni$^{11}$y$^{44}$mən$^{22}$tsʰin$^{45}$tsʰu$^{33}$.

伊到　底去　了　冇，你要　问　清　楚。

# 第八章　话语材料

# 第一节

# 俗语谚语

## 一　谚语

01　tɕy13tsi33y44pən11pe11lu22tse11, tsau33liau11san45ȵie11mo22tse11, tɕi13liau11san45ȵie11mo22xa44.

荞子要本白露节，早了三日有结，迟了三日有黑。

02　ȵia13tɕʰi33ʋye22ty45ʋye22kʰoŋ45, ȵie11tia33ʋye22ya45ʋye22loŋ45.

牙齿越雕越空，耳朵越挖越聋。

03　kua45ti33ɕiaŋ22ta33me11sin44, tɕie11le11mo22te44tɕin44.

锅底上打墨线，直了有得见。

04　li13tou13li13pʰie11, ɕie11te44ie44si45, ta44la11ie44si45.

犁头犁撇，拾得一些，跌落一些。

05　li13koŋ45tɕie11le11tsʰin45ȶən45lie11, y22tɕie11li13tou13mo22ȵo11tɕʰy44.

犁弓着了千斤力，遇着犁头有入窍。

06　ie44tsən33xou22sen45san45tsən33pei22.

一整后生三整□。①

07　ua13pʰia44tʰei45ɕiaŋ22xan22, ȵin13pʰia44lau11lei13nan13.

禾怕胎上旱，人怕老来难。

08　kau44fa44tsi33to44iu11ka44san45ɕie11ia22.

告化子□有个三十夜。

---

① 意为女人容颜易老，男人保有青春的时间要长一些。

09 ʈu$^{33}$ȵo$^{11}$ʈoŋ$^{13}$iaŋ$^{13}$, ta$^{33}$tɕ$^{h}$i$^{33}$la$^{13}$ku$^{33}$fan$^{44}$ʈu$^{45}$iaŋ$^{13}$.

九月重阳，打起锣鼓放猪羊。

10 le$^{13}$ta$^{33}$toŋ$^{45}$, ɕie$^{11}$ka$^{44}$ŋou$^{13}$lan$^{13}$ʈu$^{33}$ka$^{44}$k$^{h}$oŋ$^{45}$.

雷打冬，十个牛栏九个空。

11 ŋou$^{13}$pən$^{33}$ko$^{44}$u$^{11}$, ȵin$^{13}$pən$^{33}$pe$^{11}$lu$^{22}$.

牛本谷雨，人本白露。

12 t$^{h}$in$^{45}$u$^{13}$tɕi$^{44}$, ti$^{22}$u$^{13}$tɕi$^{44}$, nin$^{13}$u$^{13}$tɕi$^{44}$, ȵio$^{11}$u$^{13}$tɕi$^{44}$, lu$^{11}$pian$^{45}$kən$^{45}$kei$^{44}$, pe$^{11}$u$^{13}$ʈən$^{44}$tɕi$^{44}$.

天无忌，地无忌，年无忌，月无忌，鲁班跟箇，百无禁忌。①

13 ie$^{44}$ȵie$^{11}$nan$^{13}$xoŋ$^{45}$san$^{45}$ȵie$^{11}$ou$^{44}$, san$^{45}$ȵie$^{11}$nan$^{13}$xoŋ$^{45}$tɕ$^{h}$i$^{33}$so$^{11}$kou$^{44}$.

一日南风三日熰，三日南风起雪构。

14 poŋ$^{45}$loŋ$^{45}$tsi$^{33}$, tai$^{22}$pi$^{13}$ie$^{11}$, pi$^{45}$tɕi$^{45}$ɕi$^{13}$, pi$^{45}$tɕi$^{45}$ȵie$^{11}$.

□□子，大皮叶，□知时，□知日。②

（谚语由俞仕忠发音）

## 二 谜语

01 liaŋ$^{11}$ka$^{44}$lau$^{11}$ɕiu$^{33}$, ʈoŋ$^{33}$ty$^{13}$mie$^{11}$pa$^{45}$.（ts$^{h}$u$^{45}$pi$^{13}$ɕie$^{13}$）

两个老鼠，□共条尾巴。（搊皮鞋）

02 ȵin$^{13}$uan$^{13}$tu$^{33}$ȵo$^{11}$ie$^{44}$suan$^{44}$kua$^{44}$, ie$^{44}$ȵi$^{13}$sɿ$^{22}$tsin$^{13}$tsai$^{22}$uan$^{13}$tɕia$^{45}$.

人王肚入一算卦，一儿事情在王家。

ni$^{22}$ɕie$^{11}$san$^{45}$tin$^{33}$ko$^{11}$xa$^{22}$u$^{11}$, ua$^{13}$ɕiaŋ$^{22}$ʈa$^{11}$ti$^{33}$ts$^{h}$ai$^{33}$ni$^{13}$pa$^{45}$.（ʈən$^{45}$y$^{22}$man$^{11}$tan$^{13}$）

二十三点角下雨，和尚脚底踩泥巴。（金玉满堂）③

03 san$^{45}$fyan$^{45}$ti$^{22}$, ʈoŋ$^{33}$ty$^{13}$tai$^{44}$, ȵie$^{11}$ȵie$^{11}$tsoŋ$^{13}$tɕy$^{45}$tɕie$^{11}$fa$^{33}$lai$^{44}$.（tiau$^{44}$tɕia$^{44}$）

三兄弟，□共条带。日日从朝着火懒。（吊架）

04 sən$^{45}$tsai$^{22}$ɕin$^{45}$san$^{45}$tai$^{22}$san$^{45}$kən$^{45}$, lau$^{45}$ue$^{13}$tɕia$^{45}$ʈoŋ$^{45}$te$^{44}$an$^{45}$ɕin$^{45}$.

生在深山大山根，捞回家中得安身。

tɕ$^{h}$in$^{45}$tau$^{45}$ʋyan$^{22}$kua$^{11}$mo$^{22}$ɕiaŋ$^{22}$suan$^{44}$, xai$^{13}$tɕie$^{11}$tsin$^{33}$fy$^{33}$lin$^{13}$ie$^{44}$ɕin$^{45}$.（mia$^{13}$ɕie$^{11}$）

千刀万剐冇上算，还着井水淋一身。（磨石）

① 通常写在家禽家畜的栏笼边，旧时认为念此咒可以预防瘟神。

② □□ poŋ$^{45}$loŋ$^{45}$子：猕猴桃。□ pi$^{45}$：否定副词。猕猴桃树的叶子宽大，遮挡了光线，让人不知道时间。意思接近于"一叶障目"。此条无音频。

③ 谜面的四句话分别对应"金""玉""满""堂"四个字。

05　oŋ11ka44tɕiaŋ45tɕyn45, tso11ka44ʈan13tau22, ʋi13tau44ʈʰoŋ45kʰou33, tei44 ka44lan22mau22.( u22tou13 )

五 个 将 军， 捉 个 强 盗，围 到 冲 口， 戴 个 烂 帽。（芋 头）

06　fyan45ti22ʋyan22tɕʰin45, tin13ti22ʈʰu45ʈʰu45ɕiaŋ45lin13.

兄 弟 万 千， 田 地 丘 丘 相 连。

mei33tsu33xau33tɕʰie44, tou22fu11tsa45mie22te44tau44pən33tsin13.( tan13xoŋ45 )

美 酒 好 吃， 豆 腐 渣 卖 得 到 本 钱。（糖 蜂）

07　ie44tau45ʈa11tuan22, tsi33iu11ie44tse11.( pin13tsa22 )

一 刀 剁 断， 只 有 一 截。（瓶 座）

08　ie44ka44lau11ɕiu33, liaŋ33ka44mie11pa45.( tau45si45kʰo11 )

一 个 老 鼠， 两 个 尾 巴。（刀 丝 壳）

09　u13kən45u13ie11pu44ioŋ22tsei45, u13tʰu33u13fi13fya45tsi22kʰei45.

无 根 无 叶 不 用 栽， 无 土 无 肥 花 自 开。

oŋ11fan45lio11ȵo11mo22tɕin44liau33, ʈu33toŋ45ɕie11ȵo11iu22ʈuan33lei13.( fya45ʈa11toŋ13kuen33 )

五 荒 六 月 冇 见 了， 九 冬 十 月 又 转 来。（花 脚 筒 梗）①

10　mən44li33iu11ʈa11kən45o44ȵo11,( tən44 )

□ 里 有 脚 跟 屋 入，（凳）

mən44li33u13ʈa11ɕiaŋ22ȵuan13ʈu45.( ɕyan13 )

□ 里 无 脚 上 扬 州。（船）

11　si44ka44ʈu22tou13si44pi13fan45, tei13ka33ȵo11kuan45ɕia22xoŋ13kan45.( tɕie11suan13 )

四 个 柱 头 四 皮 枋， 抬 个 月 光 下 洪 江。（炙 床）②

12　pe11tsi22pe11tau44ti33, liaŋ11tse44mo22la11ti33.

白 字 白 到 底，两 侧 冇 落 底。

ʈoŋ45kan45iu11kei44poŋ13, liaŋ11tou13sua33pia33ɕi44.( ɕyan13 )

中 间 有 箇 篷， 两 头 要 把 戏。（船）

13　ȵo11kʰu44ie44ty13ʈʰoŋ45, ʈʰo44lei13lu22mo22tʰoŋ45.

入 去 一 条 冲， 出 来 路 冇 通。

ta44tɕie11min22mo22xau33, si33tsei22ʈo44lin13ʈoŋ45.( suan33 )

搭 怪 命 冇 好， 死 在 竹 林 中。（□捕鱼器具）

① “花脚筒梗”是本地人一种戏谑的说法，是指以前冬天烤火时，由于裤子穿得单薄，所以经常烤得小腿上红一块白一块的，实际上就是“花脚”的意思。

② “月光”指糍粑，“洪江”指喉咙。“炙床”是指烤糍粑的架子。

14 ȶʰən$^{45}$san$^{45}$ni$^{22}$ȵo$^{11}$kʰu$^{44}$, ȶu$^{33}$toŋ$^{45}$ɕie$^{11}$ȵo$^{11}$lei$^{13}$.

春 三 二 月 去， 九 冬 十 月 来。

ta$^{33}$tɕʰi$^{33}$iaŋ$^{13}$pu$^{44}$san$^{33}$, mei$^{33}$tɕʰi$^{33}$se$^{44}$tsi$^{33}$ȶuan$^{44}$ue$^{13}$lei$^{13}$.（u$^{22}$tou$^{13}$）

打 起 洋 布 伞， □背 起 细 子 转 回 来。（芋 头）

15 pa$^{44}$uan$^{13}$lin$^{11}$pin$^{45}$sa$^{11}$pʰei$^{44}$koŋ$^{45}$, iu$^{11}$koŋ$^{45}$tsi$^{45}$ȵin$^{13}$fyan$^{33}$u$^{13}$koŋ$^{45}$.

霸 王 领 兵 杀 沛 公， 有 功 之 人 反 无 功。

pia$^{11}$tsʰin$^{45}$tsi$^{33}$ti$^{22}$tsuan$^{13}$ɕie$^{44}$u$^{13}$, tsi$^{22}$tɕiaŋ$^{45}$u$^{13}$ŋan$^{13}$tsa$^{22}$tɕiaŋ$^{45}$toŋ$^{45}$.（ie$^{44}$）

八 千 子弟 全 失 无， 自 将 无 颜 坐 江 东。（一）①

（谜语由俞仕忠、陆凡英发音）

① 第一句意指“项”字（繁体），第二句意指去掉“工”，剩下“页”（繁体）。第三句意为去掉下面的“八”，第四句意为去掉“自”字，故最后剩下“一”字。

# 第二节

## 歌谣

01 ȶʰan$^{44}$tɕie$^{45}$tsʰu$^{45}$ka$^{45}$kʰuan$^{45}$xa$^{22}$sən$^{45}$, tai$^{44}$tia$^{33}$xoŋ$^{13}$fya$^{45}$in$^{44}$iaŋ$^{13}$ȶʰən$^{45}$.

唱 支 粗 歌 宽 下 心，戴 朵 红 花 映 阳 春。

ȵin$^{13}$mo$^{22}$kʰuan$^{45}$sən$^{45}$tɕʰie$^{44}$tsʰe$^{45}$lau$^{11}$, fya$^{45}$mo$^{22}$tan$^{45}$iaŋ$^{13}$ou$^{44}$lan$^{22}$sən$^{45}$.

人 冇 宽 心 快 催 老，花 冇 当 阳 沤 烂 心。

02 ʋyn$^{11}$ɕiaŋ$^{45}$toŋ$^{13}$pan$^{22}$ʋyn$^{11}$ɕiaŋ$^{45}$tsʰən$^{45}$, ȶən$^{45}$nie$^{11}$lei$^{13}$tau$^{44}$ŋa$^{11}$tuan$^{13}$sən$^{45}$.

远 乡 同 伴 远 乡 亲， 今 日 来 到 我 团 心。

ȶən$^{45}$nie$^{11}$te$^{44}$fe$^{22}$ʋyn$^{13}$ɕiaŋ$^{45}$pan$^{22}$, xau$^{33}$ɕie$^{22}$tʰai$^{44}$iaŋ$^{13}$fe$^{22}$tʰai$^{44}$in$^{45}$.

今 日 得 会 远 乡 伴，好 似 太 阳 会 太 阴。

tʰai$^{44}$iaŋ$^{13}$tʰai$^{44}$in$^{45}$ȶan$^{13}$ɕiaŋ$^{45}$fe$^{22}$, ɕy$^{33}$iu$^{11}$te$^{44}$fe$^{22}$ʋyn$^{11}$ɕiaŋ$^{45}$tsʰən$^{45}$.

太 阳 太 阴 长 相 会，少 有 得 会 远 乡 亲。

03 toŋ$^{13}$pan$^{22}$ȶʰan$^{44}$ka$^{45}$ŋa$^{11}$sən$^{45}$xoŋ$^{13}$, xoŋ$^{13}$san$^{45}$su$^{45}$lu$^{22}$tse$^{11}$pin$^{45}$mia$^{11}$.

同 伴 唱 歌 我 心 红， 逢 山 修 路 接 兵 马。

mia$^{11}$ɕiaŋ$^{11}$pʰau$^{45}$tau$^{44}$xau$^{33}$in$^{45}$ɕioŋ$^{13}$, ɕioŋ$^{13}$ȶən$^{45}$kuan$^{45}$ȶan$^{45}$san$^{45}$fyan$^{45}$ti$^{22}$,

马 上 抛① 到 好 英 雄， 雄 军 关 张 三 兄 弟，

ti$^{22}$ɕi$^{44}$tsu$^{22}$ɕi$^{22}$tɕiau$^{22}$tsi$^{33}$lioŋ$^{13}$.

第 四 就 是 赵 子 龙。

04 liaŋ$^{11}$ȶa$^{11}$man$^{13}$man$^{13}$ɕiaŋ$^{22}$ka$^{45}$tei$^{13}$, y$^{22}$tɕie$^{11}$lan$^{13}$lei$^{13}$me$^{22}$ia$^{33}$lei$^{13}$.

两 脚 茫 茫 上 歌 台，遇 着 郎 来 妹 也 来。

---

① 抛：指马奔跑使骑马人上下颠簸，此处有精神抖擞、气宇轩昂的意思。

ʈən$^{45}$nie$^{11}$ʈʰo$^{44}$mən$^{13}$ʋyn$^{13}$fən$^{22}$xau$^{33}$, xau$^{33}$ɕie$^{22}$san$^{45}$pe$^{44}$fe$^{22}$in$^{45}$tei$^{13}$.

今日出门缘份好，好似山伯会英台。

05 ʈu$^{33}$lin$^{22}$toŋ$^{13}$liaŋ$^{13}$tsei$^{22}$ʋyn$^{11}$fan$^{45}$, liaŋ$^{13}$tsei$^{22}$ʋyn$^{11}$fan$^{45}$xau$^{33}$xoŋ$^{45}$kuan$^{45}$.

久恋同良在远方，良在远方好风光。

xau$^{33}$xoŋ$^{45}$kuan$^{45}$tɕy$^{44}$tʰin$^{45}$ʈan$^{13}$ti$^{22}$, tʰin$^{45}$ʈan$^{13}$ti$^{22}$ʈu$^{33}$lin$^{22}$toŋ$^{13}$liaŋ$^{13}$.

好风光照天长地，天长地久恋同良。

06 ʈən$^{45}$nie$^{11}$ʈʰo$^{44}$mən$^{13}$tʰin$^{45}$iu$^{22}$in$^{45}$, ɕiu$^{33}$pia$^{33}$liaŋ$^{13}$san$^{33}$mo$^{22}$lie$^{13}$ɕin$^{45}$.

今日出门天又阴，手把凉伞冇离身。

liaŋ$^{11}$ʈa$^{11}$lei$^{13}$tau$^{44}$tɕy$^{44}$ɕiaŋ$^{45}$lie$^{11}$, tɕin$^{22}$ʈa$^{11}$tsʰai$^{33}$ȵo$^{11}$tɕy$^{44}$ɕiaŋ$^{45}$tsʰən$^{45}$.

两脚来到贵乡里，贱脚踩入贵乡村。

tɕy$^{44}$ɕiaŋ$^{45}$tsi$^{33}$me$^{22}$nin$^{13}$ni$^{22}$xau$^{33}$, pia$^{33}$ŋa$^{11}$man$^{22}$te$^{44}$ʈoŋ$^{22}$tsʰin$^{45}$ʈən$^{45}$.

贵乡姊妹仁义好，把我望得重千金。

lau$^{11}$lau$^{11}$ɕy$^{44}$ɕy$^{44}$lei$^{13}$pe$^{13}$pan$^{22}$, tɕin$^{13}$ia$^{33}$xau$^{33}$lei$^{13}$ni$^{44}$ia$^{33}$ɕin$^{45}$.

老老少少来陪伴，情也好来义也深。

07 ʈən$^{45}$ȵie$^{11}$ʈʰo$^{44}$mən$^{13}$ʈa$^{11}$tsʰai$^{33}$toŋ$^{45}$, lei$^{13}$tau$^{44}$tɕy$^{44}$ɕiaŋ$^{45}$fya$^{45}$ʋyn$^{13}$ʈoŋ$^{45}$.

今日出门脚踩东，来到贵乡花园中。

ʈʰan$^{44}$ka$^{45}$y$^{22}$tɕie$^{44}$ka$^{45}$ɕi$^{45}$fu$^{11}$, xen$^{13}$ɕyan$^{13}$y$^{22}$tɕie$^{44}$tei$^{13}$tou$^{13}$xoŋ$^{45}$.

唱歌遇着歌师傅，行船遇着抬头风。

tsʰu$^{45}$ka$^{45}$mo$^{22}$te$^{44}$ʈan$^{13}$lei$^{13}$ʈʰan$^{44}$, tu$^{33}$ʈoŋ$^{45}$u$^{13}$uən$^{13}$ie$^{44}$ʈan$^{13}$kʰoŋ$^{45}$.

粗歌冇得常来唱，肚中无文一场空。

08 tau$^{44}$liaŋ$^{13}$mən$^{13}$, liaŋ$^{13}$mən$^{13}$fya$^{45}$ɕiu$^{22}$lau$^{22}$tsən$^{13}$tsən$^{13}$.

到良门，良门花树闹层层。

liaŋ$^{13}$mən$^{13}$fya$^{45}$ɕiu$^{22}$xoŋ$^{45}$kuan$^{45}$xau$^{33}$, lau$^{22}$ȵie$^{11}$xau$^{33}$pi$^{33}$tɕiaŋ$^{22}$tɕy$^{44}$lin$^{13}$.

良门花树风光好，闹热好比像桂林。

09 fa$^{33}$mən$^{33}$tsi$^{33}$, ia$^{22}$ia$^{22}$lei$^{13}$, kʰei$^{45}$ʈaŋ$^{45}$fu$^{22}$, kʰei$^{45}$ʈan$^{45}$mən$^{13}$, tɕia$^{44}$ni$^{11}$tsin$^{33}$tau$^{45}$tsin$^{33}$pau$^{22}$tu$^{33}$,

火蚊子，夜夜来，开张户，开张门，借你剪刀剪抱肚，

tɕia$^{44}$ ni$^{11}$ŋou$^{13}$li$^{13}$tai$^{22}$ʈʰu$^{45}$, tɕia$^{44}$ ni$^{11}$mia$^{11}$ɕiaŋ$^{22}$iaŋ$^{13}$ʈu$^{45}$.

借你牛犁大丘，借你马上扬州。

iaŋ$^{13}$ʈu$^{45}$tɕie$^{45}$ɕiaŋ$^{22}$ie$^{44}$tia$^{33}$fya$^{45}$, mən$^{44}$li$^{33}$fya$^{45}$？

扬州街上一朵花，□哩花？

toŋ$^{13}$mo$^{11}$fya$^{45}$, toŋ$^{13}$mo$^{11}$ɕiu$^{22}$ɕiaŋ$^{22}$xau$^{33}$nin$^{13}$tɕia$^{45}$.

桐木花，桐木树上好人家。

koŋ$^{45}$koŋ$^{45}$ȶʰo$^{44}$lei$^{13}$tɕi$^{13}$pe$^{11}$mia$^{11}$, pa$^{13}$pa$^{13}$ȶʰo$^{44}$lei$^{13}$tou$^{13}$tai$^{44}$fya$^{45}$.

公公出来骑白马，婆婆出来头戴花。

koŋ$^{45}$ia$^{11}$ta$^{33}$, pa$^{13}$ia$^{11}$ta$^{33}$, ta$^{33}$te$^{44}$sən$^{45}$tsi$^{33}$ȶʰa$^{33}$lia$^{11}$lia$^{11}$.

公也打，婆也打，打得孙子扯□□。

koŋ$^{45}$ia$^{11}$mia$^{22}$, pa$^{13}$ia$^{11}$mia$^{22}$, mia$^{22}$te$^{44}$sən$^{45}$tsi$^{33}$niu$^{44}$kua$^{33}$kua$^{33}$.

公也骂，婆也骂，骂得孙子拗呱呱

koŋ$^{45}$ȶu$^{33}$ȶo$^{44}$, pa$^{13}$ȶu$^{33}$tou$^{22}$, koŋ$^{45}$tɕʰie$^{44}$koŋ$^{45}$ɕiaŋ$^{22}$pʰa$^{45}$, pa$^{13}$tɕʰie$^{44}$pa$^{13}$fan$^{33}$ȶʰa$^{45}$.

公煮粥，婆煮豆，公吃公上坡，婆吃婆纺车。

10 sin$^{45}$tsi$^{33}$uan$^{13}$iu$^{22}$uan$^{13}$, ta$^{44}$fya$^{11}$ka$^{45}$ka$^{45}$ɕiaŋ$^{22}$ȵuan$^{13}$tan$^{13}$.

星子黄又黄，打发哥哥上銮塘。

ka$^{45}$ka$^{45}$kʰu$^{44}$le$^{11}$san$^{45}$ɕie$^{11}$ia$^{22}$, sau$^{33}$sau$^{33}$ȵo$^{11}$o$^{44}$iu$^{22}$si$^{45}$liaŋ$^{13}$.

哥哥去了三十夜，嫂嫂入屋又思量。

sin$^{45}$tsi$^{33}$u$^{45}$iu$^{22}$u$^{45}$, ta$^{44}$fya$^{11}$ka$^{45}$ka$^{45}$ɕiaŋ$^{22}$ȵuan$^{13}$ȶu$^{45}$.

星子乌又乌，打发哥哥上扬州。

ka$^{45}$ka$^{45}$kʰu$^{44}$le$^{11}$san$^{45}$ɕie$^{11}$ia$^{22}$, sau$^{33}$sau$^{33}$ȵo$^{11}$o$^{44}$iu$^{22}$tan$^{45}$iu$^{45}$.

哥哥去了三十夜，嫂嫂入屋又担忧。

11 a$^{45}$ko$^{11}$tɕi$^{45}$, kua$^{44}$tin$^{13}$ɕin$^{13}$, ta$^{44}$la$^{11}$sa$^{45}$py$^{45}$ȶuan$^{33}$lei$^{13}$sən$^{13}$.

丫角髻，过田塍，跌落纱包转来寻。

sau$^{33}$sau$^{33}$ɕie$^{11}$te$^{44}$y$^{44}$tɕin$^{13}$ɕio$^{11}$, ka$^{45}$ka$^{45}$ɕie$^{11}$te$^{44}$tʰe$^{44}$kən$^{45}$uən$^{13}$.

嫂嫂拾得要钱赎，哥哥拾得退跟□①。

12 ne$^{45}$a$^{33}$ne$^{45}$a$^{33}$ni$^{11}$ma$^{11}$tsou$^{33}$, no$^{13}$pa$^{33}$ɕi$^{22}$ka$^{44}$fu$^{13}$li$^{13}$kou$^{33}$.

儿啊儿啊你莫走，□□②是个狐狸狗。

ne$^{45}$a$^{33}$ne$^{45}$a$^{33}$ni$^{11}$ma$^{11}$kʰo$^{44}$, no$^{13}$pa$^{33}$ɕi$^{22}$ka$^{44}$fu$^{13}$li$^{13}$o$^{44}$.

儿啊儿啊你莫哭，□□是个狐狸屋。

13 pie$^{13}$pie$^{13}$tsa$^{22}$, tsa$^{22}$pie$^{13}$pie$^{13}$, pau$^{44}$ni$^{11}$ȶʰan$^{45}$ka$^{45}$ni$^{11}$mo$^{22}$nie$^{13}$.

排排坐，坐排排，报你唱歌你有挨。

ɕia$^{13}$kʰou$^{33}$iu$^{11}$ka$^{44}$ŋou$^{13}$tɕyan$^{22}$pa$^{44}$, mo$^{22}$tʰo$^{11}$i$^{45}$lei$^{13}$ia$^{11}$tʰo$^{11}$ɕie$^{13}$.

蛇口有个牛圈坝，有脱衣来也脱鞋。

14 ma$^{13}$mo$^{11}$ma$^{13}$mo$^{11}$ni$^{11}$tɕʰie$^{44}$lei$^{13}$, ŋa$^{11}$tɕʰi$^{33}$iaŋ$^{22}$toŋ$^{45}$si$^{45}$kən$^{45}$ni$^{11}$tei$^{13}$.

蚂蚁蚂蚁你快来，我取样东西跟你抬。

---

① 跟：给。□ uən$^{13}$：我们。

② □ no$^{13}$：你们。□ pa$^{33}$：妈妈。

tei$^{22}$ɕiaŋ$^{22}$kʰu$^{44}$iu$^{22}$kən$^{11}$xa$^{22}$lei$^{13}$, tei$^{22}$pu$^{44}$toŋ$^{22}$iu$^{22}$kən$^{11}$xa$^{22}$tɕioŋ$^{13}$.

抬上去又滚下来，抬不动又滚下□。

tei$^{13}$pu$^{44}$tɕʰi$^{33}$, kən$^{11}$xa$^{22}$ȵie$^{13}$pia$^{45}$ti$^{33}$.

抬不起，滚下崖巴底。

15 ȶʰan$^{44}$ka$^{45}$xei$^{45}$, ȶʰan$^{44}$te$^{44}$lan$^{13}$san$^{45}$mo$^{11}$ie$^{11}$kʰei$^{45}$,

唱歌咍，唱得南山木叶开，

ȶʰan$^{44}$te$^{44}$lan$^{13}$san$^{45}$mo$^{11}$ie$^{11}$la$^{11}$, mo$^{11}$ie$^{11}$la$^{11}$lu$^{22}$tɕʰi$^{33}$tsʰin$^{45}$tei$^{13}$.

唱得南山木叶落，木叶落路起青苔。

liaŋ$^{33}$ɕiu$^{22}$pau$^{22}$kʰei$^{45}$tsʰin$^{45}$tei$^{13}$lu$^{22}$, uən$^{13}$ liaŋ$^{11}$ȶʰan$^{44}$ka$^{45}$ie$^{44}$lu$^{22}$lei$^{13}$.

两树抱开青苔路，□两唱歌一路来。

16 sən$^{45}$ȶʰən$^{45}$sən$^{45}$se$^{44}$sən$^{45}$nin$^{13}$tou$^{13}$, liaŋ$^{11}$ȶa$^{11}$man$^{13}$man$^{13}$ɕiaŋ$^{22}$ka$^{45}$lou$^{13}$.

新春新岁新年头，两脚忙忙上歌楼。

pie$^{11}$ti$^{33}$xan$^{13}$in$^{13}$to$^{44}$ma$^{11}$kan$^{33}$, ȶʰan$^{44}$ka$^{44}$si$^{44}$li$^{11}$xou$^{13}$lu$^{45}$xou$^{13}$.

别的闲言□莫讲，唱个四里喉路喉。①

17 kuan$^{45}$kou$^{45}$kou$^{13}$, toŋ$^{13}$pən$^{13}$ta$^{33}$fy$^{33}$toŋ$^{13}$su$^{45}$tou$^{13}$.

光勾勾，铜盆打水同梳头。

toŋ$^{13}$pən$^{13}$ȵo$^{11}$lie$^{11}$tsei$^{45}$fya$^{45}$ɕiu$^{22}$, pe$^{11}$ty$^{33}$fi$^{45}$ɕiaŋ$^{22}$fya$^{45}$ɕiu$^{22}$tou$^{13}$.

铜盆入里栽花树，百鸟飞上花树头。

18 ta$^{45}$lei$^{13}$ta$^{45}$, ta$^{45}$lei$^{13}$tsa$^{22}$tsei$^{22}$lau$^{11}$a$^{45}$kʰua$^{45}$.

多来多，多来坐在老鸦窠。

ta$^{45}$lei$^{13}$mo$^{22}$te$^{44}$xoŋ$^{45}$kuan$^{45}$man$^{22}$, man$^{22}$tsei$^{22}$ti$^{22}$lan$^{13}$ɕie$^{22}$min$^{13}$fya$^{45}$.

多来冇得风光望，望在地郎拾棉花。②

（歌谣由陆飘、俞仕忠、陆凡英发音）

① 四里喉路喉：指本地人的喉路歌。

② 多来：多来堡，本地地名。地郎：地郎坪，本地地名。

# 第三节

# 故事吟诵

## 一　故事

### 1. ŋou$^{13}$lan$^{13}$tɕʰiau$^{44}$tsʰe$^{11}$sin$^{45}$ku$^{45}$
### 牛　郎　□和　七　仙　姑

tɕi$^{44}$ta$^{33}$tsoŋ$^{13}$tsin$^{13}$na$^{33}$iu$^{11}$ie$^{44}$ka$^{44}$ŋou$^{13}$lan$^{13}$, tɕʰiau$^{44}$ka$^{44}$sin$^{45}$tɕia$^{45}$ti$^{33}$tsʰe$^{11}$sin$^{45}$ku$^{45}$ tɕie$^{11}$fən$^{45}$.
记 哒 从 前 呐 有 一 个 牛 郎，□① 个 仙 家 的 七 仙 姑 结 婚。
ie$^{44}$ka$^{45}$ŋou$^{13}$lan$^{13}$ti$^{33}$ʋya$^{22}$le$^{33}$, ie$^{44}$ti$^{33}$ ia$^{45}$a$^{33}$pa$^{33}$a$^{33}$tsoŋ$^{33}$mo$^{22}$tsei$^{22}$liau$^{33}$. i$^{44}$tsu$^{22}$iaŋ$^{11}$le$^{33}$ie$^{44}$
一 个 牛 郎 的 话 咧，伊 的 爷 啊 □ 啊 总 冇 在 了。伊 就 养 了 一
ka$^{44}$lau$^{11}$ŋou$^{13}$, ka$^{44}$lau$^{11}$ŋou$^{13}$le$^{33}$kən$^{45}$i$^{44}$ȶoŋ$^{44}$tin$^{13}$ȶoŋ$^{44}$ti$^{22}$, i$^{44}$tsu$^{22}$kʰau$^{44}$ka$^{44}$lau$^{11}$ŋou$^{13}$ kua$^{44}$sən$^{45}$xo$^{11}$.
个 老 牛，个 老 牛 咧 跟 伊 种 田 种 地，伊 就 靠 个 老 牛 过 生 活。
tan$^{22}$ɕi$^{22}$i$^{44}$iaŋ$^{11}$ti$^{33}$ka$^{44}$lau$^{11}$ŋou$^{13}$le$^{33}$tsu$^{22}$ɕi$^{22}$ka$^{44}$lau$^{11}$ŋou$^{13}$tsin$^{45}$, tʰa$^{45}$liaŋ$^{11}$ka$^{44}$tsu$^{22}$ɕiaŋ$^{45}$i$^{33}$
但 是 伊 养 的 个 老 牛 咧 就 是 个 老 牛 精，他 两 个 就 相 依
uei$^{13}$min$^{22}$.
为 命。

iu$^{11}$ie$^{44}$ȵie$^{11}$lau$^{11}$ŋou$^{13}$tsu$^{22}$po$^{44}$i$^{44}$, i$^{44}$kan$^{33}$: “mən$^{13}$kʰou$^{33}$kan$^{45}$pin$^{45}$ ( tsu$^{22}$iu$^{11}$ie$^{44}$ty$^{13}$kan$^{45}$
有 一 日 老 牛 就 报② 伊，伊 讲：“门 口 江 边（ 就 有 一 条 江

① □ tɕʰiau$^{44}$：和。

② 报：告诉。

lo$^{33}$ ua$^{44}$）, ni$^{11}$tau$^{44}$tia$^{44}$k$^{h}$u$^{44}$man$^{22}$, iu$^{11}$ka$^{44}$ts$^{h}$e$^{44}$ sin$^{45}$ku$^{45}$le$^{33}$ȵie$^{44}$ȵie$^{44}$xa$^{22}$lei$^{13}$se$^{33}$tsau$^{33}$.ȵi$^{11}$tau$^{44}$

啰 哇），你 到 □[①] 去 望， 有 个 七 仙 姑 咧 日 日 下 来 洗 澡。你 到

la$^{11}$ka$^{44}$ ɕi$^{13}$xou$^{22}$ʈa$^{44}$le$^{33}$, ȵi$^{11}$tsu$^{22}$k$^{h}$u$^{44}$lau$^{45}$ka$^{44}$i$^{45}$tsan$^{13}$tɕ$^{h}$i$^{33}$, ȵi$^{11}$tsu$^{22}$t$^{h}$ou$^{45}$t$^{h}$ou$^{44}$ti$^{33}$lau$^{45}$ka$^{44}$i$^{45}$

了 个 时 候□[②] 咧，你 就 去 捞 个 衣 藏 起， 你 就 偷 偷 地 捞 个 衣

kua$^{44}$lei$^{13}$.” ŋou$^{13}$lan$^{13}$le$^{33}$tsu$^{22}$kan$^{33}$: “i$^{44}$ɕi$^{22}$ka$^{44}$sin$^{45}$tɕia$^{45}$ti$^{33}$ʋya$^{22}$, no$^{13}$tsu$^{44}$ʈan$^{45}$？ ka$^{44}$kei$^{44}$k$^{h}$o$^{11}$

过 来。” 牛 郎 咧 就 讲：“ 伊 是 个 仙 家 的 话，□[③] 做 场[④]？ 个 箇 可

nən$^{13}$iu$^{11}$tin$^{33}$nan$^{13}$o$^{11}$.” i$^{44}$ʋya$^{22}$: “i$^{44}$kən$^{33}$ŋa$^{11}$tsu$^{44}$ ȵu$^{11}$tɕia$^{45}$ lai$^{33}$i$^{44}$k$^{h}$ən$^{33}$mo$^{22}$k$^{h}$ən$^{33}$？” ka$^{44}$ŋou$^{13}$

能 有 点 难 哦。” 伊 话：“伊 跟 我 做 女 家 来 伊 肯 冇 肯？” 个 牛

lan$^{13}$tsu$^{22}$ tən$^{33}$i$^{44}$ se$^{33}$ie$^{44}$xa$^{22}$. i$^{44}$te$^{11}$ɕi$^{13}$tɕin$^{45}$ t$^{h}$ou$^{45}$t$^{h}$ou$^{45}$ni$^{44}$k$^{h}$u$^{44}$lau$^{45}$ , lau$^{45}$i$^{44}$ti$^{33}$ ka$^{44}$i$^{45}$tsu$^{22}$

郎 就 等 伊 洗 一 下，伊 得 时 间 偷 偷 儿 去 捞， 捞 伊 的 个 衣 就

lau$^{45}$tɕ$^{h}$i$^{33}$k$^{h}$u$^{44}$la$^{11}$.tsu$^{22}$lau$^{45}$ka$^{44}$xoŋ$^{13}$se$^{44}$ti$^{33}$ i$^{45}$, tsu$^{22}$lau$^{45}$tɕ$^{h}$i$^{33}$ka$^{44}$tsu$^{22}$tsou$^{33}$ tɕ$^{h}$i$^{33}$ȵo$^{11}$o$^{44}$k$^{h}$u$^{44}$.

捞 起 去 了。就 捞 个 红 色 的 衣，就 捞 起 个 就 走 起 入 屋 去。

tsou$^{33}$tɕ$^{h}$i$^{33}$ȵo$^{11}$o$^{44}$k$^{h}$u$^{44}$ti$^{33}$ɕi$^{13}$tɕin$^{45}$, ka$^{44}$sin$^{45}$ȵu$^{11}$i$^{44}$kan$^{33}$i$^{45}$ti$^{33}$ i$^{45}$to$^{44}$mo$^{22}$te$^{44}$tɕin$^{44}$liau$^{11}$, k$^{h}$u$^{44}$sən$^{13}$,

走 起 入 屋 去 的 时 间，个 仙 女 伊 讲 伊 的 衣□ 冇 得 见 了，去 寻，

kən$^{45}$ta$^{33}$i$^{45}$k$^{h}$u$^{44}$sən$^{13}$. iu$^{11}$ȵin$^{13}$ po$^{44}$i$^{44}$ɕi$^{22}$ŋou$^{13}$lan$^{13}$lau$^{45}$k$^{h}$u$^{44}$la$^{11}$.tau$^{44}$ta$^{33}$ia$^{22}$li$^{11}$ la$^{33}$, tau$^{44}$ta$^{33}$

跟 哒伊去 寻。 有 人 报 伊 是 牛 郎 捞 去 了。到 哒 夜 里 了，到 哒

ia$^{22}$li$^{11}$le$^{33}$ts$^{h}$e$^{44}$sin$^{45}$ku$^{45}$tsu$^{22}$kan$^{33}$, te$^{44}$ŋa$^{11}$k$^{h}$u$^{44}$k$^{h}$au$^{45}$i$^{45}$ti$^{33}$mən$^{13}$ʈai$^{11}$, tsu$^{22}$ȵo$^{11}$o$^{44}$k$^{h}$u$^{44}$la$^{11}$.ȵo$^{11}$

夜 里 咧 七 仙 姑 就 讲， 得 我 去 敲 伊 的 门 □先[⑤]，就 入 屋 去 了。入

o$^{44}$k$^{h}$u$^{44}$tsu$^{22}$kan$^{33}$: “ɕi$^{22}$mo$^{22}$ɕi$^{22}$ni$^{11}$lau$^{45}$ka$^{33}$ŋa$^{11}$ti$^{33}$i$^{45}$ lei$^{13}$o$^{11}$？” ŋou$^{13}$lan$^{13}$kan$^{33}$: “ɕi$^{22}$ti$^{33}$.” t$^{h}$a$^{45}$

屋 去 就 讲：“ 是 冇 是 你 捞 咖 我 的 衣 来 哦？” 牛 郎 讲：“是 的。” 他

liaŋ$^{11}$ka$^{44}$tsu$^{22}$tɕie$^{11}$ʈən$^{13}$liau$^{11}$fu$^{45}$tɕ$^{h}$i$^{45}$.

两 个 就 结 成 了 夫 妻。

mo$^{22}$ɕy$^{33}$sən$^{45}$na$^{33}$tsu$^{22}$kua$^{44}$ke$^{33}$ san$^{45}$nin$^{13}$, tsu$^{22}$sən$^{45}$ta$^{33}$ie$^{44}$te$^{44}$nan$^{13}$ȵu$^{11}$, tsu$^{22}$sən$^{45}$ta$^{33}$ie$^{44}$

冇 小 心 呐 就 过 咯 三 年，就 生 哒一 对 男 女，就 生 哒 一

ka$^{44}$nan$^{13}$ie$^{44}$ka$^{44}$ȵu$^{11}$, t$^{h}$a$^{45}$san$^{45}$si$^{44}$o$^{44}$ȵo$^{11}$ to$^{44}$ kua$^{44}$te$^{44}$man$^{13}$xau$^{33}$, man$^{13}$k$^{h}$ai$^{45}$sən$^{45}$ti$^{33}$ua$^{11}$.mo$^{22}$

个 男 一 个 女，他 三 四 屋 入[⑥]□ 过 得 蛮 好，蛮 开 心 的 哇。冇

---

① □ tia$^{44}$：语助词。

② 个……□ ʈa$^{44}$：框式结构，即“那个”。

③ □ no$^{13}$：你们。

④ 做场：怎么办。

⑤ □ tai$^{11}$：先行体标记。

⑥ 屋入：家里人。

iu$^{11}$ɕiaŋ$^{33}$tau$^{44}$kua$^{44}$la$^{11}$san$^{45}$nin$^{13}$i$^{33}$xou$^{22}$le$^{33}$, ka$^{44}$sin$^{45}$tɕia$^{45}$le$^{11}$ɕi$^{22}$pan$^{13}$tʰin$^{45}$ɕiaŋ$^{22}$tʰou$^{45}$tʰou$^{45}$ni$^{44}$
有想到过了三年以后咧,个仙家咧是旁①天上偷偷儿
xa$^{22}$lei$^{13}$ti$^{33}$lo$^{11}$, ȶʰoŋ$^{44}$pe$^{44}$tɕie$^{11}$ka$^{44}$y$^{45}$ti$^{45}$ɕy$^{33}$te$^{44}$la$^{33}$. ɕy$^{33}$te$^{44}$la$^{33}$tsu$^{22}$y$^{44}$ɕy$^{45}$i$^{45}$ ɕiaŋ$^{22}$kua$^{44}$la$^{33}$ua$^{11}$,
下来的啰,□背着个玉帝晓得了。晓得了就要收伊上过了哇,
iu$^{11}$ie$^{44}$ ȵie $^{44}$tsu$^{22}$…xau$^{33}$ta$^{11}$…ȶʰu$^{45}$tɕʰi$^{33}$tai$^{22}$xoŋ$^{45}$lei$^{13}$, tsu$^{22}$la$^{11}$tɕʰi$^{33}$tai$^{22}$u$^{11}$a$^{33}$, tsu$^{22}$ta$^{33}$le$^{13}$a$^{33}$,
有一日就……好哒……吹起大风来,就落起大雨啊,就打雷啊,
to$^{44}$mo$^{22}$ɕy$^{33}$te$^{44}$sən$^{45}$tsu$^{22}$ɕiu$^{45}$ɕiaŋ$^{22}$kʰu$^{44}$liau$^{11}$. kei$^{44}$se$^{44}$tsi$^{33}$tɕia$^{45}$le$^{33}$, tsu$^{22}$kən$^{45}$ȶa$^{44}$, ie$^{44}$xa$^{22}$tsu$^{22}$
□有晓得信②就收上去了。箇细子家咧,就跟□,一下就
mo$^{22}$tɕin$^{44}$la$^{33}$, kən$^{45}$ni$^{33}$kei$^{44}$xei$^{45}$te$^{44}$ɕiaŋ$^{22}$xau$^{33}$ ti$^{33}$le$^{11}$, tɕi$^{33}$ ia$^{45}$ȵu$^{11}$ka$^{44}$nin$^{13}$xei$^{45}$te$^{44}$ɕiaŋ$^{22}$xau$^{33}$
有见了,跟里箇咍得尚好的③咧,几爷女个人咍得尚好
ti$^{33}$, ie$^{44}$xa$^{22}$tsu$^{22}$mo$^{22}$tɕin$^{44}$la$^{33}$a$^{33}$, kən$^{45}$nu$^{45}$kʰu$^{44}$le$^{11}$a$^{33}$? tsu$^{22}$kʰo$^{44}$a$^{33}$kʰo$^{44}$a$^{33}$, kʰo$^{44}$te$^{44}$kʰo$^{44}$te$^{44}$:
的,一下就有见了啊,跟□去了啊?就哭啊哭啊,哭得哭得:
"ŋa$^{11}$y$^{44}$pa$^{33}$io$^{11}$, ŋa$^{11}$y$^{44}$pa$^{33}$io$^{11}$!" kʰo$^{44}$te$^{44}$kʰo$^{44}$te$^{44}$ua$^{33}$. ka$^{44}$lau$^{11}$ŋou$^{13}$tsin$^{45}$tsu$^{22}$kʰei$^{45}$kʰou$^{33}$
"我要□哟,我要□哟!"哭得哭得哇。个老牛精就开口
kan$^{33}$ʋya$^{22}$la$^{33}$ua$^{33}$, i$^{45}$kan$^{33}$: "ne$^{45}$ne$^{45}$ni$^{11}$mo$^{22}$kʰo$^{44}$, a$^{33}$ȵu$^{33}$ni$^{11}$mo$^{22}$kʰo$^{45}$, te$^{44}$po$^{44}$ka$^{44}$ŋou$^{13}$lan$^{13}$
讲话了哇,伊讲:"儿儿④你有哭,阿□⑤你有哭,得报咖牛郎
ȶai$^{44}$. ni$^{11}$pia$^{33}$ŋa$^{11}$ti$^{33}$ ŋou$^{13}$ko$^{11}$tsʰu$^{33}$xa$^{22}$lei$^{13}$, tsu$^{22}$tsu$^{44}$liaŋ$^{22}$tɕie$^{44}$la$^{13}$, lau$^{45}$ŋa$^{11}$mie$^{11}$pa$^{45}$ka$^{44}$xa$^{22}$
□。你把我的牛角取下来,就做两只箩,捞我尾巴锯下
lei$^{13}$, tsu$^{22}$tsu$^{44}$ty$^{13}$ tan$^{33}$kan$^{45}$, lau$^{45}$fu$^{44}$pi$^{13}$le$^{33}$po$^{11}$xa$^{22}$lei$^{13}$, tsu$^{44}$ka$^{44}$fi$^{45}$tʰan$^{33}$."
来,就做条担竿,捞副皮咧剥下来,做个飞毯。"

ŋou$^{13}$lan$^{13}$tsu$^{22}$ʋya$^{22}$: "kei$^{44}$ke$^{44}$pe$^{33}$ɕi$^{22}$tʰei$^{44}$ke$^{44}$ȶa$^{44}$lau$^{11}$a$^{11}$!" i$^{45}$ kan$^{33}$: "ni$^{11}$kən$^{45}$ŋa$^{11}$ kei$^{44}$
牛郎就话:"箇咯呗是太格□老啊⑥!"伊讲:"你跟我箇
ȶu$^{33}$le$^{11}$, ŋa$^{11}$iu$^{22}$kən$^{45}$ni$^{11}$kei$^{44}$ka$^{44}$tsu$^{44}$ȶan$^{13}$le$^{11}$, xau$^{33}$tɕiaŋ$^{22}$iu$^{22}$tʰei$^{44}$te$^{44}$mo$^{22}$tɕy$^{44}$ni$^{11}$lo$^{33}$ua$^{11}$!"
久咧,我又跟你箇个做场咧,好像又太对有住你了啊!"
i$^{45}$kan$^{33}$. lau$^{11}$ŋou$^{13}$tsin$^{45}$kan$^{33}$: "mo$^{22}$y$^{44}$ȶən$^{33}$na$^{33}$, ŋa$^{11}$tɕi$^{44}$nən$^{13}$kou$^{44}$pan$^{45}$ni$^{11}$tsu$^{44}$tau$^{44}$kei$^{44}$ka$^{44}$."
伊讲。老牛精讲:"有要紧呐,我只能够帮你做到箇个"。

---

① 旁:从。

② 有晓得信:不知道怎么回事儿。

③ 尚好的:好好儿的。

④ 儿儿:男娃儿。

⑤ 阿□ ȵu$^{33}$:女娃儿。

⑥ 箇咯呗是太格□老啊:这个就太对不住您啊。

to$^{44}$ɕi$^{44}$ʈən$^{45}$le$^{11}$, tsu$^{22}$lau$^{45}$ie$^{44}$ka$^{44}$ko$^{11}$le$^{33}$ts$^{h}$u$^{33}$xa$^{22}$lei$^{13}$la$^{33}$, mo$^{22}$ɕy$^{33}$sən$^{45}$ti$^{33}$pin$^{44}$te$^{44}$la$^{13}$,lau$^{45}$mie$^{11}$

□是真呢，就捞一个角咧取下来了，有小心地变得箩，捞尾

pa$^{45}$le$^{33}$tsu$^{22}$tsu$^{44}$ty$^{13}$tan$^{33}$kan$^{45}$, na$^{44}$ka$^{44}$p$^{h}$u$^{45}$pi$^{13}$le$^{33}$iu$^{22}$xa$^{22}$lei$^{13}$le$^{33}$tsu$^{22}$tsu$^{44}$ka$^{44}$fi$^{45}$t$^{h}$an$^{33}$. te$^{44}$to$^{11}$

巴咧就做条担竿，那个铺皮咧又下来咧就做个飞毯。得□

ɕi$^{11}$tɕin$^{45}$le$^{33}$lau$^{45}$liaŋ$^{11}$ka$^{44}$se$^{44}$tsi$^{33}$ tsu$^{22}$tsei$^{44}$ȵo$^{11}$k$^{h}$u$^{44}$la$^{33}$.

时间咧捞两个细子就□①入去了。

ȵuan$^{13}$sin$^{45}$kei$^{44}$lan$^{11}$ŋou$^{13}$tsu$^{22}$kan$^{33}$ta$^{33}$ua$^{11}$, ŋa$^{11}$ɕi$^{22}$tɕi$^{45}$pan$^{45}$ta$^{33}$ni$^{11}$tau$^{44}$kei$^{44}$ka$^{44}$la$^{33}$a$^{11}$,i$^{33}$

原先箇老牛就讲哒哇，我是只帮哒你到箇个了啊，以

xou$^{22}$ni$^{11}$tsi$^{22}$tɕi$^{33}$kua$^{44}$ni$^{11}$tsi$^{33}$, t$^{h}$a$^{45}$kan$^{33}$. ŋou$^{13}$lan$^{13}$tsu$^{22}$lau$^{45}$se$^{44}$tsi$^{33}$ tsei$^{44}$ȵo$^{11}$la$^{13}$,i$^{44}$tan$^{44}$tɕ$^{h}$i$^{33}$k$^{h}$u,

后你自己过日子，他讲。牛郎就捞细子□入箩，伊担起去，

tsu$^{22}$tsan$^{22}$fan$^{44}$fi$^{45}$t$^{h}$an$^{33}$ɕiaŋ$^{22}$tou$^{13}$, tsu$^{22}$fi$^{45}$a$^{11}$fi$^{45}$a$^{11}$, tsu$^{22}$fi$^{45}$ta$^{33}$ts$^{h}$a$^{45}$pu$^{11}$ta$^{45}$ʋi$^{13}$ʈən$^{44}$na$^{44}$ka$^{44}$tsɿ$^{11}$

就站放飞毯上头，就飞啊飞啊，就飞哒差不多围近那个织

nu$^{33}$ta$^{44}$la$^{11}$, tsu$^{22}$ɕi$^{22}$se$^{44}$tsi$^{33}$ti$^{33}$pa$^{33}$, ʈən$^{45}$ti$^{33}$ɕi$^{22}$a$^{11}$,ts$^{h}$a$^{45}$pu$^{11}$ta$^{45}$ʋi$^{13}$ʈən$^{22}$la$^{11}$. kei$^{44}$ɕi$^{13}$xou$^{22}$, ka$^{44}$

女哒了，就是细子的□，真的是啊，差不多围近了。箇时候，个

uan$^{13}$mu$^{11}$ȵan$^{13}$ȵan$^{13}$tsu$^{22}$te$^{44}$tɕin$^{44}$la$^{11}$.i$^{44}$ tsu$^{22}$lau$^{45}$pia$^{33}$tou$^{13}$tsan$^{45}$ʈai$^{44}$, tsu$^{22}$lau$^{45}$xa$^{22}$lei$^{13}$, tsu$^{22}$

王母娘娘就得见了。伊就捞把头簪□，就捞下来，就

pan$^{45}$ʈoŋ$^{45}$kan$^{45}$ie$^{44}$ts$^{h}$a$^{11}$xa$^{22}$k$^{h}$u$^{44}$,tsu$^{22}$pin$^{44}$le$^{11}$ie$^{44}$ty$^{13}$tai$^{22}$t$^{h}$in$^{45}$xa$^{13}$le$^{11}$, tsu$^{22}$lau$^{45}$ t$^{h}$a$^{45}$liaŋ$^{11}$ka$^{44}$

帮中间一叉下去，就变了一条大天河咧，就捞他两个

tsu$^{22}$ke$^{11}$k$^{h}$ei$^{45}$le$^{11}$. ke$^{11}$k$^{h}$ei$^{45}$i$^{33}$xou$^{22}$le$^{33}$ʈa$^{44}$ɕi$^{22}$ȵo$^{13}$ tsu$^{44}$ʈan$^{13}$？ e$^{11}$！ kei$^{44}$tɕin$^{45}$ɕi$^{22}$k$^{h}$uən$^{44}$nan$^{22}$

就隔开了。隔开以后咧□是□做场？ 唉！箇真是困难

ua$^{33}$. ke$^{11}$k$^{h}$ei$^{45}$le$^{11}$pe$^{22}$ ie$^{44}$ka$^{44}$kən$^{45}$pin$^{45}$kei$^{44}$ie$^{44}$ka$^{44}$kən$^{45}$pin$^{45}$ʈa$^{44}$, ɕiaŋ$^{33}$tɕ$^{h}$i$^{33}$xau$^{33}$tsau$^{22}$ȵie$^{44}$ti$^{33}$ua$^{11}$.

哇。隔开了背一个跟边箇一个跟边□，想起好造孽的哇。

ka$^{44}$a$^{45}$tɕ$^{h}$ia$^{45}$ le$^{33}$, xau$^{33}$tɕiaŋ$^{22}$ua, e$^{11}$！ t$^{h}$a$^{45}$te$^{44}$man$^{13}$toŋ$^{13}$tɕin$^{13}$ti$^{33}$le$^{11}$ua$^{11}$. i$^{44}$tsu$^{22}$me$^{11}$nin$^{13}$

个阿鹊咧，好像哇②，唉！它得蛮同情的咧话。伊就每年

tau$^{44}$le$^{11}$ts$^{h}$e$^{44}$ȵo$^{11}$ts$^{h}$u$^{45}$ts$^{h}$e$^{44}$, tsu$^{22}$in$^{11}$ta$^{33}$man$^{13}$ta$^{45}$man$^{13}$ta$^{45}$man$^{13}$ta$^{45}$ti$^{33}$a$^{45}$tɕ$^{h}$ia$^{45}$lei$^{13}$pan$^{45}$t$^{h}$a$^{45}$

到了七月初七，就引哒蛮多蛮多蛮多的阿鹊来帮它

tɕia$^{44}$tɕy$^{13}$. me$^{11}$ie$^{44}$ts$^{h}$i$^{44}$tɕia$^{44}$tɕy$^{13}$tsu$^{22}$kən$^{45}$t$^{h}$a$^{45}$lei$^{13}$fe$^{22}$min$^{22}$, me$^{11}$ie$^{44}$nin$^{45}$to$^{44}$ɕi$^{22}$ts$^{h}$e$^{44}$ȵo$^{11}$ts$^{h}$u$^{45}$

架桥。每一次架桥就跟他来会面，每一年□是七月初

① □ tsei$^{44}$：塞、放。

② 好像哇：在这里做插入语，表示引入另一话题。

tsʰe$^{44}$, te$^{44}$kən$^{45}$tʰa$^{45}$tɕia$^{44}$ka$^{33}$tɕy$^{13}$ȶai$^{44}$, fe$^{22}$ka$^{33}$min$^{22}$ȶai$^{44}$, ȶa$^{44}$tsu$^{22}$nin$^{45}$nin$^{45}$to$^{44}$ɕi$^{22}$ȶa$^{44}$ka$^{33}$la$^{11}$.
七，得跟他架咖桥□，会咖面□，□就年年□是□咖了。

（陆凡英讲述）

## 2. tai$^{22}$ȶoŋ$^{13}$tʰy$^{45}$ tɕʰi$^{44}$
## 大虫挑刺

lei$^{13}$kan$^{33}$ie$^{44}$ka$^{44}$tai$^{22}$ȶoŋ$^{13}$tʰy$^{44}$tɕʰi$^{44}$ti$^{33}$ku$^{33}$. tʰi$^{44}$ȶa$^{44}$, iu$^{11}$liaŋ$^{11}$ia$^{45}$ȵu$^{11}$, ie$^{44}$ka$^{44}$pa$^{33}$, ie$^{44}$ka$^{44}$
来讲一个大虫挑刺的古。□□[1]，有两爷女[2]，一个□，一个
ni$^{13}$. kei$^{44}$liaŋ$^{11}$ia$^{45}$ȵu$^{11}$le$^{44}$o$^{44}$ȵo$^{11}$pi$^{33}$ȶau$^{44}$ȶoŋ$^{13}$, tsa$^{22}$kən$^{45}$pʰa$^{45}$ɕiaŋ$^{22}$, ȶoŋ$^{44}$tin$^{33}$nan$^{13}$ȶən$^{45}$tou$^{22}$
儿。箇两爷女咧屋入比较穷，坐跟坡上，种点南京豆
a$^{33}$, ȶoŋ$^{44}$tin$^{33}$uan$^{13}$se$^{44}$kua$^{44}$ni$^{11}$tsi$^{33}$. ta$^{44}$tɕʰi$^{33}$ka$^{44}$mau$^{13}$poŋ$^{13}$poŋ$^{13}$, kən$^{45}$pʰa$^{45}$ɕiaŋ$^{22}$tsa$^{22}$tɕʰi$^{33}$.
啊，种点黄穗过日子。搭起个毛棚棚，跟坡上坐起。
ȵie$^{11}$li$^{33}$le$^{44}$liaŋ$^{11}$ia$^{45}$ȵu$^{11}$kən$^{45}$pʰa$^{45}$ɕiaŋ$^{22}$tsu$^{44}$sɿ$^{22}$, ia$^{22}$ti$^{33}$le$^{33}$ liaŋ$^{11}$ia$^{45}$ȵu$^{11}$tsu$^{44}$le$^{11}$ia$^{22}$fyan$^{22}$le$^{33}$
日里咧两爷女跟坡上做事，夜的咧两爷女做了夜饭咧
tsu$^{22}$tsa$^{22}$tɕʰi$^{33}$kʰuan$^{33}$ni$^{44}$xa$^{22}$. iu$^{11}$ie$^{44}$ȵie$^{44}$tsu$^{22}$tɕʰie$^{44}$le$^{33}$ia$^{22}$fyan$^{22}$la$^{11}$, ȶən$^{44}$ɕi$^{22}$kən$^{45}$o$^{44}$ȵo$^{11}$ ɕy$^{45}$
就坐起款儿下[3]。有一日就吃了夜饭了，正是跟屋入烧
tɕʰi$^{33}$fa$^{33}$kən$^{45}$ȶa$^{44}$tɕie$^{11}$fa$^{33}$, tsu$^{22}$te$^{44}$tʰin$^{44}$mən$^{13}$tɕin$^{13}$tsu$^{22}$ "oŋ$^{13}$oŋ$^{13}$" ti$^{33}$ ɕiaŋ$^{33}$tɕʰi$^{33}$lei$^{13}$ le$^{33}$ ua$^{11}$.
起火跟□炙火，就得听门前就"嗡嗡"的响起来了哇。
ni$^{13}$tsu$^{22}$mən$^{22}$tʰa$^{44}$pa$^{33}$: "kei$^{44}$ɕi$^{22}$mən$^{44}$li$^{33}$kən$^{45}$li$^{33}$ɕiaŋ$^{33}$？" tʰa$^{33}$pa$^{33}$tsu$^{22}$kan$^{33}$: "i$^{44}$？ kei$^{44}$pʰia$^{44}$
儿就问他□："箇是□里跟里响？" 他□就讲："咦？箇怕
ɕi$^{22}$ka$^{44}$tai$^{22}$ȶoŋ$^{13}$tɕy$^{44}$a$^{11}$." xau$^{33}$, te$^{44}$tʰin$^{44}$i$^{44}$kan$^{33}$le$^{33}$, kei$^{44}$ni$^{13}$tsu$^{22}$iu$^{11}$ni$^{44}$xe$^{11}$tau$^{44}$ le$^{11}$, ȶən$^{44}$tsei$^{22}$
是个大虫叫啊。"好，得听伊讲咧，箇儿就有儿嚇到了，正在
liaŋ$^{11}$ka$^{44}$nin$^{13}$mo$^{22}$ɕy$^{33}$te$^{44}$nu$^{45}$ka$^{44}$tsu$^{44}$ȶan$^{13}$ti$^{33}$ɕi$^{13}$xou$^{22}$, tsu$^{22}$te$^{44}$tʰin$^{44}$ka$^{44}$mən$^{13}$ȶa$^{44}$ɕiaŋ$^{33}$a$^{33}$,
两个人有晓得□个做场的时候，就得听个门脚响啊，
mən$^{13}$ɕi$^{22}$ioŋ$^{22}$ȶo$^{44}$a$^{33}$mau$^{13}$tsʰau$^{33}$tɕia$^{44}$tɕʰi$^{33}$lei$^{13}$ti$^{33}$,ka$^{44}$tai$^{22}$ȶoŋ$^{13}$kei$^{44}$tsu$^{22}$tsʰʅ$^{45}$ie$^{44}$tɕie$^{11}$ȶa$^{11}$ȵo$^{11}$lei$^{13}$
门是用竹啊毛草架起来的，个大虫箇就摛一只脚入来

---

① □□ tʰi$^{44}$ȶa$^{44}$：以前。

② 两爷女：本地话中父子、母子、父女、母女关系都称"两爷女"。这里是指"母子"。

③ 款儿下：聊聊天儿。

le$^{11}$. xau$^{33}$, ni$^{13}$le$^{44}$pi$^{13}$tɕ$^{h}$i$^{44}$tsu$^{22}$ ts$^{h}$au$^{44}$ni$^{44}$lo$^{11}$, tsu$^{22}$lau$^{45}$tɕ$^{h}$i$^{33}$ȶan$^{45}$tau$^{45}$tsu$^{22}$ɕiaŋ$^{33}$k$^{h}$u$^{44}$ŋe$^{44}$ka$^{44}$
了。好，儿咧脾气就躁儿啰，就捞起张刀就上去□①个
tai$^{22}$ȶoŋ$^{13}$ȶa$^{44}$. t$^{h}$a$^{33}$pa$^{33}$ tsu$^{22}$kan$^{33}$: "ni$^{44}$a$^{33}$, ma$^{11}$k$^{h}$u$^{44}$ŋe$^{44}$le$^{33}$, i$^{44}$ts$^{h}$ɿ$^{45}$tɕ$^{h}$i$^{33}$ie$^{44}$tɕie$^{11}$ȶa$^{11}$ȵo$^{11}$lei$^{13}$,
大虫□。他□就讲："儿啊，莫去□咧，伊揢起一只脚入来，
y$^{44}$k$^{h}$u$^{44}$man$^{22}$xa$^{22}$ni$^{44}$ɕi$^{22}$mən$^{44}$li$^{33}$ȶai$^{44}$a$^{33}$." tsu$^{22}$k$^{h}$u$^{44}$man$^{22}$xa$^{22}$ni$^{44}$sin$^{45}$. xau$^{33}$, ka$^{44}$ni$^{13}$le$^{33}$tsu$^{22}$sin$^{45}$
要去望下儿是□里□啊。"就去望下儿先。好，个儿咧就先
xen$^{13}$tɕ$^{h}$i$^{33}$k$^{h}$u$^{44}$man$^{22}$le$^{33}$, man$^{22}$ɕi$^{22}$, i$^{44}$ti$^{33}$ȶa$^{11}$ɕiaŋ$^{22}$ts$^{h}$o$^{11}$tɕ$^{h}$i$^{33}$ka$^{44}$ȶo$^{44}$tou$^{45}$tou$^{45}$a$^{33}$,man$^{13}$tai$^{22}$ke$^{33}$
行起去望了，望是，伊的脚上戳起个竹蔸蔸啊，蛮大咯
tɕ$^{h}$i$^{44}$a$^{33}$. i$^{44}$tsu$^{22}$po$^{44}$t$^{h}$a$^{45}$pa$^{33}$, "tai$^{22}$ȶoŋ$^{13}$ȶa$^{11}$ɕiaŋ$^{22}$ts$^{h}$o$^{11}$tɕ$^{h}$i$^{33}$ ka$^{44}$ȶo$^{44}$tou$^{45}$ tou$^{45}$a$^{33}$, p$^{h}$ia$^{44}$ɕi$^{22}$t$^{h}$oŋ$^{44}$
刺啊。伊就报他□，"大虫脚上戳起个竹蔸蔸啊，怕是痛
te$^{44}$xən$^{33}$le$^{33}$." i$^{44}$kan$^{33}$. pa$^{33}$tsu$^{22}$kan$^{33}$: "tsu$^{22}$ɕi$^{22}$lo$^{33}$, i$^{44}$t$^{h}$oŋ$^{44}$te$^{44}$ xən$^{33}$le$^{11}$, ne$^{44}$a$^{33}$, uən$^{13}$lau$^{45}$
得很咧。"伊讲。□就讲："就是啰，伊痛得很咧，儿啊，□捞
ȶan$^{45}$tsin$^{45}$tau$^{45}$ȶa$^{44}$pia$^{33}$tɕ$^{h}$i$^{44}$t$^{h}$y$^{45}$ȶ$^{h}$o$^{44}$lei$^{13}$k$^{h}$o$^{33}$i$^{33}$." "xau$^{33}$." kei$^{44}$ni$^{13}$tsu$^{22}$pia$^{33}$pin$^{13}$ɕi$^{13}$ma$^{13}$te$^{44}$
张尖刀□把刺挑出来可以。""好。"箇儿就把平时磨得
li$^{22}$li$^{22}$ti$^{33}$ȶan$^{45}$tsin$^{45}$tau$^{45}$tsu$^{22}$lau$^{45}$ȶo$^{44}$tou$^{45}$tou$^{45}$t$^{h}$y$^{45}$ȶ$^{h}$o$^{44}$lei$^{13}$le$^{11}$. t$^{h}$y$^{45}$ȶ$^{h}$o$^{44}$lei$^{13}$tsu$^{22}$lau$^{45}$in$^{13}$fy$^{33}$
利利的张尖张就捞竹蔸蔸挑出来了。挑出来就捞盐水
a$^{33}$kən$^{45}$i$^{44}$se$^{33}$xa$^{22}$ni$^{44}$. t$^{h}$a$^{33}$pa$^{33}$tsu$^{22}$kan$^{33}$: "ȶ$^{h}$o$^{44}$sən$^{45}$o$^{11}$, ni$^{11}$ȶa$^{11}$ɕiaŋ$^{22}$ke$^{33}$tɕ$^{h}$i$^{44}$uən$^{13}$pan$^{45}$ni$^{11}$t$^{h}$y$^{45}$
啊跟伊洗下儿。他□就讲："畜生哦，你脚上咯刺□帮你挑
ȶ$^{h}$o$^{44}$lei$^{13}$la$^{33}$, ni$^{11}$tsu$^{22}$fi$^{13}$ʋyn$^{11}$ti$^{22}$fan$^{45}$sən$^{13}$tɕ$^{h}$ie$^{44}$ti$^{33}$ ua$^{33}$, ma$^{11}$kən$^{45}$uən$^{13}$kei$^{44}$li$^{33}$la$^{33}$, xe$^{11}$tau$^{44}$
出来了，你就回远地方寻吃的哇，莫跟□箇里了，嚇到
uən$^{13}$la$^{11}$." ka$^{44}$tai$^{22}$ȶoŋ$^{13}$ȶa$^{44}$tsu$^{22}$ lau$^{45}$ ȶa$^{11}$ so$^{11}$ ȶ$^{h}$o$^{44}$ k$^{h}$u$^{44}$, tɕ$^{h}$in$^{45}$ tɕ$^{h}$in$^{45}$ti$^{33}$ iaŋ$^{45}$ liaŋ$^{11}$ k$^{h}$o$^{44}$
□啦。"个大虫□就捞脚缩出去，轻轻的嚷两哭②
tsu$^{22}$ k$^{h}$u$^{44}$la$^{11}$.
就去了。

tau$^{44}$ti$^{22}$ni$^{22}$ȵie$^{11}$tsoŋ$^{13}$tɕy$^{45}$tsu$^{22}$ tɕ$^{h}$i$^{33}$lei$^{13}$la$^{33}$, liaŋ$^{11}$ia$^{45}$ni$^{13}$tɕ$^{h}$i$^{33}$lei$^{13}$tsu$^{22}$te$^{44}$tɕin$^{44}$mən$^{13}$ k$^{h}$ou$^{33}$
到第二日从朝就起来了，两爷儿起来就得见门口
tsu$^{22}$fan$^{44}$tɕ$^{h}$i$^{33}$tɕi$^{33}$ka$^{44}$t$^{h}$u$^{44}$tsi$^{33}$kən$^{45}$ȶa$^{44}$le$^{11}$, ȵiau$^{11}$si$^{33}$ke$^{33}$t$^{h}$u$^{44}$tsi$^{33}$tsu$^{22}$fan$^{44}$ kən$^{45}$ȶa$^{44}$mən$^{13}$k$^{h}$ou$^{33}$
就放起几个兔子跟□了，咬死咯兔子就放跟□门口

---

① □ŋe$^{44}$：砍。

② 嚷两哭：哼两声。

tsu$^{22}$fan$^{44}$tɕʰi$^{33}$. ni$^{13}$tsu$^{22}$xan$^{33}$tʰa$^{33}$pa$^{33}$, “ pa$^{33}$e$^{44}$, ni$^{11}$man$^{22}$fan$^{44}$tɕʰi$^{33}$tɕi$^{33}$ ka$^{44}$tʰu$^{44}$ tsi$^{33}$.” tʰa$^{33}$pa$^{33}$
就放起。儿就喊他□，“□诶，你望放起几个兔子。”他□

tsu$^{22}$kan$^{33}$: “ ȶən$^{44}$ɕi$^{22}$ka$^{44}$tai$^{22}$ȶoŋ$^{13}$ȶa$^{44}$, uən$^{13}$pan$^{45}$i$^{44}$tʰy$^{45}$tɕʰi$^{44}$le$^{11}$, i$^{44}$lei$^{13}$kan$^{33}$ɕie$^{22}$uən$^{13}$le$^{11}$kei$^{44}$
就讲：“正是个大虫□，□帮伊挑刺咧，伊来感谢□了箇

ɕi$^{22}$, lau$^{45}$kən$^{45}$uən$^{13}$tɕʰie$^{44}$ti$^{33}$le$^{11}$.” liaŋ$^{11}$ia$^{45}$ȵu$^{11}$le$^{44}$ia$^{33}$ɕi$^{22}$xau$^{33}$ȵin$^{13}$, tʰa$^{33}$tsu$^{22}$lau$^{45}$tʰu$^{44}$tsi$^{33}$
是，捞跟□吃的咧。”两爷女咧也是好人，他就捞兔子

ȵa$^{44}$tsʰau$^{33}$xau$^{33}$, tsu$^{22}$xan$^{33}$tuan$^{13}$ȵo$^{11}$ka$^{45}$ka$^{45}$lei$^{13}$tɕʰie$^{44}$tʰu$^{44}$tsi$^{33}$ȵa$^{44}$. ka$^{45}$ka$^{45}$ tsu$^{22}$mən$^{22}$: “ no$^{13}$
肉炒好，就喊团入家家来吃兔子肉。家家就问：“□

tʰu$^{44}$tsi$^{33}$ɕi$^{22}$kən$^{45}$nu$^{45}$te$^{44}$ ti$^{33}$o$^{11}$ ? ” liaŋ$^{11}$ia$^{45}$ȵu$^{11}$tsu$^{22}$ kan$^{33}$: “tsin$^{11}$ȵie$^{11}$ia$^{22}$ti$^{33}$uən$^{13}$kən$^{45}$ie$^{44}$
兔子是跟□得的哦？”两爷女就讲：“□日夜的□跟一

tɕie$^{11}$tai$^{22}$ȶoŋ$^{13}$tʰy$^{45}$tɕʰi$^{44}$, i$^{44}$tsu$^{22}$lau$^{45}$tʰu$^{44}$tsi$^{33}$tau$^{44}$uən$^{13}$kei$^{44}$li$^{11}$fan$^{44}$tɕʰi$^{33}$la$^{11}$.uən$^{13}$tsu$^{22}$tɕʰin$^{33}$tai$^{22}$
只大虫挑刺，伊就捞兔子到□箇里放起了。□就请大

tsi$^{33}$ka$^{45}$lei$^{13}$tɕʰie$^{44}$ni$^{44}$, lei$^{13}$ɕiaŋ$^{13}$ni$^{44}$.” tai$^{22}$tsi$^{33}$ka$^{45}$to$^{44}$tɕʰie$^{44}$te$^{44}$man$^{13}$lau$^{22}$ ȵie$^{44}$ti$^{33}$. tɕʰie$^{44}$tau$^{44}$
子家来吃儿，来尝儿。”大子家□吃得蛮闹热的。吃到

ia$^{22}$ti$^{33}$mən$^{45}$li$^{33}$ɕi$^{13}$xou$^{22}$tsei$^{13}$kʰən$^{33}$fi$^{13}$kʰu$^{44}$. tai$^{22}$tsi$^{33}$ka$^{45}$fi$^{13}$kʰu$^{44}$xou$^{22}$liaŋ$^{11}$ia$^{45}$ȵu$^{11}$tɕia$^{44}$sɿ$^{33}$ua$^{22}$
夜的□里时候才肯回去。大子家回去后两爷女架始卧

la$^{11}$, iu$^{22}$te$^{44}$tʰin$^{44}$ka$^{44}$tai$^{22}$ȶoŋ$^{13}$kei$^{44}$ “oŋ$^{13}$oŋ$^{13}$” tɕʰin$^{45}$tɕʰin$^{45}$ni$^{44}$iu$^{22}$lei$^{13}$la$^{11}$. tʰa$^{33}$tsu$^{22}$kan$^{33}$: “ȶʰo$^{11}$
了，又得听个大虫箇“嗡嗡”轻轻儿又来了。他就讲：“畜

sən$^{45}$e$^{33}$,tsu$^{44}$mən$^{45}$li$^{33}$ni$^{11}$iu$^{22}$lei$^{13}$o$^{11}$ ? ” ȶʰo$^{44}$lei$^{13}$ie$^{44}$man$^{22}$, i$^{45}$ ? ka$^{44}$mən$^{13}$kʰou$^{33}$ȶa$^{44}$iu$^{22}$fan$^{44}$tɕʰi$^{33}$
生诶，做□里你又来哦？”出来一望，咦？个门口□又放起

tɕi$^{33}$ka$^{44}$iaŋ$^{13}$le$^{11}$. ti$^{22}$ni$^{22}$ȵie$^{44}$tʰa$^{33}$tsu$^{22}$iu$^{22}$tɕʰin$^{33}$tuan$^{13}$ȵo$^{11}$ti$^{33}$lei$^{13}$tɕʰie$^{44}$le$^{11}$. tuan$^{13}$ȵo$^{11}$ti$^{33}$tsu$^{22}$
几个羊咧。第二日他就又请团入的来吃了。团入的就

ʋya$^{22}$: “i$^{45}$ ? ka$^{44}$ȶʰo$^{44}$sən$^{45}$kei$^{44}$man$^{13}$iu$^{11}$tsin$^{13}$ni$^{22}$le$^{11}$. ” tsu$^{22}$lin$^{13}$mo$^{22}$luan$^{22}$ta$^{33}$, lin$^{13}$mo$^{22}$luan$^{22}$kʰu$^{44}$
话：“咦？个畜生箇蛮有情义咧。”就连有乱打，连有乱去

sa$^{11}$tʰa$^{45}$ la$^{11}$ ? te$^{44}$ia$^{11}$toŋ$^{45}$si$^{45}$man$^{13}$ xau$^{33}$ti$^{33}$ la$^{11}$, tsoŋ$^{33}$mo$^{22}$nu$^{45}$kʰu$^{44}$ta$^{33}$le$^{11}$.
杀它了，对野东西蛮好的了，总有□去打了。

（俞仕忠讲述）

## 3. tau$^{22}$ȵin$^{13}$lau$^{11}$si$^{45}$ɕi$^{44}$tsʰən$^{45}$ku$^{45}$
## 道人老师戏村姑

lei$^{13}$kʰuan$^{33}$ku$^{33}$, uən$^{13}$li$^{11}$kei$^{44}$iu$^{11}$ka$^{44}$tau$^{22}$ȵin$^{13}$lau$^{11}$si$^{45}$, tai$^{22}$tsi$^{33}$ka$^{45}$xan$^{33}$i$^{44}$ȶən$^{13}$lau$^{11}$si$^{45}$.
来款古，□里箇有个道人老师，大子家喊伊陈老师。

pe11lau45iu22pe11lau45, iu22tsʰoŋ45min13. i44ɕi22li11ioŋ33ȵin13. iu11ie44fi13le33, tsu22kua44ɕia13kʰou33
白□又白□[1]，又聪明。伊是里勇人。有一回咧，就过蛇口
kei44lei13, kua44uən13li11kei44lei13. ɕiaŋ33lei13tsu44ka44tau22ȶan13. i44tsu22xen13tau44te44min22kan45pin45
箇来，过□里箇来。想来做个道场。伊就行到对面江边
le44, tsu22ɕi22tu22ɕyan13tan13li11kei44, tsu22man22kua44lei13uən13li11ka44ɕia22min22ti22ni11kei44. tsu22
咧，就是渡船塘里箇，就望过来□里个下面的里箇。就
te44tɕin44pʰan44ȵu11tɕia45kən45ȶa44ȶʰa33iaŋ45. i44tsu22xan33: "sau33sau33e33,sau33sau33e33, ni11tsʰən45
得见□女家[2]跟□扯秧。伊就喊："嫂嫂诶，嫂嫂诶，你撑
ɕyan13kua44lei13tse11xa22ŋa11lo33." pʰan44ȵu11tɕia45ɕy33te44i44pe11lau45te44xən33ti33, tsu22pai45i44ua22
船过来接下我啰。"□女家晓得伊白□得很的，就□意[3]话
le33, " e45！ ni11kei44ti33li45xai45, ni11mo22ɕy33te44tsi22tɕia45kua44lei13a11, xai13y44uən13lei13tse11o11？
咧，"诶！你箇的厉害，你冇晓得自家过来啊，还要□来接哦？
uən13mo22tse11ti33o11." ȶən13lau11si45xan33ka44tɕi33fi13, tsu22kan33: "ȶən45mo22tse11ai33, tən33ŋa11
□冇接的哦。"陈老师喊咖几回，就讲："真冇接诶，等我
kua44kʰu44ȶai44, ŋa11ia33y44lau45no13tɕʰie44ni44 ŋa11pa33tɕʰy45le33."
过去□，我也要捞□吃儿哑巴亏呢。"

i44tsu22lau45i44tɕie45po11ɕiaŋ22ke33san33ȶa44, ɕia22xa22kan45kʰu44tsu22tʰy44ɕiaŋ22kʰu44, ka44san33
伊就捞伊肩膊上咯伞□，射下江去就跳上去，个伞
kei44tsu22kua44lei13la11.kua44lei13i11xou22i44ɕiaŋ22lei13la11, tsu22tau44tin13pin45le11, kua44iaŋ45tin13
箇就过来了。过来以后伊上来了，就到田边了，过秧田
pin45lei13la11. i44tsu22pia33i44ȶʰuan45ke33suan45tsʰau33ɕie13ɕia22xa22tin13ȵo44kʰu44, fya44pin44ȶən13
边来了。伊就把伊穿咯双草鞋射下田入去，化变成
liaŋ11ty13xoŋ13lie11ȵu13. i44tsu22kan33: " sau33sau33e33！ no13tsei22kei44ȶʰa33iaŋ45a11？ kei44iaŋ45tin13
两条红鲤鱼。伊就讲："嫂嫂诶！□在箇扯秧啊？箇秧田
ȵo11liaŋ11ty13kei44tai22ke33ȵu13mo22tɕie44ȵin13tso11kʰu44o11？" pʰan44ȵu11tɕia45te44tʰin44i44kan33
入两条箇大咯鱼冇着人捉去哦？"□女家得听伊讲
tsu22man22le33man22, tsu22kan33: "ȶən45ti33iu11man13tai22ti33xoŋ13lie11ȵu13li11ua11, mie11pa45ie44
就望了望，就讲："真的有蛮大的红鲤鱼哩哇，尾巴一

---

① 白□ lau45：幽默风趣，爱开玩笑。

② □ pʰan45 女家：一帮妇女。

③ □ pai44 意：故意。

uai45ie44uai45ti33.” tʰa45tsu22kʰu44tsʰən33, ie44xa22tsʰən33tau44li33kei44iu22mo22tso11te44tau44, ie44xa22
歪一歪的。”他就去□①，一下□到里箇又冇捉得到，一下
tsʰən33tau44li33ȶa44mo22tso11te44tau44, tsʰən33lei13tsʰən33kʰu44, ie44pʰan44ȵin13tsoŋ33tɕie11li33ȶa44tsʰən33.
□到里□冇捉得到，□来□去，一□人总直里□□。
ie44ȶʰu45tin13ti33iaŋ45tsʰən33te44ɕi45lan22, tsei13tso11tau44. tso11tau44lau45tɕʰi33lei13man22ɕi22, o45xo11！
一丘田的秧□得稀烂，才捉到。捉到捞起来望是，哦嗬！
ka44nu45tsu22ɕi22ȶən13lau11si45ke33ie44suan45lan22tsʰau33 ɕie13a33！ e44！ tɕie44i44pʰian44le11.
个□就是陈老师咯一双烂草鞋啊！诶！着伊骗了。

（俞仕忠讲述）

## 二 吟诵

### 1. tɕia22tɕy13fan13
### 谢厨房

ie44te44ʋyn45iaŋ45la11tɕi13tan13, xoŋ13xoŋ13lio11lio11xau33ioŋ13ŋan13.
一对鸳鸯落池塘，红红绿绿好容颜。
ʋyn45iaŋ45ȶən13suan45lioŋ13ȶən13te44, pʰe44xo11lio11xo11tsei22fyan13kan45.
鸳鸯成双龙成对，配合六福在凡间。
tʰin45sən44in45ʋyn13ȵin13sən44li11, ka11mia13pʰin44pioŋ13ie44pin45san45.
天送姻缘人送礼，葛麻遍□一边山。
tsʰu45ȶa11lei13tau44kau45fu33ɕiaŋ22, tɕiau13ȵa11ie44tuan13ɕin45mo11an45.
粗脚来到高府上，扰惹一团心冇安。
liaŋ13ɕin13tɕi44ȵie11xoŋ45kuan45xau33, tɕʰin33te44tɕy13kuan45tsa22tɕy13fan13.
良辰吉日风光好，请得厨官坐厨房。
tɕʰin33te44tɕy13kuan45tɕy13ɕiaŋ22tsa22, kan45tau45liaŋ22liaŋ22sia11ȶu45iaŋ13.
请得厨官厨上坐，钢刀亮亮杀猪羊。
tai22tau45tsʰe11ȵo44fan45to13iaŋ22, ȵie44tau45tsʰe44ȵo44ȵo44si45ȶan13.
大刀切肉方砣样，□刀切肉肉丝长。
tsoŋ13tɕy45tsʰe11ȵo44lei13kua44tsau33, ia22ti33tsʰe11ȵo44lei13ɕy45xan13.
从朝切肉来过早，夜的切肉来消闲。

① □tsʰən33：双手合拢去捉。

ȶən$^{45}$tsʰu$^{45}$xei$^{33}$ʋi$^{22}$tu$^{45}$pian$^{22}$tɕʰi$^{33}$, ɕy$^{45}$ɕiu$^{33}$lai$^{44}$ȶa$^{11}$kʰu$^{33}$tɕy$^{13}$fan$^{13}$.

珍馐海味都办起，烧手懒脚苦厨房。

mo$^{22}$te$^{44}$mən$^{44}$li$^{33}$tɕy$^{13}$fan$^{13}$tɕia$^{22}$, san$^{45}$fən$^{45}$nin$^{13}$li$^{11}$tɕia$^{22}$tɕy$^{13}$fan$^{13}$.

有得□里厨房谢，三分仁礼谢厨房。

koŋ$^{45}$xua$^{22}$ȵo$^{13}$tʰin$^{45}$ȶan$^{13}$ti$^{22}$ȶu$^{33}$, ti$^{22}$ȶu$^{33}$tʰin$^{45}$ȶan$^{13}$.

恭贺□天长地久，地久天长。

（陆飘讲述）

## 2. xua$^{22}$ɕiu$^{22}$
## 贺寿①

tʰe$^{44}$iaŋ$^{13}$ȶuan$^{33}$toŋ$^{45}$, pe$^{11}$tsʰau$^{33}$fya$^{45}$xoŋ$^{13}$.

太阳转东，百草花红。

ȵin$^{13}$sən$^{45}$ie$^{44}$ɕi$^{44}$, tsʰau$^{33}$sən$^{45}$ie$^{44}$ ȶʰən$^{45}$.

人生一世，草生一春。

ȵin$^{13}$lau$^{11}$ie$^{44}$nin$^{13}$tʰin$^{45}$ie$^{44}$ se$^{44}$, ɕiu$^{22}$lau$^{11}$fya$^{45}$xoŋ$^{13}$tia$^{33}$tia$^{33}$sən$^{45}$.

人老一年添一岁，树老花红朵朵新。

ɕiu$^{22}$fya$^{45}$pin$^{44}$ɕiu$^{22}$lau$^{11}$, fu$^{44}$ɕiu$^{22}$ie$^{44}$ ȶʰən$^{45}$tsʰin$^{45}$.

树花变树老，复树一春青。

nin$^{45}$nai$^{33}$ pie$^{11}$ȵin$^{13}$fe$^{22}$kan$^{33}$, kan$^{33}$te$^{44}$si$^{44}$fan$^{45}$ȶan$^{13}$ʋyn$^{11}$.

年□别人会讲，讲得四方长远。

ŋa$^{11}$mo$^{22}$te$^{44}$kan$^{33}$, i$^{45}$koŋ$^{45}$tɕie$^{11}$tau$^{44}$.

我有得讲，依公直到。

nin$^{45}$nai$^{33}$ia$^{13}$tai$^{22}$ ʋi$^{13}$tʰin$^{45}$, ȵan$^{13}$tai$^{22}$ ʋi$^{13}$ti$^{22}$.

年□爷大为天，娘大为地。

ȶən$^{44}$ia$^{13}$y$^{13}$ȵin$^{13}$ȶən$^{44}$tʰin$^{45}$ti$^{22}$, ȶən$^{44}$ȵan$^{13}$y$^{13}$ȵin$^{13}$ȶən$^{44}$san$^{45}$kuan$^{45}$.

敬爷如人敬天地，敬娘如人敬三官。

fu$^{22}$mu$^{11}$pu$^{44}$ tsʰən$^{45}$xo$^{13}$ȵin$^{13}$ tsʰən$^{45}$？ fu$^{22}$mu$^{11}$tan$^{13}$tsin$^{13}$ tsʰən$^{45}$sən$^{45}$xo$^{11}$.

父母不亲何人亲？父母堂前亲身福。

xo$^{11}$ɕi$^{22}$lin$^{13}$san$^{45}$ti$^{22}$ie$^{44}$tsən$^{45}$, lin$^{13}$san$^{45}$tɕi$^{45}$iu$^{11}$san$^{45}$ȶoŋ$^{33}$xo$^{11}$.

福是林山第一尊，林山只有三种福。

① 此段无音频。

lin$^{13}$san$^{45}$xo$^{11}$uan$^{13}$ni$^{22}$ʈən$^{45}$ ʈən$^{45}$, xai$^{13}$iu$^{11}$ie$^{44}$ʈoŋ$^{33}$ȵin$^{13}$pu$^{44}$tɕin$^{44}$.

林山福王二真金，还有一种人不见。

xo$^{11}$ɕi$^{22}$tan$^{13}$tɕin$^{13}$fu$^{22}$mu$^{11}$ ŋən$^{45}$, ia$^{13}$ti$^{33}$ ŋən$^{45}$tɕin$^{13}$t$^{h}$in$^{45}$iaŋ$^{22}$tai$^{22}$.

福是堂前父母恩，爷的恩情天样大。

ȵan$^{13}$ti$^{33}$ ŋən$^{45}$tɕin$^{13}$xei$^{33}$iaŋ$^{22}$ɕin$^{45}$.

娘的恩情海样深。

fu$^{22}$mu$^{11}$ ŋən$^{45}$ tɕin$^{13}$po$^{44}$pu$^{44}$tɕin$^{22}$, k$^{h}$o$^{11}$tou$^{13}$pie$^{44}$li$^{11}$lei$^{13}$tɕia$^{22}$ŋən$^{45}$.

父母恩情报不尽，磕头拜礼来谢恩。

ie$^{44}$pie$^{44}$t$^{h}$in$^{45}$, ni$^{22}$pie$^{44}$ti$^{22}$, san$^{45}$pie$^{44}$ʈan$^{13}$sən$^{45}$pu$^{44}$lau$^{11}$sin$^{45}$.

一拜天，二拜地，三拜长生不老仙。

koŋ$^{45}$xua$^{22}$ni$^{11}$lau$^{11}$ȵin$^{13}$, tsa$^{22}$te$^{44}$ts$^{h}$in$^{45}$ ts$^{h}$in$^{45}$ʋyan$^{22}$ ʋyan$^{22}$, ʋyan$^{22}$ ʋyan$^{22}$ ts$^{h}$in$^{45}$ ts$^{h}$in$^{45}$.

恭贺你老人，坐得千千万万，万万千千。

# 第四节

## 讲述

nu$^{45}$ka$^{33}$kan$^{33}$le$^{44}$？ xai$^{13}$ɕi$^{22}$tsoŋ$^{13}$ŋa$^{11}$ne$^{44}$ti$^{33}$ɕi$^{13}$xou$^{22}$kan$^{33}$tɕʰi$^{33}$pa$^{11}$. tsoŋ$^{13}$tɕi$^{44}$sɿ$^{22}$tɕʰi$^{33}$a$^{11}$,

□咖讲咧？还是从我儿的时候讲起吧。从记事起啊，

tsu$^{22}$ɕi$^{22}$san$^{45}$se$^{44}$tʰi$^{44}$ʈa$^{44}$, xau$^{33}$tɕiaŋ$^{22}$ɕi$^{22}$. ŋa$^{11}$iu$^{11}$san$^{45}$tsi$^{33}$me$^{22}$, ie$^{44}$ka$^{44}$ʈa$^{33}$, ie$^{44}$ka$^{44}$ka$^{45}$, xai$^{13}$

就是三岁□□①，好像是。我有三姊妹，一个姐，一个哥，还

iu$^{11}$ŋa$^{11}$. kən$^{45}$lan$^{13}$in$^{13}$ɕiaŋ$^{22}$tɕʰie$^{44}$fyan$^{22}$ti$^{33}$ɕi$^{13}$xou$^{22}$le$^{44}$, tʰa$^{33}$ei$^{44}$ʋi$^{44}$ŋa$^{11}$ti$^{33}$fyan$^{22}$. ŋa$^{11}$ka$^{45}$tsu$^{22}$

有我。跟廊檐上吃饭的时候咧，他爱喂我的饭。我哥就

kan$^{33}$: "tɕʰie$^{44}$lei$^{13}$tɕʰie$^{44}$lei$^{13}$, lau$^{11}$ti$^{22}$, tau$^{44}$li$^{44}$kei$^{44}$lei$^{13}$, ŋa$^{11}$ʋi$^{44}$ni$^{11}$ti$^{33}$fyan$^{22}$." ŋa$^{11}$ʈa$^{33}$tse$^{44}$ta$^{33}$kan$^{33}$:

讲："快来快来，老弟，到里箇来，我喂你的饭。"我姐接哒讲：

"ma$^{11}$tau$^{44}$i$^{44}$ʈa$^{44}$kʰu$^{44}$, i$^{44}$ke$^{33}$fyan$^{22}$ʈa$^{44}$ʈʰu$^{44}$te$^{44}$xən$^{33}$, ʈʰu$^{44}$ɕi$^{33}$ȵin$^{13}$," i$^{44}$kan$^{33}$. "tau$^{44}$ŋa$^{11}$li$^{33}$kei$^{44}$

"莫到伊□去，伊咯饭□臭得很，臭死人"，伊讲。"到我里箇

tɕʰie$^{44}$." ne$^{44}$tʰi$^{44}$ŋa$^{11}$tsu$^{22}$tɕi$^{44}$te$^{44}$kei$^{44}$ka$^{44}$.tau$^{44}$ʈʰoŋ$^{44}$pe$^{44}$ɕy$^{45}$ʋi$^{13}$tai$^{22}$ni$^{44}$le$^{44}$, si$^{44}$oŋ$^{11}$se$^{44}$ti$^{33}$ɕi$^{13}$

吃。"儿□我就记得箇个。到□背稍微大儿咧，四五岁的时

xou$^{22}$, tsu$^{22}$tau$^{44}$le$^{11}$ȵo$^{11}$koŋ$^{45}$ɕie$^{11}$tan$^{13}$ti$^{33}$ɕi$^{13}$xou$^{22}$la$^{33}$. ka$^{45}$ka$^{45}$tsu$^{22}$o$^{44}$ȵo$^{11}$mo$^{22}$ʈu$^{33}$fyan$^{22}$la$^{33}$,

候，就到了入公食堂的时候了。家家就屋入冇煮饭了，

tsuan$^{13}$pu$^{22}$tau$^{44}$ie$^{44}$ka$^{45}$ɕie$^{11}$tan$^{13}$ȵo$^{11}$tɕʰie$^{44}$. tʰi$^{44}$ʈa$^{44}$ɕi$^{22}$pau$^{45}$kua$^{11}$ɕy$^{33}$ɕia$^{13}$ti$^{33}$pian$^{45}$ʈʰo$^{44}$lei$^{13}$,

全部到一个食堂入吃。□□是包括小蛇的搬出来，

tai$^{22}$ɕia$^{13}$xai$^{13}$mo$^{22}$te$^{44}$ȵin$^{13}$, ɕia$^{13}$kʰou$^{33}$ti$^{33}$san$^{45}$ka$^{44}$te$^{44}$xo$^{11}$tsai$^{22}$ie$^{44}$tɕʰi$^{33}$. ie$^{44}$ka$^{44}$tai$^{22}$tsən$^{44}$, ie$^{44}$

大蛇还冇得人，蛇口的三个队合在一起。一个大甑，一

---

① □□ tʰi$^{44}$ʈa$^{44}$：那时候。

ka$^{44}$tai$^{22}$ȶən$^{45}$loŋ$^{13}$, tsu$^{22}$pia$^{33}$mei$^{11}$ie$^{44}$ka$^{44}$ȵin$^{13}$ti$^{33}$po$^{11}$tou$^{13}$a$^{33}$tai$^{22}$uan$^{33}$a$^{33}$tsu$^{22}$tɕi$^{44}$le$^{11}$fy$^{33}$tsu$^{22}$
个大蒸笼，就把每一个人的钵头啊大碗啊就接了水就
ȶən$^{45}$tɕʰi$^{33}$. se$^{44}$tsi$^{33}$ȵin$^{13}$mo$^{22}$te$^{44}$uan$^{11}$tsu$^{22}$lau$^{45}$tɕʰi$^{33}$ka$^{44}$mo$^{11}$koŋ$^{13}$lo$^{11}$ȶo$^{44}$koŋ$^{13}$tsu$^{22}$kei$^{44}$xa$^{22}$tse$^{44}$tɕʰi$^{33}$,
蒸起。细子人冇得碗就捞起个木颈啰竹颈就箇下接起，
tau$^{44}$tɕʰie$^{44}$fyan$^{22}$ti$^{33}$ɕi$^{13}$xou$^{22}$le$^{33}$ka$^{44}$ka$^{44}$to$^{44}$ȵo$^{11}$kʰu$^{44}$lau$^{45}$lei$^{13}$tɕʰie$^{44}$. tʰi$^{44}$ȶa$^{44}$kən$^{45}$ɕi$^{11}$tan$^{13}$mən$^{13}$
到吃饭的时候咧个个□入去捞来吃。□□跟食堂门
tsin$^{13}$, iu$^{11}$uai$^{22}$ti$^{22}$ȵin$^{13}$lei$^{13}$tau$^{13}$fan$^{45}$a$^{11}$, lau$^{45}$tɕʰi$^{33}$ka$^{44}$xou$^{13}$tsi$^{33}$kən$^{45}$ȶa$^{44}$sa$^{33}$pia$^{33}$ɕi$^{44}$, uən$^{13}$ka$^{44}$
前，有外地人来逃荒啊，捞起个猴子跟□要把戏，□个
ka$^{44}$kən$^{45}$ȶa$^{44}$man$^{22}$xou$^{13}$tsi$^{33}$pia$^{33}$ɕi$^{44}$. xou$^{13}$tsi$^{33}$pia$^{33}$ɕi$^{44}$le$^{33}$pin$^{45}$ta$^{33}$la$^{13}$pin$^{45}$in$^{33}$ɕi$^{44}$. mo$^{22}$ȵin$^{13}$kən$^{45}$
个跟□望猴子把戏。猴子把戏咧边打锣边演戏。冇人跟
toŋ$^{45}$si$^{45}$le$^{33}$, i$^{44}$in$^{33}$te$^{44}$liaŋ$^{11}$xa$^{22}$tsu$^{22}$mo$^{22}$in$^{33}$le$^{11}$. iu$^{11}$ȵin$^{13}$ɕia$^{22}$in$^{45}$ȵo$^{11}$kʰu$^{44}$kən$^{45}$i$^{44}$tɕʰie$^{44}$a$^{33}$, i$^{44}$
东西咧，伊演得两下就冇演了。有人射烟入去跟伊吃啊，伊
in$^{45}$ia$^{11}$tɕʰie$^{44}$. lin$^{13}$mo$^{22}$ɕia$^{44}$tin$^{33}$mən$^{44}$li$^{33}$ȵo$^{11}$kʰu$^{44}$le$^{33}$i$^{44}$tsu$^{22}$mo$^{22}$in$^{33}$. sa$^{33}$xou$^{13}$tsi$^{33}$pia$^{33}$ɕi$^{44}$ke$^{33}$
烟也吃。连冇射点□里入去咧伊就冇演。要猴子把戏咯
tsu$^{22}$lau$^{45}$kən$^{45}$sau$^{33}$sau$^{33}$tou$^{13}$ȶa$^{44}$y$^{44}$ta$^{33}$i$^{44}$, ta$^{33}$ie$^{44}$xa$^{22}$ɕiaŋ$^{33}$man$^{13}$tai$^{22}$ti$^{33}$ɕin$^{45}$. sa$^{33}$xou$^{13}$ti$^{33}$pin$^{45}$
就捞根扫扫头□要打伊，打一下响蛮大的声。要猴的边
ȶʰan$^{44}$: "sa$^{33}$ka$^{44}$xau$^{33}$ti$^{33}$le$^{33}$, iu$^{11}$xau$^{33}$ti$^{33}$kən$^{45}$ni$^{11}$tɕʰie$^{44}$le$^{11}$." i$^{44}$iu$^{22}$kʰu$^{44}$in$^{33}$.
唱："要个好的咧，有好的跟你吃咧。"伊又去演。

tsei$^{44}$ie$^{44}$ka$^{44}$le$^{33}$, ne$^{44}$tʰi$^{44}$a$^{33}$, xa$^{22}$kan$^{45}$kʰu$^{44}$se$^{33}$tsau$^{33}$. ou$^{44}$tʰin$^{45}$tɕʰie$^{44}$le$^{11}$tɕy$^{45}$fyan$^{22}$tsu$^{22}$xa$^{22}$
再一个咧，□□[①]啊，下江去洗澡。炬天吃了朝饭就下
kan$^{45}$se$^{33}$tsau$^{33}$kʰu$^{44}$la$^{11}$. liaŋ$^{13}$tɕʰi$^{33}$lei$^{13}$ni$^{44}$le$^{33}$, tsu$^{22}$kʰu$^{44}$kan$^{45}$xa$^{22}$pian$^{45}$ȵie$^{13}$, fyan$^{45}$kʰei$^{45}$xou$^{22}$xa$^{22}$
江洗澡去了。凉起来儿咧，就去江下搬崖，翻开后下
min$^{22}$iu$^{11}$pan$^{13}$xai$^{22}$a$^{33}$ ŋa$^{13}$fu$^{13}$tsi$^{33}$a$^{33}$. ŋa$^{13}$fu$^{13}$tsi$^{33}$le$^{44}$ɕi$^{22}$tai$^{22}$ti$^{33}$iu$^{11}$ȶa$^{11}$tsi$^{33}$tou$^{13}$kei$^{44}$tai$^{22}$ie$^{44}$ka$^{44}$
面有螃蟹啊鹅胡子啊。鹅胡子咧是大的有脚趾头箇大一个
ti$^{33}$, kən$^{45}$tsʰin$^{33}$tsʰin$^{33}$ti$^{33}$ŋan$^{13}$ȵo$^{11}$tsan$^{13}$tɕʰi$^{33}$. xai$^{13}$iu$^{11}$ie$^{44}$ȶoŋ$^{33}$iaŋ$^{13}$ko$^{44}$tou$^{13}$, tʰi$^{44}$ȶa$^{44}$iu$^{11}$, tʰi$^{44}$
的，跟浅浅的□入藏起。还有一种羊骨头[②]，□□有，□
kei$^{44}$mo$^{22}$te$^{44}$. xau$^{33}$！ tsʰin$^{33}$tsʰin$^{33}$ti$^{22}$fan$^{45}$ti$^{33}$ȵie$^{13}$tou$^{13}$ ie$^{44}$fyan$^{45}$kʰei$^{45}$tsu$^{22}$tsoŋ$^{33}$iu$^{11}$. uən$^{13}$tsu$^{22}$
箇冇得。好！浅浅地方的崖头一翻开就总有。□就

① □□ ne$^{44}$tʰi$^{44}$：小时候。

② 羊骨头：当地的一种鱼。

lau45tɕʰi33uan13ȵie13ku33tsu22kʰu44ta33ȵie13ȶa44, pin45ta33pin45ȶʰan44: “iaŋ13ko44tou13, ni11ȵo11ŋan13,
捞 起 黄 崖 鼓 就 去 打 崖 □，边 打 边 唱 ：“羊 骨 头，你 入 □，
no13ia45no13pa33tɕʰin33kʰo45kʰuan33.” tsu22ɕi22kei44tsi33ta33, ta33le33i33xou22le33,iaŋ13ko44tou13tsu22
□ 爷□ □①□ □ □②。” 就 是 箇 子 打，打 了 以 后 咧，羊 骨 头 就
kən45ta33fy33ȶa44ly13ȶʰo44lei13.tsu22ɕie11tɕʰi33lei13, tsu22lau45toŋ13mo11ie11ie44tɕie11tɕʰi33tsu44ka44xo11
跟 哒水 □流 出 来。就 拾 起 来，就 捞 桐 木 叶 一 折 起 做 个 盒
xo11tse44tɕʰi33. xai13iu11ie44ȶoŋ33ŋa13fu13tsi33le44mo22ȶʰo44lei13, y44kʰu44fyan45kʰei45ka44ȵie13ȶa44. ie44fyan45
盒 接 起。还 有 一种 鹅 湖 子 咧 冇 出 来，要 去 翻 开 个 崖 □。一 翻
kʰei45xou22ti33xa22ka44ȵoŋ13fy33ȶa44, ȵoŋ13ȵoŋ13ti33, uan13tsuan13mo22te44tɕin44, lau45ɕiu33tsu22pin45
开 后 底 下 个 浓 水 □，浓 浓 的，完 全 冇 得 见，捞 手 就 边
po13kʰei45ȵoŋ13fy33tsu22ie44pin45ti33tsʰin45fy33tsu22ȵo11 lei13, uən13iu22ȶʰan44: “ȵoŋ13fy33kʰu44,
拨 开 浓 水 就 一 边 的 清 水 就 入 来， □ 又 唱 ：“ 浓 水 去，
tsʰin45fy33lei13, ȵoŋ13fy33kʰu44, tsʰin45fy33lei13.” ȶʰan44te44ie44tʰi44, pia33ie44tʰi44ke33ȵoŋ13fy33po13
清 水 来，浓 水 去，清 水 来。” 唱 得 一 □，把 一 □ 咯 浓 水 拨
kʰei45, te44tsʰin45fy33ȵo11kʰu44, ȵu13le33kən45ta33ȵo11kʰu44, tsu22ɕie11tɕʰi33lei13. ȵu13tse33ni13tsu22
开，得 清 水 入 去，鱼 咧 跟 哒 入 去，就 拾 起 来。鱼 崽 儿 就
lau45kən45kua45kan45lan22tʰie11a11, kən45sa45pia11ɕiaŋ22ty45ka44kʰoŋ33, tsu22kən45ȶa44tan45kua45tsʰau33,
捞 跟 锅 缸 烂 铁 啊，跟 沙 □ 上 雕 个 孔， 就 跟 □ 当 锅 炒，
in13xou22tsu22lau45ȵu13ȵu13ni13a33tsʰau33tsʰau33ni13a33tan45tsʰei44tsʰau33tɕʰi33tsu22tsu44iaŋ22tsi33
然 后 就 捞 鱼 鱼 儿 啊 草 草 儿 啊 当 菜 炒 起 就 做 样 子
tɕʰie44fyan22kʰu44le11, ɕi11tɕi44ɕiaŋ22mo22nu45ka33tɕʰie44ti33lo33, tsu22ɕi22tsa22tsa22ni13lo33. xau33！
吃 饭 去 了，实 际 上 冇 □ 咖 吃 的 啰，就 是 坐 坐 儿③ 啰。好！
tɕʰie44le33i33xou22le33, tsu22tau44 sa45pia45ɕiaŋ22kʰu44xei45la11. ȵu11tsi33tɕia45 tsu22tsa22tsa22ni13, lan13
吃 了 以 后 咧，就 到 沙 □ 上 去 咍 了。女 子 家 就 坐 坐 儿，男
tsi33tɕia45tsu22tsu44ŋou13ta33tɕia44.
子 家 就 做 牛 打 架。

xau33！ tsʰa45pu44ta45tsu22tau44pan44ȵie11la33. tʰi44ȶa44iu22mo22te44ȶoŋ45, xən33ɕy33iu11ȶoŋ45a33,
好！ 差 不 多 就 到 半 日 了。□□ 又 冇 得 钟，很 少 有 钟 啊，

---

① □ no13 爷□ no13 □ pa33：你们爸爸妈妈。

② □□□ tɕʰin33kʰo45kʰuan33：被打死了。

③ 坐坐儿：过家家。

tsu$^{22}$man$^{22}$ȵie$^{22}$tou$^{13}$, man$^{22}$ta$^{33}$ȵie$^{11}$tou$^{13}$tau$^{44}$ȵie$^{11}$ʈən$^{44}$la$^{33}$, ue$^{13}$k$^{h}$u$^{44}$tsu$^{22}$pe$^{44}$tai$^{22}$ȵin$^{13}$tɕ$^{h}$ie$^{44}$pan$^{44}$
就望日头，望哒日头到日正了，回去就□①大人吃半
ȵie$^{11}$k$^{h}$u$^{44}$la$^{11}$. ȵo$^{11}$o$^{44}$tsu$^{22}$xan$^{33}$, pa$^{13}$a$^{33}$pa$^{13}$a$^{33}$, ŋa$^{13}$y$^{44}$tɕ$^{h}$ie$^{44}$pan$^{44}$ȵie$^{11}$. pa$^{13}$tsu$^{22}$kan$^{33}$: "ni$^{11}$k$^{h}$u$^{44}$
日去了。入屋就喊，婆啊婆啊，我要吃半日。婆就讲："你去
man$^{22}$ni$^{44}$la$^{33}$, ts$^{h}$ai$^{33}$te$^{44}$tau$^{44}$toŋ$^{13}$ȵin$^{13}$pan$^{22}$ti$^{33}$tou$^{13}$mo$^{22}$la$^{33}$？ ts$^{h}$ai$^{33}$te$^{44}$tau$^{44}$ni$^{11}$tsu$^{22}$tɕ$^{h}$ie$^{44}$a$^{33}$,
望儿了，踩得到同人伴②的头冇了？ 踩得到你就吃啊，
ie$^{44}$mo$^{22}$ts$^{h}$ai$^{33}$te$^{44}$tau$^{44}$le$^{33}$ni$^{11}$tsu$^{22}$mo$^{22}$tɕ$^{h}$ie$^{44}$, xai$^{13}$tən$^{33}$xa$^{22}$ni$^{44}$a$^{33}$. no$^{13}$pa$^{33}$t$^{h}$a$^{45}$xai$^{13}$mo$^{22}$lei$^{13}$, no$^{13}$
一冇踩得到咧你就冇吃，还等下儿啊。□□她还冇来，□
ia$^{45}$t$^{h}$a$^{44}$xai$^{13}$mo$^{22}$lei$^{13}$." ɕi$^{22}$ʈən$^{45}$ti$^{33}$, ni$^{11}$kan$^{33}$ŋa$^{11}$mo$^{22}$t$^{h}$in$^{45}$ʋya$^{22}$iu$^{22}$t$^{h}$in$^{45}$ʋya$^{22}$, kən$^{45}$ ʈa$^{44}$lie$^{11}$
爷他还冇来。" 是真的，你讲我冇听话又听话，跟□立
te$^{44}$ ʈən$^{44}$ ʈən$^{44}$ ti$^{33}$ ioŋ$^{22}$ ʈa$^{11}$ k$^{h}$u$^{44}$ ts$^{h}$ai$^{33}$. xai$^{13}$ mo$^{22}$ ts$^{h}$ai$^{33}$ te$^{44}$ tau$^{44}$ lai$^{33}$, mo$^{22}$ tau$^{44}$ ʈən$^{44}$pan$^{44}$ȵie$^{11}$
得正正的用脚去踩。还冇踩得到唻，冇到正半日
lai$^{33}$, tsu$^{22}$iu$^{22}$ʈ$^{h}$o$^{44}$k$^{h}$u$^{44}$xei$^{45}$. xei$^{45}$te$^{44}$ie$^{44}$t$^{h}$i$^{44}$iu$^{22}$lei$^{13}$mən$^{22}$: "t$^{h}$i$^{44}$kei$^{44}$k$^{h}$o$^{33}$i$^{11}$tɕ$^{h}$ie$^{44}$le$^{33}$mo$^{22}$？
唻，就又出去哈。哈得一□又来问："□箇可以吃了冇？
pa$^{13}$a$^{11}$, t$^{h}$i$^{44}$kei$^{44}$ts$^{h}$ai$^{33}$te$^{44}$tau$^{44}$le$^{11}$." lie$^{11}$tɕ$^{h}$i$^{33}$lia$^{45}$ie$^{44}$ʈa$^{11}$, k$^{h}$a$^{11}$k$^{h}$a$^{11}$ts$^{h}$ai$^{33}$te$^{44}$tau$^{44}$lau$^{11}$k$^{h}$o$^{44}$ta$^{33}$.
婆啊，□箇踩得到了。"立起□一脚，恰恰踩得到脑壳哒。
"o$^{33}$, ts$^{h}$ai$^{33}$te$^{44}$tau$^{44}$le$^{11}$, ts$^{h}$ai$^{33}$te$^{44}$tau$^{44}$le$^{11}$tsu$^{22}$tɕ$^{h}$ie$^{44}$."
"哦，踩得到了，踩得到了就吃。"

tɕ$^{h}$ie$^{44}$le$^{33}$pan$^{44}$ȵie$^{11}$le$^{33}$, ou$^{44}$t$^{h}$in$^{45}$ma$^{11}$, iu$^{22}$xei$^{45}$k$^{h}$u$^{45}$la$^{11}$. ɕia$^{13}$tɕi$^{45}$koŋ$^{45}$kən$^{45}$lu$^{22}$pin$^{45}$ti$^{33}$ȵie$^{13}$
吃了半日咧，炠天嘛，又哈去了。蛇鸡公跟路边的崖
pia$^{11}$ɕiaŋ$^{22}$sai$^{44}$ȵie$^{11}$tou$^{13}$. t$^{h}$e$^{11}$pie$^{11}$ɕi$^{22}$ou$^{44}$te$^{44}$xən$^{33}$ti$^{33}$t$^{h}$in$^{45}$a$^{33}$t$^{h}$a$^{45}$tsoŋ$^{33}$ʈ$^{h}$o$^{44}$lei$^{13}$tau$^{44}$ʈa$^{44}$sai$^{44}$
壁上晒日头。特别是炠得很的天啊它总出来到□晒
ȵie$^{11}$tou$^{13}$. t$^{h}$ou$^{45}$t$^{h}$ou$^{45}$ni$^{44}$lau$^{45}$kən$^{45}$ʈo$^{44}$ie$^{44}$kuən$^{33}$k$^{h}$u$^{44}$, ta$^{33}$sa$^{11}$la$^{33}$tsu$^{22}$lau$^{45}$tɕ$^{h}$i$^{33}$lei$^{13}$.t$^{h}$a$^{45}$iu$^{11}$ti$^{33}$tan$^{33}$
日头。偷偷儿捞根竹一滚去，打杀了就捞起来。他有的胆
tsi$^{33}$tai$^{22}$ti$^{33}$ɕi$^{22}$tsɿ$^{11}$tɕie$^{11}$lau$^{45}$ɕiu$^{33}$k$^{h}$u$^{44}$tso$^{11}$, tso$^{11}$tɕ$^{h}$i$^{33}$tsu$^{22}$lau$^{45}$ ɕiu$^{33}$k$^{h}$u$^{44}$xei$^{45}$.xai$^{13}$iu$^{11}$sən$^{13}$tin$^{22}$
子大的是直接捞手去捉，捉起就捞手去哈。还有寻定
tia$^{33}$a$^{33}$. tin$^{22}$tia$^{33}$ti$^{33}$ʋya$^{22}$le$^{44}$, pia$^{45}$kən$^{45}$ȵie$^{13}$ɕiaŋ$^{22}$, iu$^{11}$ɕi$^{13}$xou$^{22}$la$^{11}$kən$^{45}$li$^{13}$pia$^{45}$ɕiaŋ$^{22}$. tsu$^{22}$lau$^{45}$
朵啊。定朵的话咧，□跟崖上，有时候落跟篱笆上。就捞
ka$^{44}$pia$^{45}$si$^{45}$man$^{11}$, lau$^{45}$kən$^{45}$mie$^{11}$tɕ$^{h}$yan$^{45}$tɕ$^{h}$yan$^{45}$, k$^{h}$u$^{44}$tɕian$^{22}$tɕ$^{h}$i$^{33}$tɕian$^{22}$tɕ$^{h}$i$^{33}$tsu$^{44}$ka$^{44}$tsau$^{44}$tsau$^{44}$,
个播丝网，捞根篾圈圈，去缠起缠起做个罩罩，

① □pe$^{44}$：缠着。

② 同人伴：影子。

tsu$^{22}$lau$^{45}$kʰu$^{44}$tsau$^{44}$. tʰa$^{45}$ie$^{44}$fi$^{45}$kʰu$^{44}$le$^{33}$uən$^{13}$xai$^{13}$y$^{44}$ȶʰan$^{44}$,tɕin$^{22}$ɕi$^{22}$ke$^{33}$xoŋ$^{33}$tʰa$^{45}$lei$^{13}$li$^{33}$kei$^{44}$:
就捞去罩。它一飞去了□还要唱，尽是咯哄它来里箇：
"tin$^{22}$tia$^{33}$, kua$^{44}$tia$^{33}$, iu$^{13}$mia$^{13}$tai$^{22}$tou$^{22}$tsa$^{13}$." kei$^{44}$ti$^{33}$ȶʰan$^{44}$ti$^{33}$ʋya$^{22}$le$^{33}$, tən$^{33}$tʰa$^{45}$ȶoŋ$^{13}$sin$^{45}$pia$^{45}$
"定朵，□朵，油麻大豆茶"。箇的唱的话咧，等它重新□
tɕʰi$^{33}$lei$^{13}$iu$^{22}$kʰu$^{44}$tsau$^{44}$. pia$^{45}$si$^{45}$man$^{11}$man$^{13}$ȵa$^{45}$ti$^{33}$lai$^{33}$, pia$^{45}$tɕʰi$^{33}$i$^{44}$tsu$^{22}$tsou$^{33}$mo$^{22}$tʰo$^{11}$la$^{11}$.
起来又去罩。播丝网蛮□的唻，□起伊就走有脱了。
uən$^{13}$tsu$^{22}$lau$^{45}$lei$^{13}$tou$^{44}$ma$^{13}$mo$^{11}$. ɕi$^{22}$kei$^{44}$ka$^{33}$, tou$^{44}$tou$^{44}$uan$^{13}$ma$^{13}$mo$^{11}$ȶai$^{33}$. i$^{44}$kən$^{45}$ka$^{44}$ȶu$^{22}$tou$^{13}$
□就捞来逗蚂蚁。是箇咖，逗逗黄蚂蚁□。伊跟个柱头
ȶa$^{11}$a$^{33}$, pia$^{11}$ȶa$^{11}$a$^{33}$, ȵie$^{13}$ȶoŋ$^{45}$kʰoŋ$^{33}$ȵo$^{11}$lei$^{13}$tsu$^{44}$kʰua$^{45}$. ni$^{11}$tɕi$^{45}$y$^{44}$lau$^{45}$kən$^{45}$ȶa$^{44}$fan$^{44}$tɕʰi$^{33}$, ioŋ$^{22}$
脚啊，壁脚啊，崖中孔入来做窠。你只要捞跟□放起，用
ȵie$^{13}$a$^{11}$tɕʰi$^{33}$, i$^{44}$ka$^{44}$ȵin$^{13}$pian$^{45}$pu$^{44}$toŋ$^{22}$le$^{33}$i$^{44}$tsu$^{22}$fe$^{22}$fi$^{13}$kʰu$^{44}$po$^{44}$sən$^{44}$ti$^{33}$. tau$^{44}$le$^{11}$mən$^{13}$ȶa$^{44}$ti$^{33}$
崖压起，伊个人搬不动咧伊就会回去报信的。到了门□的
ʋya$^{22}$le$^{33}$, ie$^{44}$xa$^{22}$xa$^{45}$ni$^{44}$tsu$^{22}$…tsu$^{22}$to$^{44}$ȶʰo$^{44}$lei$^{13}$la$^{11}$, ie$^{44}$ȶʰo$^{44}$lei$^{13}$tsu$^{22}$ɕi$^{22}$tɕi$^{33}$ɕie$^{11}$pe$^{11}$pia$^{33}$ka$^{44}$,
话咧，一下下儿就……就□出来了，一出来就是几十百把个，
kən$^{45}$ta$^{33}$i$^{44}$tsu$^{22}$lei$^{13}$. iu$^{11}$ɕi$^{13}$xou$^{22}$uən$^{13}$tsu$^{22}$pai$^{44}$i$^{44}$lau$^{45}$ɕiu$^{33}$na$^{13}$sa$^{11}$tɕʰi$^{33}$, na$^{13}$sa$^{11}$tɕʰi$^{33}$tʰa$^{45}$tsu$^{22}$
跟哒伊就来。有时候□就□意捞手□①杀起，□杀起它就
luan$^{22}$le$^{11}$, sən$^{13}$pu$^{44}$tau$^{44}$le$^{11}$. tan$^{22}$iu$^{11}$ta$^{45}$fi$^{13}$uən$^{13}$ʋi$^{22}$le$^{11}$fyn$^{22}$li$^{22}$ti$^{33}$man$^{22}$ta$^{33}$tʰa$^{45}$ti$^{33}$tin$^{22}$tia$^{33}$a$^{33}$
乱了，寻不到了。但有多回□为了顺利地望哒它的定朵啊
mən$^{45}$tsi$^{33}$a$^{33}$, mo$^{22}$na$^{13}$si$^{33}$kei$^{44}$po$^{44}$sən$^{44}$ke$^{33}$ȶai$^{44}$. ie$^{44}$ka$^{44}$ma$^{13}$mo$^{11}$tɕʰi$^{33}$mia$^{11}$xən$^{33}$te$^{44}$toŋ$^{22}$ɕin$^{45}$
蚊子啊，有□死箇报信咯□。一个蚂蚁起码□②得动身
tʰi$^{33}$ȶoŋ$^{22}$liaŋ$^{22}$ti$^{33}$ɕie$^{11}$ka$^{44}$ta$^{45}$ti$^{33}$toŋ$^{45}$si$^{45}$. ie$^{44}$pan$^{45}$le$^{44}$i$^{44}$kʰei$^{45}$ȶan$^{45}$lei$^{13}$tsoŋ$^{33}$ɕi$^{22}$ne$^{44}$ne$^{44}$ni$^{44}$lei$^{13}$,
体重量的十个多的东西。一般咧伊开张来总是儿儿儿来，
tsu$^{44}$koŋ$^{45}$fu$^{45}$ti$^{33}$ma$^{13}$mo$^{11}$, kei$^{44}$ka$^{44}$ɕi$^{22}$. xai$^{13}$ie$^{44}$ȶoŋ$^{33}$ta$^{33}$tɕia$^{44}$ti$^{33}$ma$^{13}$mo$^{11}$le$^{44}$, uən$^{13}$xan$^{33}$ma$^{13}$mo$^{11}$
做工夫的蚂蚁，箇个是。还一种打架的蚂蚁咧，□喊蚂蚁
kuan$^{45}$, tu$^{33}$ȶa$^{44}$y$^{44}$tai$^{22}$ni$^{44}$, lau$^{11}$kʰo$^{44}$ia$^{11}$man$^{13}$tai$^{22}$. tei$^{13}$le$^{11}$man$^{13}$ȶu$^{33}$tei$^{13}$pu$^{44}$toŋ$^{22}$le$^{44}$, ma$^{13}$mo$^{11}$
官，肚□要大儿，脑壳也蛮大。抬了蛮久抬不动咧，蚂蚁
kuan$^{45}$tsu$^{22}$ȶʰo$^{44}$lei$^{13}$la$^{11}$, ȶʰo$^{44}$lei$^{13}$xou$^{22}$le$^{44}$uən$^{13}$tsu$^{22}$kau$^{33}$tʰa$^{45}$ti$^{33}$min$^{13}$tan$^{13}$la$^{11}$, tsu$^{22}$lau$^{45}$kei$^{44}$ma$^{13}$
官就出来了，出来后咧□就搞它的名堂了，就捞箇蚂
mo$^{11}$kuan$^{45}$tso$^{11}$tɕʰi$^{33}$, lau$^{45}$i$^{44}$pʰi$^{44}$ku$^{33}$tɕʰia$^{11}$kʰu$^{44}$. tsu$^{44}$koŋ$^{45}$ti$^{33}$ma$^{13}$mo$^{11}$tsu$^{22}$kʰu$^{44}$ȵiau$^{11}$sa$^{11}$i$^{44}$,
蚁官捉起，捞伊屁股掐去。做工的蚂蚁就去咬杀伊，

① □na$^{13}$：按。

② □xən$^{33}$：扛。

tʰa45mo22ȵin22tɕie11ɕi22tʰa45tsi22tɕia45ti33, tsei44lei13tei13tɕʰie44ti33.xau33！ man22te44tʰa45tei13ȵo11kʰua45kʰu44la11.
它有认着是它自家的,再来抬吃的。好! 望得它抬入窠去了。

tau44le33ia22pe11, ȵie11tou13la11pʰa45i33xou22ti33ʋya22le44, ie44pan45ou44tʰin45ti33ɕi13xou22, kei44
到了夜白,日头落坡以后的话咧,一般炟天的时候,箇
pia45si45a11, y44tsoŋ13sin45tsu44kʰua45. i44tʰoŋ45kua44ie44ȵie44, pia45si45man13te44xən33, ie44tau44le33
播丝啊,要重新做窠。伊通过一日,播丝忙得很,一到了
ia22pe11le44y44tsoŋ13sin45tsu44, tʰe11pie11ɕi22sa11xa44tʰi44ʈa44. sin45tsu22to33tau44o44ko11ɕiaŋ22ʈai33,
夜白了要重新做,特别是煞黑□□。先就躲到屋角上□,
fan44ie44ty13ʈan13ʈan13ti33sin44ʈʰo44kʰu44, xoŋ45ʈʰu45tau44li33nu45tsu22ȵa45tau44li33nu45, ȵa45tɕʰi33lei13
放一条长长的线出去,风吹到里□就□①到里□,□起来
i44tsu22kən45ta33ɕiu45, pia33ka44si45ɕiu45te44ʈən33ʈən33ti33, i44tsu22liaŋ11tse11ku44tin22tɕʰi33, tsu22tɕia13
伊就跟哒收,把个丝收得紧紧的,伊就两侧固定起,就□
kua44kʰu44, kʰu44ti33ɕi13xou22i44iu22ʈʰu45ty13si45kʰu44. tau44le11pin45ʈa44le44i44iu22xen13tɕʰi33kʰu44tɕia13,
过去,去的时候伊又抽条丝去。到了边□咧伊又横起去□,
ȵa45tau44lin22uai22ka44ti22fan45, pin44ʈən13ka44san45ko11lo33. i44iu22xen13kua44 kʰu44xen13kua44lei13
□到另外个地方,变成个三角啰。伊又行过去行过来
tɕia13tɕi33fi13, tsu22pin44ʈən13ka44tai22ko44tɕia44le11, tsu22man13tai22ie44ku33le11, tsu22lau45i44lei13tsu44
□几回,就变成个大骨架了,就蛮大一股了,就捞伊来做
tai22ʈu22tou13ie44iaŋ22ti33. tsei44kən45ʈʰoŋ44pe44iu22ʈʰa33ka44man13tai22ti33ko11, lau45ʈoŋ45kan45tsu44
大柱头一样的。再跟□背又扯个蛮大的角,捞中间做
ka44tin33, ta11ka44tɕia44tɕia44, xau33tɕiaŋ22ȵin13tsu44poŋ13poŋ13sin45y44tsu44ka44tɕia44tɕia44. tsu44le11
个顶,搭个架架,好像人做棚棚先要做个架架。做了
tɕia44tɕia44i33xou22le33tsu44ka44ʋi13ʋi13. kʰei45ʈan45tsu44ti33ɕi13xou22, lia44man13tai22ʈa11ti33ʋya22le44
架架以后咧做个围围。开张做的时候,□蛮大脚的话咧
kʰo33i33lia44te44tau44tin33li11ty13kʰu44ti33, ia11ɕi22ka44tɕia44tɕia44ti33i44si45lo11.
可以□得到顶里条去的,也是个架架的意思啰。

uən13ie44xa22kʰu44man22, iu11ti33le44tau44le11ia22pe11tsu22pin45man22pin45ta33tsʰuan45la11. xei45
□一下去望,有的咧到了夜白就边望边打□②了。哈

① □ ȵa45：粘。

② 打□ tsʰuan45：瞌睡。

le$^{11}$ie$^{44}$ȵie$^{44}$, ia$^{22}$pe$^{11}$man$^{22}$te$^{44}$man$^{22}$te$^{44}$tsu$^{22}$ta$^{33}$tsʰuan$^{45}$le$^{11}$. iu$^{11}$ɕi$^{13}$xou$^{22}$ŋa$^{11}$te$^{45}$ia$^{11}$kən$^{45}$ȶa$^{44}$man$^{22}$.

了一日，夜白望得望得就打□了。有时候我□①也跟□望。

iu$^{11}$ie$^{44}$fi$^{13}$ŋa$^{11}$tɕʰie$^{44}$le$^{11}$fyan$^{22}$iu$^{22}$man$^{22}$pia$^{45}$si$^{45}$tsu$^{44}$kʰua$^{45}$kʰu$^{44}$la$^{11}$, ŋa$^{11}$te$^{45}$mo$^{22}$te$^{44}$tɕin$^{44}$ŋa$^{11}$,

有一回我吃了饭又望播丝做窠去了，我□冇得见我，

tʰa$^{45}$lau$^{11}$ȵin$^{13}$tɕia$^{45}$sən$^{13}$na$^{33}$sən$^{13}$na$^{33}$, tau$^{44}$tɕʰy$^{44}$xan$^{33}$to$^{44}$mo$^{22}$te$^{44}$tɕin$^{44}$le$^{11}$. o$^{33}$！ȶa$^{44}$ɕi$^{13}$uən$^{13}$

他老人家寻呐寻呐，到处喊□冇得见了。哦！□时□

liaŋ$^{11}$ka$^{44}$kən$^{45}$lou$^{13}$ɕiaŋ$^{22}$man$^{22}$pia$^{45}$si$^{45}$tsu$^{44}$kʰua$^{45}$, i$^{44}$kʰo$^{33}$nən$^{13}$xai$^{13}$kən$^{45}$ȶa$^{44}$ti$^{33}$, i$^{44}$kʰu$^{44}$sən$^{13}$le$^{44}$,

两个跟楼上望播丝做窠，伊可能还跟□的，伊去寻咧，

kʰo$^{11}$ɕi$^{44}$kən$^{45}$ȶa$^{44}$, i$^{44}$kʰu$^{44}$sən$^{13}$ta$^{33}$ŋa$^{11}$, kʰu$^{44}$xan$^{33}$tɕʰi$^{33}$ŋa$^{11}$ lei$^{13}$ti$^{33}$ɕi$^{13}$xou$^{22}$ŋa$^{11}$xai$^{13}$kən$^{45}$ȶa$^{44}$tsu$^{44}$

确实跟□，伊去寻哒我，去喊起我来的时候我还跟□做

moŋ$^{22}$le$^{11}$. kei$^{44}$tsu$^{22}$ɕi$^{22}$se$^{44}$tsi$^{33}$ti$^{33}$ɕi$^{13}$xou$^{22}$la$^{11}$.

梦咧。箇就是细子的时候了。

sau$^{45}$ʋi$^{13}$tai$^{22}$ie$^{44}$ni$^{44}$le$^{44}$tsu$^{22}$y$^{44}$to$^{11}$fy$^{45}$la$^{33}$, ŋa$^{11}$ɕi$^{22}$tsʰe$^{44}$se$^{44}$to$^{11}$fy$^{45}$ti$^{33}$. ȵuan$^{13}$sin$^{45}$ŋa$^{11}$tsu$^{22}$

稍微大一儿咧就要读书了，我是七岁读的书。原先我就

ȶən$^{45}$ɕiaŋ$^{13}$kən$^{45}$ta$^{33}$ŋa$^{11}$ka$^{45}$kʰu$^{45}$xo$^{11}$tan$^{13}$, tʰi$^{44}$ȶa$^{44}$iu$^{22}$mo$^{22}$te$^{44}$tɕi$^{33}$ka$^{44}$ȵin$^{13}$to$^{11}$fy$^{45}$, to$^{11}$fy$^{45}$ti$^{33}$

经常跟哒我哥去学堂，□□又冇得几个人读书，读书的

ȵin$^{13}$ɕy$^{33}$. tʰa$^{45}$kən$^{45}$ȶa$^{44}$to$^{11}$fy$^{45}$le$^{44}$ŋa$^{11}$ia$^{11}$tsa$^{22}$kən$^{45}$pin$^{45}$ɕiaŋ$^{22}$xei$^{45}$. tən$^{33}$tau$^{44}$uən$^{13}$to$^{11}$fy$^{45}$ti$^{33}$ɕi$^{13}$

人少。他跟□读书咧我也坐跟边上咍。等到□读书的时

xou$^{22}$, tɕi$^{45}$pən$^{33}$ɕiaŋ$^{22}$kʰei$^{44}$ȶan$^{45}$ti$^{33}$tɕi$^{33}$kʰo$^{44}$ioŋ$^{13}$i$^{22}$ti$^{33}$ȶa$^{44}$uən$^{13}$ȵuan$^{13}$sin$^{45}$tsu$^{22}$ɕy$^{33}$te$^{44}$la$^{11}$, so$^{33}$i$^{33}$

候，基本上开张的几课容易的□□原先就晓得了，所以

uən$^{13}$to$^{11}$tɕʰi$^{33}$fy$^{45}$lei$^{13}$pi$^{33}$tɕiau$^{44}$tɕʰin$^{45}$soŋ$^{45}$. ie$^{44}$pan$^{45}$tɕy$^{44}$i$^{44}$tʰin$^{44}$ti$^{33}$ʋya$^{22}$le$^{44}$, mo$^{22}$te$^{44}$mən$^{44}$li$^{33}$

□读起书来比较轻松。一般注意听的话咧，冇得□里

nan$^{13}$ɕi$^{22}$, pu$^{44}$kua$^{44}$uən$^{13}$ti$^{33}$xo$^{11}$tan$^{13}$le$^{44}$iu$^{11}$man$^{13}$tsʰa$^{45}$lo$^{11}$. ie$^{44}$ka$^{44}$lau$^{33}$sɿ$^{33}$tsu$^{22}$ɕi$^{22}$ie$^{44}$ka$^{44}$pian$^{45}$,

难事，不过□的学堂咧有蛮差啰。一个老师就是一个班，

tsei$^{44}$ɕy$^{33}$iu$^{11}$san$^{45}$ka$^{44}$pian$^{45}$, mo$^{22}$te$^{44}$ȵin$^{13}$po$^{44}$min$^{13}$ti$^{33}$ʋya$^{22}$le$^{44}$, tsu$^{22}$tɕʰio$^{11}$ie$^{44}$ka$^{44}$pian$^{45}$tsu$^{22}$san$^{45}$

最少有三个班，冇得人报名的话咧，就缺一个班就三

ka$^{44}$pian$^{45}$, mei$^{11}$ka$^{44}$pian$^{45}$to$^{44}$iu$^{11}$ȵin$^{13}$po$^{44}$min$^{13}$tsu$^{22}$si$^{44}$ka$^{44}$pian$^{45}$. ie$^{44}$ka$^{44}$pian$^{45}$tai$^{22}$ti$^{33}$iu$^{11}$lio$^{11}$

个班，每个班□有人报名就四个班。一个班大的有六

tsʰe$^{44}$ka$^{44}$, ɕy$^{33}$ti$^{33}$iu$^{11}$san$^{45}$si$^{44}$ka$^{44}$, tsoŋ$^{33}$koŋ$^{22}$tɕi$^{45}$iu$^{11}$ɕie$^{11}$ta$^{45}$ni$^{22}$ɕie$^{11}$ka$^{44}$ȵin$^{13}$. ka$^{44}$lau$^{33}$sɿ$^{33}$ia$^{11}$

七个，少的有三四个，总共只有十多二十个人。个老师也

① □te$^{45}$：外祖母。

sən$^{45}$kʰu$^{33}$, mən$^{44}$li$^{33}$tɕiau$^{44}$suan$^{44}$fy$^{44}$lo $^{33}$, tɕiau$^{44}$y$^{11}$uən$^{13}$lo $^{33}$, ȶʰan$^{44}$ka$^{45}$lo$^{33}$, tʰi$^{33}$io$^{44}$lo$^{33}$, ko$^{11}$
辛 苦， □ 里教 算 术 啰， 教 语 文 啰，唱 歌啰，体育啰，各
tsoŋ$^{33}$ko$^{11}$iaŋ$^{22}$, ia$^{11}$iu$^{11}$fa$^{22}$fya$^{45}$ti$^{33}$lo$^{33}$, tsuan$^{13}$pu$^{44}$ɕi$^{22}$ie$^{44}$ka$^{44}$ȵin$^{13}$tɕiau$^{44}$. tʰi$^{44}$ȶa$^{44}$ti$^{33}$lau$^{33}$sɿ$^{33}$ɕi$^{22}$
种 各 样，也有画花的啰，全 部 是一个人 教。 □□的老师是
tsuan$^{13}$nən$^{13}$it$^{33}$lo$^{33}$, mo$^{22}$tɕiaŋ$^{22}$tʰi$^{44}$kei$^{44}$ti$^{33}$lau$^{33}$sɿ$^{33}$iu$^{11}$pin$^{45}$tsɿ$^{45}$, mo$^{22}$te$^{44}$kei$^{44}$ka$^{44}$xa$^{22}$su$^{44}$.ŋa$^{11}$kən$^{45}$
全 能 的啰，冇 像 □箇 的老师有编 制，冇 得 箇 个下 数。我跟
tuan$^{13}$ȵo$^{11}$to$^{11}$fy$^{45}$ɕi$^{22}$to$^{11}$tau$^{44}$le$^{11}$pia$^{11}$tsʰe$^{11}$, tsu$^{22}$kʰu$^{44}$tɕʰin$^{45}$u$^{13}$ȶu$^{45}$kʰu$^{44}$to$^{11}$, kən$^{45}$tɕʰin$^{45}$u$^{13}$ȶu$^{45}$
团 入 读书是读 到 了八 册， 就 去 菁 芜洲去 读，跟 菁 芜洲
ŋa$^{11}$tɕi$^{11}$to$^{11}$le$^{33}$pan$^{44}$ka$^{44}$ɕio$^{11}$tɕi$^{13}$tsu$^{22}$mo$^{22}$to$^{11}$le$^{33}$, in$^{45}$ʋi$^{13}$tɕia$^{45}$xai$^{13}$ɕi$^{22}$ȶoŋ$^{13}$ma$^{11}$, tɕia$^{45}$li$^{11}$ȶoŋ$^{13}$
我只 读了半 个 学 期 就 冇 读 了，因为家 还 是 穷 嘛， 家 里 穷
ma$^{11}$tsu$^{22}$ia$^{11}$mo$^{22}$kʰu$^{44}$ to$^{11}$ fy$^{45}$le$^{11}$, tsu$^{22}$tsu$^{44}$koŋ$^{45}$fu$^{45}$la$^{11}$. ŋa$^{11}$tsu$^{44}$koŋ$^{45}$fu$^{45}$tsu$^{44}$te$^{44}$tsau$^{33}$. sən$^{45}$
嘛 就 也 冇 去 读书了，就 做 工 夫 了。我 做 工 夫 做 得早。 生
tsʰan$^{33}$te$^{44}$an$^{45}$pie$^{13}$ka$^{44}$ŋou$^{13}$kən$^{45}$ŋa$^{11}$, ŋou$^{13}$ȶa$^{44}$ti$^{33}$ʋya$^{22}$le$^{44}$, te$^{44}$ȶan$^{33}$ ɕy$^{33}$te$^{44}$ŋa$^{11}$ɕi$^{22}$kʰa$^{11}$tɕin$^{45}$
产 队安排个牛 跟我， 牛 □的话 咧，队长 晓得我是刻 间
ɕio$^{11}$tsu$^{44}$koŋ$^{45}$fu$^{45}$ti$^{33}$, tsu$^{22}$kan$^{33}$lau$^{45}$ka$^{44}$ɕiu$^{33}$ni$^{22}$ti$^{33}$ŋou$^{13}$, lau$^{45}$ka$^{44}$lau$^{11}$ɕiu$^{33}$ni$^{22}$ ti$^{33}$ŋou$^{13}$kən$^{45}$ŋa$^{11}$,
学 做 工 夫 的，就 讲 捞 个 手 艺的牛， 捞 个 老 手 艺 的牛 跟 我，
kʰo$^{11}$ɕi$^{11}$an$^{45}$pie$^{13}$ka$^{44}$man$^{13}$lau$^{11}$ɕie$^{11}$ti$^{33}$ŋou$^{13}$kən$^{45}$ŋa$^{11}$kʰu$^{44}$pia$^{33}$. i$^{44}$kən$^{45}$tin$^{13}$ li$^{11}$xen$^{13}$a$^{11}$, ŋa$^{11}$
确 实安 排 个 蛮 老 实 的牛 跟 我去 把。伊跟 田 里行 啊，我
kʰən$^{33}$tin$^{22}$mo$^{22}$ɕy$^{33}$te$^{44}$mən$^{45}$li$^{33}$tsu$^{44}$, ŋa$^{11}$ia$^{11}$mo$^{22}$fe$^{22}$, xau$^{33}$ta$^{45}$ti$^{33}$ɕi$^{13}$xou$^{22}$xai$^{13}$ɕi$^{22}$i$^{44}$tɕiau$^{44}$ŋa$^{11}$
肯 定 冇 晓 得□ 里 做，我 也 冇 会，好 多 的时 候 还 是 伊教 我
ie$^{44}$iaŋ$^{22}$ti$^{33}$. pia$^{33}$ɕio$^{11}$ta$^{33}$i$^{33}$xou$^{22}$le$^{33}$tsu$^{22}$y$^{44}$kau$^{33}$suan$^{45}$tɕʰiaŋ$^{33}$le$^{11}$ua$^{44}$, tau$^{44}$le$^{11}$ou$^{44}$tʰin$^{45}$ti$^{33}$ɕi$^{13}$
一 样 的。把 熟 哒以后 咧 就要 搞 双 抢 了哇，到 了 熰 天 的 时
xou$^{22}$le$^{33}$ɕi$^{22}$iu$^{22}$y$^{44}$ta$^{33}$ko$^{44}$iu$^{22}$y$^{44}$tsʰa$^{11}$tin$^{13}$, lau$^{45}$le$^{11}$tsau$^{33}$tau$^{22}$ta$^{33}$le$^{11}$iu$^{22}$y$^{44}$tsʰa$^{11}$uan$^{33}$tau$^{22}$, man$^{13}$
候 咧 是 又要 打谷 又要 插 田，捞 了早 稻 打 了又要 插 晚 稻，蛮
man$^{13}$ti$^{33}$, tsoŋ$^{33}$ɕi$^{22}$y$^{44}$tɕia$^{45}$pian$^{45}$, tsoŋ$^{13}$tɕy$^{45}$y$^{44}$pia$^{33}$ŋou$^{13}$, pan$^{44}$ȵie$^{11}$y$^{44}$pia$^{33}$ŋou$^{13}$. tsoŋ$^{13}$tɕy$^{45}$
忙 的，总 是要 加 班， 从 朝 要把 牛， 半 日 要 把 牛。从 朝
pia$^{33}$le$^{11}$tsu$^{22}$fan$^{44}$tau$^{44}$pʰa$^{45}$ɕiaŋ$^{22}$kʰu$^{44}$tɕʰie$^{44}$tsʰau$^{33}$, tau$^{44}$ia$^{11}$pe$^{11}$iu$^{22}$kʰu$^{44}$xan$^{33}$fi$^{13}$lei$^{13}$。i$^{44}$tɕie$^{45}$
把 了 就 放 到 坡 上 去 吃 草， 到 夜 白 又 去 喊 回 来。伊乖
tau$^{44}$nu$^{45}$ȶən$^{13}$tu$^{45}$le$^{33}$？ tau$^{44}$pʰa$^{45}$ɕiaŋ$^{22}$kʰu$^{44}$xan$^{33}$: “xa$^{22}$lei$^{13}$lo$^{33}$！ xa$^{22}$lei$^{13}$lo$^{33}$！” ie$^{44}$xan$^{33}$tɕʰi$^{33}$
到 □ 程 度咧？ 到 坡 上 去 喊：“ 下 来 啰！ 下 来 啰！” 一喊 起
kʰu$^{44}$, i$^{44}$tsu$^{22}$tɕi$^{45}$pən$^{33}$ɕiaŋ$^{22}$tau$^{44}$lu$^{22}$ɕiaŋ$^{22}$lei$^{13}$, tsu$^{22}$xoŋ$^{22}$tɕʰi$^{33}$lei$^{13}$, tsu$^{22}$xoŋ$^{22}$tɕʰi$^{33}$tin$^{13}$kʰu$^{44}$lei$^{13}$,
去， 伊就基 本 上 到路上 来，就 □ 起 来，就 □ 起田去来，

tsu$^{22}$lau$^{45}$ŋou$^{13}$tau$^{13}$t$^{h}$au$^{44}$ɕiaŋ$^{22}$k$^{h}$u$^{44}$tsu$^{22}$li$^{13}$. ie$^{44}$tɕi$^{11}$tau$^{44}$tin$^{13}$li$^{13}$ɕin$^{13}$le$^{11}$, tsu$^{22}$fan$^{44}$k$^{h}$u$^{44}$.
就捞牛绹套上去就犁。一直到田犁成了，就放去。

xai$^{13}$iu$^{11}$, ȵuan$^{13}$sin$^{45}$ti$^{33}$ʋya$^{22}$le$^{44}$, ŋa$^{11}$xai$^{13}$mo$^{22}$tsu$^{44}$sɿ$^{22}$ti$^{33}$ɕi$^{13}$xou$^{22}$le$^{33}$, p$^{h}$a$^{45}$ɕiaŋ$^{22}$ti$^{33}$ia$^{11}$ȶu$^{45}$
还有，原先的话咧，我还冇做事的时候咧，坡上的野猪
ta$^{45}$ te$^{44}$y$^{44}$si$^{33}$, uən$^{13}$li$^{11}$kei$^{44}$ti$^{33}$ia$^{11}$ȶu$^{45}$tsu$^{22}$ȶən$^{45}$ɕiaŋ$^{13}$k$^{h}$u$^{44}$kau$^{33}$ua$^{13}$. t$^{h}$i$^{44}$ȶa$^{44}$y$^{44}$ua$^{13}$lai$^{33}$, mo$^{22}$te$^{44}$
多得要死，□里箇的野猪就经常去搞禾。□□要禾唻，冇得
mən$^{44}$li$^{33}$tsa$^{11}$tɕiau$^{45}$a$^{33}$sən$^{45}$p$^{h}$in$^{33}$ȶoŋ$^{33}$, y$^{44}$ts$^{h}$a$^{11}$ua$^{13}$. mei$^{11}$ie$^{44}$ka$^{44}$ȶ$^{h}$oŋ$^{45}$ȶ$^{h}$oŋ$^{45}$li$^{11}$ts$^{h}$a$^{11}$tɕ$^{h}$i$^{33}$ke$^{33}$
□里杂交啊新品种，要插禾。每一个冲冲里插起咯
ua$^{13}$ȶa$^{44}$. tau$^{44}$le$^{11}$ts$^{h}$u$^{45}$t$^{h}$in$^{45}$ti$^{33}$ɕi$^{13}$xou$^{22}$ia$^{11}$ȶu$^{45}$tsu$^{22}$lei$^{13}$la$^{11}$, nin$^{44}$te$^{44}$ka$^{44}$ɕi$^{45}$lan$^{22}$ti$^{33}$, iu$^{22}$tɕ$^{h}$ie$^{44}$.
禾□。到了秋天的时候野猪就来了，□得个稀烂的，又吃。
iu$^{11}$ɕi$^{13}$xou$^{13}$ie$^{44}$ty$^{13}$ȶ$^{h}$oŋ$^{45}$to$^{44}$kau$^{33}$ɕin$^{13}$k$^{h}$u$^{44}$. te$^{44}$ɕiaŋ$^{22}$mo$^{22}$te$^{44}$pan$^{22}$fia$^{11}$, tsu$^{22}$mei$^{11}$ie$^{44}$ty$^{13}$ȶ$^{h}$oŋ$^{45}$
有时候一条冲□搞成去。队上冇得办法，就每一条冲
ta$^{11}$ka$^{44}$poŋ$^{13}$poŋ$^{13}$, lau$^{45}$tɕ$^{h}$i$^{33}$pi$^{22}$a$^{33}$kən$^{45}$ȶa$^{44}$ɕiu$^{33}$. mei$^{11}$ie$^{44}$ka$^{44}$poŋ$^{13}$poŋ$^{13}$an$^{45}$pie$^{13}$ie$^{44}$ka$^{44}$tau$^{44}$
搭个棚棚，捞起被啊跟□守。每一个棚棚安排一个到
liaŋ$^{11}$ka$^{44}$ȵin$^{13}$. uən$^{13}$ka$^{45}$pi$^{33}$ŋa$^{11}$tai$^{22}$te$^{44}$oŋ$^{11}$lio$^{11}$se$^{44}$, i$^{44}$ia$^{11}$an$^{45}$pie$^{13}$le$^{11}$ka$^{44}$poŋ$^{13}$poŋ$^{13}$, ŋa$^{11}$tsu$^{22}$
两个人。□哥比我大得五六岁，伊也安排了个棚棚，我就
ia$^{11}$kən$^{45}$ta$^{33}$i$^{44}$k$^{h}$u$^{44}$ɕiu$^{33}$. t$^{h}$i$^{44}$ȶa$^{44}$mo$^{22}$te$^{44}$tian$^{45}$toŋ$^{13}$, tsu$^{22}$ioŋ$^{22}$ʋi$^{33}$fa$^{33}$tau$^{44}$ȵo$^{44}$k$^{h}$u$^{44}$. ȵuan$^{13}$sin$^{45}$
也跟哒伊去守。□□冇得电筒，就用□火到入去。原先
tsu$^{22}$lau$^{45}$ka$^{44}$lau$^{11}$nan$^{13}$ȶu$^{44}$tou$^{45}$tou$^{45}$p$^{h}$i$^{44}$xau$^{33}$, sai$^{44}$te$^{44}$kan$^{45}$kan$^{45}$ti$^{33}$p$^{h}$i$^{44}$xau$^{33}$, lau$^{45}$tsa$^{11}$se$^{44}$pan$^{44}$
就捞个老楠竹蔸蔸劈好，晒得干干的劈好，捞杂碎棒
pan$^{44}$, “pan$^{45}$pan$^{45}$pan$^{45}$” ti$^{33}$k$^{h}$au$^{45}$, k$^{h}$u$^{44}$xe$^{11}$ia$^{11}$ȶu$^{45}$ȶa$^{44}$. k$^{h}$ei$^{45}$ȶan$^{45}$tɕi$^{33}$ia$^{22}$le$^{33}$, ȶ$^{h}$o$^{11}$ɕi$^{44}$xe$^{11}$te$^{44}$tau$^{44}$,
棒，“梆梆梆”的敲，去吓野猪□。开张几夜咧，确实吓得到，
t$^{h}$a$^{45}$mo$^{22}$lei$^{13}$tɕ$^{h}$ie$^{44}$, tau$^{44}$ȶ$^{h}$oŋ$^{44}$pe$^{44}$ɕi$^{13}$xou$^{22}$i$^{11}$ia$^{11}$mo$^{22}$ɕy$^{33}$te$^{44}$ɕi$^{22}$t$^{h}$in$^{44}$kuan$^{44}$le$^{11}$ia$^{11}$mo$^{22}$ɕy$^{33}$
它冇来吃，到□背时候伊也冇晓得是听惯了也冇晓
ɕi$^{22}$ŋa$^{22}$tau$^{44}$le$^{11}$, tsu$^{22}$xa$^{22}$lei$^{13}$tɕ$^{h}$ie$^{44}$le$^{11}$. k$^{h}$au$^{45}$tau$^{44}$tən$^{33}$uən$^{13}$ta$^{33}$ts$^{h}$uan$^{45}$le$^{11}$, ti$^{22}$ni$^{22}$ȵie$^{44}$tsoŋ$^{13}$
是饿到了，就下来吃了。敲到等□打□了，第二日从
tɕy$^{44}$k$^{h}$u$^{44}$man$^{22}$, mo$^{22}$kan$^{33}$ie$^{44}$ȶ$^{h}$u$^{45}$tin$^{13}$pa$^{33}$, tɕ$^{h}$i$^{33}$mia$^{11}$iu$^{11}$tai$^{22}$pan$^{44}$ȶ$^{h}$u$^{45}$tin$^{13}$ti$^{33}$ko$^{44}$kau$^{33}$ te$^{44}$ɕi$^{45}$
朝去望，冇讲一丘田吧，起码有大半丘田的谷搞得稀
lan$^{22}$ti$^{33}$. lau$^{45}$i$^{44}$mo$^{22}$te$^{44}$fia$^{11}$, tsu$^{22}$tse$^{11}$ua$^{13}$fən$^{45}$ia$^{11}$ȶu$^{45}$ko$^{44}$la$^{11}$. fən$^{45}$ie$^{44}$sau$^{45}$tɕi$^{45}$,
烂的。捞伊冇得法，就摘禾分野猪谷了。分一箵箕，
fən$^{45}$ue$^{13}$k$^{h}$u$^{44}$tsu$^{22}$sai$^{44}$k$^{h}$u$^{44}$la$^{11}$, tsu$^{22}$kei$^{44}$ie$^{44}$ka$^{44}$.
分回去就晒去了，就箇一个。

ŋa$^{11}$ɕi$^{22}$ɕie$^{11}$ni$^{22}$se$^{44}$ɕie$^{11}$san$^{45}$se$^{44}$tsu$^{22}$k$^{h}$ei$^{45}$ɕi$^{33}$tsu$^{44}$koŋ$^{45}$la$^{11}$, t$^{h}$i$^{44}$ȶa$^{44}$tsu$^{44}$koŋ$^{45}$fu$^{45}$le$^{44}$, ɕi$^{22}$
我是十二岁十三岁就开始做工了，□□做工夫咧，是
tsu$^{44}$tɕi$^{11}$t$^{h}$i$^{33}$koŋ$^{45}$, pin$^{13}$ti$^{33}$fən$^{45}$, tsi$^{22}$tɕia$^{45}$po$^{44}$ŋa$^{11}$nən$^{13}$kou$^{44}$pin$^{13}$te$^{44}$tau$^{44}$xau$^{33}$ta$^{45}$fən$^{45}$. tsei$^{44}$
做集体工，评底分，自家报我能够评得到好多分。最
kau$^{45}$ti$^{33}$nan$^{13}$tsi$^{33}$tɕia$^{45}$ɕi$^{22}$ɕie$^{11}$fən$^{45}$, ȵu$^{11}$tsi$^{33}$tɕia$^{45}$ɕi$^{22}$ȶu$^{33}$fən$^{45}$. uən$^{13}$k$^{h}$a$^{11}$tɕin$^{45}$tsu$^{44}$koŋ$^{45}$fu$^{45}$ti$^{33}$
高的男子家是十分，女子家是九分。□刻间做工夫的
ʋya$^{22}$le$^{44}$, tɕi$^{44}$nən$^{13}$ɕi$^{22}$san$^{45}$fən$^{45}$, po$^{44}$ta$^{45}$ia$^{11}$k$^{h}$oŋ$^{44}$, tan$^{22}$ɕi$^{22}$tin$^{45}$ȵie$^{11}$xai$^{13}$ɕi$^{22}$ie$^{44}$iaŋ$^{22}$ti$^{33}$lo$^{33}$.
话咧，只能是三分，报多也空，但是定额还是一样的啰。
pi$^{33}$y$^{13}$ŋa$^{11}$li$^{13}$ta$^{33}$ie$^{44}$tan$^{44}$ko$^{44}$tin$^{13}$, t$^{h}$a$^{45}$li$^{13}$ta$^{33}$ie$^{44}$tan$^{44}$ko$^{44}$tin$^{13}$, tsoŋ$^{33}$ɕi$^{22}$ie$^{44}$iaŋ$^{22}$ta$^{45}$ti$^{33}$fən$^{45}$,
比如我犁哒一担谷田，他犁哒一担谷田，总是一样多的分，
tsu$^{22}$ɕi$^{22}$kau$^{33}$tin$^{45}$ȵie$^{13}$, pin$^{13}$ti$^{33}$fən$^{45}$. xau$^{33}$! kau$^{33}$tau$^{44}$kei$^{44}$ta$^{45}$ɕi$^{45}$pa$^{11}$.
就是搞定额，评底分。好！讲到箇多些吧。

（俞仕忠讲述）

# 参考文献


鲍厚星 1998《东安土话研究》，长沙：湖南教育出版社。

鲍厚星、颜　森 1986 湖南方言的分区，《方言》第4期。

曹志耘 2014 通道侗语声母的不送气化现象，《民族语文》第3期。

陈源源 2014 吴语“垃圾”的语义来源，《语言研究》第1期。

顾　黔 2016 长沙中下游沿岸方言“支微入鱼”的地理分布及成因，《语言研究》第1期。

胡　萍 2007《湘西南汉语方言语音研究》，长沙：湖南师范大学出版社。

胡　蓉 2015 湖南通道“本地话”——二里话和四里话的音韵比较，《怀化学院学报》第10期。

胡　蓉 2016 从部分语音特征看湖南通道“本地话”——二里话和四里话的形成，《怀化学院学报》第3期。

李连进 2000《平话音韵研究》，南宁：广西人民出版社。

李　泉 1996 副词和副词的再分类，载《词类问题考察》，胡明扬主编，北京：北京语言学院出版社。

梁金荣 1998 桂北平话语音特征的一致性与差异性，《语言研究》第2期。

梁　靓 2011 湖南侗族喉路歌研究，湖南师范大学硕士学位论文。

梁　敏 1980《侗语简志》，北京：民族出版社。

梁　敏、张均如 1999 广西平话概论，《方言》第1期。

刘丹青 2008《语法调查研究手册》，上海：上海教育出版社。

陆俭明 2004“句式语法”理论与汉语研究,《中国语文》第5期。

吕　泉 2008 桂北平话效流二摄的层次及合流性质,《贺州学院学报》第1期。

彭建国 2003《湖南通道“本地话”调查》，湖南师范大学硕士学位论文。

彭建国 2016 湖南通道“本地侗”记略，载《濒危汉语方言研究》，庄初升、邹晓玲主编，广州：中山大学出版社。

彭建国、何妤娜 2010 湖南通道侗族“本地话”的语音系统及其归属,《云梦学刊》第4期。

彭泽润、彭建国 2013《湖南方言》，长沙：湖南教育出版社。

瞿建慧、谢　玲 2011 湘西南酸汤话的演变与归属,《贵州民族研究》第6期。

石　林 1997《侗语汉语语法比较研究》，北京：中央民族大学出版社。

石　林 2009 湖南通道平话音系,《贵州民族学院学报》第6期。

孙叶林 2016 湖南通道“本地话”（二里话）语言归属试探,《衡阳师范学院学报》第2期。

通道县志编辑委员会 1999《通道县志》，北京：民族出版社。

王军虎 2004 晋陕甘方言的“支微入鱼”现象和唐五代西北方音,《中国语文》第3期。

杨通银、房艳平 2011 湖南通道“本地人”语言和文化中的侗汉接触和混合,《广西民族大学学报》（哲学社会科学版）第2期。

杨　锡 1993 湖南通道侗族诗歌中的汉语平话借词,《民族语文》第6期。

张均如、梁　敏 1996 广西平话,《广西民族研究》第2、3、4期。

郑　伟 2013《吴方言比较韵母研究》，北京：商务印书馆。

朱德熙 1956 现代汉语形容词研究,《语言研究》第1期。

庄初升 2017 南方方言古晓组合口字唇化的动因再探,《中国语文》第3期。

# 调查手记

第一次接触本地人与本地话是在2002年，当时我面临硕士论文开题，于是去找导师湖南师范大学鲍厚星教授商量。鲍老师说，湘西南的汉语方言研究还处于薄弱环节，而且那里是少数民族聚居区，汉语和少数民族语言长期接触，必定会有许多值得挖掘的语言现象。老师建议我克服困难，争取搞好一个点的方言调查。我决定从查阅怀化地区各县市地方志着手。结果在查阅地方志的过程中，发现1999年出版的《通道县志》中介绍了一种"特殊方言"，县志称之为"洛岩话"。

县志认为这种方言既不同于汉语方言，也与侗语主体方言有较大的差别。它的语音系统与下乡话接近，但与侗语主体方言有区别，所以洛岩话与陇城话、播阳话不能通话，与下乡话通话也有相当大的障碍。但洛岩话在通道有其特殊地位，因为在使用侗语主体方言地区的歌词和款词中，为了文雅和押韵的需要而借用了洛岩话中的许多古语词，这些借词在语音上也基本保留了洛岩话的原貌。

这段材料让我对这种语言产生了好奇和兴趣。这不就是活生生的语言接触的典型案例吗？我当即决定以这个语言作为个案研究。之后经过简单的准备，我踏上了首次调查的道路。当时的交通并不方便，我需要从长沙坐八九个小时的火车到怀化，等上几个小时，再坐上通往广西的慢车，到了通道县溪站下车，再坐上去往县城的客车。因为是从《通道县志》里了解到的信息，我径直找到县志办。县志办的同志非常热情，帮我查找各种资料，并告诉我他们县民委有一位叫杨锡的同志在这方面已经做了大量工作，遗憾的是杨锡同志已经去世了，但他留下了非常珍贵的资料——《"本地人"风俗习惯调查》。杨锡先生自己就是"本地人"，有独特的优势，他的调查无疑是非常深入和细致的。他这本油印本的资料记录了大量珍贵的语料，特别是有许多口述资料，使这份资料更显弥足珍贵。我们在探讨本地人的历史时曾多有借鉴。

县志办的同志介绍说，菁芜洲镇的本地话最正宗，于是我又辗转来到菁芜洲镇，向当地人征求发音人，我所询问的许多人都推荐小江村的陆飘，说陆先生是当地的文化名人，

通道菁芜洲镇小江村　通道双江镇菁芜洲镇小江村 /2015.8.15/ 彭建国 摄

能说会唱，对本地人的风俗习惯非常了解。20世纪80年代他还曾是申请识别本地人民族成分的发起人之一。当时交通不便，我步行十余里山路来到小江村。小江村依水而建，风景秀丽，以一座廊桥与外界相连，颇有点儿世外桃源的感觉。在当地人的指引下，我终于见到了陆飘先生，他当时正担任小江村党支部书记。陆先生头脑灵活，知识丰富，在当地是名人。陆先生年轻时就热爱本民族文化，爱唱山歌。乡邻们一直对陆先生年轻时在当地举办的一次四里山歌大赛上的精彩表现津津乐道。当地山歌大赛是以“对唱”的形式进行，类似于打擂，有守擂有攻擂。双方即兴组织歌词内容，针尖对麦芒，难度极高。据说陆先生当年在歌台上守擂一天，击败众多前来挑战的歌手，一战成名。

我说明来意，陆先生非常支持，爽快地答应做我的发音人，我便安心在他家驻扎下来开始调查。本地话给我的第一印象是跟湘语有些像，因为其古全浊声母现在基本上都读为不送气的清音，但是一看声调系统，特别是发现古清入分为两类，又感觉像粤语或平话，而且它的声调系统着实让我惊奇，居然有五个平调（阴平调的45在听感上接近于55）。特别是阴上的33和阴去的44，阳上的11和阳去的22都非常接近，往往只有在比字的情况下才能分辨出来。我不得不惊叹他们真的是天生的语言大师。当时我想，一种语言有这么多的平调，莫非是这种语言被称作“平话”的原因之一？

记忆深刻的还有陆先生的热情好客。当时的物资远没有现在这么丰富。为了招待我这位省城来的“贵客”，陆先生特地宰杀了一只鸭子。菜上桌后，他热情地将一个完整的鸭头夹到我的碗里，并说这是侗家招待贵客的方式。要知道，我平日里对鸡肉鸭肉都不感兴趣，而且从不吃动物的头，家里平时的鸡头鸭头一类的是绝对不入菜的。这可如何是好？我不禁暗暗叫苦。不过，入乡随俗是肯定要的。因此可以想象我是如何“强颜欢笑”地吞下了那一颗完整的鸭头的。后来拜读曹志耘先生的调查笔记《走过田野》，他说在贵州做调查时，曾被好客的主妇连扣了好几碗白米饭。我不禁哑然失笑，这应该是我们这一行里经常会遇到的“礼遇”吧？之后几天的伙食倒是没有了鸭头，以豆角茄子为主，这是我所喜爱的。不过，每一道菜中都放了大量的辣椒。我本身是“无辣不欢”的湖南人，按理来说辣椒不在话下，但是一来他家辣椒实在太辣，二来量又太多，顽强抵抗了几天，我的肚子便败下阵来，开始腹泻，后来不得不去看医生。

在陆先生的热心帮助下，我们对小江村的本地话有了大致的了解。之后在他的介绍下，我们又到了下乡、临口一带，对下乡的本地话进行了全面的调查，并对临口的杏花、五一、太平岩、中团等地的本地话进行了面上的了解。逐渐对本地话有了一个清晰的认识。总的说来，杏花、五一和菁芜洲的本地话是大同小异的，但是下乡的本地话则完全不同，侗语的成分明显要多得多，甚至整个音系结构也是侗语的，感觉是一种有许多汉语借词的侗语方言，或者说是一种带有“混合语”性质的语言。2003年2月，我又对第一次的调查进行了核实与补充，并在这两次调查的基础上完成了我的硕士论文——《湖南通道“本地话”调查》。

之后我们一直跟陆飘先生保持联系，其间又去过通道两次，也零散地进行了一些调查，在期刊和学术会议上发表过关于通道本地话的材料，引起了学术界的一些关注。十多年过去了，心里一直对这里的水土和语言有一份牵挂。2015年，国家开始大力加强语言资源的保护与研究工作，本地话也入选语保工作的“汉语濒危方言研究”系列，我也因此有幸又能对这种语言展开调查与研究。

立项之后，我第一时间把这个好消息告诉了陆飘先生。陆飘先生得知消息后非常高兴，表示一定极力配合我们的工作。由于语保工作有严格的规范与要求，陆先生的年龄已经超出了老男的要求，不能再担任老男发音人，但是他老当益壮，在当地还以唱“口彩”闻名，邻里乡亲谁家有红白喜事，陆先生总是能口吐莲花，吉祥的祝福话语依具体的情境张口即来，赢得满堂的喝彩。而且陆先生是省级非物质文化遗产——“喉路歌”的传承人。喉路歌是侗族音乐中十分难得的多声部歌曲，因歌中常用“喉路”作为衬词而得名。以五声中的羽、商调式为主，同时也采用羽、商相互转调（梁靓2011）。曲调基本上以二声部为主要形式。喉路歌的音调较为低沉，唱词不多，但拖腔较长，节奏的停顿、音色的辗转均很有特点，学习的难度较大。奇特的是“喉路歌”必须用菁芜洲的本地话来唱，否则就变了味儿。这说明本地人一定是“喉路歌”的原创者。

陆先生的人脉也非常广，在我们调查本地话的过程中不仅能够提供宝贵的地地道道的语料，而且在我们寻找资源，联络当地政府部门时也起到了非常重要的作用。他积极利用个人关系去县里寻求帮助。最后在县民宗局局长林良斌同志的关照下，我们找到了菁芜洲镇政府。镇政府时任领导高度重视，时任副镇长杨采妮女士特意陪同我们去小江村，组织符合条件的发音人供我们挑选，最终确立了6位主要发音人。他们是：陆飘、俞仕忠、陆凡英、邱伟泉、陆爱焕和杨继焕。

老男发音人俞仕忠先生，是2015年我们去做语保项目海选发音人时认识的。当时俞先生是地道的农民装扮，搬条小板凳，安安静静地坐在一个角落里，完全不引人注意，事实上村里原本推荐的是另一位老男发音人，但那位老先生一直推辞，并且向我们推荐了俞先生。我们通过与俞先生交谈后，觉得他应该可以胜任，但其实心里并没有多少把握，不过，在后续的调查和音像摄录过程中，俞先生无论是在反应能力、对本地话的掌握程度，还是在上镜方面，他的表现都堪称完美。而且俞先生也会唱“喉路歌”，跟陆先生还一起合作

发音人俞仕忠（左）和陆飘（右）在唱“喉路歌”　通道双江镇金帝豪国际大酒店 /2015.8.15/ 彭建国 摄

表演了一首。由于我们已经对本地话进行过比较系统的调查，因此我们很快便完成了语保工程的纸笔调查。没有想到寻找合适的录音场所反而成为我们的大难题。由于语保工程对录音录像的要求非常高，而中国的县级和乡镇级的宾馆大多处于繁华的位置，且一般临街，再加上县城一般并没有禁止汽车鸣笛，真所谓“叫卖声，鸣笛声，声声入耳”，要在县城的宾馆找到合适的场所着实不易。在多方访询之后，我们终于在县城郊区一个位置较偏的“金帝豪大酒店”找到了较为理想的摄录场所，开始了语保录音录像工作。为了顺利完成摄录工作，我们制订了周密的计划，比如找酒店最靠里的房间，窗户上加蒙一床棉絮。走廊里安排人员值班，与其他客人以及酒店服务员沟通，请他们配合我们的工作，尽量不要弄出声音。在团队的共同努力下，圆满地完成了摄录工作。

之后便集中精力进行濒危语言志的撰写工作，需要补充调查词汇与语法。这个时候俞先生的能力才真正表现出来。我经常在湖南各地进行方言调查，遇到的发音人中能够像他那样见多识广的还真不多。他简直是位博物学家，对于家乡的风土人情了如指掌，动植物的名字及特性，山上的树啊竹啊草啊，土里的虫啊，水里的鱼啊，他都如数家珍，娓娓道来。同时他又是一位民间诗人，经常能够根据实景实情出口成章。比如他仿照“璇玑图”的形式，用“久恋同良在远方好风光照天长地”十四个字组成一首叠字诗“久恋同良（按：恋人）在远方，良在远方好风光。好风光照天长地，天长地久恋同良。”同时俞先生也是一位潮人，智能手机、朋友圈、微信等对他来说都是“小菜一碟”。事实上，我们一直在微信上联系，探讨本地话的相关问题。哪个词该怎么说，本字可能是哪一个。俞先生也经常考一考我，发一段本地话的语音，看我能不能够听出来是什么意思。我们成了无话不谈的忘年交。他经常开玩笑地说，在我的影响下，他也成了研究本地话的专家了。

最后要真诚地感谢为本书提供语料的所有发音人，感谢为书稿的撰写与出版提供了专业指导以及无私帮助的专家学者与朋友。

彭建国

2018年12月

于湖南大学